A MAGISTRATURA DE PAZ NO JOGO POLÍTICO DA CORTE IMPERIAL

Editora Appris Ltda.
1.ª Edição - Copyright© 2025 da autora
Direitos de Edição Reservados à Editora Appris Ltda.

Nenhuma parte desta obra poderá ser utilizada indevidamente, sem estar de acordo com a Lei nº 9.610/98. Se incorreções forem encontradas, serão de exclusiva responsabilidade de seus organizadores. Foi realizado o Depósito Legal na Fundação Biblioteca Nacional, de acordo com as Leis nos 10.994, de 14/12/2004, e 12.192, de 14/01/2010.

Catalogação na Fonte
Elaborado por: Dayanne Leal Souza
Bibliotecária CRB 9/2162

S232m
2025
	Santana, Kátia Luciene de Oliveira e Silva
	    A magistratura de paz no jogo político da Corte Imperial / Kátia Luciene de Oliveira e Silva Santana. – 1. ed. – Curitiba: Appris, 2025.
	    355 p. ; 23 cm. – (Coleção Ciências Sociais. Seção História).
	
	    Inclui referências.
	    ISBN 978-65-250-7358-3
	
	    1. Juiz de paz. 2. Rio de Janeiro (RJ). 3. Eleições. 4. Cidadania. I. Santana, Kátia Luciene de Oliveira e Silva. II. Título. III. Série.
	
	    CDD – 324.6

Livro de acordo com a normalização técnica da ABNT

Appris
editorial

Editora e Livraria Appris Ltda.
Av. Manoel Ribas, 2265 – Mercês
Curitiba/PR – CEP: 80810-002
Tel. (41) 3156 - 4731
www.editoraappris.com.br

Printed in Brazil
Impresso no Brasil

Kátia Luciene de Oliveira e Silva Santana

A MAGISTRATURA DE PAZ NO JOGO POLÍTICO DA CORTE IMPERIAL

Appris editora

Curitiba, PR
2025

FICHA TÉCNICA

EDITORIAL	Augusto Coelho
	Sara C. de Andrade Coelho

COMITÊ EDITORIAL	
Ana El Achkar (Universo/RJ)	Lucas Mesquita (UNILA)
Andréa Barbosa Gouveia (UFPR)	Márcia Gonçalves (Unitau)
Antonio Evangelista de Souza Netto (PUC-SP)	Maria Aparecida Barbosa (USP)
Belinda Cunha (UFPB)	Maria Margarida de Andrade (Umack)
Délton Winter de Carvalho (FMP)	Marilda A. Behrens (PUCPR)
Edson da Silva (UFVJM)	Marília Andrade Torales Campos (UFPR)
Eliete Correia dos Santos (UEPB)	Marli Caetano
Erineu Foerste (Ufes)	Patrícia L. Torres (PUCPR)
Fabiano Santos (UERJ-IESP)	Paula Costa Mosca Macedo (UNIFESP)
Francinete Fernandes de Sousa (UEPB)	Ramon Blanco (UNILA)
Francisco Carlos Duarte (PUCPR)	Roberta Ecleide Kelly (NEPE)
Francisco de Assis (Fiam-Faam-SP-Brasil)	Roque Ismael da Costa Güllich (UFFS)
Gláucia Figueiredo (UNIPAMPA/ UDELAR)	Sergio Gomes (UFRJ)
Jacques de Lima Ferreira (UNOESC)	Tiago Gagliano Pinto Alberto (PUCPR)
Jean Carlos Gonçalves (UFPR)	Toni Reis (UP)
José Wálter Nunes (UnB)	Valdomiro de Oliveira (UFPR)
Junia de Vilhena (PUC-RIO)	

SUPERVISORA EDITORIAL	Renata C. Lopes
PRODUÇÃO EDITORIAL	Daniela Nazario
REVISÃO	Bruna Fernanda Martins
DIAGRAMAÇÃO	Danielle Paulino
CAPA	Kananda Ferreira
REVISÃO DE PROVA	William Rodrigues

COMITÊ CIENTÍFICO DA COLEÇÃO CIÊNCIAS SOCIAIS

DIREÇÃO CIENTÍFICA	Fabiano Santos (UERJ-IESP)

CONSULTORES	
Alícia Ferreira Gonçalves (UFPB)	Jordão Horta Nunes (UFG)
Artur Perrusi (UFPB)	José Henrique Artigas de Godoy (UFPB)
Carlos Xavier de Azevedo Netto (UFPB)	Josilene Pinheiro Mariz (UFCG)
Charles Pessanha (UFRJ)	Leticia Andrade (UEMS)
Flávio Munhoz Sofiati (UFG)	Luiz Gonzaga Teixeira (USP)
Elisandro Pires Frigo (UFPR-Palotina)	Marcelo Almeida Peloggio (UFC)
Gabriel Augusto Miranda Setti (UnB)	Maurício Novaes Souza (IF Sudeste-MG)
Helcimara de Souza Telles (UFMG)	Michelle Sato Frigo (UFPR-Palotina)
Iraneide Soares da Silva (UFC-UFPI)	Revalino Freitas (UFG)
João Feres Junior (Uerj)	Simone Wolff (UEL)

Um juiz de paz que se preza não julga pelo que é justo, mas pelo que é mais conveniente

(Martins Pena em O juiz de Paz na Roça)

AGRADECIMENTOS

A publicação deste livro, fruto da minha tese, tem um significado singular. Em março de 2020, quando iniciávamos o doutorado no Programa de Pós-Graduação em História da UFRRJ, enfrentamos um longo isolamento social em virtude da pandemia da Covid-19. Nesse sentido, a conclusão do trabalho no ano de 2024 foi, sem dúvida, um ato de superação, apoiado por uma rede de solidariedade.

Assim sendo, expresso meu justo agradecimento ao meu orientador, professor Marcello Basile, pelo incentivo constante para que este livro fosse publicado. Durante esses anos atípicos de pesquisa, pude contar com suas leituras atentas aos meus textos e seu encorajamento. Para além dos desafios previstos em um trabalho de pesquisa de doutorado, a pandemia exigiu de nós uma dose extra de empatia, equilíbrio e dedicação. Aliás, já se vão quase dez anos dessa parceria acadêmica. Como agradecer? Na impossibilidade de retribuir à altura, dedico, com gratidão, a concretização deste projeto ao professor Basile. Muito obrigada!

Dessa jornada que marcou o meu processo de doutoramento, levo comigo as sábias observações das professoras Gladys Sabina Ribeiro e Adriana Pereira Campos, que contribuíram desde o período da qualificação. Agradeço, especialmente, pela confiança que embalou o meu entusiasmo. Aos professores Marcos Luiz Bretas e Carlos Gabriel Guimarães, que compuseram a banca de defesa, agradeço pelas valiosas contribuições a este trabalho. À professora Érika Leme, minha orientadora durante a especialização em Educação, presto os mais sinceros agradecimentos pelo apoio, carinho e conselhos.

Dos sonhos da juventude, pesquisar e escrever foram adiados pela melhor e mais importante escolha da minha vida: formar minha família. Faria tudo novamente e na mesma ordem de importância, pois partilhar a vida com vocês, Elvino, Ágatha e Pedro, foi um ato de amor, um privilégio e o melhor combustível para as minhas ideias.

Quando, enfim, me reencontrei com os livros, tive ao meu lado professores brilhantes. À Andréa Pessanha, Márcia Vasconcellos, Ronald Apolinário, Vinícius Gentil, Leila Tavares, Vanda Zidan e Ivonete Cristina, todo o meu apreço e gratidão!

Quanto à torcida dos amigos pela concretização deste trabalho, confesso que o tempo que me dediquei à pesquisa e à escrita não teria sido tão leve sem a presença dos velhos amigos da graduação: Rodrigo, Everton Vinícius, Renatinha e Eduardo, que me faziam rir das dificuldades. Do tempo da pós-graduação, Christiane Pereira, Laura Motta e Natália Damas foram e são amigas queridas que levo para a vida. Mas o que seria de mim sem a paciência de Sirlene e Cátia Barboza no dia a dia laboral, quando os meus pensamentos estavam voltados para a tese? Obrigada, meus amigos. Espero ter merecido tanta consideração.

Às mulheres da minha vida, minha mãe Jandira, minha irmã Márcia e minha avó Jaci (*in memoriam*), obrigada por tudo. Vocês tinham razão: uma Oliveira enverga, mas não quebra. Lição aprendida!

PREFÁCIO

Em meio à recente renovação dos estudos situados na encruzilhada entre História e Direito no Brasil, os juízes de paz do Império têm merecido certa atenção da historiografia. O tema ficou marcado pela obra pioneira e canônica de Thomas Flory, publicada em língua inglesa em 1981 e no mundo hispânico em 1986, mas, lamentavelmente, ainda não lançada no Brasil. Até ser revisitado e revisto por novos estudos, produzidos já no século XXI. Trabalhos como os de Ivan Vellasco, Adriana Campos, Andréa Slemian, Marcus Carvalho, Joelma Nascimento, Adriano Magalhães, Alexandre Souza, Kátia Motta, Frederico Tomé, Alex Costa, Eduardo Silva Junior, Moisés Frutuoso e Patrícia Aguiar, quase todos frutos de dissertações e teses, contribuíram para a compreensão não apenas da atuação desses magistrados, como também das relações entre justiça, política e sociedade no Império.

Acrescente-se a isso o presente livro de Kátia Santana, originalmente sua tese de doutorado, defendida em abril de 2024, no Programa de Pós-Graduação em História da UFRRJ. Trata-se do mais alentado trabalho já feito sobre a atuação dos juízes de paz na cidade do Rio de Janeiro, desde a implementação do cargo, em 1829, até a reformulação de suas funções pela Reforma do Código do Processo Criminal de 1841. Com base em exaustiva pesquisa, realizada nos arquivos Nacional e da Cidade, no Museu da Justiça e na Biblioteca Nacional, a autora busca compreender os interesses políticos e econômicos subjacentes à atuação dos magistrados leigos na Corte e questiona postulados tradicionais, tais como a pretensa ascensão social almejada e o excesso de autonomia do cargo.

Para tanto, aborda, primeiramente, o arcabouço legal e as decisões do governo referentes aos juízes de paz, acompanhando as controvérsias em torno dos debates parlamentares e das deliberações do Ministério da Justiça acerca das querelas que envolviam o trabalho desses magistrados, inclusive em relação às ações de outros agentes públicos. Acumulavam as mais diversas funções. Às atribuições precípuas de promover conciliações em pequenos litígios e ações cíveis e de manter a ordem pública local, foram incumbidos, pelo Código do Processo Criminal de 1832, de julgar pequenos delitos, realizando a formação de culpa e a pronúncia nos processos; de prender criminosos procurados pela Justiça fora de sua jurisdição; de indicar os inspetores de quarteirão; e de confeccionar, juntamente com os párocos e com o presidente da Câmara Municipal, a lista de jurados. Encarregavam-se também da organização do alistamento e do Conselho de Qualificação da Guarda Nacional, do controle das festas públicas e dos espetáculos teatrais, da vigilância a estrangeiros, da certificação de boa conduta para ingressantes na Escola de Medicina e até da condução de enterros. Por outro lado, as ingerências do governo imperial impunham limites e exerciam certo controle sobre a atuação dos juízes de paz.

Os pleitos para a magistratura local, realizados a cada quatro anos, envolvendo os eleitores primários de cada paróquia ou distrito, são aqui objeto pioneiro de análise. A partir de 1832, quatro juízes de paz eram eleitos por distrito, cada um com mandato anual. Se as atas eleitorais permitem compreender os trâmites processuais, as denúncias de fraudes e o resultado oficial das apurações, a cobertura dedicada pela imprensa a toda a campanha eleitoral possibilita captar o clima de disputa e tensão que antecedia e acompanhava os pleitos, bem como o posicionamento dos jornais favorável ou contrário aos candidatos, conforme suas inclinações políticas e redes de relações. A politização chegou ao ponto de ser anulada pela Regência a eleição de 1832 – que elegeu vários indivíduos alinhados com os *liberais exaltados* e *caramurus*, opositores ao governo – , sob a alegada necessidade de novo pleito para se adequar à reorganização das freguesias introduzida pelo código processual. Outra evidência da politização é o envolvimento de juízes de paz nos movimento de protesto da Corte; em particular, o do *caramuru* Manoel Theodoro Azambuja – que vivia às turras com seu suplente, o *liberal moderado* e governista João Silveira do Pillar – nas manifestações de setembro de 1832.

O perfil prosopográfico de 140 juízes de paz indica predomínio das ocupações de proprietário, negociante e militar (65% dos identificados), tendo 22% algum título honorífico ou de nobreza. Cerca de 21% participavam de associações, inclusive as vinculadas aos diferentes grupos políticos (15%). Ao seguir a trajetória de 30 desses magistrados, a autora notou que cerca de 27% eram formados em Medicina e, sobretudo, em Direito; e que 23% assumiram postos na política nacional ou regional após a experiência como juiz de paz. 25 indivíduos ocuparam antes cargos camarários, como os de juiz almotacé e vereador, denotando as relações que mantinham com o controle urbano da municipalidade. Fato revelador é que pelo menos oito eram traficantes negreiros; não por acaso, sete foram eleitos em 1833, após o decreto que conferiu aos juízes de paz a fiscalização do contrabando de africanos.

Por fim, lançando mão de informes públicos sobre a organização das audiências e de extratos semanais das ocorrências, Kátia constata os frequentes afastamentos, substituições e reconduções de juízes de paz, muitas vezes por motivos políticos; e demonstra a intensa atividade desses magistrados em ações de conciliação e na condução de ocorrências policiais. Se entre maio e julho de 1831 sobressaem as prisões por crimes de vadiagem, infrações de editais e posturas, circulação fora de hora, capoeiragem, porte de armas, insulto e, sobretudo, desordem, em janeiro e fevereiro de 1838 predominam os crimes de injúria e calúnia e os termos de bem-viver. Apesar desses encargos, os juízes de paz não tinham comando direto sobre as forças policiais e precisavam requisitá-las quando necessário; o que, não raro, gerava conflitos hierárquicos com tais autoridades.

O livro de Kátia Santana constitui, assim, importante contribuição tanto para a história da magistratura eletiva local quanto, de forma mais ampla, para a compreensão das relações dialéticas entre Estado e sociedade, não redutíveis às visões dicotômicas que acentuam, de um lado, a força do aparato repressivo estatal, de outro, sua instrumentalização pelos poderes privados.

Marcello Basile
Professor de História do Brasil da UFRRJ.

SUMÁRIO

INTRODUÇÃO 15

CAPÍTULO 1
"DECISÕES": NORMAS E DEMANDAS DA MAGISTRATURA LEIGA SOB AS DECISÕES DO GOVERNO 39

1.1 Entre queixas, dúvidas e contestações: as demandas dos juízes de paz e as decisões do governo 50

    1.1.1 "A boa administração da Justiça" 63

    1.1.2 "Quem vigia o vigia?": estrangeiros, ciganos, trabalho livre e o tráfico de africanos sob a vigilância do juiz de paz 69

    1.1.3 A Guarda Nacional e a magistratura de paz 75

    1.1.4 De festas populares a atestados de óbito e boa conduta: o onipresente juiz de paz 80

CAPÍTULO 2
ELEIÇÕES MUNICIPAIS: O JUIZ DE PAZ NA CAMPANHA ELEITORAL DA IMPRENSA FLUMINENSE (1828 – 1841) 87

    2.1 A campanha eleitoral de 1840 119

CAPÍTULO 3
APURAÇÃO ELEITORAL NAS FREGUESIAS DA CORTE 145

3.1 O que dizem os livros das atas eleitorais (...) 146

    3.1.1 Freguesia da Candelária 147

    3.1.2 Freguesia de Santana 150

    3.1.3 Freguesia de Santa Rita 152

    3.1.4 Freguesia de Sacramento 154

    3.1.5 Freguesia de São José 160

    3.1.6 Freguesia do Engenho Velho 163

    3.1.7 Freguesia da Lagoa 166

    3.1.8 Freguesia da Glória 167

CAPÍTULO 4
"SENHOR, DOUTOR, CIDADÃO": O JUIZ DE PAZ DA FREGUESIA ... 169

CAPÍTULO 5
ATUAÇÃO DO MAGISTRADO LEIGO NA ADMINISTRAÇÃO DA JUSTIÇA DE PAZ 217

5.1 O juiz de paz no exercício da Justiça..244

CAPÍTULO 6
AGENTE PACIFICADOR (?): O JUIZ POLICIAL NAS FREGUESIAS URBANAS DO RIO DE JANEIRO... 267

6.1 A disputa da ordem. O chefe de polícia da Corte e o juiz policial 299

CONSIDERAÇÕES FINAIS 319

REFERÊNCIAS 327

INTRODUÇÃO

Em 15 de abril de 1832, "o ministro e secretário dos negócios da Justiça, Honório Hermeto Carneiro Leão", em ofício endereçado ao juiz de paz da freguesia de São José, pede explicações sobre a prisão do português José Joaquim Pereira de Carvalho. Manoel Theodoro de Araújo Azambuja, membro do grupo caramuru, após um período afastado de suas funções de juiz de paz, retorna ao cargo e responde ao ofício. De acordo com Azambuja, o português estava preso há dias, sem abertura de processo no cartório ou motivo da prisão no assentamento da cadeia. Diante do exposto, Azambuja avisa que mandou soltar José Joaquim — segundo ele, "preso sem culpa formada" —, mas não sem antes criticar abertamente a ilegalidade da prisão e o procedimento do seu suplente João Silveira do Pillar, alinhado ao grupo moderado. Pillar, por sua vez, defendeu-se afirmando "que seu procedimento estava fundamentado no artigo 7 da Lei de 26 de outubro de 1831"[1]. Esse conflito acerca da prisão de um português envolvendo um juiz de paz e seu suplente não é um caso isolado. Esse episódio acontece em meio aos distúrbios urbanos de abril de 1832,[2] ano de criação do Código do Processo Criminal, que expandiu os poderes da magistratura local e eletiva.

A Constituição de 1824 previa a criação do juizado de paz. No entanto, as controvérsias em torno da forma de ascensão ao cargo geraram intensos debates na imprensa e no Parlamento até sua efetiva criação em 1827, o que foi considerado um marco das reformas institucionais do período.[3] O dito "excesso de autonomia", a descentralização do poder e, consequentemente, "o controle social do vasto Império"[4] estiveram com frequência na pauta das discussões políticas, na medida em que crescia a pressão dos grupos políticos pelas reformas liberais. A partir da primeira Legislatura (1826), os liberais moderados "começam a se delinear como agrupamento

---

[1] SANTANA, Kátia. Ajuntamentos e política na Corte regencial (1831 – 1833). **Revista Ágora**, Vitória, v. 31, n. 1, p. e-2020310105, 2020. Disponível em: https://periodicos.ufes.br/agora/article/view/28930. Acesso em: 10 set. 2022. p. 8-9.

[2] BASILE, Marcello. **O império em construção**: projetos de Brasil e ação política na Corte regencial. 2004. Tese (Doutorado) – Programa de Pós-Graduação em História Social, Instituto de Filosofia e Ciências Sociais, Universidade Federal do Rio de Janeiro, Rio de Janeiro, 2004. Capítulo XIII (Revoltas Caramurus).

[3] FLORY, Thomas. **El juez de paz y el jurado en el Brasil imperial, 1808 – 1871**: control social y estabilidad política en el nuevo Estado. México: Fondo de Cultura Econômica, 1986. p. 81.

[4] FLORY, *loc. cit.*

político"[5] e tecem duras críticas ao excesso de centralização administrativa do governo de d. Pedro I. "À esquerda da cena pública brasileira"[6], outro grupo, classificado como liberais exaltados, defendia uma pauta de reformas institucionais mais radical. Ambos os lados, porém, concordavam com a urgência na reforma da Justiça.

À instabilidade do governo do Primeiro Reinado somavam-se as críticas sobre a conduta dos magistrados profissionais nomeados pelo imperador, acusados de negligentes, ineficientes e corruptos. O juiz de paz escolhido pelo voto, além de oferecer ao cidadão o exercício da cidadania política,[7] seria um "contraponto à magistratura togada"[8], considerada um dos resquícios do absolutismo monárquico. Nesse sentido, os grupos políticos de oposição ao governo buscavam privar o "imperador do controle sobre um novo e importante recurso burocrático"[9].

Com o aprofundamento da crise econômica e política do Primeiro Reinado, os grupos moderados e exaltados, em franca oposição ao governo de d. Pedro I, ajuntavam-se em manifestações de rua na Corte, mobilizando a insatisfação popular com a carestia, o desabastecimento de gêneros de primeira necessidade e os privilégios dos portugueses à frente do comércio e da especulação imobiliária. Entre os militares, crescia a insatisfação com o baixo soldo, os castigos corporais e a suspensão das promoções. Povo e tropa aderiram aos movimentos urbanos. Em 7 de abril de 1831, o imperador abdica em favor de seu filho, Pedro de Alcântara, de apenas cinco anos de idade. Na vacância do trono, institui-se uma Regência Trina Provisória, deflagrando "uma violenta disputa pelo poder regencial, prontamente ocupado pelos moderados"[10].

Nesse ínterim, um terceiro grupo político se constitui, os chamados caramurus,[11] em ferrenha oposição ao governo da Regência. Sob a defesa da "valorização da supremacia monárquica e a aproximação do tradicionalismo

---

[5] MOREL, Marco. **As transformações nos espaços públicos**: imprensa, atores políticos e sociabilidades na Cidade Imperial (1820 – 1840). São Paulo: Hucitec, 2005. p. 119.

[6] *Ibid.*, p. 117.

[7] CARVALHO, José Murilo de. Cidadania: tipos e percursos. **Estudos Históricos**, Rio de Janeiro, n. 18, p. 337-359, 1996. p. 341.

[8] COSER, Ivo. **Visconde do Uruguai**: centralização e federalismo no Brasil, 1823 – 1866. Belo Horizonte: Editora UFMG; Rio de Janeiro: IUPERJ, 2008. p. 75.

[9] FLORY, 1986, p. 84.

[10] BASILE, Marcello. O laboratório da nação: a era regencial (1831 – 1840). *In:* GRINBERG, Keila; SALLES, Ricardo (org.). **O Brasil Imperial**: volume II – 1831 – 1870. Rio de Janeiro: Civilização Brasileira, 2009. p. 53-119. p. 60.

[11] MOREL, 2005, p. 131.

português", o grupo foi "identificado por seus opositores (*exaltados e moderados*) ao campo político do despotismo (chamado de português)"[12]. De acordo com Basile, "diversos periódicos identificados aos *caramurus* circularam no Rio de Janeiro entre 1832 e 1834"[13], atuando como um importante veículo de doutrinação e dos projetos de ação do grupo. A querela envolvendo o juiz de paz de São José e seu suplente, citada no início deste trabalho e registrada na documentação dos Instrumentos de Justiça da Corte (IJ4 287),[14] deu margem a longos debates nas páginas do jornal moderado *A Aurora Fluminense*.[15]

Alguns elementos presentes na sobredita correspondência entre o ministro da Justiça, o juiz de paz e seu suplente, indicam parte das discussões que permeavam a instabilidade sociopolítica do período, entre elas as disputas de autoridade e os sentimentos antilusitanos.[16] A história da magistratura eletiva da cidade do Rio de Janeiro, desde a sua primeira eleição em 1829 até o seu ocaso em 1841 com a Reforma do Código do Processo Criminal, dialoga com o momento de intensas transformações e construção das instituições do Estado imperial.

O objeto desta pesquisa é, portanto, a atuação do juiz de paz no desempenho de suas funções na cidade-Corte do Rio de Janeiro e seus engendramentos políticos e sociais.

O juiz leigo, um magistrado sem remuneração para o cargo, deveria atuar na freguesia em "pequenas causas"[17] como uma espécie de conciliador local em pequenos litígios. O procedimento da eleição para o respectivo cargo foi determinado pela Lei de 1º de outubro de 1828, que criou as Câmaras Municipais. De acordo com a legislação, o tempo de duração do mandato do juiz de paz seria o mesmo do vereador.[18]

---

[12] *Ibid.*, p. 131; 132 (grifo nosso).

[13] O jornal *Caramuru* deu nome ao grupo, mas havia outros periódicos de circulação igualmente duradoura e outros de circulação mais efêmera. Ver BASILE, 2004, p. 338. De acordo com Basile, os três grupos políticos que atuaram durante o período (moderados, exaltados e caramurus) valeram-se desse recurso; cada grupo tinha seus próprios jornais.

[14] Cf. SANTANA, Kátia. **"Reuniões perigosas"**: ajuntamento ilícito e política na Corte regencial (1831 – 1837). 2019. Dissertação (Mestrado em História) – Instituto de Ciências Humanas e Sociais, Universidade Federal Rural do Rio de Janeiro, Seropédica, 2019. p. 114.

[15] A Aurora Fluminense, ed. 00689, 1832.

[16] Para uma discussão mais aprofundada sobre antilusitanismo, ver RIBEIRO, Gladys Sabina. **A liberdade em construção**: identidade nacional e conflitos antilusitanos no Primeiro Reinado. Rio de Janeiro: FAPERJ/Relume Dumará, 2002.

[17] COSER, 2008, p. 262.

[18] BRASIL. **Lei de 1º de outubro de 1828**. Dá nova fórma ás Camaras Municipaes, marca suas attribuições, e o processo para a sua eleição, e dos Juizes de Paz. Rio de Janeiro: Collecção das Leis do Imperio do Brazil,

Em 1829, houve a primeira eleição para juiz de paz e suplentes na capital do país.[19] De acordo com o jornal *A Aurora Fluminense*,[20] o resultado dessa apuração na freguesia de São José revela a eleição de dois opositores políticos que, em 1832, estariam na vigência de seus respectivos mandatos.[21] Nesse sentido, as interferências e polêmicas em torno da organização das eleições para o cargo podem sinalizar, também, outra preocupação das autoridades: à eleição de um juiz de paz seguir-se a de um suplente de um grupo rival.

Na vacância do trono, a ameaça da desordem social diante da instabilidade política na capital e nas demais províncias do Império tornou ainda mais urgente a criação do novo Código do Processo Criminal, instituído, após muitas discussões no Parlamento, em 29 de novembro de 1832.[22] Esse diploma legal ressignificou as funções do juiz de paz, ampliando seu poder de atuação até 1841. De conciliador em pequenos litígios e agente normatizador das condutas consideradas impróprias e desviantes,[23] o magistrado local passou a ter, a partir de 1832, autoridade para prender "criminosos procurados pela Justiça em sua jurisdição e em qualquer outra, e julgar delitos" que não ultrapassassem o valor máximo de 100 mil réis. "Mais importante ainda, o Código deu ao magistrado a responsabilidade de não só reunir provas, mas também determinar a causa das denúncias e a formação de culpa em todos os processos penais"[24].

Em abril de 1834, no 2º distrito da freguesia de Sacramento, o escrivão do juizado dos órfãos, João Pinto de Lacerda, apela ao Supremo Tribunal de Justiça por ter sido pronunciado à prisão livramento pelo juiz de paz de Sacramento no crime de *desobediência*. No processo de apelação, o procurador constituído pelo réu contesta a postura do juiz de paz na condução

---

1828b. Disponível em: https://www2.camara.leg.br/legin/fed/lei_sn/1824-1899/lei-38281-1-outubro-1828. Acesso em: 4 jun. 2022.
[19] A Aurora Fluminense, ed. 00143, 19 jan. 1829.
[20] A Aurora Fluminense, *loc. cit.*
[21] O artigo 2º da Lei de 1º de outubro de 1828 determina a periodicidade quadrienal das eleições para os cargos de vereador e juiz de paz.
[22] MALERBA, Jurandir. **Os brancos da lei**: liberalismo, escravidão e mentalidade patriarcal no Império do Brasil. Maringá: EDUEM, 1994.
[23] Uma das funções do juiz de paz era prevenir crimes e rixas, separar ajuntamentos e corrigir os bêbados, os vadios e as prostitutas escandalosas. Ver BRASIL. **Lei de 15 de outubro de 1827**. Crêa em cada uma das freguezias e das capellas curadas um Juiz de Paz e supplente. Rio de Janeiro: Collecção das Leis do Imperio do Brazil, 1827. Disponível em: https://www2.camara.leg.br/legin/fed/lei_sn/1824-1899/lei-38396-15-outubro--1827-566688-publicacaooriginal-90219-pl.html. Acesso em: 4 jun. 2022.
[24] FLORY, 1986, p. 104.

do caso que, segundo o advogado, teria resultado em uma prisão arbitrária "[...] por conter nulidade manifesta e injustiça notória na parte", e reitera: "[...] esperada da conhecida retidão de V.S.ª, não só o ausente da prisão, mas que repreenda o *juiz, 'dito' de paz*, que menosprezou o seu dever, e cumprimento das leis".[25]

Uma crítica recorrente à magistratura leiga era justamente os pretensos equívocos e manobras na aplicação dos novos códigos legais, dando margem tanto às injustiças quanto à impunidade. De acordo com o conteúdo da apelação, na dificuldade em formar culpa pelo envolvimento do escrivão no crime de peculato, após o interrogatório, o juiz de paz mandou prender Lacerda por desobediência, mas sem seguir os trâmites legais. O processo de apelação em questão é um, entre outros processos, queixas e representações verbais dirigidos ao Supremo Tribunal de Justiça, à Secretaria de Polícia da Corte e ao ministro da Justiça, questionando a conduta e a atuação desses magistrados na capital do Império.

No período marcado pela formação de uma "incipiente esfera pública"[26] e pelas disputas políticas, não demorou para que surgissem debates acerca da reforma do Código do Processo Criminal de 1832, no intuito de coibir supostos abusos de poder da magistratura leiga. A discussão em torno do juiz local esteve em consonância com a questão da centralização e descentralização política, uma vez que a escolha para o cargo não era feita por nomeação.

Em 1835, em um rearranjo das facções políticas, um novo grupo identificado como *regressistas* lidera o cenário político sob a pauta das reformas conservadoras. Assim, a consolidação do *Regresso* conservador tem como marco a reforma do Código do Processo Criminal de 1841, no qual os poderes conferidos anteriormente ao cargo de juiz de paz eleito foram delegados ao chefe de polícia nomeado.

Nesse contexto de disputas políticas por um projeto de nação, formação da opinião pública e exercício da cidadania, o problema de pesquisa é compreender como e sob quais interesses atuaram os juízes de paz da cidade do Rio de Janeiro. Para tanto, importa saber quem foram os indivíduos eleitos para o cargo, suas trajetórias, relações associativas e políticas na localidade.

---

[25] Arquivo Nacional do Rio de Janeiro (ANRJ). Base de Dados do Acervo Judiciário. Processo: nº 2.506 – Caixa 1799 – Gal A RJ – 1834/1834. Recorrente: João Pinto de Lacerda. Supremo Tribunal de Justiça (BU).
[26] BASILE, 2004, Introdução.

Para tratar do assunto da magistratura local no Brasil Império, importa considerar, também, temas que se alinham à pesquisa.

A produção historiográfica no Brasil sobre o juizado de paz é bastante reduzida. Contudo, ainda sob o contexto político e social do regime militar brasileiro (1964/1985), alguns pesquisadores começaram a se interessar por questões como a produção da violência, a criminalidade e ao estado de direito, ou seja, a temas ligados a *Justiça*. Merece destaque o trabalho pioneiro sobre a história do ensino do Direito no Brasil lançado na década de 1970: *Das Arcadas ao Bacharelismo*.[27] Nele, o autor apresenta um panorama das discussões legislativas em torno das propostas de criação dos primeiros cursos de Direito (nas cidades de São Paulo e Olinda), em 1827, e as fragilidades do ensino nesses espaços acadêmicos. Em 1984, a dissertação de mestrado de Celeste Zenha, intitulada *As práticas da Justiça no cotidiano da pobreza*,[28] aborda a atuação da Justiça brasileira a partir de meados do século XIX na freguesia rural de Capivary[29]. O estudo, centrado nos processos criminais arquivados no fórum do município, considera as ações da Justiça em um imbricamento com os grupos sociais que acessavam esse poder, no intuito de verificar o que chamou de "produção social do crime através do exercício cotidiano do poder judiciário".[30]

No livro intitulado *Os Aprendizes do Poder (1988)*,[31] o sociólogo Sérgio Adorno investiga a formação dos bacharéis da Faculdade de Direito de São Paulo e a participação dessa elite letrada na construção ideológica do liberalismo econômico e político do Estado imperial brasileiro. Nesse sentido, a pesquisa de Pedro Dutra (1991)[32] apresenta um significativo levantamento e análise crítica das obras da "literatura jurídica no Império", trazendo trabalhos consagrados por importantes personalidades da área jurídica, como por exemplo, Bernardo Pereira de Vasconcelos, Pimenta Bueno, Perdigão Malheiros, Rui Barbosa, entre outros.

---

[27] VENÂNCIO FILHO, Alberto. **Das arcadas ao bacharelismo**. 2. ed. São Paulo: Perspectiva, 2011.
[28] GUIMARÃES, Celeste Maria Baitelli Zenha. **As práticas da Justiça no cotidiano da pobreza**: um estudo sobre o amor, o trabalho e a riqueza através dos processos penais. 1984. Dissertação (Mestrado) – Programa de Pós-Graduação em História, Universidade Federal Fluminense, Niterói, 1984.
[29] Atualmente, o nome do município é Silva Jardim.
[30] GUIMARÃES, 1984, p. 19.
[31] ADORNO, Sérgio. **Os aprendizes do poder**: o bacharelismo liberal na política brasileira. 2. ed. São Paulo: Edusp, 2019.
[32] DUTRA, Pedro. **Literatura jurídica no Império**. 2. ed. Rio de Janeiro: Padma, 2014.

Nos anos de 1990, durante o período da redemocratização brasileira, novos estudos sobre a escravidão abrem a discussão sobre a formação da Justiça no Brasil. Uma contribuição relevante é o trabalho de Jurandir Malerba, *Os brancos da lei*.[33] O autor analisa os discursos dos comentadores do Código Criminal de 1830 em uma relação dialógica com a Constituição de 1824 e o Código do Processo Criminal de 1832. De acordo com Malerba, os novos códigos legais, em grande medida, refletem "as ideias jurídicas do segmento letrado e dirigente da sociedade imperial"[34]. Nesse sentido, a escravidão é o eixo norteador sobre o qual o autor problematiza as ideias de "justiça" e "equidade" colocadas no texto da Constituição do Império de 1824, parágrafo 18, artigo 179.[35]

Em 1999, José Reinaldo de Lima Lopes propõe uma abordagem panorâmica da história do Direito voltada, especialmente, para os estudantes dessas disciplinas (História e Direito).[36] E em 2009, publica o artigo *O Diálogo entre Direito e História*,[37] fazendo uma análise sobre os entrelaçamentos e distanciamentos entre as duas disciplinas e suas contribuições mútuas.

A criação do juizado de paz e do júri, estabelecida no artigo 162 da Constituição de 1824, estava vinculada ao discurso das "Constituições modernas"[38], que garantia os direitos dos indivíduos a partir do acesso à Justiça. A tese de doutorado de Andréa Slemian — *Sob o império das leis: Constituição e unidade nacional no Império do Brasil (1822 – 1834)* — discute a importância do pacto político em torno da carta constitucional, especialmente no período marcado por divergentes projetos de nação e violentas disputas políticas pelo poder central. A autora destaca que a experiência constitucional precisa ser compreendida no âmbito da administração pública. Com isso, as discussões em torno da implementação do juizado de paz ocuparam a pauta dos legisladores, especialmente dos indivíduos ligados

---

[33] MALERBA, 1994. Sobre a análise dos códigos legais do Brasil Império, ver também: PELLEGRINO, Laércio. Código Criminal de 1830 e Código de Processo Criminal de 1832. **Revista dos Tribunais**, São Paulo, v. 68, n. 528, p. 293-302, out. 1979.

[34] MALERBA, *op. cit.*, p. 142.

[35] MALERBA, *op. cit.*, p. 143.

[36] LOPES, José Reinaldo de Lima. **O Direito na História**: lições introdutórias. 5. ed. São Paulo: Atlas, 2014.

[37] LOPES, José Reinaldo de Lima. O diálogo entre Direito e História. *In:* RIBEIRO, Gladys Sabina; NEVES, Edson Alvisi; FERREIRA, Maria de Fátima Cunha Moura (org.). **Diálogos entre Direito e História**: cidadania e justiça. Niterói: EDUFF, 2009. p. 279-292.

[38] SLEMIAN, Andréa. **Sob o império das leis**: Constituição e unidade nacional no Império do Brasil (1822 – 1834). Tese (Doutorado) – Programa de Pós-Graduação em História Social, Universidade de São Paulo, São Paulo, 2006. Disponível em: https://www.teses.usp.br/teses/disponiveis/8/8138/tde-13072007-114942/publico/TESE_ANDREA_SLEMIAN.pdf. Acesso em: 4 set. 2019. p. 183.

às facções políticas liberais, preocupados com o poder das Câmaras e a atuação dos juízes municipais na localidade.[39] Com efeito, em *"As seduções da ordem: violência, criminalidade e administração da justiça: Minas Gerais – século XIX"*,[40] Ivan Vellasco informa que a partir da criação do Código do Processo Criminal de 1832, os juízes de paz "faziam parte da Justiça administrativa pelas câmaras, cujo descrédito e abusos, segundo avaliação do desembargador, eram apontados como a causa de não recorrerem os povos à sua decisão". Para Vellasco, o magistrado local conferiu sentido concreto e ampliou o acesso à Justiça.[41]

Em uma análise sobre a estrutura funcional da Justiça brasileira na segunda metade do século XIX, a partir da província do Espírito Santo, Adriana Campos e Viviane Betzel (2008) apresentam os desafios que a instituição do Tribunal do Juri enfrentou.[42] O trabalho aponta as polêmicas envolvendo o volume de absolvições realizadas pelo júri, que devem ser analisadas considerando as redes de sociabilidade e as relações políticas na formação do corpo de jurados. Sobre esse tema, Campos publicou, em 2009, o artigo *Tribunal do júri: a participação leiga na administração da Justiça brasileira do oitocentos*.[43] A autora destaca como a independência dos jurados e dos juízes de paz repercutiu negativamente entre os magistrados profissionais.

Em uma perspectiva mais ampliada sobre as pesquisas que versam sobre o tema da Justiça, além das produções nacionais, as contribuições de Manuel Hespanha são de inegável valor. Em *História das Instituições*,[44] o autor aborda a temática sob a perspectiva de uma História do Direito, mas critica as produções que se restringem às análises centradas apenas na "história da dogmática jurídica" e nas "fontes do direito".[45] Em 2004, Hespanha publica a obra *"Guiando a mão invisível"*;[46] um estudo sobre as bases da teoria e da

---

[39] Ibid., p. 185.
[40] VELLASCO, Ivan de Andrade. **As seduções da ordem**: violência, criminalidade e administração da justiça – Minas Gerais, século XIX. São Paulo: EDUSC/ANPOCS, 2004.
[41] Ibid., p. 120.
[42] CAMPOS, Adriana Pereira; BETZEL, Viviani Dal Piero. Júri no Brasil Império: polêmicas e desafios. *In*: RIBEIRO, Gladys Sabina (org.). **Brasileiros e cidadãos**: modernidade política (1822 – 1930). São Paulo: Alameda, 2008.
[43] CAMPOS, Adriana Pereira. Tribunal do Júri: a participação leiga na administração da justiça brasileira do Oitocentos. *In*: RIBEIRO, Gladys Sabina; NEVES, Edson Alvisi; FERREIRA, Maria de Fátima Cunha Moura (org.). **Diálogos entre Direito e História**: cidadania e justiça. Niterói: EDUFF, 2009. p. 219-236.
[44] HESPANHA, António Manuel. **História das instituições**: épocas Medieval e Moderna. Coimbra, Portugal: Livraria Almedina, 1982.
[45] Ibid., p. 11.
[46] HESPANHA, António Manuel. **Guiando a mão invisível**: direitos, Estado e lei no liberalismo monárquico português. Coimbra, Portugal: Livraria Almedina, 2004.

prática constitucional do liberalismo português no século XIX. O autor discute o paradoxo que, segundo ele, permeou o liberalismo em toda Europa Ocidental: as diferenças entre a teoria e as práticas legais sobre os direitos naturais do cidadão, especialmente o que tange às liberdades individuais. Manuel Hespanha apresenta uma reflexão sobre a influência da história do direito na formação da cultura jurídica europeia (2005).[47] Ainda sobre o estudo do Direito, António Manuel Hespanha, em *O Direito dos Letrados no Império Português (2007)*,[48] analisa a constituição da cultura literária jurídica da Europa moderna, especialmente Portugal, estabelecendo ao longo do texto as diferenças fundamentais com o direito contemporâneo, entre as quais, o conceito de *natureza das coisas versus* a vontade mutável dos órgão coletivos e, nesse sentido, a autoridade dos textos jurídicos em si na época moderna, como algo a ser explicado pelos magistrados, e não interpretado, como na atualidade. Hespanha destaca que os textos do direito não eram tão permeáveis à incorporação das práticas jurídicas na tradição literária portuguesa, e que o espaço da intertextualidade jurídico-tradicional era o dos "produzidos no âmbito das instituições judiciárias", como por exemplo, as coleções de *Decisões*;[49] normas infralegais que permaneceram, inclusive, na estrutura administrativa do Brasil Império.

Em 1981, Thomas Flory publica o livro *"Judge and Jury in Imperial Brazil"*,[50] que permanece como a principal referência para os estudos sobre a magistratura leiga no país. O cenário internacional dos anos de 1980 marcado pelas disputas políticas entre as grandes potências mundiais (Estados Unidos e União Soviética) e pela presença de regimes autoritários nos países da América Latina indica o contexto de produção da obra. Com relação à capital do Império, Flory afirma que os juízes de paz nessa região eram líderes políticos destacados e muitos deles possuíam formação acadêmica, o que conferia status de magistrado semiprofissional ao cargo da magistratura leiga. Sem dúvida, a pesquisa de Flory fornece elementos fundamentais para os estudos sobre o juizado de paz no Brasil imperial e abre um instigante campo de análise sobre o tema da Justiça. Contudo, a despeito das dificuldades expressadas pelo autor sobre um levantamento mais preciso do perfil desses magistrados nas freguesias urbanas do Rio

---

[47] HESPANHA, António Manuel. **Cultura jurídica europeia**: síntese de um milênio. Florianópolis: Boiteux, 2005a.
[48] HESPANHA, António Manuel. **O direito dos letrados no império português**. Florianópolis: Boiteux, 2007.
[49] *Ibid.*, p. 123-124.
[50] FLORY, Thomas. **Judge and Jury in Imperial Brazil, 1808 – 1871**: social control and political stability in the new state. Austin: University of Texas Press, 1981.

de Janeiro e diante do espaço dedicado ao juiz de paz da capital em seu trabalho, acreditamos que os estudos sobre a magistratura leiga e eletiva na cidade-Corte era uma questão que precisava ser aprofundada, a partir de uma investigação criteriosa das fontes do judiciário, dos códices de polícia da Corte, das decisões do governo, das atas eleitorais e da imprensa fluminense.

Joelma Aparecida do Nascimento analisa o perfil social do juiz de paz em *Os homens da administração e da justiça no Império*,[51] a partir do levantamento de atas de eleição, listas nominativas, inventários *post-mortem* e testamentos de 13 freguesias localizadas no município de Mariana (província de Minas Gerais), entre os anos de 1829 e 1841.[52] No trabalho de pesquisa da Tese, *A política eleitoral e judiciária na construção do Estado Imperial*,[53] Nascimento analisa a formação da legislação que regulamentava as eleições e a aplicação efetiva dessas leis em torno do pleito eleitoral da Câmara Municipal de Mariana.

Em 2011, Adriana Pereira Campos publica o artigo que trata sobre a magistratura leiga sob a ótica da "participação na política municipal".[54] Em outro artigo, Ivan Vellasco discute algumas "hipóteses" sobre as formas e a participação da justiça local no Império brasileiro.[55] No livro *"Perspectivas da cidadania no Brasil Império"*,[56] Campos e Vellasco tratam sobre os juízes de paz na perspectiva da interiorização da política imperial, partindo da Reforma Judiciária de 1871.

Além do Parlamento e da participação popular nas eleições, Adriano Aparecido Magalhães, em sua pesquisa de mestrado intitulada *"Os Guerrilheiros do Liberalismo": o juiz de paz e suas práticas nos Termos de São João del-Rei*,[57]

---

[51] NASCIMENTO, Joelma Aparecida do. **Os "homens" da administração e da justiça no Império**: eleição e perfil social dos juízes de paz em Mariana, 1827 – 1841. 2010. Dissertação (Mestrado) – Universidade Federal de Juiz de Fora, Juiz de Fora, 2010.
[52] *Ibid.*, p. 125.
[53] NASCIMENTO, Joelma Aparecida do. **A política eleitoral e judiciária na construção do Estado Imperial**: Minas Gerais (Mariana, 1828 – 1848). 2015. Tese (Doutorado) – Universidade Federal de Minas Gerais, Belo Horizonte, 2015.
[54] CAMPOS, Adriana Pereira. Magistratura leiga no Brasil independente: a participação política municipal. *In*: CARVALHO, José Murilo de (org.). **Linguagens e fronteiras do poder**. Rio de Janeiro: Editora FGV, 2011.
[55] VELLASCO, Ivan de Andrade. Juízes de paz, mobilização e interiorização da política: algumas hipóteses de investigação das formas da justiça local e participação política no Império. *In*: CARVALHO, José Murilo de (org.). **Linguagens e fronteiras do poder**. Rio de Janeiro: Editora FGV, 2011.
[56] CAMPOS, Adriana Pereira; VELLASCO, Ivan. Juízes de paz, mobilização e interiorização da política. *In*: CARVALHO, José Murilo de; CAMPOS, Adriana Pereira (org.). **Perspectiva da cidadania no Brasil Império**. Rio de Janeiro: Civilização Brasileira, 2011.
[57] MAGALHÃES, Aparecido Adriano. **"Os Guerrilheiros do Liberalismo"**: o juiz de paz e suas práticas nos Termos de São João del-Rei, Comarca do Rio das Mortes (1827 – 1842). 2011. Dissertação (Mestrado em História) – Universidade Federal de São João del-Rei, São João del-Rei, 2011. p. 23.

observa a imprensa como a arena dos embates políticos sobre o assunto da magistratura eletiva. A pesquisa tem como objetivo compreender a participação do juiz de paz na cidade de São João del-Rei no âmbito das reformas liberais e da ascensão do projeto político conservador do início do Segundo Reinado. Em 2012, Alexandre de Souza investiga as profundas transformações pelas quais passou o cargo de juiz de paz até o fim do Império brasileiro em 1889.[58]

A fim de discutir a formação de uma cultura política a partir da criação do cargo de juiz de paz no Espírito Santo, o trabalho de pesquisa de Kátia Sausen da Motta, *Juiz de Paz e Cultura política no início dos Oitocentos*,[59] investiga como a elite política brasileira se articulou em torno do assunto e de que maneira se deu a atuação desse magistrado na província.

Com efeito, a instituição se transformou em bandeira do *liberalismo* na abertura da Assembleia Geral em 1826. Quando o deputado Nicolau Vergueiro apresentou seu projeto para criação do juizado de paz, em 30 de agosto de 1826, o texto foi recebido com apreensão, pois a proposta recrudescia os poderes do magistrado leigo, conferindo-lhe atuação sobre pequenos delitos e "também pela prisão de criminosos e suspeitos".[60] A questão causou controvérsia na sessão da Assembleia Legislativa. Os deputados Bernardos de Vasconcellos e Antônio Feijó advertiam sobre os riscos de abusos de poder, "em razão da generalidade desses poderes"[61], enquanto outros deputados argumentavam dizendo que a magistratura popular nada tinha a ver com os interesses do Poder Executivo.

O trabalho publicado por Adriana Pereira Campos, *Magistratura Eleita: administração política e judicial no Brasil*,[62] discute as mudanças de entendimento da elite política em torno da formação do juizado de paz no Brasil durante o período. Campos destaca que, entre 1832 e 1841, ou seja, em menos de uma década:

---

[58] SOUZA, Alexandre de Oliveira Basílio de. **Das urnas para as urnas**: o papel do Juiz de Paz nas eleições do fim do Império (1871 – 1889). 2012. Dissertação (Mestrado em História) – Programa de Pós-Graduação em História, Universidade Federal do Espírito Santo, Vitória, 2012.

[59] MOTTA, Kátia Sausen da. **Juiz de paz e cultura política no início dos Oitocentos (Província do Espírito Santo, 1827 – 1842)**. 2013. Dissertação (Mestrado em História) – Programa de Pós-Graduação em História, Universidade Federal do Espírito Santo, Vitória, 2013.

[60] CAMPOS, Adriana Pereira. Magistratura Eleita: administração política e judicial no Brasil (1826 – 1841). **Almanack**, Guarulhos, n. 18, p. 97-138, 2018. Disponível em: https://www.scielo.br/j/alm/a/N3qnGtv5cTYsxMCmztXYwWS/?lang=pt. Acesso em: 3 set. 2019. p. 111.

[61] CAMPOS, *loc. cit.*

[62] CAMPOS, 2018.

> [...] a elite política brasileira variou da ampla credulidade sobre os juízes eleitos da total descrença da capacidade dos cidadãos brasileiros em usufruir de instituições do autogoverno. Tornava-se opinião corrente que a eleição enfraquecia os magistrados no combate ao crime em razão dos compromissos e dependências políticas.[63]

Essa percepção sobre as dificuldades de os magistrados eleitos combaterem efetivamente o crime, por conta de possíveis engendramentos com as elites políticas, não se deu por acaso. Para tratar sobre um tipo de crime policial (ajuntamento ilícito) os manuscritos e os jornais acessados durante nossa pesquisa de mestrado informam a conflituosa atuação do juiz de paz na repressão a determinadas condutas coletivas consideradas potencialmente criminosas.

Ainda assim, a transferência da função de polícia judiciária do juiz eleito para o chefe de polícia, nomeado pelo ministro da Justiça, renderam longas discussões no Parlamento. Outra questão que frequentemente vinha à baila, era a ausência de um regimento específico para o cargo à época de sua criação. De acordo com o livro publicado em 2017, *Juízes de paz: um projeto de justiça cidadã nos primórdios do Brasil Império*,[64] Bernardo de Vasconcellos e Diego Antônio Feijó, ambos formados em direito, por iniciativa própria criaram dois manuais; uma espécie de guia para os juízes leigos. A ideia era fornecer um regimento, orientando a atuação desses magistrados.

Em 2018, Frederico Castilho Tomé defende a Tese intitulada: *Do Rio de Janeiro a Bueno Aires: a justiça local nos periódicos de Evaristo da Veiga e Pedro de Angelis (1827 – 1835).*[65] Nela, Tomé apresenta o discurso da imprensa sobre o instrumento da justiça local a partir de uma análise comparativa entre as duas folhas, no sentido de "discutir as transformações ocorridas no sudoeste Atlântico associada à experiência moderna".[66]

O envolvimento das autoridades públicas com o mundo da ilegalidade foi tema do trabalho de Alex Andrade Costa, *Os juízes de paz são todos uns ladrões*.[67] O autor investiga a participação dos juízes de paz, além de outros

---

[63] CAMPOS, 2018, p. 131.
[64] CAMPOS, Adriana Pereira; SLEMIAN, Andréa; MOTTA, Kátia Sausen. **Juízes de paz**: um projeto de justiça cidadã nos primórdios do Brasil Império. Curitiba: Editora Juruá, 2017.
[65] TOMÉ, Frederico Castilho. **Do Rio de Janeiro a Buenos Aires**: a justiça local nos periódicos de Evaristo da Veiga e Pedro de Angelis (1827 – 1835). 2018. Tese (Doutorado em Estudos Comparados sobre as Américas) – Universidade de Brasília, Brasília, 2018.
[66] *Ibid.*, p. 5.
[67] COSTA, Alex Andrade. "Os juízes de paz são todos uns ladrões": autoridades públicas e o tráfico de escravos no interior da província da Bahia (1831 – 1841). **Estudos Históricos**, Rio de Janeiro, v. 32, n. 66, p. 123-142, 2019.

magistrados e agentes públicos, na continuidade do tráfico de escravos na província da Bahia após a Lei de 1831. A contribuição da pesquisa de Costa está na discussão sobre "como, no desempenho de suas funções, agentes públicos atuavam a favor do contrabando de escravos após 1831"[68]. Ainda no ano de 2019, Eduardo Junior defende a dissertação de mestrado intitulada *"Em nome da boa administração da justiça: a relação entre o governo provincial e os juízes de paz na província de Minas Gerais (1827 – 1834),*[69] na qual o autor questiona o dito "excesso de autonomia" dos magistrados leigos ante as interferências do governo provincial. Por fim, no ano de 2022, Moisés Frutuoso defende a tese que trata sobre a participação dos magistrados de paz do termo de Rio de Contas, alto sertão da Bahia, nos conflitos intraelites que se estenderam de 1822 a 1832.[70]

Para uma discussão mais aprofundada sobre os projetos dos grupos políticos — temática importante para desenvolvimento desta pesquisa —, a tese de doutorado de Marcello Basile[71] permanece como a principal referência sobre o assunto. As disputas entre as facções políticas em torno da prevalência do Poder Executivo sobre o Legislativo, e vice-versa, os debates em torno da centralização *versus* descentralização do poder e as variadas pautas pelas reformas institucionais ensejaram rachas e rearranjos entre os grupos. As controvérsias em torno da criação do juizado de paz e sua atuação na Corte devem ser entendidas no bojo desse jogo político.

Para tanto, foi fundamental identificar o perfil sociopolítico dos juízes de paz que atuaram nas freguesias urbanas da cidade-Corte do Rio de Janeiro entre os anos de 1829 e 1841, no intuito de conhecer quem era o cidadão eleito para o cargo e, assim sendo, analisar a atuação do juiz de paz no cotidiano da cidade-Corte no desempenho de suas funções policial, judiciária, administrativa e eleitoral. Nesse sentido, ao analisar as discussões acerca do juizado de paz a partir dos artigos de jornais da época e dos manuscritos localizados no Arquivo Nacional e Arquivo Gral da Cidade do Rio de Janeiro foi possível conhecer as relações políticas e associativas da magistratura local nas freguesias urbanas que compõem a Corte, consi-

---

[68] COSTA, 2019, p. 125.
[69] SILVA JÚNIOR, Eduardo da. "**Em nome da boa administração da justiça**": a relação entre o governo provincial e os juízes de paz na província de Minas Gerais (1827 – 1834). 2019. Dissertação (Mestrado em História) – Programa de Pós-Graduação em História, Universidade Federal de Juiz de Fora, Juiz de Fora, 2019.
[70] FRUTUOSO, Moisés Amado. "**Murmurando o sagrado em nome da Pátria**": juízes de paz, elites e antilusitanismo em Rio de Contas (1822 – 1832). 2022. Tese (Doutorado) – Faculdade de Filosofia e Ciências Humanas, Universidade Federal da Bahia, Salvador, 2022.
[71] BASILE, 2004. Ver também: MOREL, 2005.

derando o que sobre ele se dizia. Ademais, verificar a atuação policial dos juízes de paz possibilitou compreender como parte da população interagia com essa interferência.

Não obstante, na agenda política das reformas liberais do Império brasileiro, a reestruturação das instituições do Estado ensejou um amplo debate público,[72] especialmente em torno da atuação dos novos magistrados de paz. Isso porque na urgência de superar os resquícios do absolutismo monárquico, a reforma da Justiça acontece a partir da criação do juizado de paz em 1827: "[...] sua criação era um ataque direto à velha magistratura profissional (predominantemente portuguesa, nomeada e controlada pelo poder central)"[73]. Para tratar sobre o conceito da magistratura local, partiremos das reflexões de Antônio Manoel Hespanha sobre o "mundo dos rústicos".[74]

A partir do século XV, em Portugal, há uma "progressiva intervenção da justiça real (erudita)" sobre a "autonomia jurídica dos conselhos e dos senhorios (rústicos)". A tradicional magistratura popular dos conselhos começa a ser interpretada pela Justiça erudita como uma situação de "desconhecimento do Direito". Os processos escritos da Justiça estatal — pautados nas Ordenações — eram estranhos à Justiça tradicional, pautada no Direito consuetudinário.[75] Nesse sentido, a ignorância, a rudez e a imperícia surgem nos discursos dos juízes eruditos como característica própria da magistratura local e leiga.[76] Guardadas as devidas diferenças entre a Justiça portuguesa dos séculos XVII e XVIII e a brasileira do século XIX, importa perceber a discussão que o autor estabelece sobre a marginalização do juiz leigo sob a ótica de outra ordem jurídica: a dos juízes letrados.

Em 1838, no Rio de Janeiro, a famosa comédia de costumes do teatrólogo Martins Pena, *O Juiz de paz da Roça*,[77] fazia uma sátira à figura do magistrado leigo em situações do cotidiano rural. A corrupção, os assédios e o exercício de poder emergem nas cenas, juntamente com a incompetência do juiz para o desempenho da magistratura, como o despacho de documentos.

---

[72] BASILE, 2009, p. 72.

[73] BASILE, 2009, p. 74.

[74] HESPANHA, António Manoel. As fronteiras do poder: o mundo dos rústicos. **Revista Sequência**, v. 26, n. 51, p. 47-105, 2005b.

[75] "Organização da vida jurídica local baseada na oralidade e nos costumes". *Ibid.*, p. 50.

[76] *Ibid.*, p. 52.

[77] PENA, Martins. **O juiz de paz da roça**. BDteatro. Uberlândia: UFU. Disponível em: https://www.bdteatro.ufu.br/handle/123456789/120. Acesso em: 31 ago. 2019.

Outra característica frequentemente explorada nas cenas, é a troca de favores. Consta que em uma sessão de conciliação o sujeito lembrava ao juiz de paz dos votos que o dito magistrado havia pedido em troca de uma cerca de espinhos para a propriedade do requerente.[78] Sobre tais práticas, Richard Graham assevera:

> O clientelismo constituía a trama de ligação da política no Brasil Império do século XIX e sustentava virtualmente todo ato político. A vitória eleitoral dependia sobretudo de seu uso competente. [....] Clientelismo significava tanto o preenchimento de cargos governamentais quanto a proteção de pessoas humildes, mesmo os trabalhadores agrícolas sem-terra.[79]

No artigo intitulado, *Mandonismo, coronelismo, clientelismo: Uma discussão conceitual*,[80] José Murilo de Carvalho aborda o conceito de *clientelismo*, estabelecendo os limites com os conceitos de *mandonismo e coronelismo*. Segundo o autor, a ideia de clientelismo pressupõe relações que envolvem trocas de benefícios públicos por apoio político (especialmente pelo voto), perpassando a história política brasileira. Nesse sentido, o conceito de clientelismo deve ser entendido dentro de sua amplitude. Independentemente do enfraquecimento do mandatário, o clientelismo pode se manter na medida em que pactua com novos atores políticos. José Murilo assevera que ainda há autores que se referem ao coronelismo para períodos recentes da história do Brasil, ou seja, veem na barganha do voto em troca de "emprego e serviços públicos"[81] um retorno ao coronelismo, quando na verdade trata-se do clientelismo que de fato se mantém nas relações político-sociais. As representações e os registros documentais do período sobre o magistrado leigo na Corte do Rio de Janeiro sinalizam essas práticas clientelistas, que precisam ser compreendidas considerando a trajetória desses indivíduos, seus alinhamentos políticos e as aproximações e distanciamento com determinados modelos de justiça local para criação do cargo.

De acordo com Hespanha, a ideia de que os juízes locais eram mais permeáveis a essas práticas está dentro de uma discussão que envolve

---

[78] *Ibid.*, p. 17.
[79] GRAHAM, Richard. **Clientelismo e política no Brasil do século XIX**. Rio de Janeiro: Editora UFRJ, 1997. p. 16-17.
[80] CARVALHO, José Murilo de. Mandonismo, coronelismo, clientelismo: uma discussão conceitual. **Revista Dados**, Rio de Janeiro, v. 40, n. 2, 1997. Disponível em: https://www.scielo.br/scielo.php?pid=S0011-52581997000200003&script=sci_arttext. Acesso em: 28 set. 2020.
[81] CARVALHO, *loc. cit.*

disputas hierárquicas dentro da magistratura.[82] Ademais, a discussão de Manuel Hespanha sobre a magistratura local problematiza a dicotomia entre centralização e descentralização do poder a partir da Justiça:

> A ideia de que o juiz é forçosamente um delegado do poder político central não tem mais de dois séculos, constituindo um reflexo do pensamento político que, pela primeira vez, separa radicalmente a sociedade civil do Estado, reservando a este o monopólio do poder político, sobretudo do poder de criar o direito (por via legislativa ou judicial). Em contrapartida, o pensamento jurídico que domina o longo período que a historiografia actual designa por "Estado" de "ordens" concebia o poder político e o direito directamente decorrentes de um poder autoorganizador dos corpos sociais espontâneos — a família, as corporações e as cidades.[83]

O autor assevera que, *a priori*, o juiz é o representante dos interesses da comunidade a partir de regras definidas por ela e para ela. Entretanto, a ideia de autogoverno vinculada à magistratura leiga desconsidera o fato de que, no mais das vezes, esses juízes eram recrutados entre os estratos superiores da sociedade local e, nesse sentido, "através destas magistraturas, canaliza-se, afinal, o poder político e social da estreita camada dos potentados locais"[84].

De fato, a despeito da magistratura profissional, para a qual era exigida a formação de bacharel em Direito, o letramento não era uma condição estabelecida na lei para o desempenho da função de juiz de paz no Brasil Império. Contudo, diante das fontes acessadas até aqui, percebemos que, nos distritos das freguesias urbanas que compõem a Corte, parte desses magistrados eleitos não só eram letrados, como vinham das fileiras das elites política e econômica.

De acordo com José Murilo de Carvalho, a formação da *elite política* no Brasil Império tem como um elemento de unificação a educação superior concentrada na formação jurídica.[85] Na "legislatura de 1826, 70% dos deputados tinham educação superior" e, nas legislaturas seguintes (1838, 1850, 1869 e 1886), os magistrados estão em maior número. "Uma carreira típica para o político cuja família não possuía influência bastante para

---

[82] HESPANHA, 2005b, p. 51; 56; 63; 64.
[83] *Ibid.*, p. 85.
[84] HESPANHA, 2005b, p. 89.
[85] CARVALHO, José Murilo de. **A construção da ordem**: a elite política imperial. Brasília: Ed. Universidade de Brasília, 1981. p. 51.

levá-lo diretamente à Câmara começava pela magistratura. Como o sistema judicial era centralizado, todos os juízes eram nomeados pelo ministro da Justiça"[86], exceto o juiz de paz eleito. Vale ressaltar que grande parte desses políticos foi educada na universidade de Coimbra e teve uma formação mais conservadora. Não por acaso, eles representavam o grupo mais preocupado com o "fortalecimento do poder central"[87], e, quando estiveram à frente do projeto político do Regresso conservador, homens como Bernardo de Vasconcellos lideraram a reforma, o que limitou, consideravelmente, os poderes da magistratura local e leiga. Entretanto, conforme asseverou Hespanha, as relações entre a magistratura local e a elite letrada não eram tão estanques quanto pareciam.[88]

No intuito de aprofundar a análise do nosso objeto de pesquisa, importa considerar o conceito de *cidadania política*.

A cidadania no Brasil é um "fenômeno complexo e historicamente definido"[89]. Para tratar sobre o assunto, José Murilo de Carvalho esclarece os três conceitos sobre os quais se desdobrariam a cidadania: os direitos civis, sociais e políticos. Os direitos civis compreendem, principalmente, as liberdades individuais e a igualdade perante as leis. Os direitos sociais seriam aqueles garantidores do acesso do cidadão à "riqueza coletiva", ou seja, à educação, à saúde e ao trabalho, por exemplo. Os direitos políticos representam a participação do cidadão no "governo da sociedade": em linhas gerais, o direito de votar e se votado. Nesse sentido, no Brasil imperial, "os direitos políticos saem na frente"[90]. Contudo, considerando as especificidades culturais de cada sociedade, o conceito de cidadania se expande, pois teria acontecido de maneira diferente em cada país, favorecendo uma variedade de tipos.[91]

A Constituição do Império de 1824 definiu quem era o cidadão politicamente ativo, ou seja, quem tinha o direito de votar e ser votado. Contudo, há outros aspectos da formação da cidadania política que precisam ser explorados, como "a participação direta no poder judicial possibilitada pelo exercício da função eletiva de juiz de paz"[92]. Ademais, a especificidade

---

[86] Ibid., p. 82; 84; 93.
[87] Ibid., p. 59.
[88] HESPANHA, op. cit., p. 56.
[89] CARVALHO, José Murilo de. **Cidadania no Brasil**: o longo caminho. 13. ed. Rio de Janeiro: Civilização Brasileira, 2010.
[90] CARVALHO, 2010, p. 9-10; 25.
[91] CARVALHO, 1996, p. 337.
[92] Ibid., p. 341.

da eleição municipal decidida pelos votantes em um único turno, na qual eram escolhidos os magistrados locais, permitia maior participação popular na vida política da localidade.[93]

Contudo, partimos da hipótese de que os interesses políticos e as interferências na magistratura local colocavam em xeque a autonomia atribuída ao cargo eletivo. Isso porque, no caso do Rio de Janeiro, a Magistratura de Paz estava submetida às decisões da Secretaria de Justiça desde 1831. Nesse sentido, o discurso de época em torno do "excesso de autonomia" do cargo, que em grande medida é reverberado pela historiografia atual, parece não se sustentar ante as interferências do governo central no cotidiano da Justiça de paz. Ademais, tanto o processo eleitoral do município como as demais funções administrativas desempenhadas pela Câmara Municipal do Rio de Janeiro em conjunto com a Justiça de Paz — além dos indivíduos eleitos oriundos das lideranças locais provenientes dos grupos políticos e associações que atuavam na capital do Império — levam a crer que a questão fundamental naquele período era a possibilidade de uma rearranjo do poder local em torno desse cargo, mesmo após a Lei de 1º de outubro de 1828, que limitou o poder das câmaras municipais.

Ademais, o entendimento de que os juízes de paz buscavam ascensão social ao assumirem o cargo para o qual, a priori, sequer se candidatavam, somado ao fato de que, no caso dos juízes de paz do Rio de Janeiro, parte deles era oriunda das elites intelectual e econômica da capital do Império, contrapõe-se a hipótese de que, na verdade, esses homens eram movidos pelo prestígio social que o processo eleitoral possibilitava e, consequentemente, a perspectiva de ascensão na carreira política.

A história de uma instituição como a magistratura é construída a partir de seus regimentos e códigos, seu local de funcionamento, sua forma de atuação, mas também a partir de seus valores e, especialmente, do resgate da trajetória de seus agentes sociais. Contudo, como bem observou Bourdieu, não se pode reduzir os agentes ao seu grupo coletivo, pois é preciso considerar as ações concretas dos indivíduos e, nesse sentido, a forma como lidam com essas instituições, pautada, em grande medida, em um código de conduta próprio ao seu microcosmos social.[94]

---

[93] CARVALHO, 2010, p. 30.
[94] Cf. BOURDIEU, Pierre. O campo político. **Revista Brasileira de Ciência Política**, Brasília, n. 5, p. 193-216, 2011. Disponível em: https://periodicos.unb.br/index.php/rbcp/article/view/1761/1549. Acesso em: 3 fev. 2023. p. 195; BOURDIEU, Pierre. **O poder simbólico**. Rio de Janeiro: Bertrand Brasil S.A., 1989. p. 82-83.

À medida que certos agentes sociais que compõem essas instituições "se reconhecem em um mesmo projeto (político ou outro)"[95], criam-se as bases para a distinção dos grupos. *A priori*, o espaço que os juízes leigos ocupariam no meio jurídico e político dependeria do capital simbólico institucionalizado, que é o reconhecimento interno. Mas, na ausência desse reconhecimento interno, uma luta por outro tipo de reconhecimento se estabelece: a luta por *notoriedade*.

Sobre o conceito de *notoriedade*, o jurista baiano Leopoldo Braga aborda a acepção semântica da palavra. De acordo com Braga, o "significado comum e usual" do termo na língua portuguesa corresponde à "qualidade do que é notório, significando, pois, *publicidade, conhecimento público*, uma vez que o vocábulo 'notório', provindo do latim *notoriuns (de nascer, conhecer)*, significa *público, reconhecido, manifesto, patente, sabido de todos, de conhecimento geral* — tal como registram os lexicógrafos"[96].

Ademais, a notoriedade também pode ser oficial "por seu caráter científico ou histórico" ou popular, quando o fato em questão se consolidou no meio social.[97] Aqui reside o que nos interessa para a análise de outra tipologia do conceito: a *notoriedade social*, para a qual elementos como o reconhecimento jurídico e a estima social estão na base da discussão teórica por se atrelarem à construção da identidade pessoal e coletiva dos agentes.[98]

A estima social está pautada na singularidade e no prestígio dos indivíduos; ela "se aplica às propriedades particulares que caracterizam os seres humanos em suas diferenças pessoais". Para alcançar esse *status* social, porém, é preciso estar alinhado aos códigos sociais culturalmente definidos e submeter suas capacidades e ações concretas ao julgamento dessa "comunidade de valores".[99] Em poucas palavras, em uma sociedade hierárquica — como o Rio de Janeiro do século XIX —, a notoriedade social dos agentes públicos eleitos (magistrados de paz) se constrói a partir da observância dos preceitos jurídicos que fazem dele reconhecidamente uma pessoa de direitos e da capacidade do sujeito de adquirir honra, na medida em que consegue corresponder aos anseios e aos preceitos éticos e morais da comunidade

---

[95] BOURDIEU, Pierre. **Razões práticas**: sobre a teoria da ação. Campinas, SP: Papirus, 1996. p. 51-50.
[96] BRAGA, Leopoldo. Notoriedade. **Revista de Direito do Ministério Público do Estado da Guanabara**, Rio de Janeiro, v. 3, n. 7, p. 27-33, 1969. p. 27.
[97] *Ibid.*, p. 32.
[98] HONNETH, Axel. **Luta por reconhecimento**: a gramática moral dos conflitos sociais. 2. ed. São Paulo: Editora 34, 2009.
[99] HONNETH, 2009, p. 200.

pelo valor utilitário que provou ter para o grupo ao qual pertence. Aliás, ser identificado como membro de determinado grupo representa outra característica da notoriedade social: a distinção. Para Ricoeur, "identificar e distinguir constituem um par verbal indissociável".[100]

O fato é que, em termos de notoriedade social, as capacidades individuais ou coletivas dos sujeitos são submetidas ao julgamento público e local. Nesse sentido, uma discussão importante para a compreensão da trajetória da magistratura de paz no período investigado é a questão da competência na administração da Justiça. Isso porque a criação da magistratura leiga colocava em questão um princípio fundamental para o meio jurídico: somente os magistrados profissionais tinham competência para administrar a Justiça, ou seja, a elite dos magistrados versados nas leis. Ocorre que os juízes leigos gozavam de certa autonomia com relação a consensos, acordos e expectativas dos demais membros do meio jurídico — e também de parte da elite política que se opunha à magistratura leiga — por se tratar de um cargo cuja ascensão se dava por meio de um mandato popular. Nesse sentido, o juiz local buscava o *reconhecimento externo* ao meio jurídico, ou seja, a *notoriedade* dos seus feitos, pois, diferentemente das instâncias hierárquicas da magistratura togada que pactuavam "uma espécie de cumplicidade fundamental"[101] em defesa do *status quo*, legando uma posição excludente aos leigos, os atos dos juízes eleitos eram determinados na relação direta com seus concidadãos. *A priori*, homens de diferentes estratos profissionais tornaram-se suscetíveis ao cargo da magistratura de paz a partir do ato ou efeito de se tornarem notáveis, ou seja, "de serem conhecidos e reconhecidos"[102] como cidadãos potencialmente elegíveis. Assim sendo, a hipótese em questão versa sobre a possibilidade de que os juízes de paz buscavam notoriedade ao publicizarem suas ações por meio da imprensa, ou seja, reconhecimento popular, no intuito de comprovarem competência para o cargo, firmando posição nos campos da magistratura e da política para, assim, alcançarem seus objetivos.

Quanto ao levantamento de fontes primárias para esta pesquisa, o arcabouço documental é composto pelos manuscritos dos *Instrumentos de Justiça* (IJs) — ofícios, avisos, relatórios e queixas; dos *Códices de Polícia da Corte* (0E) — correspondências entre a Intendência Geral de Polícia da Corte e os juízes de paz, a Secretaria de Polícia da Corte e o ministro da

---

[100] RICOEUR, Paul. **Percurso do reconhecimento**. São Paulo: Edições Loyola, 2006. p. 36.
[101] BOURDIEU, 2011, p. 198.
[102] HONNETH, *op. cit.*, p. 205.

Justiça e entre o chefe de polícia e os juízes de paz dos distritos —; da Base de Dados do Acervo Judiciário — conciliações, processos e requerimentos. Essa documentação está localizada no Arquivo Nacional do Rio de Janeiro (ANRJ). No Arquivo Geral da Cidade do Rio de Janeiro (AGCRJ) foram localizadas as atas eleitorais das eleições municipais das freguesias. As sobreditas atas forneceram, além dos nomes dos juízes eleitos, dados relevantes sobre o processo eleitoral do período. Outro repositório de processos da magistratura de paz acessado durante a pesquisa foi o Tribunal de Justiça do Rio de Janeiro – Museu da Justiça (TJ/MJ).

Além da documentação manuscrita, foram abordados também periódicos da imprensa do Rio de Janeiro, especialmente os jornais *Diário do Rio de Janeiro* e *Jornal do Commercio* disponíveis na Hemeroteca Virtual (Biblioteca Nacional do Rio de Janeiro). As demais fontes primárias são documentos do Legislativo nacional e municipal (Coleção de Leis do Império, anais da Câmara dos Deputados e editais da Câmara Municipal); os códigos legais: Constituição do Império do Brasil de 1824, Código Criminal de 1830 e Código do Processo Criminal de 1832 e decretos, além das informações biográficas encontradas em dicionários, nos dados do Instituto Histórico e Geográfico Brasileiro – IHGB e em outros repositórios institucionais.

Cumpre destacar, que na documentação da Justiça (IJs e Juizado de Paz) e da Secretaria de Polícia da Corte (Códices de Polícia), os registros informam o nome, a ocupação (se interino ou suplente) e o distrito dos juízes de paz das respectivas freguesias. Esses dados integram uma preciosa fonte documental sobre o período e, doravante, permitem a investigação de certas características relacionadas a esses magistrados, como por exemplo, suas origens sociais e outras ocupações. Nesse sentido, de acordo com Lawrence Stone, a metodologia prosopográfica é uma ferramenta útil, tanto para "a análise das afiliações sociais e econômicas" quanto para o desvelamento dos alinhamentos políticos de determinados grupos.[103]

Contudo, há sempre o risco de, em uma análise aligeirada das fontes, tomar-se a parte pelo todo. As potencialidades metodológicas não excluem as deficiências e os perigos na classificação e interpretação dos dados e os "limites da compreensão histórica". Entretanto, quando a metodologia é aplicada aos estudos de determinadas elites locais, é possível acessar fatores econômicos e sociais por trás de questões que, a priori, parecem restritas ao

---

[103] STONE, Lawrence. Prosopografia. **Revista de Sociologia e Política**, Curitiba, v. 19, n. 39, p. 115-137, 2011. Disponível em: https://www.scielo.br/j/rsocp/a/khxZXHsx498bxmNtg63Hzgy/?format=pdf&lang=pt. Acesso em: 5 set. 2019. p. 116-117.

universo político-partidário, fornecendo dessa maneira, um amplo campo de análise.[104] Nessa perspectiva, um levantamento sistemático sobre as origens socioeconômicas, os alinhamentos políticos e os percursos dos juízes de paz se fez necessário, pois importava saber quem eram esses indivíduos que atuavam na Corte. Para tanto, um banco de dados foi confeccionado a partir de informações contidas nos artigos sobre os juízes de paz publicados nos jornais, na documentação da Secretaria de polícia da Corte, na base de dados do Judiciário e nos dicionários biográficos.

Outra questão considerada na abordagem dessas fontes institucionais (Justiça e polícia) foram as brechas nos documentos oficiais e, por outro lado, a tendência na supervalorização da periculosidade, atribuída a determinadas condutas sociais pelos agentes públicos. Nesse sentido, vale perceber "o processo de transformação dos atos em autos, sabendo que ele é sempre uma construção de um conjunto de versões sobre um determinado acontecimento". Em poucas palavras, a abordagem desse tipo de documento pressupõe uma crítica "às narrativas que se repetem, as histórias as quais as pessoas acreditam e àquelas nas quais não se acredita. É necessário trabalhar com verossimilhança".[105] Além desse rico arcabouço de fontes primárias, uma outra fonte histórica de inegável valor é a imprensa do século XIX.[106]

Os jornais que circulavam no do Rio de Janeiro, especialmente no período regencial, tinham um claro direcionamento político. De acordo com Basile, a imprensa do período era uma arena política, especialmente no período das regências trinas, quando o volume dessas folhas proliferaram.[107]

Para além dos debates estritamente políticos, os jornais eram uma fonte preciosa para a compreensão das relações e do cotidiano da sociedade. O *Jornal do Commercio,* entre outras demandas, trazia informações sobre a vida cultural da cidade, publicava os editais de posturas da Câmara Municipal e dava visibilidade aos julgamentos dos processos criminais. A formação de uma incipiente opinião pública se manifestava também através das queixas dirigidas às folhas. Para entender os discursos que permeavam a imprensa, é necessário considerar duas questões fundamentais: o contexto

---

[104] STONE, 2011, p. 123-126.

[105] GRINBERG, Keila. A história nos porões dos arquivos judiciários. *In:* PINSKY, Carla Bassanezi; LUCA, Tânia Regina de (org.). **O historiador e suas fontes**. São Paulo: Contexto, 2009. p. 119-140. p. 128.

[106] FERNÁNDEZ, Celso Jesús Almuiña. La prensa escrita, como documento histórico. **Haciendo historia**: homenaje al profesor Carlos Seco. p. 615-624. Universidad de La Rioja: Dialnet, 1989. p. 617-618.

[107] BASILE, Marcello. The "Print Arena": press, politics, and the public sphere in the Brazilian Empire. *In:* KRAAY, Hendrik; CASTILHO, Celso Thomas; CRIBELLI, Teresa (org.). **Press, Power, and Culture in Imperial Brazil, 1822 – 1889**. Albuquerque: University of New Mexico Press, 2021. p. 35-39.

sociopolítico da época e os espaços da plataforma de produção dos jornais: "o espaço redacional, o comercial e *Outros*". Com efeito, há um centro de interesses na organização de cada notícia, "desde a forma como se coloca, até o lugar dentro de cada página". Os jornais atuaram como importante veículo de formação da opinião pública. Na abordagem desse documento "político e histórico", uma análise cuidadosa deverá levar em conta a manipulação da realidade.[108]

Quanto à estrutura, este trabalho está organizado em seis capítulos. O primeiro capítulo é uma análise das decisões do governo em relação à atuação dos juízes de paz, considerando a instabilidade política ensejada com a crise do Primeiro Reinado, o período regencial e as reformas no âmbito da Justiça previstas na Constituição de 1824, ampliadas com a criação do Código do Processo Criminal de 1832. O arcabouço legal desse período será abordado, no intuito de compreender como se constituiu a magistratura leiga na experiência brasileira do século XIX, a saber os juízes de paz da cidade do Rio de Janeiro.

O segundo capítulo analisa o pleito eleitoral a partir da cobertura da imprensa sobre as disputas envolvendo os juízes de paz, considerando tanto as eleições para o cargo quanto a atuação da magistratura leiga. Um aspecto relevante para a pesquisa é o resultado dessas eleições, especialmente o perfil dos escolhidos para ocupar a função de juiz de paz nas freguesias da Corte.

O terceiro capítulo, por sua vez, é uma abordagem do processo de apuração eleitoral a partir dos livros das atas eleitorais de cada uma das freguesias tratadas.

O capítulo quatro apresenta um inventário do perfil prosopográfico e da trajetória dos magistrados leigos eleitos para ocupar o cargo nas freguesias, com o intuito de conhecer o cidadão escolhido para atuar na localidade. Pretende-se, assim, ampliar o debate sobre as polêmicas relacionadas à ascensão ao cargo, que estão, em grande medida, ligadas à questão eletiva. As origens sociais e os alinhamentos políticos desses magistrados são elementos cruciais para a elucidação das hipóteses que envolvem a atuação da magistratura leiga e eletiva articulada aos interesses de ascensão na política nacional e da busca por notoriedade.

No quinto capítulo, a atuação dos juízes de paz nas freguesias urbanas que compõem a Corte será analisada com o objetivo de compreender como, no desempenho de suas funções, o juiz leigo atuou na administração da Justiça de primeira instância.

---

[108] FERNÁNDEZ, 1989, p. 620-622.

O sexto e último capítulo consiste em um levantamento das ocorrências sobre as quais o Juiz de Paz atuou no desempenho de sua função de polícia judiciária. Para tanto, há toda uma documentação no âmbito da Secretaria de Polícia investigada, como por exemplo, os extratos semanais, os registros e os mapas da criminalidade produzidos nos distritos das freguesias da Corte. Dessa forma, foi possível averiguar o desempenho da função policial da magistratura leiga, suas relações hierárquicas e institucionais com as demais autoridades da Corte e sua intervenção no meio urbano na cidade Rio de Janeiro.

CAPÍTULO 1

"DECISÕES": NORMAS E DEMANDAS DA MAGISTRATURA LEIGA SOB AS DECISÕES DO GOVERNO

Quando a Assembleia Geral Legislativa se reuniu naquele outono de 1826 no paço da Câmara dos Deputados, as discussões em torno da urgência da criação dos códigos legais do Império do Brasil estavam colocadas à mesa. Durante a sessão, o deputado José da Cruz Ferreira declarou que era preciso definir sobre qual dos códigos iriam tratar. Isso porque, de acordo com o deputado, havia a necessidade de se criar "pelo menos 5 ou 6", dentre os quais "o código civil, criminal, marítimo, mercantil, rural etc."[109]. Outra demanda que permeou as discussões entre os senhores deputados foi o tema da reconciliação nos processos, mas, para que a discussão avançasse, era preciso cumprir o artigo 162 da Carta Constitucional, que pressupunha a criação dos juízes de paz.[110] Somente no ano seguinte, porém, o tema da magistratura de paz foi efetivamente tratado.

Na sessão de 18 de maio de 1827, o deputado Clemente Pereira apresentou um requerimento propondo que fosse preterida a discussão sobre a reforma das Câmaras Municipais a favor da criação dos juízes de paz. O deputado Manoel José de Souza França apoiou o requerimento, alegando que, no Senado, já se debatia sobre o tema das Câmaras Municipais. Assim sendo, o presidente colocou em discussão o projeto, que tratava sobre a criação dos juízes de paz por freguesias. Na ocasião, o deputado Diogo Feijó apresentou uma ementa que estabelecia o critério da residência no distrito para os pretensos juízes de paz e que propunha que a eleição dos magistrados leigos acontecesse junto com a dos vereadores. Mas a polêmica que se estabeleceu na sessão versava sobre outro ponto do projeto: os critérios que estabeleciam o número de juízes de paz nas freguesias.[111]

---

[109] BRASIL. Congresso Nacional. Câmara dos Deputados. **Annaes do Parlamento Brazileiro**. Sessão de 12 maio 1826, t. I, p. 60. Disponível em: https://bd.camara.leg.br/bd/handle/bdcamara/28859. Acesso em: 15 abr. 2022.

[110] BRASIL. Congresso Nacional. Câmara dos Deputados. **Annaes do Parlamento Brazileiro**. Sessão de 31 maio 1826, t. I, p. 196. Disponível em: https://bd.camara.leg.br/bd/handle/bdcamara/28859. Acesso em: 15 abr. 2022.

[111] BRASIL. Congresso Nacional. Câmara dos Deputados. **Annaes do Parlamento Brazileiro**. Sessão de 18 maio 1827, t. I, p. 128. Disponível em: https://bd.camara.leg.br/bd/handle/bdcamara/28859. Acesso em: 15 abr. 2022.

O deputado José Bernardino Batista Pereira questionou a ementa apresentada por Clemente Pereira, que estabelecia que haveria "um juiz de paz e substituto quantos mil paroquianos: e onde houver 500 haverá sempre um juiz de paz". Batista Pereira sugeriu que por léguas quadradas seria a melhor opção, por ser "a população muito desigual nas povoações".[112] Já para o deputado mineiro Bernardo Pereira de Vasconcellos, a proposta de Clemente Pereira para "que haja juiz de paz onde houver paróquias" era a mais adequada. Segundo Vasconcellos, estabelecer o critério de léguas quadradas traria vários inconvenientes. Lugares como o Rio de Janeiro, por exemplo, teriam vários juízes de paz, assim como "qualquer fazendeiro que tenha mil escravos: o que não pode ser".[113] Diante das opiniões divergentes entre José Pereira e Vasconcellos, o deputado Manoel José de Souza França sugere que as Câmaras Municipais decidam sobre a questão. Mas a discussão não terminou. O deputado Feijó discursou trazendo sua análise sobre certas questões levantadas na sessão: "Disse o senhor Vasconcellos que um fazendeiro que tivesse muitos escravos teria o seu juiz de paz: bom será porque o juiz de paz é encarregado da tranquilidade pública. [...] Senhor presidente, se deixarmos isso às câmaras, não sei o que elas poderão fazer, nós mesmos ainda não sabemos".[114] Na sequência, Clemente Pereira reitera dizendo que, de fato, não era aconselhável deixar essa decisão ao arbítrio das Câmaras.

Uma nova emenda, porém, foi apresentada à mesa. Dessa vez pelo deputado Manoel Antônio Galvão.[115] A proposta de Galvão trazia a indicação de um aumento no número de juízes de paz na proporção de cada mil paroquianos. O deputado Batista Pereira logo se manifestou contrário às duas emendas. Já Clemente Pereira discursou novamente, mas, dessa vez, apontava para a importância de dar mais representação e poder aos juízes de paz para que pudessem encerrar os pequenos litígios com celeridade, prevenir delitos e "preparar o princípio dos processos".[116] Para tanto, segundo Clemente, era preciso garantir a presença desses magistrados eleitos em todas as freguesias. O deputado José da Cruz Ferreira argumentou dizendo que a melhor opção era deixar a assembleia provincial decidir sobre a questão.[117]

---

[112] BRASIL. Congresso Nacional. Câmara dos Deputados. **Annaes do Parlamento Brazileiro**. Sessão de 18 maio 1827, t. I, p. 129. Disponível em: https://bd.camara.leg.br/bd/handle/bdcamara/28859. Acesso em: 15 abr. 2022.

[113] BRASIL. Congresso Nacional. Câmara dos Deputados. **Annaes do Parlamento Brazileiro**. Sessão de 18 maio 1827, t. I, p. 129. Disponível em: https://bd.camara.leg.br/bd/handle/bdcamara/28859. Acesso em: 15 abr. 2022.

[114] BRASIL, *loc. cit.*

[115] *Ibid.*, p. 130.

[116] *Ibid.*, p. 130.

[117] Já eram 14 horas quando o deputado José Lino Coutinho, dizendo que apoiava as duas ementas, indicou uma terceira, que "entrou em discussão, mas foi adiada por haver dado a hora". *Ibid.*, p. 131.

Como veremos ao longo deste trabalho, a polêmica sobre o número de juízes de paz nas freguesias e os critérios de substituição desses magistrados eleitos transcendeu os debates sobre o momento de criação do cargo e do projeto do Código do Processo Criminal. As discussões sobre os artigos do projeto de lei dos juízes leigos se estenderam durante o ano, pelo menos até outubro de 1827, quando finalmente foi sancionada a lei que criou os juízes de paz.[118]

Outro capítulo importante sobre as discussões parlamentares que se vincula à história da magistratura de paz é a elaboração do Código do Processo Criminal. Em 20 de maio de 1829, o ministro da Justiça, Lúcio Soares Teixeira de Gouvêa, apresentou à Câmara dos Deputados, em nome do governo de S. M. o Imperador, um projeto do Código do Processo Criminal. Em seu discurso, o ministro falou sobre a importância da criação do código, destacando o empenho do governo para cumprir o que estabelecia a Constituição de 1824.[119] Diante disso, o presidente declarou que a Câmara tomaria em consideração a proposta do governo, "e resolveu-se que o código fosse à uma comissão especial".[120]

Em 15 de junho de 1829, a Câmara Geral Legislativa se reuniu em sessão para analisar o parecer da comissão especial — formada pelos deputados Luiz Paulo de Araújo Bastos, José da Cruz Ferreira e João Medeiros Gomes.[121] O deputado Bernardo de Vasconcellos alegou que a comissão ignorou o projeto anteriormente elaborado pelo deputado José Antônio da Silva Maia, mas que foi célere ao apresentar seu parecer para o projeto apresentado pelo ministro da Justiça que, segundo Vasconcellos, "de projeto de código só tem o nome e o título". Ademais, o deputado destacou que o sobredito projeto criava mais de 150 magistrados "e nada de jurados" e concluiu seu discurso opondo-se ao parecer da comissão: "Eu sempre esperei que a ilustre comissão dissesse que isso não é projeto de código [...]. Quero saber se o projeto que o governo apresentou nesta casa tem mais privilégio do que o projeto apresentado por um deputado?". Vasconcellos destacou que não daria seu voto a um projeto de código que não tratava da criação dos jurados, pois entendia essa ausência como uma manobra do governo para

---

[118] BRASIL, 1827 (Lei de 15 de outubro de 1827).
[119] BRASIL. Congresso Nacional. Câmara dos Deputados. **Annaes do Parlamento Brazileiro**. Sessão de 20 maio 1829, t. II, p. 106. Disponível em: https://bd.camara.leg.br/bd/handle/bdcamara/28859. Acesso em: 18 abr. 2022.
[120] BRASIL, loc. cit.
[121] BRASIL. Congresso Nacional. Câmara dos Deputados. **Annaes do Parlamento Brazileiro**. Sessão de 15 jun. 1829, t. III, p. 98. Disponível em: https://bd.camara.leg.br/bd/handle/bdcamara/28859. Acesso em: 18 abr. 2022.

manter "tudo togado".[122] Sob o mesmo entendimento discursou o deputado José Lino Coutinho, indagando por que "razão a comissão não confrontou o projeto do senhor Maia com o projeto do governo?".[123]

A reação da Câmara dos Deputados ao projeto do governo reverbera aquilo que a historiografia já havia dito: os grupos liberais acusavam d. Pedro I de tentar controlar a Justiça. Nesse sentido, o instituto do júri popular omitido nos artigos do projeto do código do governo, mas presente no projeto do deputado Maia, foi alvo de desconfiança e crítica. Além disso, o deputado Vasconcellos, alinhado ao grupo moderado, foi enfático ao criticar a proposta de criação de outros magistrados locais, além dos juízes de paz. De acordo com Andréa Slemian, o projeto do ministro Gouvêa trazia uma proposta inovadora, "que era a criação de um juiz territorial para atuar como autoridade de primeira instância em todo o Império".[124] Dentre os requisitos estabelecidos para esses magistrados, chama atenção o critério da nomeação pelo ministro da Justiça.[125] Isso porque um ponto basilar na criação da Justiça de Paz, em 1827, era justamente a ascensão eletiva ao cargo, no intuito de retirar do Poder Executivo o controle sobre a Justiça local.

Nesse ínterim, o próprio deputado Maia, que havia elaborado e apresentado um projeto do Código do Processo em 1828, mas que não foi analisado pela comissão, se pronunciou agradecendo os elogios dos deputados Vasconcellos e Lino Coutinho e teceu considerações sarcásticas sobre o parecer da comissão. Segundo José Maia, o deputado que discursou sobre o projeto do governo ignorou o seu porquê, decerto, "me quis poupar o dissabor de ouvir as suas imperfeições. E como esse projeto do governo é, segundo exprimiu o Sr. Cruz Ferreira, manco, mas bem-organizado; conforme a legislação antiga, mas contrário à Constituição; falto de ordem, mas luminoso; inexequível, mas honroso ao seu autor; eu requeiro retirar o meu, como incapaz de entrar na discussão".[126]

Em tom conciliador, o deputado Cruz Ferreira respondeu dizendo que reconhecia o valor do projeto do deputado Maia, especialmente no que tange à redação do artigo dos jurados e que, apesar de não ter falado

---

[122] BRASIL, *loc. cit.*
[123] *Ibid.*, p. 99.
[124] SLEMIAN, Andréa. À nação independente, um novo ordenamento jurídico: a criação dos Códigos Criminal e do Processo Penal na primeira década do Império do Brasil. In: RIBEIRO, Gladys Sabina (org.). **Brasileiros e cidadãos**: modernidade política (1822 – 1930). São Paulo: Alameda Editorial, 2008. p. 175-206. p. 201.
[125] SLEMIAN, *loc. cit.*
[126] BRASIL. Congresso Nacional. Câmara dos Deputados. **Annaes do Parlamento Brazileiro**. Sessão de 15 jun. 1829, t. III, p. 99. Disponível em: https://bd.camara.leg.br/bd/handle/bdcamara/28859. Acesso em: 18 abr. 2022.

anteriormente, "águas passadas não movem moinhos".[127] Na sequência, outro membro da comissão especial se manifestou, o deputado Luiz Paulo de Araújo Bastos, esclarecendo que aquela comissão tinha como objeto de análise o projeto do governo. Mas Bernardo de Vasconcellos continuou criticando o descaso da comissão com o projeto do Código do Processo apresentado por Maia e o número de magistrados que o projeto do governo criava.

Com efeito, as controvérsias em torno dos projetos de Maia e do ministro da Justiça deram lugar a uma terceira proposta, apresentada em julho de 1831, pelo relator da nova comissão encarregada da redação de um outro texto para o código, o deputado baiano Manoel Alves Branco.[128] Na sessão da Câmara dos Deputados, em 29 de agosto de 1831, o senhor Alves Branco enviou "à mesa da câmara o código do processo, com uma resolução para se regular o processo criminal nos juízes de 1ª instância, que se julgou objeto de deliberação", mas não sem resistência. O deputado Francisco de Paula Araújo pediu que fossem dispensadas a impressão e a indicação de urgência para discussão do código, mas seu pedido não foi acolhido.[129] Então, no mês seguinte, entrou em discussão a Resolução nº 230, e o projeto do Código do Processo Criminal foi aprovado.[130]

No ano seguinte, em 1832, enquanto o Código do Processo ainda tramitava no Senado, a Câmara dos Deputados, sob a presidência de Antônio Paulino Limpo de Abreu, colocou em discussão um projeto que regulamentava a apuração dos votos para juiz de paz e vereador.[131] Na ocasião, o deputado Antônio de Castro Alves asseverou que o Código do Processo que se achava no Senado retornaria à Câmara em "poucos dias", e ele já tratava sobre o assunto. Nesse sentido, Castro Alves afirmou ser inconveniente haver duas legislações sobre o tema. Acrescentou, ainda, que a proposta de nomeação de quatro juízes de paz para cada freguesia lhe parecia um "banquete", "não podendo deixar de resultar grande confusão do emprego

---

[127] BRASIL, loc. cit.
[128] SLEMIAN, 2008, p. 202.
[129] BRASIL. Congresso Nacional. Câmara dos Deputados. **Annaes do Parlamento Brazileiro**. Sessão de 29 ago. 1831, t. II, p. 95.
[130] BRASIL. Congresso Nacional. Câmara dos Deputados. **Annaes do Parlamento Brazileiro**. Sessão de 21 set. 1831, t. II, p. 194.
[131] BRASIL. Congresso Nacional. Câmara dos Deputados. **Annaes do Parlamento Brazileiro**. Sessão de 14 ago. 1832, t. II, p. 174. Tomando como referência a providência do Código do Processo, outra discussão que permeou os debates na câmara no ano de 1832 foi a questão dos vencimentos dos magistrados, especialmente dos juízes de paz.

de tanta gente".[132] Nesse sentido, surgiram diversos argumentos durante a sessão, contrários e favoráveis à proposta de criação de quatro juízes de paz nas freguesias.

Os deputados Baptista Caetano de Almeida, Antônio Maria de Moura, Honório Hermeto Carneiro Leão e Antônio João de Lessa apoiavam a proposta e votaram contra o adiamento da discussão, argumentando que seria incoerente adiar "um negócio que tinha sido julgado de urgência na sessão antecedente".[133] Moura observou que, se a eleição de quatro juízes de paz para cada freguesia parecia um "banquete", era preciso lembrar que a "Câmara o tinha adotado no Código do Processo". Ademais, os deputados criticavam a morosidade do Senado na aprovação do texto do Código e colocaram em dúvida a afirmação de Castro Alves de que o texto retornaria à Câmara naquele ano de 1832. Outro ponto destacado por esses "senhores deputados" era o inconveniente de manter um juiz de paz servindo "gratuitamente" durante quatro anos. Mas foi o deputado Antônio João de Lessa que trouxe uma questão do cotidiano institucional: a substituição dos juízes de paz e suplentes. De acordo com Lessa, no artigo da lei que tratava sobre assunto, os votantes deveriam indicar dois nomes na cédula eleitoral, um para juiz e um para suplente. Nesse sentido, faltando o juiz, este seria substituído pelo suplente, mas faltando o primeiro suplente vacilava-se sobre qual deveria entrar no lugar: se o suplente do juiz ou o suplente do suplente. As Câmaras tinham consultado o governo, mas não houve interpretação adequada da lei, que deixava a questão pouco esclarecida. Então, o governo deixou a execução da matéria a serviço das Câmaras. Assim, cada uma seguia a marcha que quisesse adotar. "Eis porque a resolução não é *banquete* como se diz, mas uma forma de tentar dar um remédio a essa situação".[134] No entanto, para o deputado Venâncio Henriques de Rezende, somente uma lei, e não uma resolução, poderia modificar a lei anterior que determinava o exercício de quatro anos para o magistrado de paz. Assim sendo, Rezende, Luiz Augusto May e José Ribeiro Soares da Rocha votaram pelo adiamento da discussão,[135] além do deputado Antônio Pereira Rebouças, que também votou contra o artigo aditivo.

---

[132] *Ibid.*, p. 174.
[133] Atribuído a Baptista Caetano de Almeida. *Ibid.*, p. 174.
[134] Atribuído a Antônio João de Lessa. BRASIL. Congresso Nacional. Câmara dos Deputados. **Annaes do Parlamento Brazileiro**. Sessão de 14 ago. 1832, t. II, p. 175.
[135] Na sequência, o deputado Honório Hermeto Carneiro Leão votou contra o adiamento, argumentando que a matéria era urgente e necessária e que não havia garantias de que o Senado enviaria o Código do Processo naquele ano. Então, propôs enviar uma matéria aditiva. Argumentou sobre os inconvenientes de manter um

Na opinião de Rebouças, a lei que criou o mandato de quatro anos para os juízes de paz tinha utilidade e previa que, para suprir as faltas, haveria votação relativa. Ele se contrapôs ao argumento de que o peso de quatro anos do mandato seria um inconveniente, pois o reconhecimento dos sufrágios de seus concidadãos "adoçava este peso". Para o deputado Rebouças, descansando a responsabilidade do exercício da magistratura entre quatro juízes de paz, nenhum deles de fato haveria de responder pelo município. Entretanto, Carneiro Leão prosseguia se posicionando contra o adiamento da discussão da matéria, destacando a proximidade das eleições municipais no conturbado ano de 1832.

As disputas na Câmara em torno da dicotomia entre o adiamento e a urgência das discussões sobre resoluções e projetos de lei que regulamentariam a magistratura de paz estão para além dos atos normativos dos parlamentares. Elas estão permeadas pelos confrontos entre as facções políticas em torno dos pleitos eleitorais nos municípios, dos protestos de rua liderados pelo grupo caramuru e da luta pela preservação dos interesses de certos grupos locais. Na tentativa de justificar a criação de um artigo aditivo criando quatro juízes de paz com mandato de apenas um ano para cada um — antes da tramitação do Código do Processo no Senado —, o deputado Carneiro Leão defendia a emergência da apreciação da matéria na Câmara sob o argumento de *salvar* da ruína "o proprietário que for eleito juiz de paz".[136] Segundo o historiador Edward Thompson, é preciso perceber a preocupação dos legisladores em formular leis que beneficiassem "a propriedade e o *status* privilegiado dos proprietários", para compreender como, em poucas semanas, a Lei Negra foi redigida e aprovada.[137] De acordo com Thompson, "sob a bandeira da emergência" provocada pelos caçadores clandestinos de cervos, o parlamento inglês aprovou uma lei sanguinária que transformava pequenos delitos em crimes capitais.[138] Na obra, o autor analisa outros aspectos, além desse distúrbio social, que contribuem para explicar o que teria levado a Câmara dos Comuns a aprovar, em pouco tempo, a elaboração de um código vago e mal formulado.[139]

único juiz de paz servindo bem por quatro anos, *sem levar o proprietário eleito à ruína*. Ver BRASIL. Congresso Nacional. Câmara dos Deputados. **Annaes do Parlamento Brazileiro**. Sessão de 14 ago. 1832, t. II, p. 175.

[136] Atribuído a Honório Hermeto Carneiro Leão. BRASIL. Congresso Nacional. Câmara dos Deputados. **Annaes do Parlamento Brazileiro**. Sessão de 14 ago. 1832, t. II, p. 175.

[137] THOMPSON, Edward Palmer. **Senhores e caçadores**: a origem da lei negra. Rio de Janeiro: Paz & Terra, 1987. p. 254.

[138] *Ibid.*, p. 252.

[139] *Ibid.*, p. 23; 281.

No Império do Brasil de 1832, enquanto a facção caramuru ocupava a cena pública liderando os protestos de rua na Corte e ameaçando o governo do grupo moderado, os debates na Câmara Geral Legislativa sobre o projeto de lei do Código do Processo retornavam aos mesmos argumentos apresentados pelos defensores e opositores da resolução para expandir o número de magistrados eleitos nas freguesias. Dentre esses argumentos, estavam: os prejuízos financeiros dos juízes de paz que serviriam por quatro anos, apontando para os riscos da má administração da Justiça, o excesso do número desses agentes públicos nas freguesias e a morosidade na aprovação do Código do Processo Criminal no Senado. O fato é que, apesar das críticas ao texto final, o Código foi sancionado em 29 de novembro de 1832, indicando o aumento de um para quatro juízes de paz nos distritos, além de novas atribuições policial e judicial. A criação do instituto da Justiça de Paz e do novo ordenamento jurídico do Império do Brasil perfazia uma importante missão dos legisladores brasileiros estabelecida na Constituição de 1824, e, para além das disputas políticas e ideológicas, o parlamento desempenhava a tarefa.

Uma questão importante para a pesquisa sobre a magistratura leiga e eletiva é, sem dúvida, a utilização desse arcabouço legal disponível para o período, especialmente os usos que as autoridades faziam das novas leis. As decisões do governo dadas por meio da Secretaria de Justiça, sobre determinadas ocorrências ligadas à vara da Magistratura de Paz, caminhavam no sentido de ser a *palavra final* entre a interpretação do que estava na norma e as dúvidas, queixas e contestações que surgiam no cotidiano das funções dos juízes das freguesias. Com efeito, no intuito de compreender a atuação desses agentes públicos, para além da letra da lei, é preciso perceber as interferências políticas e considerar suas redes de sociabilidade, os interesses dos potentados locais, as especificidades comunitárias e as motivações pessoais. Isso porque desconsiderar esses aspectos é naturalizar o discurso da magistratura togada e de parte da elite política, que reduzia a atuação da magistratura local, no mais das vezes, à pecha da ignorância e/ou à corrupção. Outra questão a ser considerada é que a história da magistratura local não pode ser compreendida apenas sob seus aspectos formais, sob os anseios reformistas e sob as mudanças de perspectiva das facções políticas liberais sobre os juízes leigos.[140]

---

[140] MOURA, Danielle Figuerêdo; RICCI, Magda Maria de Oliveira. **Defensores de Cabanos?** A imagem dos juízes de paz em questão: Pará, 1836 – 1839. Encontro de Pós-graduandos da Sociedade Brasileira de Estudos do Oitocentos, 2018. Disponível em: https://www.seo.org.br/images/Anais/Anais_II_Encontro/Danielle_Moura_completo.pdf. Acesso em: 26 jul. 2021.

De acordo com Hespanha, para entender a história das instituições jurídicas, é necessário considerar, "sobretudo, os resultados das práticas jurídicas concretas"[141], ou seja, os "fenômenos jurídicos" cotidianos, como "decisões administrativas" e "intervenções parlamentares".[142] Nesse sentido, Bourdieu é enfático ao dizer que é preciso observar as ações e as trajetórias dos agentes que formam essas instituições, considerando, também, as complexas redes de relações sociais nas quais estão inseridos.[143] Assim sendo, analisando as decisões do governo sob a ótica e os usos das leis que orientavam as ações dos juízes de paz, importa perceber as disputas que estavam em jogo.

Como já foi dito, 1832 foi um ano singular para a magistratura eletiva: as atribuições e funções dos juízes de paz estabelecidas a partir da criação do Código do Processo Criminal conferiram a esses magistrados maiores poderes. Em junho de 1832, cinco meses antes da edição do Código, o Poder Executivo, por meio do gabinete da Justiça, deliberava sobre a questão do foro por prerrogativa de função. Na dúvida sobre a instância na qual seriam processados os juízes de paz o ministro da Justiça, Diogo Antônio Feijó informava que esses magistrados seriam processados pelo ouvidor da comarca.[144]

O foro privilegiado tem origem na criação das imunidades parlamentares, na Inglaterra do século XVII, sob a defesa de dois fundamentos: "a liberdade de opinião" e "a liberdade de prisão arbitrária".[145] Conforme definiu Regis Oliveira, "a imunidade formal é o instituto que garante ao parlamentar a impossibilidade de ser ou permanecer preso ou processado sem autorização de sua respectiva Casa Legislativa".[146] Assim sendo, o denominado foro privilegiado (ou foro por prerrogativa de função) está vinculado à ideia de importância sobre a função exercida por determinadas pessoas e a critérios estabelecidos pela Constituição do país para processá-las e julgá-las.[147] A Constituição do Império do Brasil de 1824, no artigo 99, "tornou a pessoa do Imperador inviolável e sagrada" e "concedia foro

---

[141] HESPANHA, 1982, p. 20.

[142] HESPANHA, loc. cit.

[143] BOURDIEU, Pierre. Le mort saisit le vif. As relações entre história reificada e a história incorporada. In: BOURDIEU, Pierre. **O poder simbólico**. Lisboa: DIFEL, 1989. p. 75-106. p. 81-83.

[144] BRASIL. **Collecção das Decisões do Governo do Imperio do Brazil**: Decisão n. 209, 2 jun. 1832, p. 253. Disponível em: https://www2.camara.leg.br/atividade-legislativa/legislacao/colecao-anual-de-leis/copy_of_colecao3.html. Acesso em: 9 dez. 2021.

[145] OLIVEIRA, Régis Fernandes de. Foro privilegiado no Brasil: análise dos 20 anos da Constituição. In: **Revista do Advogado**, São Paulo, ano XXVIII, n. 99, p. 108-136, 2008. p. 110.

[146] OLIVEIRA, 2008, p. 111.

[147] OLIVEIRA, 2008, p. 112.

privilegiado aos membros da família real, a Ministros de Estado, conselheiro de Estado, Senadores e Deputados, estes durante o mandato [...]. O julgamento ocorreria pelo Senado".[148]

Não sabemos exatamente o que motivou a dúvida sobre o assunto abordado na documentação de Leis do Império, uma vez que o artigo 47 da Constituição de 1824 circunscreve as funções com a prerrogativa de foro privilegiado. Contudo, a declaração do ministro da Justiça foi no sentido de esclarecer que o magistrado eleito não tinha foro privilegiado, como outros cargos de eleição.[149] Com efeito, a singularidade do cargo de juiz de paz — que, diferentemente dos demais magistrados, era alcançado por meio do pleito eleitoral e tinha mandato definido como deputados e senadores — dava margem para dúvidas na interpretação das novas leis, a despeito de os cargos ligados ao Legislativo e ao Judiciário pertencerem a esferas distintas de poder.[150]

No período em questão, as interpretações e os sentidos conferidos às normas disponíveis, que indicavam a competência e as prerrogativas desses magistrados, estavam atravessados pelo debate político. Um exemplo disso é a polêmica em torno da acumulação de cargos. As leis nada diziam sobre acumulação de cargos públicos no caso dos juízes de paz ou suplentes eleitos. Ainda assim, em outubro de 1831, o governo da Regência decidiu que o suplente eleito da freguesia de São José, o doutor João José Vahia, não podia acumular os cargos de curador dos órfãos e juiz de paz.[151] A Câmara Municipal do Rio de Janeiro foi notificada sobre a necessidade de tornar público, por meio de edital, o desligamento de Vahia da relação de nomes de suplentes eleitos.[152]

---

[148] *Ibid.*, p. 113.

[149] BRASIL. [Constituição (1824)]. **Constituição Política do Imperio do Brazil**. Rio de Janeiro: Collecção das Leis do Imperio do Brazil, 1824. Disponível em: http://www.planalto.gov.br/ccivil_03/constituicao/constituicao24.htm. Acesso em: 10 fev. 2021. Artigo 47.

[150] *A priori*, o foro privilegiado era uma imunidade que visava garantir a liberdade de expressão dos parlamentares (deputados e senadores) contra o autoritarismo monárquico. Ver OLIVEIRA, 2008, p. 110. Contudo, outra instituição do Império brasileiro, a militar, recebeu a interferência do governo regencial na delimitação das margens dos privilégios de foro. Em janeiro de 1832, a Regência decidiu que, nos casos de crimes policiais, os militares não gozariam do privilégio de foro, ou seja, eles seriam processados e punidos pelos juízes de paz, ou do crime. Cf. BRASIL. **Collecção das Decisões do Governo do Imperio do Brazil**: Decisão n. 29, 17 jan. 1832.

[151] BRASIL. **Collecção das Decisões do Governo do Imperio do Brazil**: Decisão n. 325, 13 out. 1831, p. 212. Cumpre destacar que, apesar de o sobredito registro informar a eleição do doutor João José Vahia como juiz de paz suplente da freguesia de São José, na vigência da magistratura de 1829 a 1832, quem de fato foi eleito para ocupar o cargo de suplente da freguesia foi João Silveira do Pillar eleito com 300 votos. O doutor Vahia obteve 30 votos apenas para o cargo de juiz de paz, ficando atrás de João Silveira do Pillar (300), Francisco Aires da Gama (209), Manoel José de Souza França (47), empatando em número com Antônio Gomes de Brito (30). Ver ARQUIVO GERAL DA CIDADE DO RIO DE JANEIRO (AGCRJ). BR RJAGCRJ 62.2.54 – Fundo da Câmara Municipal/Série Eleições. Livro da Ata das Eleições de Juiz de Paz e Suplente da Freguesia de São José (1829).

[152] BRASIL. **Collecção das Decisões do Governo do Imperio do Brazil**: Decisão n. 325, 13 out. 1831, p. 212.

Em setembro de 1831, o jornal *Diário do Rio de Janeiro* anunciava a publicação da obra *"Epitome das Belas Artes, e Poética"*, do professor doutor João José Vahia.[153] O doutor Vahia era membro da segunda classe da Sociedade Philomatica do Rio de Janeiro[154] e, de acordo com Alexandre Mansur Barata[155], foi membro da Maçonaria sob o nome simbólico de Apolônio Molon, filiado à Loja Maçônica Esperança de Niterói, e tinha como ocupação principal o ofício de professor.[156] Apesar de ter alcançado notoriedade em sua carreira profissional, a despeito de sua vinculação à docência destacada nos jornais e sua atuação nas sociedades promotoras da instrução e difusão literária, na ocasião de sua morte, em 8 de novembro de 1840, as condições de pobreza da família Vahia eram tantas que dificultaram o pagamento do funeral do professor que havia sido juiz de paz.[157]

Aliás, vale destacar que João Vahia e o juiz de paz de São José, Manoel Theodoro de Araújo Azambuja, além de eleitos para a mesma vara, tinham em comum o fato de terem pertencido à Maçonaria.[158] Nesse sentido, importa observar que alguns juízes eleitos tinham ligações com certos movimentos associativos que surgiram na cidade do Rio de Janeiro, como veremos mais adiante.[159]

Nesse período de intensas disputas políticas, as reformas institucionais estavam na base dos projetos políticos de construção do Estado Imperial brasileiro, especialmente a pauta de criação do novo arcabouço legal do

---

[153] Cf. Diário do Rio de Janeiro, n. 900022, 26 set. 1831.

[154] Ver A Aurora Fluminense, n. 600, 2 mar. 1832. Segundo Adriana Caldeira, a Sociedade Philomatica surgiu na Faculdade de Direito de São Paulo, em 1832, pela iniciativa de professores e alunos, com o intuito de fomentar as discussões literárias e difundir informações úteis para além do espaço acadêmico. Em 1833, "os phillomáticos" publicaram uma revista. Cf. CALDEIRA, Claudia Adriana Alves. **Justiniano José da Rocha**: bastidores da imprensa política. 2016. Tese (Doutorado) – Universidade do Estado do Rio de Janeiro, Rio de Janeiro, 2016. p. 46-47. No Rio de Janeiro, a Sociedade Philomatica foi instalada no dia 15 de fevereiro de 1832, quando houve a eleição da Mesa do Conselho Geral. O termo da eleição foi assinado pelo moderado Evaristo da Veiga entre outros. Ver A Aurora Fluminense, n. 593, 15 fev. 1832.

[155] BARATA, Alexandre Mansur. **Maçonaria, sociabilidade ilustrada e independência do Brasil (1790 – 1822)**. Juiz de Fora: Ed. UFJF; São Paulo: Annablume, 2006. p. 306.

[156] BARATA, *loc. cit.*

[157] Cf. Diário do Rio de Janeiro, n. 6535, 30 jan. 1844. Disponível em: http://memoria.bn.br/DocReader/DocReader.aspx?bib=094170_01&hf=memoria.bn.br&pagfis=27239. Acesso em: 13 fev. 2023.

[158] BARATA, *op. cit.*, p. 327.

[159] Morel classifica, cronologicamente, os estudos das associações na cidade do Rio de Janeiro entre os anos de 1820 e 1840. De acordo com o autor, esse movimento associativo na Corte pode ser classificado em quatro fases: Período Joanino (1808 – 1821); Regência do príncipe Pedro (1821 – 1822); Primeiro Reinado (1822 – 1831); Período Regencial (1831 – 1840). Cf. MOREL, 2005, p. 261. Nesse sentido, os indivíduos localizados nas sobreditas associações e eleitos para magistratura de paz estão compreendidos no período entre o Primeiro Reinado e a Regência. No capítulo 4 deste trabalho, é possível conferir o levantamento dos juízes de paz eleitos que pertenceram à determinadas associações.

Império. Com efeito, o Código do Processo, além de determinar novas atribuições para a magistratura eletiva, interferiu no processo eleitoral em vigor naquele ano de 1832 (como veremos mais adiante), na medida em que determinava a imediata divisão das freguesias em distritos e a criação de uma vara da magistratura de paz para cada um. Não por acaso, a dimensão da magistratura de paz cresceu em número e em controvérsias.

No período compreendido entre os anos de 1829 e 1840, foram eleitos pelo voto direto para ocupar o cargo nas oito freguesias urbanas da cidade do Rio de Janeiro — Candelária, São José, Sacramento, Santa Rita, Santana, Engenho Velho, Lagoa e Glória — 180 juízes de paz identificados nos jornais, dos quais 40 nomes correspondiam à reeleição e, destes, 33 correspondiam à reeleição imediata.[160] Esses agentes públicos eleitos, que *a priori* gozavam de certa autonomia quanto ao poder central, precisavam ser investigados considerando suas relações sociopolíticas.

1.1 Entre queixas, dúvidas e contestações: as demandas dos juízes de paz e as decisões do governo

Em um esforço de resgatar a história da magistratura leiga no Brasil Império, outros trabalhos de pesquisas sobre o tema apontaram as funções administrativa, policial e judiciária desse agente público, o juiz de paz, em grande medida, com base naquilo que as leis estabeleciam. Sobre a atuação desses magistrados, seus acertos e desacertos diante das normas e do contexto sociopolítico no qual estavam inseridos, o processo eleitoral permanece como o espaço privilegiado dessas investigações. Com efeito, sobre um tema que ainda carece de estudos mais aprofundados em diversos aspectos, as teses e dissertações que tratam sobre a política eleitoral e judiciária no Brasil do Oitocentos são, sem dúvida, importantes contribuições para a historiografia da magistratura eletiva. Entretanto, no intuito de compreender como as normas que regulavam as sobreditas funções se estabeleciam ante a tríade governo, magistrado e sociedade, o conjunto de Leis do Império, mais especificamente as Decisões do governo regencial, fornecem dados importantes

---

[160] A princípio, os dados eleitorais foram obtidos a partir do levantamento feito em jornais, especialmente *Jornal do Commercio*, *Diário do Rio de Janeiro* e *A Aurora Fluminense*, que traziam a divulgação dos editais da Câmara Municipal do Rio de Janeiro com o nome dos juízes eleitos e/ou empossados no período de 1829 a 1841. Doravante, houve cruzamento de informações com as Atas Eleitorais localizadas no Arquivo Geral da Cidade do Rio de Janeiro, completando alguns quadros da apuração eleitoral. Na sistematização dos dados, consideramos, ora a lista dos eleitos, ora a posse desses magistrados como resultado das eleições de 1829, 1832/1833, 1836 e 1840. Isso porque as publicações dos jornais nem sempre trazem as duas informações para todas as freguesias, e não temos todas as atas dos distritos. A título de formação e investigação do perfil prosopográfico dos juízes de paz da cidade do Rio de Janeiro, descontando os magistrados reeleitos, consideraremos o total geral de 140 indivíduos.

sobre o período. As informações presentes nessas fontes permitem inferir sobre os principais focos de interesse em torno dos juízes de paz da cidade do Rio de Janeiro que mobilizavam ações e reações do governo. O quadro a seguir fornece um panorama dos assuntos mais recorrentes no cotidiano da magistratura local nas freguesias, sobre os quais a Secretaria de Justiça deliberou e, nesse sentido, apesar da pretensa autonomia do cargo de juiz de paz, há que se considerar as interferências diretas do poder central na instituição que se constituía. Sobre todas as ocorrências listadas — na competência dos juízes de paz das freguesias —, o governo emitiu sua análise e interpretação.

Quadro 1 – Demandas da magistratura de paz sobre as quais incidiram decisões oficiadas pela Secretaria de Estado dos Negócios da Justiça

Eleitorais	Policiais	Judiciais	Administrativas
• Conselho de Qualificação (eleição para a Guarda Nacional); • Alistamento eleitoral.	• Recrutamento de força policial; • Delitos; • Prisões de estrangeiros; • Exame das embarcações; • Vigilância sobre os africanos livres; • Ajuntamentos e reuniões; • Tráfico ilegal; • Sobre os ciganos.	• Aplicação das leis; • Interpretação dos artigos do Código do Processo Criminal de 1832; • Interpretação dos artigos das leis que regem a Guarda Nacional; • Emissão de certificado de boa conduta; • Sentença por jogos proibidos; • Concessão de fiança; • Remessa de processos.	• Dúvidas; • Queixas; • Denúncias; • Alternância das varas dos juízes eleitos; • Demissões de agentes públicos; • Regulamentação do trabalho livre; • Acumulação de cargos públicos; • Mediação nos conflitos entre forças policiais; • Fiscalização alfandegária; • Festas religiosas; • Teatro; • Título de residência para estrangeiros; • Óbitos.

Fonte: BRASIL. **Collecção das Decisões do Governo do Imperio do Brazil**: Decisões (1831 – 1840). Rio de Janeiro: Typographia Nacional, 1839-1876.

> [...] compete ao Governo reparar por meio de reintegração a injustiça que qualquer juiz de paz possa irrogar aos seus agentes e oficiais, no caso de demiti-los por motivos torpes ou ilegal, como é manifesto a vista do artigo 52 do Código do Processo Criminal, e ainda se torna mais evidente pela disposição do artigo 20 das instruções de 13 de dezembro de 1832. *Nesse sentido*, [...] é claro que o Governo exerceu um direito que lhe pertence por Lei.[161]

A referida citação é a resposta da Secretaria de Justiça à contestação do juiz de paz do 2º distrito da freguesia de Santana sobre um pedido de reintegração de posse de um inspetor de quarteirão, que teria sido demitido pelo magistrado sob a alegação de total falta de confiança no agente público. Para tanto, o juiz relata diversas razões para a incompatibilidade do serviço prestado pelo agente. Diante da atitude do governo de efetivar a reintegração do inspetor Francisco Dias de Castro, o juiz de paz contesta, alegando que isso lhe parece "pouco conforme com a Lei". Prontamente o ministro da Justiça, em nome do regente, esclarece ao juiz que "compete ao Governo reparar por meio de reintegração a injustiça que qualquer juiz de paz possa irrogar aos seus agentes e oficiais [...], enfatizando que o "Governo exerceu um direito que lhe pertence por Lei"[162].

A querela foi gerada a partir da queixa prestada pelo inspetor de quarteirão, Francisco Dias de Castro, em dezembro de 1835, à Secretaria de Justiça contra o juiz de paz em questão, alegando ter sido "ilegalmente demitido"[163]. De acordo com o conteúdo da queixa, a demissão teria ocorrido por ter o inspetor se recusado a passar uma "atestação sobre a conduta do estrangeiro Joaquim Domingues do Santos", fato que, segundo Francisco, não seria "suficiente para justificar tal demissão". Diante do exposto, o ministro da Justiça Paulino Limpo de Abreu determinou que Francisco Castro fosse restituído ao "exercício do cargo de inspetor"[164], atitude que gerou a pronta contestação do juiz de paz.

Apesar de toda a discussão gerada sobre a reintegração do inspetor e os limites de cada instância de autoridade nessas ocorrências, o ministro da Justiça volta atrás em sua decisão e acaba admitindo que, diante dos argu-

---

[161] BRASIL. **Collecção das Decisões do Governo do Imperio do Brazil**: Decisão n. 45, 18 jan. 1836, p. 29-30 (grifo nosso).
[162] BRASIL. **Collecção das Decisões do Governo do Imperio do Brazil**: Decisão n. 45, 18 jan. 1836, p. 29-30.
[163] BRASIL. **Collecção das Decisões do Governo do Imperio do Brazil**: Decisão n. 352, 23 dez. 1835, p. 318.
[164] BRASIL. **Collecção das Decisões do Governo do Imperio do Brazil**: Decisão n. 352, 23 dez. 1835, p. 318.

mentos oferecidos pelo juiz de paz, haveria, de fato, muitos inconvenientes para a manutenção do agente público no cargo e "manda" o juiz prosseguir com a demissão do referido inspetor.[165]

Quanto à análise dos fatos, a questão premente nessa troca de correspondências é a disputa de autoridade. Com efeito, cabia ao juiz de paz a escolha, a nomeação e a exoneração dos inspetores de quarteirões que estavam diretamente sob seu comando. Entretanto, o governo regencial, uma vez contestado pelo juiz, recorre aos artigos das leis, fazendo uso da autoridade que lhe cabia e sinalizando uma disputa hierárquica entre o poder central e o juiz local. Mas, além dos conflitos entre essas instâncias de autoridades, o alcance das funções e atuações dos juízes de paz gerava uma diversidade de demandas cotidianas e, com elas, uma variedade de conflitos e disputas entre agentes públicos. A controversa demissão do inspetor de quarteirão pelo juiz de paz de freguesia de Santana foi um dentre outros casos do tipo.

O juiz de paz do 1º distrito de Santa Rita prestou queixa à Secretaria de Justiça contra o comandante da guarda da cadeia, segundo o juiz, "por não querer receber em custódia na mesma cadeia um indivíduo para ali mandado por sua ordem". Em resposta, o ministro da Justiça Antônio Paulino Limpo de Abreu esclarece que o comandante da guarda da cadeia não poderia, de fato, receber o indivíduo enviado pelo juiz por não existir casa de custódia naquela cadeia. Diante da queixa feita pelo juiz, o ministro da Justiça determinou que ele mantivesse o que era de "costume", ou seja, que conservasse o preso dentro do Quartel dos Permanentes.[166] Se, por um lado, os juízes se queixavam e contestavam as insubordinações, as ações e as interferências de certos agentes públicos, cumpre destacar que eles próprios também foram alvos de queixas.

O estrangeiro francês Antônio Thomé queixou-se à Secretaria de Justiça contra o juiz de paz do 1º distrito de São José.[167] Em ofício, o ministro da Justiça Gustavo Pantoja responde ao pedido de explicações do enviado extraordinário de Sua Majestade, o rei da França, sobre uma busca feita na casa Thomé e ao conteúdo do relatório prestado pelo cônsul francês. O então ministro Pantoja afirma que o juiz de paz agiu corretamente, observando as leis do Império e o tratado entre as duas nações, e que o conteúdo da queixa do dito Thomé subverte o que realmente aconteceu sob a nítida intenção

---

[165] BRASIL. **Collecção das Decisões do Governo do Imperio do Brazil**: Decisão n. 45, 18. jan. 1836, p. 29-30.
[166] BRASIL. **Collecção das Decisões do Governo do Imperio do Brazil**: Decisão n. 29, 13 jan. 1836, p. 19.
[167] BRASIL. **Collecção das Decisões do Governo do Imperio do Brazil**: Decisão n. 482, 26 ago. 1836, p. 286-288.

de descredibilizar a autoridade do juiz de paz. Ocorre que o francês e seu caixeiro eram suspeitos no roubo das notas do Tesouro Nacional e já vinham sendo investigados por falsificação de moedas. Quanto à alegação do cônsul francês, que disse em seu relatório não ter assistido a toda a diligência feita na casa do estrangeiro, de acordo com o juiz de paz, o cônsul de fato não viu toda a ação, "mas porque não quis; retirou-se no meio dela, apareceu na sua conclusão, e assinou o auto". Portanto, o entendimento do ministro da Justiça foi no sentido de que o juiz de paz procedeu de maneira correta.

Conforme observou Campos *et al.*, em 1828, a Câmara Legislativa estava empenhada sobre o tema da magistratura popular, no sentido de delimitar as bases do processo eleitoral e de criar "instrumentos processuais de controle dessa magistratura". As queixas contra esses juízes despertaram a atenção dos deputados de oposição ao governo, interessados em "transformar a magistratura eleita em órgão com plena autonomia" e, portanto, longe do arbítrio do poder central. Assim sendo, o deputado Bernardo de Vasconcellos advertia que, diante de queixa ou denúncia contra os juízes de paz, a pretensa perda do cargo fosse objeto de sentença e jamais estivesse submetida ao governo.[168] Com a aprovação do Código do Processo de 1832, ficou estabelecido o trâmite "para apresentação das queixas", autorizando todo cidadão a se queixar contra crimes de responsabilidade de agentes públicos no prazo de três anos.[169]

Na análise das relações construídas entre sociedade e Estado Imperial brasileiro no período compreendido entre os anos de 1822 e 1840, no Rio de Janeiro, Iamashita apresenta um panorama sobre as dificuldades que surgiam diante das novas prescrições legais; nesse sentido, as queixas refletiam os conflitos que emergiam entre sociedade e Estado. A autora destaca ocorrências em que os indivíduos questionavam a legalidade das próprias leis municipais (as posturas), utilizando o recurso legal da queixa.[170]

O artigo 77, § 1º, do Código do Processo Criminal define a competência do juiz de paz para receber queixas e denúncias.[171] Para além disso, esses agentes públicos estavam diante de um recurso que os desafiava de várias

---

[168] CAMPOS; SLEMIAN; MOTTA, 2017, p. 36.
[169] IAMASHITA, Léa Maria Carrer. **"Ordem" no mundo da "desordem"**: modernização e cotidiano popular (Rio de Janeiro, 1822 – 1840). Brasília: Hinterlândia Editorial, 2009a. p. 75. Ver também: Capítulo V, artigo 150, do Código do Processo Criminal de 1832. BRASIL. **Lei de 29 de novembro de 1832**. Promulga o Codigo do Processo Criminal de primeira instancia com disposição provisoria ácerca da administração da Justiça Civil. Rio de Janeiro: Collecção das Leis do Imperio do Brazil, 1832c. Disponível em: http://www.planalto.gov.br/ccivil_03/leis/lim/lim-29-11-1832.htm. Acesso em: 13 fev. 2021.
[170] *Ibid.*, p. 75; 93.
[171] BRASIL, 1832c (Lei de 29 de novembro de 1832).

maneiras. Uma queixa envolvendo um estrangeiro na Corte diz respeito ao caso apresentado por John Adams à Justiça de Paz contra o chanceler dos Estados Unidos da América. Na dúvida sobre como proceder sobre a queixa, o juiz de paz do 2º distrito da Candelária solicita orientações à Secretaria de Justiça, que responde dizendo que o juiz leigo deve se orientar pelo artigo 46, § 9º, do Código do Processo Criminal, ou seja, que o magistrado solicitasse orientação ao juiz de direito da comarca.[172] Cumpre destacar que, além da instância da magistratura de paz, o Supremo Tribunal de Justiça, as Relações e cada uma das Câmaras Legislativas eram competentes para receber queixas e denúncias, assim como o governo e os presidentes de províncias.[173]

No Instrumento de Justiça (IJ6) e na Base de Dados do Acervo Judiciário do Arquivo Nacional do Rio de Janeiro, localizamos o registro da prisão e da petição do "cidadão brasileiro Bento de Moura Galião"[174], pronunciado à prisão livramento pelo juiz de paz da freguesia da Lagoa por tentativa de homicídio.[175] Consta que em fevereiro de 1836, o juiz de paz teria recebido uma queixa "que contra estes deu Manoel da Silva Pereira Baptista", acusando Bento Galião e mais três indivíduos de envolvimento no crime.[176] Em 1841, porém, a queixa de Galião dirigida ao Tribunal da Relação do Rio de Janeiro contesta a decisão do 1º Conselho de Jurados por prendê-lo novamente, a despeito do habeas corpus que possuía e do processo não ter tramitado em julgado. No conteúdo da petição, o advogado do paciente alega que nem o júri de acusação tampouco o juiz de direito são competentes para interferir na concessão do habeas corpus dada pelo Tribunal, e que se fossem de fato competentes teriam convencido "o bom direito proclamado à vista da injusta pronuncia do juiz de paz".[177] Com efeito, é preciso mais que os argumentos do advogado de Bento Galião sobre os trâmites processuais e o registro da prisão para compreendermos o caso que tramitava na Justiça há quase cinco anos. De todo modo, vale destacar que a utilização do instrumento *queixa* estava na origem da formação de culpa dos acusados e no conteúdo da petição do advogado do réu contra o juiz de paz.

---

[172] BRASIL. **Collecção das Decisões do Governo do Imperio do Brazil**: Decisão n. 311, 23 jun. 1837, p. 250.
[173] BRASIL, 1832c (Lei de 29 de novembro de 1832 – artigo 77, § 1º e § 2º; artigo 151).
[174] ANRJ. Base de Dados do Acervo Judiciário – Relação do Rio de Janeiro, 84. Processo: nº 1467 – 9F RJ *"Habeas Corpus"* – 1841/1841; Paciente: Bento de Moura Galião.
[175] ANRJ. Série Justiça/IJ6 172. Extrato da Semana Próxima Passada, 11 de março de 1836. Além de Bento Galião, foram presos e pronunciados Antônio de Amorim Valadares, Luiz Joaquim de Macedo e João Baptista da Rocha.
[176] ANRJ, *loc. cit.*
[177] ANRJ. Base de Dados do Acervo Judiciário – Relação do Rio de Janeiro, 84. Processo: nº 1467 – 9F RJ *"Habeas Corpus"* – 1841/1841; Paciente: Bento de Moura Galião.

Ainda no ano de 1841, um outro processo que tramitava no Tribunal da Relação do Rio de Janeiro originado de queixas contra o juiz de paz do 3º distrito da freguesia de Sacramento era encerrado.[178] O processo contra o juiz de paz foi gerado a partir das queixas dos cidadãos Francisco José Tavares e José Francisco dos Santos. Francisco Tavares foi preso e processado e pronunciado juntamente com José dos Santos pelo juiz de Sacramento. Os queixosos acusam Manoel Alvez da Silva e seu escrivão Manoel Carrilho da Costa de terem cometido crime de abuso de autoridade e descumprimento das leis.

A proteção de S.M.I recorre o preso Francisco José Tavares na cadeia do Aljube, para ser resgatado da violenta prisão e infâmia em que o lançou o juiz de paz do 3º distrito de Sacramento, o cônego Manoel Alvez da Silva, sem haver causa para isso, nem competir a sua jurisdição, pois sendo suplicante residente na rua do Conde (*atual rua Visconde do Rio Branco, Centro*), n. 6, pertencente ao 2º distrito, aonde se figurou o crime que falsamente lhe arguem da tomada do preso do poder da Justiça, nenhuma jurisdição assistia ao suplicado para processá-lo e manda-lo prender pelos seus oficiais fora do seu distrito, ainda que servisse a deprecada.[179]

De acordo com o relato do queixoso Francisco José Tavares, no dia 7 de fevereiro, às 11 horas da manhã, apareceram na casa do suplicante a escrava Ermelinda e um moleque, enviados pelo seu compadre José Francisco dos Santos para ajudar nos cuidados de sua filha que estava gravemente doente. Quando Tavares pediu que os escravos entrassem na casa, reparou em um pardo que os havia acompanhado. Então, o homem se aproximou do suplicante pedindo "recompensa por isso". De pronto, o suplicante respondeu que fosse "com Deus procurá-la em outra parte". De certo, insatisfeito com a resposta do suplicante, o homem replicou dizendo que levaria aquela resposta ao seu juiz, e retirou-se. A filha do suplicante morreu na tarde daquele dia, quando à noite entraram porta adentro de sua casa "uns homens que diziam ser oficiais de Justiça do distrito do suplicado" e, mostrando uma deprecada, prenderam o suplicante desconsiderando o seu luto recente e o conduziram à presença do juiz que o interrogou baseado na "falsidade da "parte do tal pardo que lhe dera como pedestre". Voltando pois o suplicante para sua casa "mandou sepultar a

---

[178] ANRJ. Base de Dados do Acervo Judiciário – Fundo/Coleção Relação do Rio de Janeiro, 84, ano 1840, n. 1052, maço 151, GAL C. Autor: Promotor Público, Réu: Juiz de paz do 3º distrito de Sacramento. Somente em 1841, o processo foi finalmente encaminhado ao cartório da cidade.

[179] ANRJ. Base de Dados do Acervo Judiciário – Fundo/Coleção Relação do Rio de Janeiro, 84, ano 1840, n. 1052, maço 151, GAL C. Autor: Promotor Público, Réu: Juiz de paz do 3º distrito de Sacramento. p. 9.

sua filha, ficando como é natural muito enojado". Porém, para sua surpresa, ele foi preso novamente no dia seguinte sob a mesma deprecada, sem crime nem culpa formada. Em 10 de fevereiro de 1840, o escrivão Manoel Carrilho da Costa registra a prisão, dizendo que Francisco Tavares "foi indiciado por crime de haver tirado um Africano de nome Francisco, escravo de um tal fulano Santos", das mãos do pedestre que o conduzia por ordem da Justiça.[180] Por fim, a petição termina com a seguinte apelação do suplicante: "S.M.I se digne mandar pôr o suplicante em sua liberdade, e processar o suplicado juiz e mais oficiais para segurança e exemplo dos prevaricadores".[181]

Em 5 de março, a queixa de Francisco José Tavares foi considerada procedente e ele foi solto por habeas corpus. A decisão encaminhada à Secretaria da Justiça foi pautada no seguinte entendimento: "por ser o juiz incompetente e não haver justa causa para prisão por nada constar contra o suplicante, senão o que diz o pedestre, o que não basta".[182] Doravante, no intuito de dar cumprimento ao aviso recebido pela Secretaria de Justiça, o chefe de polícia da Corte envia um ofício ao juiz de paz, exigindo um relatório da sua versão dos fatos. O cônego Manoel Alvez da Silva, acusa o recebimento e responde ao ofício sobre o conteúdo da queixa dirigida a S.M.I:

> Acuso o recebimento de V.S. data de hoje, a qual me foi entregue às duas horas e meia da tarde, acompanhado de uma petição de Francisco José Tavares, dirigida à S.M.I, queixando-se de ter sido preso à minha ordem, e conservado na prisão sem para isso ter cometido crime, exigindo V.S. que eu informe a tal respeito para dar cumprimento ao Aviso da Secretaria da Justiça, que lhe foi remetido com data de 5 do corrente.[183]

De acordo com o juiz de paz, o queixoso representou contra o Trono caluniando-o "atrozmente". Em sua defesa o juiz alega não ter dado "um só passo que não fosse de acordo com sua consciência e conforme a lei". E relata que, no dia 7 de fevereiro de 1840, "sendo preso um africano de nome Francisco, por um oficial deste município, pertencente à polícia" o mesmo foi levado ao juiz que o interrogou. De acordo com o magistrado, o africano confessou ser escravo de um tal José Francisco dos Santos, morador da Bica, rua do Propósito (atual rua Sacadura Cabral, no Cais do Porto). "Querendo

---

[180] ANRJ. Relação do Rio de Janeiro, ano 1840, processo n. 1052. Rio, 10 de fevereiro de 1840. Doc. n. 3.
[181] ANRJ. Relação do Rio de Janeiro, ano 1840, processo n. 1052. Aljube, 12 de fevereiro de 1840. Assina o promotor público Francisco José Ferreira Baptista.
[182] ANRJ. Relação do Rio de Janeiro, ano 1840, processo n. 1052. Rio, 12 de março de 1840. Ao ilustríssimo sr. Francisco Ramiro de Assis Coelho Ministro da Secretaria de Estado e Negócios da Justiça.
[183] ANRJ. Relação do Rio de Janeiro, ano 1840, processo n. 1052. Rio, 7 de março de 1840, p. 6.

descobrir o intitulado senhor", o juiz mandou que um pedestre conduzisse o africano até o endereço fornecido. Quando o pedestre passou com o africano na porta do queixoso, esse, "na qualidade de compadre do dito Santos, passou mão do dito africano, recolhendo-o para sua casa, e passou a decompor o pedestre com palavras pouco decorosas". Segundo o juiz, durante o interrogatório "do queixoso ficou claro que ele era culpado", chegando inclusive a confessar e, nesse sentido, como o crime era classificado no artigo 120 do Código Criminal de 1830 (*tirar um preso da mão ou poder do oficial de justiça*) e era inafiançável,[184] ele deu prosseguimento a prisão. Sobre a questão de o queixoso residir em outro distrito fora de sua jurisdição, o juiz de fato não conseguiu justificar essa ação, reconhecendo que o crime estava fora de sua jurisdição e que por isso não utilizou um mandato de prisão, mas um recurso que ele entendia ser permitido por lei: uma deprecata escrita pelo escrivão e assinada por ele.[185]

Com efeito, a versão do queixoso e a do juiz de paz sobre os motivos que levaram àquela prisão são no mínimo divergentes. Com exceção da participação do pedestre na ocorrência — que Tavares identificou como o pardo que buscava propina e o juiz diz ser o agente da polícia que conduzia o africano "tirado" pelo queixoso — os personagens e os fatos não coincidem. Cumpre destacar que apesar de Tavares ter argumentado sobre a ausência de formação de culpa no ato de sua prisão, o enquadramento em um crime inafiançável "resultando do interrogatório suspeita contra o conduzido" foi o bastante para justificar a prisão sem culpa formada.[186] Ademais, a suspeita sobre a origem do dito africano foi mais um elemento utilizado pelo juiz para justificar a pronúncia tanto de José Tavares quanto do suposto proprietário Francisco dos Santos. Isso porque o juiz levantou a hipótese de que o suposto escravo na verdade seria mais uma vítima do tráfico ilegal.

Por um lado, a versão das autoridades locais — o juiz, o policial e o escrivão — por outro lado, a palavra dos cidadãos envolvidos naquela ocorrência, respondendo por um crime inafiançável. Nesse contexto, o instrumento legal da queixa é a voz e a reação daquele que se considera ofendido.

---
[184] Capítulo VIII, artigo 101, do Código do Processo Criminal. BRASIL. **Lei de 16 de dezembro de 1830.** Manda executar o Código Criminal. Rio de Janeiro: Collecção das Leis do Imperio do Brazil, 1830. Disponível em: https://www.planalto.gov.br/ccivil_03/leis/lim/lim-16-12-1830.htm. Acesso em: 8 set. 2023. O crime de "tirada de preso do poder da Justiça" prevê pena de prisão de até oito anos. Portanto, de acordo com o artigo 101 do Código do processo é considerado um crime inafiançável.
[185] ANRJ. Relação do Rio de Janeiro, 84, ano 1840, processo n. 1052, p. 6-8.
[186] ANRJ. Relação do Rio de Janeiro, 84, ano 1840, processo n. 1052, p. 6-8. Sobre crimes inafiançáveis, o juiz poderá colocar o sujeito por suspeita. Ver BRASIL, 1830, capítulo III, art. 133 (Código do Processo Criminal de 1830).

> Ah Senhor esse Juiz, esse Juiz...mas não perante V.M.I falta o suplicante, cumpre ser discreto, mas diga-o mais a imprensa, as acusações que por ela têm chegado aos ouvidos dos cidadãos que ainda não conheciam esse juiz.[187]

Em abril, foi a vez de José Francisco dos Santos apresentar sua queixa a S.M.I, rogando que o juiz de paz fosse suspenso de suas atribuições e que respondesse processo pela arbitrariedade de seus atos descrita na petição do queixoso:

> Perante o trono Augusto de V.M.I se apresenta o cidadão Brasileiro José Francisco dos Santos, queixando-se contra o atual juiz de paz do 3º distrito da Freguesia de Sacramento, cônego Manoel Alvez da Silva, por lhe haver feito a injustiça da mais revoltante, e atentado o mais atroz [...] em consequência de um nulo e infame processo que contra o suplicante formou, não para vingar direitos de Justiça, mas sim para satisfazer a outras vistas totalmente, tornando-se por isso incurso nos artigos 139, 160 e 162 do Código Criminal.[188]

Em 13 de abril de 1840, o juiz de paz acusa o recebimento do Aviso de S.M.I sobre a queixa de Francisco José Tavares, justificando suas ações sobre os mesmos argumentos. E ainda cita a lei de 7 de novembro de 1831 (fim do tráfico), insinuando que o escravo de José Francisco dos Santos em questão era um africano livre escravizado. Em julho, o ministro da Justiça remeteu ao promotor público uma cópia do decreto que suspendia o cônego Manoel Alvez da Silva do "exercício do lugar de juiz de paz".[189] Com efeito, o caso repercutiu na imprensa fluminense, que logo se manifestou sobre o afastamento do magistrado. Quatro dias depois do decreto que suspendia Manoel Alvez, em 14 de julho de 1840, o jornal *Diário do Rio de Janeiro* publicava um "Comunicado" aos cidadãos do 3º distrito da freguesia de Sacramento. O conteúdo da publicação trazia uma saudação aos "concidadãos daquele distrito por estarem a salvo das influências de alguns mal-intencionados que pareciam dominar aquele sacerdote".[190] De fato, não é possível saber a natureza daquela insinuação que o jornal fazia sobre as ditas "influências"

---

[187] ANRJ. Relação do Rio de Janeiro, 84, ano 1840, processo n. 1052, p. 22.
[188] ANRJ. Relação do Rio de Janeiro, 84, ano 1840, processo n. 1052. O pronunciado José Francisco dos Santos era morador do 2º distrito da freguesia de Santa Rita, ou seja, ele estava fora da jurisdição do juiz de paz do 3º distrito de Sacramento.
[189] ANRJ. Relação do Rio de Janeiro, 84, ano 1840, processo n. 1052. Rio, 10 de julho de 1840.
[190] Diário do Rio de Janeiro, n. 154, 14 jul. 1840. Disponível em: http://memoria.bn.br/DocReader/DocReader.aspx?bib=094170_01&hf=memoria.bn.br&pagfis=23058 Acesso em: 14 jul. 2022.

que estariam dominando as ações do juiz de paz. Se Manoel Alves da Silva estava submetido aos interesses de algum grupo local ou mesmo outra esfera de autoridade, o conteúdo do processo não esclarece.

De todo modo, baseado na análise do conteúdo das queixas, o promotor público Francisco José Ferreira Baptista denunciou o juiz de paz Manoel Alvez da Silva, juntamente com o seu escrivão, Manoel Carrilho da Costa, pelo crime de responsabilidade. De acordo com o promotor, o juiz prendeu, processou e pronunciou José Tavares e Francisco dos Santos "apesar de não ser os fatos por ele impetrados, cometidos em seu distrito, nem serem os réus residentes nesse município", tampouco haver fatos para pronúncia. Isto posto, o juiz de paz estaria "compreendido" nos artigos 139, 142, 159 e 160 do Código do Processo Criminal: "Vai a denúncia com todas as provas que são denunciados na Relação junta assinada por João Carneiro de Campos".[191]

Por fim, o juiz de paz recebe uma intimação para comparecer à sessão do júri em 30 de outubro de 1840 e se defende, contestando a incompetência do promotor público para julgar sua administração da justiça de paz, negando ter cometido crime tão grave. O fato é que o 2º Tribunal do Juri se reuniu em 6 de novembro à revelia do juiz de paz, que não compareceu. Durante o interrogatório, o escrivão Manoel Carrilho da Costa, natural do Rio Grande do Norte, casado e com quarenta anos de idade, é acusado de receber vantagem para lavrar o auto de prisão de Francisco José Tavares.

O tribunal julgou os réus culpados, e eles foram sentenciados nos seguintes artigos do Código Criminal de 1830: artigo 139, por exceder os limites das funções próprias do cargo; artigo 142, por expedir ordem, ou fazer expedição ilegal; artigo 160, por julgar ou proceder contra a lei expressa. O cônego Manoel Alvez da Silva ainda tentou apelar ao Tribunal da Relação contra a condenação no 2º Tribunal do Juri, mas o Tribunal julgou a apelação do cônego improcedente.[192]

Apesar da variedade de informações relatadas pelos queixosos e pelo magistrado nessa ocorrência, a denúncia do promotor público contra o cônego Manoel da Silva foi baseada na questão do abuso de autoridade, ou seja, além das inconsistências processuais a ocorrência estava fora da jurisdição do juiz de paz. A *guerra de versões* nos relatos dos envolvidos no caso denota que alguém estava mentindo. Mas para além disso, a suposta

---

[191] ANRJ. Relação do Rio de Janeiro, 84, ano 1840, processo n. 1052. Rio, 24 de julho de 1840.
[192] ANRJ, Relação do Rio de Janeiro, 84, ano 1840, processo n. 1052. Rio, 24 de julho de 1840.

barganha envolvendo troca de proteção por vantagem financeira abre a discussão sobre o exercício do clientelismo presente nas relações entre certas autoridades locais e a população. De todo modo, importa observar que os símbolos de poder presentes naquele padre secular que ocupava a magistratura de paz — o poder religioso e o poder local — se confrontaram com os novos instrumentos legais, as disputas institucionais e o incipiente exercício de cidadania.

De acordo com as reflexões de Eduardo Silva sobre o processo de construção da cidadania no Brasil, a "queixa pressupõe, para ser formulada, tanto quanto para ser socialmente aceita, o reconhecimento de um direito"[193] ou daquilo que os indivíduos entendem como um direito, especialmente a partir das relações que estabelecem com as leis, com os agentes públicos e, consequentemente, com as instituições do Estado.

O suplicante João Rodrigues de Lima queixava-se, acusando o juiz de paz do 1º distrito de Sacramento de agir com excesso e de maneira ilegal ao acumular dois processos distintos. Na análise do conteúdo da queixa do suplicante, o conselheiro procurador da Coroa assevera que não houve excessos no julgamento do juiz de paz, mas que, de fato, o juiz acumulou "dois atos distintos" — conciliação e julgamento —, e condenou o réu sem provas, apenas com base naquilo que disse o autor.[194] De fato, como já foi dito anteriormente, os juízes de paz só poderiam ser processados pelo ouvidor da comarca. Por algum motivo, porém, apesar de a queixa do suplicante contra o juiz de paz ter sido, em parte, considerada procedente pelo procurador da Coroa, o caso acabou sendo submetido à decisão da Secretaria de Justiça.

Sobre essas ocorrências localizadas nos anais das *Decisões*, os conceitos de "Estado vilão" e "Estado regulador" apresentados por Silva podem ser aplicados conjuntamente, na medida em que instituições do Estado, como a magistratura de paz e a Secretaria de Justiça, foram alvos, agentes e destinatários dessas queixas.[195] Se, por um lado, as queixas fornecem elementos que indicam insatisfações, disputas e contestações de autoridades, por outro sinalizam certa credibilidade e certo manejo dos novos instrumentos legais. Nesse sentido, as dúvidas geradas pelos juízes leigos e as soluções encontradas pelo gabinete da Justiça ensejam outra discussão: o limite entre a inabilidade e a ignorância na aplicação das leis.

---

[193] SILVA, Eduardo. **As queixas do povo**. Rio de Janeiro: Paz & Terra, 1988. p. 34.
[194] BRASIL. **Collecção das Decisões do Governo do Imperio do Brazil**: Decisão n. 455, 11 set. 1837, p. 324.
[195] Para Eduardo Silva, essas denúncias colocam o Estado ora na posição de *vilão*, quando as queixas são contra o Estado, ora como o *grande regulador*, quando são endereçadas ao Estado. SILVA, 1988, p. 34.

Em ofício, a Secretaria de Estado e Negócios da Justiça adverte o juiz de paz do 2º distrito da freguesia do Engenho Velho, o senhor Pedro Cyriaco Pacheco, sobre o dever de observar o artigo 16 da Lei de 18 de agosto de 1831, que determina os critérios para exclusão de matrícula dos guardas nacionais. Isso porque o juiz, em ofício dirigido ao chefe de polícia da Corte, informou que "o Conselho de Qualificação da Freguesia resolvera *não riscar* do Livro da Matrícula Geral dos Guardas Nacionais indivíduo algum sem que o requeresse"[196]. Diante disso, o ministro da Justiça Limpo de Abreu asseverou que o juiz é que não teria tido o "cuidado de notar à margem do Livro de Matrícula Geral, como determina o artigo 17 da referida Lei, todas as alterações que pudessem influir para que alguns cidadãos dessa Freguesia não devessem mais pertencer à Guarda Nacional". O fato é que, nesse caso específico, não foi possível determinar os motivos para a pretensa manobra do magistrado: se a questão era de ignorância quanto às leis ou corporativismo entre o juiz e os guardas nacionais. De todo modo, é relevante a hipótese levantada em ofício pelo ministro da Justiça, de que no decorrer de um ano é pouco crível que "ninguém estivesse por motivo algum no caso de perder a qualidade de Guarda Nacional"[197], especialmente diante da representação do próprio juiz de paz sobre a decisão do Conselho de Qualificação de ter *resolvido* não excluir ninguém.

Cumpre destacar que, durante a campanha eleitoral para juiz de paz, em 1836, Pedro Cyriaco Pacheco foi alvo de alguns artigos de jornais acusando-o de ser despreparado para ocupar o cargo por suas origens humildes. De todo modo, essas ocorrências que chegavam à Secretaria de Justiça denotam a variedade de demandas sob administração da magistratura de paz e a atuação do governo no cotidiano da instituição.

Entre os meses de setembro e outubro de 1834, o governo regencial deliberou sobre temas diversos, como por exemplo a acumulação dos cargos de vereador e juiz de paz, determinando que no caso de o cidadão eleitor "recusar um deles", não pudesse optar novamente.[198] E também determinou

---

[196] BRASIL. **Collecção das Decisões do Governo do Imperio do Brazil**: Decisão n. 179, 22 mar. 1836, p. 112 (grifo nosso).

[197] O artigo 16, da Lei de 18 de agosto de 1831, determina que seja excluído do Livro de Matrícula os cidadãos que tenham mudado de domicílio, os que completaram 60 anos, os falecidos e todos aqueles que, por algum motivo, não devam mais pertencer à Guarda Nacional. BRASIL. **Lei de 18 de agosto de 1831**. Crêa as Guardas Nacionaes e extingue os corpos de milicias, guardas municipaes e ordenanças. Rio de Janeiro: Collecção das Leis do Imperio do Brazil, 1831e. Disponível em: https://www2.camara.leg.br/legin/fed/lei_sn/1824-1899/lei-37497-18-agosto-1831-564307-publicacaooriginal-88297-pl.html. Acesso em: 27 jul. 2021.

[198] BRASIL. **Collecção das Decisões do Governo do Imperio do Brazil**: Decisão n. 297, 4 set. 1834, p. 224.

critérios para que os africanos introduzidos no Império pelo tráfico ilegal e que estavam sendo depositados na Casa de Correção do Rio de Janeiro pudessem ter seus serviços arrematados sobre certas condições. Em caso de fuga ou morte, o arrematante deveria comunicar o juiz de paz do distrito.[199] Em alguns casos, porém, a Secretaria de Justiça resolvia as questões apenas observando o que já estava definido na Lei, como no caso da dúvida exposta pelo magistrado da freguesia do Engenho Velho. O juiz de paz do 2º distrito do Engenho Velho pede esclarecimentos sobre como proceder no caso de um juiz de paz e os três suplentes "serem dados como suspeitos". O ministro da Justiça Manoel Alves Branco esclarece que o mais adequado nessa situação é cumprir o que diz o artigo 62 do Código do Processo Criminal, ou seja, na impossibilidade de existir mais que um juiz e três suplentes por distrito, a solução é cumprir o que manda o dispositivo, remetendo os procedimentos ao "juiz mais vizinho".[200] As relações construídas entre a magistratura de paz e certas instituições, como a Secretaria de Justiça, a Câmara Municipal e a Polícia fornecem um importante panorama da história dos juízes de paz da cidade do Rio de Janeiro.

1.1.1 "A boa administração da Justiça"

O ano de 1827 foi um marco na história da Justiça brasileira no período imediatamente posterior à Independência. Além da criação da magistratura de paz, que inaugura as reformas do Judiciário, em 11 de agosto de 1827, d. Pedro I sancionou a lei de criação dos primeiros cursos jurídicos no Brasil.[201] A formação acadêmica dos magistrados e dos parlamentares brasileiros bacharéis em Direito, no século XIX, foi objeto de pesquisa de importantes trabalhos sobre a história da formação da elite política brasileira,[202] do ensino jurídico no país[203] e da história do Direito.[204] Em que pesem as críticas sobre a formação deficitária dos bacharéis e, por conseguinte, de parte da elite política no Parlamento em cursos jurídicos no Brasil do século XIX — a insuficiência de lentes qualificados, a falta de frequência dos discípulos às aulas, a ausência de

---

[199] BRASIL. **Collecção das Decisões do Governo do Imperio do Brazil**: Decisão n. 346, 13 out. 1834, p. 258. O Decreto de 12 de abril de 1832 determinou que o juiz de paz fosse o responsável pela fiscalização do tráfico de africanos. O tráfico passou a ser considerado uma prática ilegal pela Lei de 7 de novembro de 1831.

[200] BRASIL. **Collecção das Decisões do Governo do Imperio do Brazil**: Decisão n. 177, 18 jul. 1835, p. 141.

[201] VENANCIO FILHO, 2011, p. 28.

[202] CARVALHO, José Murilo. **A construção da ordem**: a elite política imperial. 14. ed. Rio de Janeiro: Civilização Brasileira, 2020.

[203] VENANCIO FILHO, *loc. cit.*

[204] LOPES, 2014.

estatutos dos cursos de ciência jurídica e social, a prevalência da retórica sobre a doutrina e as avaliações imprecisas —,[205] importa considerar os argumentos de Otávio Tarquínio contra a referência de Armitage à total "mediocridade" da elite intelectual e política brasileira em virtude da sua formação.[206] De acordo com Tarquínio, a mediocridade na formação dos parlamentares, por exemplo, não era patrimônio exclusivo de uma nação, tampouco do Brasil, que tinha em seus quadros político e intelectual "vários nomes que pairavam acima da mediocridade".[207]

Com efeito, de acordo com José Murilo de Carvalho, a formação da elite política imperial brasileira teve como elemento de unificação a educação superior concentrada na formação jurídica, e, até meados do século XIX, grande parte dessa elite era formada pela Universidade de Coimbra. Aliás, foram os ex-alunos dessa universidade os primeiros professores dos cursos de Direito no Brasil, e o novo arcabouço legal do Império brasileiro foi elaborado pela chamada Geração de Coimbra.[208] Com efeito, as adaptações nas disciplinas dos cursos à realidade brasileira impactou a formação dos bacharéis construída mais no exercício da profissão e na vida política do que nos estudos da doutrina e da teoria nos espaços acadêmicos.[209] Entretanto, conforme salientou Meirelles, a literatura jurídica do período exaltava o papel da magistratura profissional, silenciando-se sobre a existência dos juízes leigos, para os quais restava a crítica recorrente sobre "a ausência dos conhecimentos técnicos, como seria previsível em razão do bacharelismo predominante"[210] na cultura jurídica brasileira em construção. Para a maioria dos magistrados profissionais e legisladores da época, a saída apontada para o *problema* da existência do juiz de paz foi o assessoramento e o controle desses magistrados leigos, ora pelos bacharéis,[211] ora pelas decisões do governo.

Em março de 1836, uma circular do governo regencial expedida pela Secretaria dos Negócios da Justiça orientava os juízes de paz sobre a forma adequada de interpretar e aplicar os artigos do Código do Processo

---

[205] VENANCIO FILHO, 2011, p. 35-55.
[206] Ibid., p. 14.
[207] VENANCIO FILHO, loc. cit.
[208] Ibid., p. 76-77.
[209] VENANCIO FILHO, loc. cit.
[210] MEIRELLES, Delton R. S. Os juízes leigos na experiência regencial "republicana" (1832 – 1841). In: RIBEIRO, Gladys Sabina; NEVES, Edson Alvisi; FERREIRA, Maria de Fátima Cunha Moura (org.). **Diálogos entre Direito e História**: cidadania e justiça. Niterói: EDUFF, 2009. p. 257-277. p. 264-265.
[211] MEIRELLES, 2009, p. 266.

Criminal de 1832, especialmente sobre o processo de julgamento de delitos e a maneira correta de atuar na formação de culpa. Na circular, os artigos do código são citados várias vezes de maneira bastante didática.[212] Esse tipo de instrução aos juízes de paz é frequente nessa documentação, assim como as revisões e contestações à sua atuação na interpretação e aplicação das leis. A Secretaria de Justiça adverte o juiz de paz do 1º distrito de São José, André Antônio de Araújo Lima, sobre um suposto erro na interpretação e aplicação da lei durante o Conselho de Qualificação. O juiz teria dispensado três cidadãos que alegaram ser solteiros com filhos, mas, em desacordo com essa interpretação da lei, a Secretaria de Justiça deliberou que esses homens não se enquadravam na categoria dos viúvos com filhos e, portanto, teriam que servir.[213]

Para os legalistas, os argumentos dos magistrados leigos sobre as demandas administrativas e as soluções elaboradas no dia a dia da instituição não estavam isentas de contestação. Com base no artigo 317 do Código do Processo Criminal, a Secretaria de Estado e Negócios da Justiça esclarece a questão do juiz de paz da Cabeça do Termo sobre a remessa de milhares de processos para o júri. O juiz considerou enviar apenas os processos sob a alçada dos juízes de paz e dos extintos bairros, deixando os da Correição do Crime a serem remetidos quando os interessados reclamassem. Diante da ação do juiz, o governo regencial se manifestou, alegando que a medida era ilegal "à vista do que dispõe o artigo 239 do mesmo código", por entender que o juizado de paz era apenas um depositório dos sobreditos documentos, e mandou que o juiz enviasse todos os processos imediatamente.[214]

Na mesma linha de averiguação das condutas dos juízes de paz na aplicação e no cumprimento das leis, em fevereiro de 1838, a Secretaria de Justiça emitiu um aviso ao chefe de polícia da Corte, determinando que revogasse todas as fianças indevidas concedidas pelos juízes de paz. A advertência foi motivada por uma concessão de fiança dada a Zeferino José de Lacerda pelo juiz de paz da freguesia de Sacramento. O problema teria ocorrido pelo fato de o juiz ter concedido fiança indevida ao errar a tipificação do crime. De acordo com o conteúdo do aviso, o regente interino

---

[212] BRASIL. **Collecção das Decisões do Governo do Imperio do Brazil**: Decisão n. 160, 16 mar. 1836, p. 101.

[213] BRASIL. **Collecção das Decisões do Governo do Imperio do Brazil**: Decisão n. 298, 19 maio 1836, p. 187. Ver Lei de 18 de agosto de 1831 (BRASIL, 1831e).

[214] BRASIL. **Collecção das Decisões do Governo do Imperio do Brazil**: Decisão n. 298, 19 maio 1836, p. 187. O artigo 239 determina que o juiz de paz envie todos os processos ao júri. Ver Código do Processo Criminal de 1832 (BRASIL, 1832c).

teria pautado sua decisão no artigo 46, § 8º, do Código do Processo Criminal de 1832, que outorga aos juízes de direito a prerrogativa de revogar as fianças indevidamente concedidas pelos juízes de paz. Chama atenção, porém, o fato de a incumbência ter sido dada ao chefe de polícia da Corte sob a alegação de Eusébio de Queirós já ter exercido o cargo de juiz de direito, uma vez que o juiz de direito da comarca era quem estava habilitado para tal procedimento.[215] Nesse sentido, importa considerar o contexto político desse período e o projeto conservador da reforma do Código do Processo Criminal de 1832 em curso, no qual o movimento regressista pretendia restringir os poderes da magistratura eletiva em favor do chefe de polícia nomeado pelo governo.[216] Segundo Adorno, movidos, em grande medida, pelo projeto do controle social, os conservadores pretendiam instaurar o "mais absoluto policialismo judicial".[217] Sobre o caso em questão, o próprio Eusébio de Queirós declara estar em dúvida sobre como colocar em prática a revogação de uma sentença dada pelo juiz de paz de acordo com as leis vigentes; especialmente nos casos em que não há recursos. Em 15 de fevereiro, porém, a Secretaria de Justiça encerra a questão, determinando que se cumpra o aviso, ou seja, que o chefe de polícia revogue as sentenças.[218]

Com efeito, os conflitos hierárquicos entre o chefe de polícia e os juízes de paz ficaram registrados na documentação da Justiça e nos códices de polícia da Corte. De acordo com Thomas Holloway, a justiça de paz era um "outro ramo da Polícia Civil", que, na década de 1830, era responsável pela prevenção e investigação de crimes.[219] Em 1835, no intuito de identificar os delitos cometidos na cidade, Eusébio de Queirós apresentou um mapa dos criminosos ao ministro da Justiça, com uma crítica veemente aos juízes de paz, alegando que os magistrados não enviavam os extratos criminais, o que frustrava seus esforços.[220] Esses extratos eram relatórios produzidos pelos juízes de paz "sobre as ocorrências criminais em seus distritos".[221] Entretanto, de acordo com o chefe de polícia, em maio de 1837, os juízes de paz da Lagoa e do 2º distrito da freguesia de Santa Rita ainda não tinham remetido a relação das prisões efetuadas em seus distritos. Reitera, ainda,

---

[215] BRASIL. **Collecção das Decisões do Governo do Imperio do Brazil**: Decisão n. 16, 17 jan. 1838, p. 18.
[216] LOPES, 2014, p. 320.
[217] ADORNO, 2019, p. 76.
[218] BRASIL. **Collecção das Decisões do Governo do Imperio do Brazil**: Decisão n. 32, 15 fev. 1838, p. 35.
[219] HOLLOWAY, Thomas. **Polícia no Rio de Janeiro**: repressão e resistência numa cidade do século XIX. Rio de Janeiro: Editora Fundação Getúlio Vargas, 1997. p. 112.
[220] SANTANA, 2019, p. 160.
[221] *Ibid.*, p. 162.

que o juiz de paz do 1º distrito de Sacramento não tinha esclarecido em seu relatório o motivo da prisão de Antônio Alves Coutinho.[222] Por fim, o chefe de polícia emitiu um aviso para que os juízes de paz esclarecessem o motivo das prisões ou justificassem por que não as efetuaram. Flory destacou a impossibilidade de se obter um panorama mais assertivo sobre a magistratura de paz no período imperial baseado apenas nos "deveres oficiais" do cargo. Para o autor, mais importante que isso era entender "como e por que na prática os juízes de paz funcionavam daquela forma".[223] Nesses casos relatados, é preciso considerar fatores como negligência, insubordinação, relações paroquiais e, talvez, o desejo de omitir os problemas locais.

Dez dias depois do aviso emitido pelo chefe de polícia aos juízes de paz, a Secretaria de Justiça reiterava que o chefe de polícia comunicasse aos juízes o dever de informar a Secretaria de Polícia sobre todas as ocorrências que houvesse nas freguesias e nos distritos. De acordo com o conteúdo do documento, os juízes de paz se limitavam a avisar o Comando Superior da Guarda Nacional sobre determinadas ocorrências, com exceção do juiz de paz da freguesia de São José, que dirigiu dois ofícios sobre ocorrências em seu distrito ao chefe de polícia. Doravante, o ministro da Justiça ordenava que assim fosse em todas as freguesias e que o chefe de polícia o mantivesse ciente de tudo.[224]

Além das atribuições policiais em si, o chefe de polícia e os juízes de paz conflitavam sobre certas funções administrativas. Em janeiro de 1837, o gabinete da Justiça, em ofício ao juiz de paz cabeça do Termo, expedia uma determinação para que o juiz cumprisse as requisições feitas pelo chefe de polícia (Eusébio de Queirós) sobre a remessa dos processos de liberdade de imprensa sob sua guarda. O impasse se deu pelo fato de o juiz de paz ter argumentado que tais processos não eram os mais antigos para serem apresentados à sessão do Juri. Então, o caso foi decidido pelo ministro da Justiça, que mandou que se cumprisse imediatamente a requisição do chefe de polícia, destacando que Eusébio de Queirós era um juiz de direito e advertindo sobre a incompetência do juiz de paz para a escolha dos processos que deveriam ser apresentados ao júri. Para tanto, Gustavo Pantoja faz referência aos artigos 238 e 319 do Código do Processo Criminal.[225]

---

[222] BRASIL. **Collecção das Decisões do Governo do Imperio do Brazil**: Decisão n. 246, 19 maio 1837, p. 219.
[223] FLORY, 1986, p. 98.
[224] BRASIL. **Collecção das Decisões do Governo do Imperio do Brazil**: Decisão n. 262, 29 maio 1837, p. 227.
[225] BRASIL. **Collecção das Decisões do Governo do Imperio do Brazil**: Decisão n. 41, 18 jan. 1837, p. 22-23. Cumpre destacar que o artigo que trata da remessa dos processos pelos juízes de paz é, de fato, o artigo 228, e

Com efeito, o crime de imprensa estava fora da jurisdição da justiça de paz e, nesse sentido, o artigo 228 definia que, uma vez formada a culpa pelo juiz de paz, o processo deveria ser remetido à instância competente. Entretanto, a escolha do juiz de remeter os processos mais antigos parece menos importante do que a resistência do magistrado em atender à solicitação do chefe de polícia. Isso porque o artigo 319 citado como argumento determina que o juiz de direito faça a requisição sendo provocado pelo promotor público, mas o ministro da Justiça se antecipou em responder que o chefe de polícia era "um juiz de direito". As polêmicas envolvendo as decisões dos juízes de paz nos processos de imprensa não pararam por aí.

O juiz de paz do 1º distrito de Sacramento enviou um ofício ao chefe de polícia, explicando por que havia indeferido o requerimento do promotor público da cidade "sobre a formação do auto de corpo de delito em alguns números do periódico – Sete de Abril". Ao tomar ciência do ocorrido, o ministro da Justiça assevera que o governo da Regência "manda declarar" que o procedimento do juiz de paz foi irregular e feriu a "boa administração da Justiça". De acordo com o texto da decisão do governo sobre o assunto, ainda que o promotor não tenha procedido à juntada dos documentos necessários e dos números do respectivo periódico, cabia ao juiz de paz orientá-lo nesse sentido, em vez de indeferir o requerimento pautado em suspeitas de irregularidades. A advertência era para que aquilo não se repetisse mais.[226] Não deixa de ser curiosa a tolerância com o erro do promotor e a flexibilização do rigor administrativo no caso sobredito. Nesse ínterim envolvendo a imprensa, o governo e os juízes de paz, o regente Diogo Antônio Feijó decreta a polêmica Lei de 18 de março de 1837,[227] mudando os rumos processuais dessas ocorrências.

Na freguesia de Sacramento, o juiz de paz do 1º distrito recebeu um aviso da Secretaria de Justiça para chamar à responsabilidade o impressor do periódico Sete de Abril (n. 428), baseado no Decreto de 18 de março de 1837, que versa "sobre processo e sentença nos crimes por abuso de liberdade de imprensa",[228] e na sua autoridade de julgar os crimes de desobediência e aplicar sentenças (Código do Processo Criminal de 1832, capítulos 8 e 9).[229]

---

não o 238 conforme indicado na sobredita fonte.

[226] BRASIL. **Collecção das Decisões do Governo do Imperio do Brazil**: Decisão n. 148, 14 mar. 1837, p. 161-162.

[227] SOUSA, Octávio Tarquínio de. **História dos fundadores do Império do Brasil**. Rio de Janeiro: Livraria José Olympio, 1957. p. 278.

[228] ALVES, Francisco das Neves. Legislação brasileira de imprensa (1823 – 1923): um catálogo de leis. **BIBLOS** – Revista do Instituto de Ciências Humanas e da Informação, Rio Grande, n. 11, p. 89-93, 1999.

[229] BRASIL. **Collecção das Decisões do Governo do Imperio do Brazil**: Decisão n. 172, 4 abr. 1837, p. 176.

O caso estava diretamente ligado ao governo da Regência e girava em torno das supostas injúrias que o periódico Sete de Abril estaria fazendo contra o regente, atentando contra a moral pública e desrespeitando as autoridades na tentativa de desmoralizar o governo.[230] Nesse caso, o governo encontrou um respaldo na lei para garantir ao juiz de paz a prerrogativa de interferir na questão buscando celeridade no tratamento da ocorrência no tribunal de primeira instância.

1.1.2 "Quem vigia o vigia? ": estrangeiros, ciganos, trabalho livre e o tráfico de africanos sob a vigilância do juiz de paz

Ainda no período de discussões e debates parlamentares sobre a criação do cargo de juiz de paz, especialmente o ano de 1827, quando o cargo foi efetivamente criado, o deputado Bernardo de Vasconcelos declarava, no Parlamento, que seu desejo era "criar um juiz policial". Isso porque, de acordo com Vasconcelos, se a magistratura leiga assumisse a função de prevenir crimes, o policiamento no Brasil daria um passo à frente no sentido de superar as antigas e ineficazes abordagens policiais, que, até então, se restringiam a punir as infrações cometidas.[231] Com efeito, o critério da suspeição no combate a determinados crimes policiais sob a alçada do juiz de paz, como os ajuntamentos ilícitos, conferiram a essa autoridade poderes bastante subjetivos no momento de executar averiguações e prisões.[232] Ademais, ficou explicitado na Lei de 1827 que cabia ao juiz de paz vigiar o comportamento de bêbados, turbulentos e meretrizes escandalosas após submetê-los aos termos de bem-viver e vigiar as matas e florestas públicas a fim de evitar o corte ilegal de madeira.[233] O Código do Processo de 1832 foi mais além, submetendo à vigilância e ao controle do juiz todo novo morador que quisesse se estabelecer no distrito de paz.[234] Os estrangeiros, por seu potencial efêmero e transformador, não passaram desapercebidos da vigilância das autoridades locais.

Contudo, em certas ocasiões, essa autoridade de vigiar e punir conferida pelos códigos legais ao juiz local esteve submetida às interferências do governo central. Em ofício dirigido ao juiz de paz do 2º distrito de freguesia de

---

[230] BRASIL, loc. cit.
[231] HOLLOWAY, 1997, p. 61.
[232] Sobre o crime de ajuntamento ilícito, ver SANTANA, 2019.
[233] BRASIL, 1827. Lei de 15 de outubro de 1827, artigo 5º, §§ 5º e 12º.
[234] BRASIL, 1832c. Código do Processo Criminal de 1832, artigos 114 a 120.

Santana, Paulino de Abreu orienta que o magistrado verifique a identidade da pessoa que chegou à presença do juiz, acusada de provocar desordem em casa particular, alegando ser um encarregado dos negócios da *Columbia*, porque, de acordo com o ministro, o regente determinou que deixasse em liberdade provisória o dito encarregado de negócios; sem maiores esclarecimentos.[235] Um dia depois, o ministro da Justiça se debruçava sobre a averiguação da custódia, e posterior liberdade, concedida pelo sobredito juiz de paz de Santana ao sargento-mor João de Deus Rodrigues, "ajudante do general Marianno Armaza, Encarregado dos Negócios da República de Bolívia neste Império". O ministro havia solicitado ao juiz esclarecimentos sobre a ocorrência.[236]

Na mesma linha de averiguação sobre o procedimento do juiz local nas ocorrências envolvendo estrangeiros na cidade, o juiz de paz do 1º distrito da freguesia de Sacramento foi advertido sobre sua conduta ao colocar em liberdade dois estrangeiros russos, atendendo à reclamação do cônsul-geral de Sua Majestade, o imperador da Rússia. A orientação foi para que o juiz observasse e aplicasse a lei de fiança, nos termos do artigo 102 do Código do Processo Criminal, "para obrigá-los a respeitar como devem as Leis do país".[237]

Mas o fato é que, mesmo para aqueles que defendiam a aplicação *ipsis litteris* dos novos códigos, as especificidades das ocorrências atravessavam o que estava na letra da lei. Conforme observou Manuel Hespanha, a maior contribuição do ensino da história do Direito atualmente é abrir a discussão sobre determinados dogmas que, em grande medida, forjam a crença de que a doutrina é o que há de mais racional e definitivo, desconsiderando, no mais das vezes, que até as "soluções encontradas pelos juristas são contingentes e locais"[238] e que algumas situações escapam ao regulamento.

O juiz de paz do 1º distrito da freguesia de Sacramento contesta e pede esclarecimentos sobre a concessão de fiança do juiz de paz do Termo a um estrangeiro suíço, Henrique Smith, assim que recebeu os autos de pronúncia do juiz do distrito.[239] Em resposta ao ofício, o ministro Augusto Pantoja esclarece, citando o artigo 179, § 9º, da Constituição do Brasil,[240] que garante

---

[235] BRASIL. **Collecção das Decisões do Governo do Imperio do Brazil**: Decisão n. 94, 17 fev. 1836, p. 60.

[236] BRASIL. **Collecção das Decisões do Governo do Imperio do Brazil**: Decisão n. 104, 18 fev. 1836, p. 67.

[237] BRASIL. **Collecção das Decisões do Governo do Imperio do Brazil**: Decisão n. 200, 30 mar. 1836, p. 126.

[238] HESPANHA, Antônio Manuel. **Cultura jurídica européia**: síntese de um milênio. Florianópolis: Fundação Boiteux, 2005.

[239] BRASIL. **Collecção das Decisões do Governo do Imperio do Brazil**: Decisão n. 454, 12 ago. 1836, p. 273.

[240] BRASIL, 1824a. O artigo 179, § 9º, da Constituição Política do Imperio do Brazil determina que ninguém será mantido na prisão se prestar fiança idônea.

o direito à fiança para determinados crimes. Pantoja entende que o juiz do Termo, após receber a pronúncia, é competente para emitir alvará de fiança, considerando o fato de que, se assim não fosse, o réu teria que aguardar a pronúncia do júri para que o juiz de direito emitisse a fiança. Por uma questão de celeridade na observância desse direito, no caso dos crimes afiançáveis e não cabendo ao juiz de paz que prendeu e formou a culpa fazê-lo, o juiz de paz do Termo estaria autorizado. Oito meses depois, em abril de 1837, o juiz de paz do 1º distrito de Sacramento manifestava dúvidas a respeito do espólio de um estrangeiro suíço que havia se suicidado. A dúvida do juiz era sobre o que fazer, uma vez que não havia na Corte um cônsul da Suíça ou sequer um parente que respondesse pelo indivíduo que morreu. A resposta da Secretaria de Justiça foi para que o juiz procurasse no Regimento a solução para sua dúvida.[241] Se, no caso sobredito, a Secretaria de Justiça respondeu de maneira evasiva à dúvida do juiz em questão, o mesmo não ocorreu sobre o tratamento que deveria ser dado aos ciganos que vagavam pela cidade.

O ministro Gustavo Pantoja esclarece a dúvida do juiz de paz do 2º distrito da freguesia de Santana sobre a conduta quanto aos ciganos. De acordo com Pantoja, a "ladroeira" dos ciganos deveria ser combatida de acordo com as leis do Império, e as dúvidas sobre os limites de atuação do juiz de paz, nesses casos, deveriam ser sanadas com o juiz de direito, conforme determinava o § 9º do artigo 46 do Código do Processo Criminal.[242] Para o juiz de paz do 2º distrito da freguesia de Santana, não havia mais dúvidas. Em 1837, ele se limitava a condenar os ciganos que vagavam pela freguesia e os enviava como empregados para atuarem nas obras públicas da Casa de Correção do Rio de Janeiro.[243] O alcance das funções dos juízes de paz atravessava o dia a dia da população nos mais variados aspectos da vida cotidiana: a permissão para peças teatrais, a fiscalização das casas de jogos, a perseguição aos ciganos, a fiscalização do tráfico de africanos, as certidões de boa conduta e até as relações do trabalho livre estavam submetidas à magistratura leiga.

A Lei de 13 de setembro de 1830 regulava a prestação do trabalho livre feita por brasileiros e estrangeiros. De acordo com a lei, caberia ao juiz de paz mediar as relações entre o contratante e o prestador de serviços

---

[241] BRASIL. **Collecção das Decisões do Governo do Imperio do Brazil**: Decisão n. 180, 10 abr. 1837, p. 181.
[242] BRASIL. **Collecção das Decisões do Governo do Imperio do Brazil**: Decisão n. 468, 18 ago. 1836, p. 280. O sobredito inciso determina que cabe ao juiz de direito instruir os juízes de paz naquilo que for necessário. Ver Código do Processo Criminal de 1832 (BRASIL, 1832c).
[243] BRASIL. **Collecção das Decisões do Governo do Imperio do Brazil**: Decisão n. 303, 20 jun. 1837, p. 246.

mediante contrato escrito.[244] A Lei de 1837 "regulava a prestação serviços que fossem feitos por particulares ou companhia de colonização com trabalhadores estrangeiros".[245]

Em 21 de junho de 1837, o juiz de paz do 2º distrito da freguesia de Santa Rita recebeu um aviso do ministro da Justiça a respeito de "um engajamento de duas colonas (*Maria Rita e sua filha*)".[246] A dúvida do juiz era sobre a aplicação da sobredita lei, uma vez que Maria e sua filha tinham vindo da Ilha dos Açores para trabalhar na qualidade de criadas de Francisco Coelho Pinto e, nesse sentido, não poderiam se engajar como colonas do Conde de Valença. Entretanto, a decisão do governo foi no sentido contrário, com base no fato de que as supracitadas não estariam submetidas ao artigo da lei que reza sobre a quebra de contrato de trabalho, porque não havia um contrato por escrito e porque o próprio contratante deixou de cumprir sua parte no acordo, uma vez que não pagou o importe das passagens de três criadas que trazia, entre as quais Maria e sua filha.

De acordo com Joseli Mendonça, as decisões dos juízes de paz sobre essas questões trabalhistas estavam submetidas a diversas demandas, desde as influências dos grupos políticos e os interesses dos potentados locais até as questões ligadas à função conciliatória do cargo. Em última instância, a lei autorizava o juiz de paz a fazer valer o contrato de trabalho, garantindo que o trabalhador prestasse o serviço sob a ameaça de ser preso ou "condenado a trabalhar até pagar a outra parte".[247] Contudo, é preciso observar o desfecho do caso das colonas considerando a posição social e as relações políticas dos contratantes em questão, o Conde de Valença e o sr. Francisco Coelho Pinto. Quanto à postura do juiz de paz, de acordo com Mendonça, nem sempre o juiz agia conforme o esperado na mediação desses conflitos. A autora cita um caso no qual todos os indícios favoreciam a contestação do empregador, mas, contrariando as expectativas do advogado, o juiz decidiu a favor dos quatro trabalhadores alemães que haviam se evadido do serviço da fazenda do contratante, alegando maus-tratos. Teria pesado nessa decisão a influência política do tradutor de alemão dos contratados estrangeiros, o engenheiro maçom Guilherme Krug, que, segundo análise

---

[244] MENDONÇA, Joseli. Os juízes de paz e o mercado de trabalho: Brasil, século XIX. *In*: RIBEIRO, Gladys Sabina; NEVES, Edson Alvisi; FERREIRA, Maria de Fátima Cunha Moura (org.). **Diálogos entre Direito e História**: cidadania e justiça. Niterói: EDUFF, 2009. p. 237-256. p. 242.

[245] *Ibid.*, p. 237.

[246] BRASIL. **Collecção das Decisões do Governo do Imperio do Brazil**: Decisão n. 305, 21 jun. 1837, p. 247 (grifo nosso).

[247] MENDONÇA, 2009, p. 237-255.

da autora, poderia trazer complicações diplomáticas. Nesse sentido, o juiz teria se decidido com base em um cálculo de redução de danos para si.[248] Com efeito, importa considerar o espaço que tais relações tiveram na conduta dos juízes locais.

Para ser eleito ao cargo de juiz de paz, o cidadão precisava residir na freguesia há pelo dois anos.[249] Até onde sabemos, alguns desses indivíduos eleitos, entre os anos de 1829 e 1840, tinham residências e relações antigas em seus respectivos logradouros. É o caso, por exemplo, do famoso juiz de paz Manoel Azambuja, eleito para a magistratura de 1832 a 1836 pela freguesia de São José e do doutor Venâncio José Lisboa Junior, eleito em 1840 pela freguesia da Glória e filho de um rico proprietário de terras e imóveis naquela região.[250] Aliás, o pai de Venâncio Junior, o juiz de paz da freguesia da Glória, Venâncio José Lisboa, foi alvo de especulação dos membros da mesa eleitoral em setembro de 1836, em virtude de um de seus três filhos ser membro da mesa paroquial que o pai presidia. O ministro da Justiça entendeu que não havia empecilho, pois a lei não proibia.[251] De acordo com Hendrik Kraay, essas relações de parentela (e clientelismo) marcaram os anos de 1830 nas freguesias brasileiras, a partir das mudanças institucionais que ensejaram rearranjos das forças locais.[252] Como veremos mais adiante, no capítulo II deste trabalho, as chapas nominais publicadas nos jornais que indicam o nome dos cidadãos elegíveis para o cargo de juiz de paz e as discussões em torno delas reverberam a importância de conhecer o futuro ocupante do cargo para a localidade. Assim sendo, importa considerar esses cidadãos eleitos para além das relações políticas, mas também como parte integrante da vida social dessas freguesias. Em 1836, um juiz de paz foi preso em flagrante, com mais 23 indivíduos, na freguesia da Candelária, no comercio denominado Café Neuville, por prática ilegal de jogos.[253] O curioso nessa ocorrência policial é que a fiscalização e o combate aos jogos proibidos na cidade eram atribuições dos juízes de paz, assim como a coibição do tráfico africano.

---

[248] MENDONÇA, 2009, p. 237-251.

[249] A Lei de 15 de outubro de 1827, artigo 2º (BRASIL, 1827), equiparou os critérios para eleição de juízes de paz aos vereadores da câmara. A Lei de 1º de outubro de 1828, artigo 4º (BRASIL, 1828b), estabelece o critério do tempo de residência na localidade.

[250] As informações sobre esses juízes estão descritas no Capítulo II deste trabalho.

[251] BRASIL. **Collecção das Decisões do Governo do Imperio do Brazil**: Decisão n. 532, 30 set. 1836, p. 322.

[252] KRAAY, Hendrik. Apresentação. In: MUGGE, Miquéias H.; COMISSOLI, Adriano (org.). **Homens e armas**: recrutamento militar no Brasil – Século XIX. São Paulo: Oikos, 2013. p. 7-12. p. 10.

[253] SANTANA, Kátia. O café de Neuville: sociabilidade, política e infração no comércio do Rio de Janeiro (1833 – 1841). **Almanack**, Guarulhos, n. 28, p. 1-40, 2021. p. 28.

Em junho de 1837, no Rio de Janeiro, o ministro da Justiça advertia o juiz de paz do 1º distrito de Santa Rita sobre os exames das embarcações vindas da Costa Leste, reiterando o procedimento para os exames das ditas embarcações pautados na Lei de 7 de novembro de 1831. De acordo com o ministro Francisco Montezuma, foi determinado ao chefe de polícia que retivesse todas as embarcações vindas da Costa Leste por três dias e que comunicasse ao juiz de paz "a fim de que não sejam iludidas as ordens do governo". Montezuma ainda reitera: "O governo espera que V.M. procurará mui escrupulosamente descobrir todos os indícios que possam comprovar o tráfico de africanos em contravenção à citada Lei, a fim de que não continue o abuso que com maior escândalo se observa da continuação de tão desumano tráfico"[254]. A "ordem" vinda do regente "em nome do imperador d. Pedro II" era para que o juiz de paz, após o segundo dia de detenção da embarcação portuguesa em questão, comunicasse ao cônsul português, aos guardas-mores da Alfandega e aos peritos da Marinha que comparecessem no dia do exame, a fim de averiguar qualquer indício do tráfico de africanos e que assinassem o auto de averiguação.[255] Desde 1832, cabia ao juiz de paz a fiscalização das embarcações, no intuito de coibir o tráfico negreiro. A intolerância nas entrelinhas do Aviso endereçado ao juiz de paz de Santa Rita deixa clara a insatisfação do governo regencial com a conduta do magistrado, especialmente quando determina taxativamente que o juiz se submeta às "novas providências" em virtude do que vinha sendo praticado "a bordo das embarcações".[256]

Decerto, não era simples provar o envolvimento dos juízes de paz com as contravenções sob sua jurisdição. No intuito de desvendar os meandros da manutenção do tráfico de africanos na província da Bahia após a Lei de 7 de novembro de 1831, Alex Costa investigou a participação das autoridades locais na perpetuação da prática criminosa.[257] No entanto, de acordo com Costa, a continuidade do tráfico ao longo dos anos 1830 denota a anuência e a omissão das autoridades locais com o crime, especialmente os juízes de paz sobre os quais recaía a responsabilidade direta de fiscalizar e coibir tais práticas.

---

[254] BRASIL. **Collecção das Decisões do Governo do Imperio do Brazil**: Decisão n. 274, 6 jun. 1837, p. 233.
[255] BRASIL. **Collecção das Decisões do Governo do Imperio do Brazil**: Decisão n. 274, 6 jun. 1837, p. 233.
[256] BRASIL, *loc. cit.*
[257] COSTA, 2019.

1.1.3 A Guarda Nacional e a magistratura de paz

A estreita relação institucional entre o juizado de paz e a Guarda Nacional é digna de nota. A Guarda Nacional foi criada a partir da Lei de 18 de agosto de 1831 "para defender a Constituição, a liberdade, independência, e integridade do Império [...]" tão ameaçada pelos distúrbios regenciais.[258] Era uma corporação civil organizada por freguesias e estava "subordinada aos juízes de paz, aos juízes criminais, aos presidentes de províncias"[259] e, assim como os magistrados leigos, no caso do Rio de Janeiro, ao ministro da Justiça. Vale salientar que, de acordo com Thomas Holloway, em 1827, durante os debates para a criação da magistratura leiga no Brasil, Diogo Antônio Feijó defendeu no Parlamento a criação de um instrumento legal que desse aos juízes profissionais o direito de rever as decisões dos juízes de paz. Entretanto, a proposta não vingou. Em 1831, porém, Feijó usou de sua autoridade como ministro da Justiça para "enquadrar os juízes de paz do Rio de Janeiro na estrutura da autoridade do governo central".[260] De fato, Holloway observa que apesar de a Lei de 6 de junho de 1831 conferir vários poderes policiais aos juízes de paz, ela também marcou o controle dos magistrados leigos do Rio de Janeiro pela influência do poder central. Um dos motivos apontados era a prerrogativa de o governo poder suspender os juízes sob determinadas alegações previstas em Lei. Ademais, o intendente geral de polícia, os juízes do crime e os ouvidores dos crimes das Relações, todos eles agentes do governo central, passaram a dividir com os juízes de paz as "atribuições policiais".[261] Não por acaso, a partir dos registros documentais acessados (as decisões oficiadas pela Secretaria de Justiça), é possível vislumbrar uma instigante teia de relações institucionais construída nas hierarquias, nas demandas do cotidiano da Corte no período regencial e nas disputas de poder. Em 13 de outubro de 1832, a Regência declara incompatível o cargo de juiz de paz com o de oficial da Guarda Nacional.[262] Mesmo assim, poucos dias depois, em 30 de outubro,

---

[258] BRASIL, 1831e. Lei de 18 de agosto de 1831, art. 1º, Título I.
[259] *Ibid.*, art. 6.
[260] Cf. HOLLOWAY, 1997, p. 61-76.
[261] HOLLOWAY, 1997, p. 76. Ver também: art. 8º da Lei de 6 de junho de 1831. BRASIL. **Lei de 6 de junho de 1831**. Dá providencias para a prompta administração da Justiça e punição dos criminosos. Rio de Janeiro: Collecção das Leis do Imperio do Brazil, 1831c. Disponível em: https://www2.camara.leg.br/legin/fed/lei_sn/1824-1899/lei-37207-6-junho-1831-563560-publicacaooriginal-87651-pl.html. Acesso em: 8 jan. 2022.
[262] BRASIL. **Collecção das Decisões do Governo do Imperio do Brazil**: Decisão n. 297, 13 out. 1832, p. 310.

o governo precisou anular uma "eleição de um juiz de paz para comandante da Guarda Nacional".[263]

Em 18 de janeiro de 1836, o ministro da Justiça responde ao ofício do juiz de paz do 2º distrito da freguesia de Santa Rita sobre uma ocorrência entre duas patrulhas da Guarda Nacional. Falando em nome do regente, Paulino de Abreu assevera que o comportamento do magistrado foi digno de reprovação, pois o juiz não soube evitar o conflito entre a 4ª e a 6ª patrulha da guarda, respeitando a hierarquia da patrulha comandada por um tenente e, que, portanto, teria a primazia da ronda. O ministro da Justiça ainda reitera que o dito magistrado teria efetuado a prisão em nome do regente, em vez de obedecer à ordem do tenente, cumprindo, assim, seu papel de manter o sossego público.[264] No entanto, as ocorrências envolvendo o juiz de paz do 2º distrito da freguesia de Santa Rita e a Guarda Nacional não terminam aí. No mesmo dia, em resposta à representação feita contra o juiz de paz do 2º distrito da freguesia de Santa Rita por prender a "título de recrutamento alguns Guardas nacionais", Paulino de Abreu adverte que o correto seria fazer primeiramente uma pesquisa sobre as pessoas que estão sendo recrutadas, em vez de prendê-las, especialmente no caso dos guardas nacionais que eram isentos de recrutamento. Abreu denuncia o ocorrido ao chefe de polícia, para "fazê-lo constar ao mencionado juiz de paz", que teria agido com "violência particular" e "abuso" de poder.[265] Thomas Flory já havia sinalizado essa relação um tanto conflituosa entre os juízes de paz e a Guarda Nacional.[266]

Outra demanda constante versa sobre as orientações para as eleições. Cabia ao juiz de paz das freguesias organizar a eleição da guarda. Em 3 de fevereiro de 1836, o governo da Regência expediu ordens para que o juiz de paz da freguesia da Lagoa realizasse uma nova eleição para o cargo de capitão da Guarda Nacional, haja vista a nulidade da eleição do "Cidadão João Batista da Cunha Pegado", insistentemente eleito pela companhia por duas vezes, a despeito da falta de qualificação diante da Lei de 18 de agosto de 1831. A orientação que o juiz recebe é para ignorar o nome de Pegado como opção para ocupar o cargo e seguir a regulamentação.[267] Não sabemos por que a eleição de João Batista Pegado tinha de ser anulada, pois não há

---

[263] BRASIL. **Collecção das Decisões do Governo do Imperio do Brazil**: Decisão n. 321, 30 out. 1832, p. 325.
[264] BRASIL. **Collecção das Decisões do Governo do Imperio do Brazil**: Decisão n. 43, 18 jan. 1836, p. 28.
[265] BRASIL. **Collecção das Decisões do Governo do Imperio do Brazil**: Decisão n. 44, 18 jan. 1836, p. 29.
[266] FLORY, 1986. p. 145-150.
[267] BRASIL. **Collecção das Decisões do Governo do Imperio do Brazil**: Decisão n. 73, 3 fev. 1836, p. 47.

informações sobre qual artigo da lei citada daria embasamento a isso. De todo modo, o mais curioso nessa história toda é a insistência da tropa em confirmar o nome de Pegado em duas eleições que acabaram anuladas. Os estudos que se debruçam sobre o tema enfatizam as relações de classe, as intricadas relações entre a corporação e os juízes de paz e o caráter democrático das eleições para os cargos de oficiais da Guarda Nacional.

Em março de 1836, a Secretaria de Estado de Negócios da Justiça comunicou à Câmara Municipal do Rio de Janeiro, com ofício incluso do comandante superior interino das Guardas Nacionais e demais papéis, "que nem os Juízes de paz devem propor, nem a Câmara Municipal aprovar" um guarda nacional como inspetor de quarteirão. Isso porque o juiz de paz do 1º distrito de São José havia nomeado o guarda nacional Manoel Fernandes de Castro para o cargo de inspetor de quarteirão do 6º distrito da sobredita freguesia.[268] De acordo com Kraay, era uma prática bastante comum os juízes de paz nomearem inspetores de quarteirão entre os soldados da guarda. Para além disso, o autor observa que a criação dos inspetores de quarteirão nomeados pelos juízes de paz passou a ameaçar a existência das milícias — pelo menos até 1831 quando a corporação foi oficialmente extinta —, na medida em que esses inspetores ficavam isentos desse tipo de serviço.[269]

Quanto ao caráter democrático dessa instituição, Kraay adverte que é preciso refletir sobre "essa" democracia e a dita cidadania vinculada à guarda, na medida em que ambas estiveram submetidas a barreiras bastante definidas pela legislação em vigor.[270] Um exemplo disso foi a exclusão dos libertos das eleições para a oficialidade a partir da Decreto de 25 de outubro de 1832.[271] Em seus estudos sobre a Guarda Nacional na província da Bahia, o autor informa que, em 1836, um juiz de paz suspendeu as eleições porque os guardas insistiam em votar em um homem que já havia saído da freguesia.[272] Enfim, há muitas possibilidades legais, mas também subjetivas, para a interferência ou a omissão dos juízes de paz na anulação dessas

---

[268] BRASIL. **Collecção das Decisões do Governo do Imperio do Brazil**: Decisão n. 147, 9 mar. 1836, p. 94.

[269] KRAAY, Hendrik. **Política racial, Estado e forças armadas na época da independência**: Bahia, 1790 – 1850. São Paulo: Hucitec Editora, 2011. p. 321.

[270] KRAAY, 2011, p. 328.

[271] BRASIL. **Decreto de 25 de outubro de 1832**. Altera a Lei de 18 de Agosto de 1831, da creação das Guardas Nacionaes do Imperio. Rio de Janeiro: Collecção das Leis do Imperio do Brazil, 1832a. Disponível em: https://www.diariodasleis.com.br/legislacao/federal/203385-altera-a-lei-de-18-de-agosto-de-1831-da-creauuo-das-guardas-nacionaes-do-imperio.html. Acesso em: 9 dez. 2021. Ver KRAAY, 2011, p. 328.

[272] KRAAY, 2011, p. 330. De acordo com o artigo 13, Capítulo II, da Lei de 18 de agosto de 1831 (BRASIL, 1831e), o indivíduo só poderia se alistar e servir dentro do seu município.

eleições. De acordo com Kraay, as controvérsias sobre o escrutínio para o oficialato da guarda extrapolam a questão da cor, elas estão mais relacionadas ao "potencial ameaçador da ordem pública" vinculado a esses indivíduos eleitos;[273] e era sob o pressuposto da manutenção da ordem pública que se justificava a expansão das funções da magistratura de paz no decorrer da década de 1830.

De acordo com Castro, ser *um amigo da ordem pública* era uma qualidade indispensável para comprovar a "idoneidade do cidadão" no Conselho de Qualificação da Guarda Nacional presidido pelo juiz de paz e composto pelos seis cidadãos mais votados na última eleição do distrito.[274] Com efeito, cabia ao juiz de paz e à Câmara Municipal a organização para o alistamento e o Conselho de Qualificação da Guarda. Entretanto, o ministro da Justiça Paulino de Abreu advertiu o juiz de paz da freguesia da Lagoa sobre os limites de sua atuação nesses eventos: "1º que há uma data estabelecida para o conselho de qualificação" e que o juiz deve apresentar justificativa para não ter cumprido o prazo; 2º tendo o governo dissolvido por decreto a Infantaria (G.N.) da freguesia da Lagoa, não tem cabimento a dúvida sobre admitir ou não os cidadãos que faziam parte da dita companhia. Ademais, o artigo 4º da Lei de 18 de agosto de 1831 determinava que, somente depois de transcorrido um ano, a companhia poderia ser refeita.[275] Há registros dessas ocorrências envolvendo a atuação do juiz de paz no Conselho de Qualificação, nas eleições e no destacamento da Guarda em várias freguesias da cidade.

Em correspondência ao comandante interino da Guarda Nacional, o ministro da Justiça avisa que levou ao conhecimento do regente as irregularidades do conselho de qualificação do 2º distrito da freguesia do Engenho Velho, que rebaixou o "sargento da 6ª companhia do referido batalhão" à cavalaria da Guarda Nacional, além de ter excluído cidadãos que podiam servir, advertindo que o conselho de qualificação é incompetente para tal procedimento, cabendo, apenas, a qualificação dos guardas nacionais, conforme os artigos 43 e 47 da lei de 18.08.1831.[276]

Sobre o mesmo tipo de ocorrência, o juiz de paz do 1º distrito de Santa Rita é advertido sobre a pretensão do Conselho de Qualificação de

---

[273] KRAAY, 2011, p. 337.
[274] CASTRO, Jeanne Berrance. **A milícia cidadã**: a Guarda Nacional de 1831 – 1850. São Paulo: Ed. Nacional, 1977. p. 77.
[275] BRASIL. **Collecção das Decisões do Governo do Imperio do Brazil**: Decisão n. 158, 15 mar. 1836, p. 100.
[276] BRASIL. **Collecção das Decisões do Governo do Imperio do Brazil**: Decisão n. 184, 23 mar. 1836, p. 116.

excluir os candidatos a soldados da Guarda Nacional. O ministro da Justiça esclarece que ao conselho cabe apenas fazer observações sobre esse tipo de questão, e não interferir dessa maneira,[277] e reitera no ofício seguinte que as "declarações que o conselho deve fazer devem ser unicamente sobre a idade dos Guardas Nacionais", podendo fazer outras observações a "respeito dos mesmos".[278]

No 2º distrito da freguesia de Santana, o juiz de paz foi advertido por interromper a eleição para um posto vago da Guarda Nacional.[279] O ministro da Justiça Francisco Montezuma advertiu o juiz de paz da freguesia, Antônio Picanço, dizendo que não havia espaço para dúvida sobre a inclusão dos nomes de quatro juízes de paz juramentados para servir na Guarda Nacional.[280] Mas, como dito anteriormente, em 30 de setembro de 1832, o governo da Regência havia determinado a incompatibilidade do cargo de juiz de paz com o de oficial da Guarda, o que talvez justifique a dúvida de Picanço sobre o tema do engajamento dos juízes.

O fato é que a história dessas instituições é reveladora da própria história das freguesias da cidade, na medida em que é possível acessar e entender as disputas desses agentes públicos no tocante às hierarquias, mas também em torno dos espaços urbanos. Flory destaca que os juízes locais se queixavam com frequência da atuação não autorizada dos agentes da Guarda em seus distritos. Por outro lado, os comandantes da Guarda não só entendiam que não precisavam da permissão dos juízes para atuarem na localidade para a qual foram destinados, como também interagiam no sentido contrário.[281] Na movimentada freguesia central de Sacramento, reduto cultural da cidade,[282] um comandante da Guarda Nacional daquela região pede explicações sobre as ações do juiz de paz do 1º distrito por ter requisitado uma guarda de honra ao chefe do 1º batalhão e ao comandante interino da 2ª legião, em vez de cumprir o que determina o artigo 6º da Lei de 18 de agosto de 1831, ou seja, que tal requisição fosse dirigida ao comandante da "Guarda Nacional e este ao governo". No entanto, o ministro da Justiça Paulino de Abreu justifica a excepcionalidade dessa ação do

---

[277] BRASIL. **Collecção das Decisões do Governo do Imperio do Brazil**: Decisão n. 260, 29 abr. 1836, p. 163.
[278] BRASIL. **Collecção das Decisões do Governo do Imperio do Brazil**: Decisão n. 261, 29 abr. 1836, p. 163.
[279] BRASIL. **Collecção das Decisões do Governo do Imperio do Brazil**: Decisão n. 593, 29 out. 1836, p. 352.
[280] BRASIL. **Collecção das Decisões do Governo do Imperio do Brazil**: Decisão n. 263, 29 maio 1837, p. 228.
[281] SANTANA, 2019, p. 134.
[282] De acordo com as informações de Berger, na freguesia de Sacramento, no período em questão, havia diversos prédios públicos, monumentos, igrejas e teatros. Ver BERGER, Paulo. As freguesias do Rio antigo. Rio de Janeiro: Edições O Cruzeiro, 1965. p. 95-107.

juiz, em virtude de "ter Sua Majestade Imperial de assistir ao espetáculo" no Teatro.[283] É pouco provável que o comandante em questão não soubesse o que motivou a solicitação do juiz, tampouco que não tenha entendido a razão da quebra do protocolo na solicitação de uma guarda especial quando queixou-se à Secretaria de Justiça. De todo modo, o registro marcava sua posição ante o juiz local, com embasamento na lei. Laura Motta, em um trabalho de pesquisa recente sobre a atuação da Guarda Nacional no policiamento do Rio de Janeiro, aborda um dos aspectos mais conflitantes da instituição com as demais autoridades da cidade. De acordo com a autora, isso se torna mais evidente no período regencial, marcado "por uma conjuntura" de transformações institucionais.[284]

1.1.4 De festas populares a atestados de óbito e boa conduta: o onipresente juiz de paz

Sobre as atribuições policiais e administrativas dos juízes de paz da cidade do Rio de Janeiro, não basta dizer que eram amplas, porque as especificidades das atuações desses agentes não se restringiam a regimentos e leis, é preciso considerar as demandas do dia a dia e, em certa medida, as decisões institucionais. Ademais, importa perceber os espaços de penetração desses magistrados na vida dos citadinos. Essa construção da magistratura eletiva e sua efetiva atuação no meio urbano são reveladoras de parte da história institucional e da própria municipalidade.

Dentre as funções que a Câmara Municipal e os juízes de paz desempenhavam juntos — como a organização do alistamento e do Conselho de Qualificação da Guarda Nacional —, a partir de 1832, somou-se o controle das "festas e diversões populares".[285]

De acordo com Abreu, a câmara "jamais negou autorização para as festas religiosas", contanto que fossem cumpridos os requisitos mínimos, ou seja, a observância das posturas municipais e o "pagamento das gratificações".[286] Até 1855, a festa do Divino Espírito Santo foi uma das mais

---

[283] BRASIL. **Collecção das Decisões do Governo do Imperio do Brazil**: Decisão n. 227, 13 abr. 1836, p. 142.
[284] MOTTA, Laura Oliveira. **Entre a ordem e o medo**: a utilização da Guarda Nacional no policiamento da cidade do Rio de Janeiro oitocentista (1831 – 1835). 2019. Dissertação (Mestrado em História) – Programa de Pós-graduação em História, Instituto de Ciências Humanas e Sociais, Universidade Federal Rural do Rio de Janeiro, Seropédica, 2019. p. 21.
[285] ABREU, Martha. **O império do divino**: festas religiosas e cultura popular no Rio de Janeiro, 1830 – 1900. Rio de Janeiro: Nova Fronteira; São Paulo: Fapesp, 1999. p. 189.
[286] *Ibid.*, p. 192; 190.

populares da Corte e acontecia frequentemente no Campo da Honra, na freguesia de Santana.[287] A preocupação nesses eventos versava sobre possíveis desordens urbanas, entre as quais o potencial para atrair os indesejáveis ajuntamentos e as consequências das bebidas alcoólicas.[288] Mas nem sempre houve afinidade de entendimento entre a Câmara e os juízes de paz na organização desse evento.

Em maio de 1836, o juiz de paz do 2º distrito da freguesia de Santana contestou a decisão da Câmara Municipal ao conceder permissão para que pessoas erguessem barracas de bebidas no Campo da Honra antes da festa do Espírito Santo. Apesar da autorização da Câmara, o juiz proibiu, alegando que haveria riscos de desordem e que, de acordo com "os usos e costumes", a permissão para esse tipo de comércio era para os três dias de duração da festa. Nesse sentido, a Secretaria de Estado e Negócios da Justiça deu razão ao juiz e, em nome do governo regencial, determinou que a Câmara restringisse as "tais licenças aos três dias somente".[289] Com efeito, a responsabilidade de manter o sossego público recaía diretamente sobre o juiz da freguesia; não por acaso, em maio de 1837, o então juiz de paz da freguesia de Santana, Antônio Luiz Correia da Cunha, queixava-se ao ministro da Justiça da falta do patrulhamento que havia requisitado para a festa do Divino, que, segundo relato do juiz, teria favorecido um ajuntamento de capoeiras armados de facas no primeiro dia da festa.[290]

As relações entre os juízes de paz e os demais agentes públicos e órgãos de controle do Estado foram marcadas por conflitos. O juiz de paz do 1º distrito do Engenho Velho, Elias Antônio Lopes, foi advertido pelo ministro dos Negócios do Império, Paulino de Abreu, sobre a exclusão dos praças da Corpo dos Municipais Permanentes da lista de votantes para as eleições municipais. O juiz foi orientado a admitir os praças na lista de votantes, uma vez que cumpriam os pré-requisitos estabelecidos pela Constituição (artigo 91) e pelas Instruções de 26 de março de 1824 (§7º, parágrafo 5º, Cap. I).[291] Um caso semelhante havia ocorrido na freguesia de Santa Rita, em fevereiro de 1833, resultando em uma denúncia con-

---

[287] MORAIS FILHO, Melo. **Festas e tradições populares do Brasil**. Brasília: Senado Federal, Conselho Editorial, 2002. p. 151.
[288] ABREU, *op. cit.*, p. 192.
[289] BRASIL. **Collecção das Decisões do Governo do Imperio do Brazil**: Decisão n. 287, 16 maio 1836, p. 182.
[290] SANTANA, 2019, p. 176-177.
[291] BRASIL. **Collecção das Decisões do Governo do Imperio do Brazil**: Decisão n. 497, 6 set. 1836, p. 298. O artigo 91, § 1º, da Constituição do Império estabelece que tem voto nas eleições primárias todo cidadão no gozo de seus direitos políticos; o § 7º, parágrafo 5º, cap. 1, das Instruções de 26 de março de 1824 estabelece que

tra o juiz de paz da freguesia, acusado de excluir da lista de votantes um tenente e dois sargentos da Guarda Municipal Permanente.[292] Não sabemos o que motivou essa atitude do juiz; mas há muitas possibilidades. Desde uma rixa pessoal a compromissos firmados com os potentados locais e acordos políticos: "o controle do eleitorado era fundamental nesse sentido".[293] Mas, além desses conflitos e disputas de autoridade no exercício de suas atribuições administrativas e polícias, o juiz de paz exercia uma função "moralizadora" na municipalidade e era *monitorado* pelo governo da regência no cumprimento dessa função.

O juiz de paz do 1º distrito de São José foi instruído a ler o conteúdo de todas as peças e proibir as eventuais imoralidades. O ministro da Justiça reiterava que o juiz devia "observar as leis, instruções e as posturas da câmara municipal" antes de permitir a exibição desses eventos.[294] Além disso, conforme observou Marcello Basile, nos agitados anos de 1830 o teatro Pedro de Alcântara, por exemplo, foi espaço de discussões políticas que, em certas ocasiões, terminaram em distúrbios, envolvendo, inclusive, o juiz de paz da freguesia.[295] Quanto à questão da interferência desses magistrados na vida do cidadão, vale destacar que cabia ao juiz de paz atestar o comportamento e a boa conduta dos ingressantes à Escola de Medicina da Cidade do Rio de Janeiro.[296] Isso porque no Projeto de Estatuto da Escola de Medicina, a parte que trata das matrículas dos novos alunos traz, no capítulo II, artigo 76, a exigência de um atestado de bons costumes para os ingressantes do primeiro ano "passado pelo juiz de paz respectivo".[297] Até para concorrer a um cargo de médico substituto, o candidato precisa "produzir um atestado de bons costumes passado pelo Juiz de Paz do seu domicílio".[298] De certa maneira, o juiz de paz estava presente até na morte das pessoas.

---

estarão excluídos os que não tiverem renda líquida anual de cem mil réis. Na fonte, os conteúdos desses artigos estão citados com as respectivas referências numéricas invertidas.

[292] SANTANA, Kátia. Ajuntamentos e política na Corte regencial (1831 – 1833). **Revista Ágora**, Vitória, v. 31, n. 1, p. e-2020310105, 2020. Disponível em: https://periodicos.ufes.br/agora/article/view/28930. Acesso em: 10 set. 2022. p. 17-19.

[293] SANTANA, 2020, p. 19.

[294] BRASIL. **Collecção das Decisões do Governo do Imperio do Brazil**: Decisão n. 648, 19 nov. 1836, p. 378-379.

[295] Ver BASILE, Marcello. Revolta e cidadania na Corte regencial. **Revista Tempo**, Niterói, v. 11, n. 22, p. 31-57, 2007. Disponível em: https://www.scielo.br/j/tem/a/3J8ggxL8xyCYQcV6DTSXv4k/?lang=pt&format=pdf. Acesso em: 14 dez. 2021.

[296] BRASIL. **Collecção das Decisões do Governo do Imperio do Brazil**: Decisão n. 127, 6 mar. 1837, p. 98. Projeto de Estatuto para Escola de Medicina da Corte.

[297] BRASIL. **Collecção das Decisões do Governo do Imperio do Brazil**: Decisão n. 127, 6 mar. 1837, p. 98.

[298] BRASIL. **Collecção das Decisões do Governo do Imperio do Brazil**: Decisão n. 127, 6 mar. 1837, p. 118. Projeto de Estatuto para Escola de Medicina da Corte. Título VI, capítulo I, artigo 137, § 3º.

As posturas da Câmara Municipal do Rio de Janeiro determinavam, na seção sobre Saúde Pública (I), que caberia ao juiz de paz da freguesia autoridade sobre a condução de todo e qualquer enterro, ou seja, nenhum corpo poderia ser enterrado sem a prévia participação do juiz.[299] Esse controle sobre a morte tinha aspectos muito específicos quando se tratava de atestar o falecimento de oficiais do Exército. Nesses casos, o ministro da Guerra exigia que o chefe de polícia comunicasse ao comandante das Armas da Corte o falecimento de qualquer oficial efetivo ou reformado do Exército, a fim de poupar a instituição de pagar o soldo desnecessariamente. Para tanto, caberia ao juiz de paz do distrito enviar o comunicado do falecimento ao chefe de polícia.[300] Há certo consenso em dizer que a magistratura de paz, no período em questão, está na base da Justiça brasileira, haja vista que a prerrogativa da formação de culpa em todos os processos era do juiz de paz. Além disso, porém, é preciso considerar que a magistratura de paz esteve na base de várias ações institucionais no período de construção do Estado nacional, imbricando-se à vida social e ao projeto político liberal.

Em março de 1840, ano de intensa campanha eleitoral na imprensa fluminense para os cargos de juiz de paz e vereador, a Câmara Municipal do Rio de Janeiro manifestou dúvidas sobre a queixa feita pelo juiz de paz suplente do 2º distrito da freguesia de Santana, "o Cidadão Antônio Fernando Vaz", que, estando juramentado para ocupar a vara do 4º ano da magistratura[301], ainda não havia recebido a insígnia da jurisdição, porque o juiz de paz em exercício havia remetido "ao Cidadão João Pedro da Silva Ferreira" afastado da função do ano por moléstia grave e prolongada. De acordo com a Câmara Municipal, o impasse estava no fato de que pareciam legítimas a queixa do suplente e a possibilidade de o juiz de paz afastado antes do cumprimento do tempo de serviço por moléstia retornar ao cargo. O regente, em nome do imperador, apresenta três argumentos sobre a questão: "1º que o juiz que acabava de servir deveria seguir o que determinava a lei, e entregar a insígnia ao seu sucessor imediato, no caso, o juiz eleito para o 4º ano; 2º "que a interpretação da Câmara" sobre a possibilidade de o juiz de paz afastado reassumir o cargo, a despeito de não ter completado o tempo de serviço e de ter cessado a moléstia é, de fato, pertinente. Mas,

---

[299] BRASIL. **Collecção das Decisões do Governo do Imperio do Brazil**: Decisão 1832 n. 44, 28 jan. 1832, p. 53. Seção I, Título I, Posturas da Câmara Municipal do Rio de Janeiro (4 de outubro de 1830).
[300] BRASIL. **Collecção das Decisões do Governo do Imperio do Brazil**: Decisão n. 346, 18 jul. 1837, p. 270.
[301] Cumpre informar que, a partir da criação do Código do Processo de 1832, art. 10, seriam eleitos quatro juízes de paz para cada distrito das freguesias, cada um com o mandato de um ano. Cf. BRASIL, 1832c (Código do Processo Criminal de 1832).

em última e terceira análise, apesar de caber a possibilidade de João Pedro da Silva Ferreira ser reconduzido ao cargo, o ministro observa que é, no mínimo, estranho que o próprio João Ferreira tenha decidido sobre isso, não entregando a insígnia ao suplente e "sem recorrer ao Governo Imperial nem aguardar a sua decisão".[302]

Vale observar que, nesses registros das decisões do governo regencial, as ocorrências sobre o processo de substituição dos juízes de paz e seus suplentes foram recorrentes.[303] Decerto as normas que tratavam sobre o tema — a Lei de 15 de outubro de 1827 e o artigo 10 do Código do Processo Criminal de 1832 — não eram suficientes para atender às diversas demandas que surgiram ao longo do período em questão (1831 – 1840). Ademais, a ocorrência de referências incorretas aos códigos legais nessa documentação do governo, além de confundir em vez de esclarecer, podem indicar desde um simples erro de registro até a inabilidade na interpretação da doutrina; no caso das decisões emitidas pela Secretaria de Estado e Negócios da Justiça em questão, a inabilidade da própria instituição que se dispõe a esclarecer a dúvida.[304] Assim sendo, é necessário relativizar o discurso de época, que justificava parte do fracasso atribuído à magistratura leiga e eletiva como incompetência dos juízes no manejo das leis, especialmente no período de campanha pela Reforma do Código do Processo Criminal.

O fato é que, sobre diversas demandas que competiam aos juízes de paz das freguesias, o governo emitiu sua versão dos fatos e sua análise das normas; ora advertindo, ora esclarecendo e, por fim, decidindo. Esse panorama traçado a partir das *Decisões* do governo considerando o cotidiano institucional permite olhar a magistratura de paz para além das amplas atribuições constituídas pelo novo arcabouço legal dos anos de 1830 e do "slogan" do século XIX sobre a "independência do judiciário" incorporado,

---

[302] BRASIL. **Collecção das Decisões do Governo do Imperio do Brazil**: Decisão n. 207, 6 mar. 1840, p. 18-19.

[303] Em 3 de abril de 1835, o juiz de paz do 3º distrito do Engenho Velho, em ofício, consultava o conselheiro procurador da Coroa sobre a dúvida relacionada aos critérios de substituição dos juízes de paz suplentes. O conselheiro, baseado no art. 10 do Código do Processo Criminal de 1832, entendeu que, no caso do 3º juiz estar impedido de exercer o cargo, ele seria substituído pelo mais votado. Cf. BRASIL. **Collecção das Decisões do Governo do Imperio do Brazil**: Decisão n. 111, 25 abr. 1835, p. 82-83. Por fim, em fevereiro de 1838, a Secretaria de Justiça publica uma portaria endereçada à Câmara Municipal, esclarecendo como os suplentes deveriam substituir os juízes de paz, e trata da dúvida no caso da substituição do 1º juiz de paz do 2º distrito da freguesia de Santana, Luiz Pereira da Cunha, esclarecendo que o juiz em questão deveria ser substituído pelo 2º juiz de paz do mesmo distrito, por ser o imediatamente mais votado e não ter feito ainda substituição. Ver BRASIL. **Collecção das Decisões do Governo do Imperio do Brazil**: Decisão n. 40, 24 fev. 1838, p. 43.

[304] Conforme asseverou Santana: "Para usar um termo de época, essas *leis novíssimas* precisaram ser ensinadas à população e, em grande medida, entendidas pelas próprias autoridades que delas se valiam". Ver SANTANA, 2019, p. 172.

em grande medida, pela historiografia.[305] Eduardo Junior destaca aspectos atribuídos aos juízes leigos que versam entre a imobilidade do poder central (e provincial) sobre esses agentes da localidade e a " total instrumentalização da justiça leiga pelos grandes potentados locais".[306] De acordo com o autor, não há que se negar o potencial de autonomia desses agentes públicos no cotidiano social e na vida política da localidade; trabalhos mais recentes sobre a magistratura leiga já vem questionando os limites de influência dos potentados locais sobre esses agentes.[307] Entretanto, para Eduardo Junior o fio condutor da crítica ao excesso de autonomia atribuída à magistratura leiga é a intrincada relação institucional entre os juiz local e a esfera do poder regional materializada na presidência da província e nos Conselhos provinciais. Para Junior, é preciso considerar que a criação dos juízes locais ocorreu concomitantemente a pauta política pela autonomia das províncias, e, que, no intuito de negociar seus interesses e se impor no concerto da construção do Estado nacional, "o governo provincial (Presidente da Província em Conselho) procurou disciplinar à atuação dos agentes do judiciário, especialmente a dos juízes de paz".[308]

Com efeito, ante as interferências de instâncias do governo central, como a Secretaria de Justiça, nos espaços de atuação desses agentes públicos nas freguesias urbanas do Rio de Janeiro é possível dizer que esses juízes de paz apesar de serem onipresentes, não eram necessariamente onipotentes. Em poucas palavras, os juízes de paz podiam muito, mas não podiam tudo o que as normas e o discurso de época levavam a crer.

Além dessas relações institucionais, para compreender a história da magistratura de paz na cidade do Rio de Janeiro, também é preciso considerar outras relações e outros atores sociais daquele período. Para tanto, a campanha eleitoral para as eleições municipais fornece um instigante panorama, na medida em que é possível acessar, por meio da imprensa, a atuação sociopolítica de uma parcela da população apta a votar, dos grupos políticos e dos jornais de época.

---

[305] SILVA JÚNIOR, 2019, p. 17.
[306] SILVA JÚNIOR, 2019, p. 18.
[307] *Ibid.*, p. 24.
[308] SILVA JÚNIOR, 2019, p. 25-28. O autor analisa as interferências da presidência da província de Minas Gerais e dos Conselhos provinciais da respectiva província sobre os juízes de paz.

CAPÍTULO 2

ELEIÇÕES MUNICIPAIS: O JUIZ DE PAZ NA CAMPANHA ELEITORAL DA IMPRENSA FLUMINENSE (1828 – 1841)

> *Fala-se muito em eleições violentas e corruptas, a bico de pena, a bacamarte, a faca e a pau. Nenhuma dessas palavras é nova aos meus ouvidos. Conheço-as desde a infância*
>
> (Machado de Assis).[309]

Diferentemente do que afirmaram Campos e Vellasco, o Rio de Janeiro realizou, sim, "as eleições de juiz de paz antes da década de 1830"[310]. Em janeiro de 1829, o jornal *A Aurora Fluminense* divulgava o resultado da eleição para juiz de paz das freguesias e, em 1830, o *Jornal do Commercio* publicava o edital da posse dada pela câmara municipal aos magistrados eleitos.

Quadro 2 – Eleição e posse dos juízes de paz e suplentes – Rio de Janeiro (1829 – 1830)

Freguesia	Eleição de 1829		Posse em 1830	
	Juiz de paz	Suplente	Juiz de paz	Suplente
Candelária	Sr. João Baptista Reis	Sr. Luiz Francisco Braga	Sr. Luiz Francisco Braga*	João Pedro da Veiga
São José	Sr. Manoel Theodoro de Araújo e Azambuja	Sr. João Silveira do Pillar	Sr. Manoel Theodoro de Araújo e Azambuja	Sr. João Silveira do Pillar
Santa Rita	Sr. Manoel Teixeira da Costa Silva	Sr. João Goulart	Sr. Manoel Teixeira da Costa e Silva	Sr. João Goulart

---

[309] ASSIS, Machado. **A Semana**, 1892, p. 96. Disponível em: http://machado.mec.gov.br/obra-completa-lista?start=84. Acesso em: 25 fev. 2021.
[310] CAMPOS; VELLASCO, 2011, p. 381.

Freguesia	Eleição de 1829		Posse em 1830	
	Juiz de paz	Suplente	Juiz de paz	Suplente
Santana	Sr. Custódio Xavier de Barros	Sr. João José Dias Camargo	Sr. Custódio Xavier de Barros	Sr. João José Dias Camargo
Sacramento**	?	?	Sr. Francisco Alves de Brito	Sr. João José da Cunha
Irajá	-	-	Sr. Francisco Veras Nascentes	-
Inhomerim	-	-	Sr. Vicente José de Almeida Vidal	-

Fonte: A Aurora Fluminense, n. 143, 19 jan. 1829; Jornal do Commercio, n. 36, 16 fev. 1830. *O suplente Luiz Francisco Braga tomou posse do cargo de juiz de paz da Candelária, no lugar de João Baptista Reis, e João Pedro da Veiga foi empossado como suplente. Ver Jornal do Commercio, n. 00112, 22 maio 1830. **A apuração das listas eleitorais da paróquia de Sacramento não estava concluída.

A menos de um mês da aprovação da Lei de 1º de outubro de 1828, que regulamentava a eleição para os cargos de vereador e juiz de paz das câmaras municipais no país, o jornal A Aurora Fluminense publicou as Instruções para Eleição Paroquial. O documento era organizado em capítulos e incisos, e, como o nome sugere, o capítulo II tratava de instruir sobre a forma de proceder a escolha do eleitor nas eleições primárias.[311] Essa iniciativa da imprensa de "explicar aos eleitores como votar" começou na época das eleições para as Cortes portuguesas, em 1821. O objetivo pedagógico desses conteúdos era instruir uma parcela da população apta a votar — mas que estava submetida a um governo considerado autoritário —, conscientizando o cidadão da importância de sua participação "ao eleger os seus representantes". Ademais, havia certo consenso entre as elites política e intelectual do país de que o eleitor deveria possuir certas qualidades, entre as quais "probidade, firmeza de caráter e amor a Pátria", que se refletiriam em sua escolha. Conforme asse-

---

[311] A Aurora Fluminense, n. 108, 24 out. 1828. Extrato das Instruções sobre a Eleição Paroquial; BRASIL. **Decreto de 26 de março de 1824**. Manda proceder á eleição dos Deputados e Senadores da Assembléa Geral Legislativa e dos Membros dos Conselhos Geraes das Provincias. Rio de Janeiro: Collecção das Leis do Imperio do Brazil, 1824b. Disponível em: https://www2.camara.leg.br/legin/fed/decret_sn/1824-1899/decreto-38579-26-marco-1824-567113-publicacaooriginal-90525-pe.html. Acesso em: 4 jun. 2022.

verou Lúcia Bastos, na década de 1820, a palavra "eleição" era uma novidade no vocabulário político. Os debates em torno de ideias como liberalismo e Constituição ganhavam espaço, além de maciça divulgação na imprensa com a publicação de "folhetos, panfletos e periódicos".[312]

Quanto às orientações para a eleição municipal, o manuscrito localizado no Arquivo Nacional do Rio de Janeiro, mais precisamente no dossiê da família Velho, intitulado "Instruções para se proceder às Eleições das Câmaras Municipais, e dos Juízes de Paz" datado de 1º de dezembro de 1828, informa como se devem proceder as eleições "dos vereadores da câmara municipal e dos juízes de paz e seus suplentes nas freguesias da província do Rio de Janeiro, para o segundo Domingo de janeiro de 1829, e nas outras províncias do Império no dia que seus Presidentes designarem".[313] O documento assinado pelo ministro e secretário de Estado dos Negócios do Império José Clemente Pereira está organizado em 26 artigos que tratam desde questões sobre o local adequado para a realização do pleito aos procedimentos a serem adotados em casos de denúncias de suborno durante as eleições. Importa destacar que o sobredito documento foi publicado na forma de decreto em 1º de dezembro de 1828, conforme indicado na Coleção de Leis do Império do Brasil (Atos do Poder Executivo).[314]

Quando, em 1827, a Assembleia Legislativa aprovou a criação da magistratura eletiva no Brasil, o ato foi considerado um marco das reformas liberais no país.[315] Com a aprovação da Lei de 1º de outubro de 1828, dando nova forma às câmaras municipais, o tema das eleições ia "ocupando a atenção" dos paroquianos,[316] especialmente em torno das

---

[312] NEVES, Lúcia Maria Bastos P. Las elecciones en la construcción del Imperio brasileño: los limites de una nueva práctica de la cultura política lusobrasileña (1821 – 1823). *In*: ANNINO, Antonio (org.). **Historia de las elecciones en Iberoamérica, siglo XIX**. Uruguai: Fondo de Cultura Económica, 1995. p. 391-395. Sobre o conceito do liberalismo, voto e constituição, ver NEVES, Lúcia Maria Bastos P. Nas margens do liberalismo: voto, cidadania e constituição no Brasil (1821 – 1824). **Revista de História das Ideias**, Coimbra, v. 37, p. 55-77, 2019. Disponível em: https://impactum-journals.uc.pt/rhi/article/view/2183-8925_37_3. Acesso em: 5 jan. 2021.

[313] ANRJ. Fundo: Família Velho – PW.0.0.86 – Instruções para se proceder as eleições das câmaras municipais e dos juízes de paz (Dossiê). Disponível em: http://imagem.sian.an.gov.br/acervo/derivadas/br_rjanrio_pw/0/0/0086/br_rjanrio_pw_0_0_0086_d0001de0001.pdf. Acesso em: 30 ago. 2023.

[314] BRASIL. **Collecção das Leis do Imperio do Brazil**: Atos do Poder Executivo. Decreto de 1º de dezembro de 1828. Disponível em: https://www2.camara.leg.br/atividade-legislativa/legislacao/colecao-anual-de-leis/copy_of_colecao2.html. Acesso em: 30 ago. 2023.

[315] FLORY, 1986, p. 22.

[316] GRAHAM, Richard. Formando un gobierno central: las elecciones y el orden monárquico en siglo XIX. *In*: ANNINO, Antonio (org.). **Historia de las elecciones en Iberoamérica, siglo XIX**. Uruguai: Fondo de Cultura Econômica, 1995. p. 357.

eleições locais para vereador e juiz de paz previstas para o ano de 1829 — conforme as instruções dadas por decreto do poder executivo em 1º de dezembro de 1828.

De acordo com Richard Graham tais eleições mobilizavam a comunidade local, especialmente os homens adultos maiores de 25 anos aptos a votar, conforme determinava a Constituição de 1824. Graham salienta que o valor da renda anual estipulado na Constituição — 100$ mil para o votante e 200$ mil para o eleitor —, além de baixo, foi se desvalorizando ao longo dos anos, o que favoreceu maior participação da "massa" dos eleitores primários (votantes) e secundários (eleitores).[317] Ademais, o fato de a eleição municipal ser direta,[318] ou seja, votantes e eleitores votavam em um único turno para eleger o juiz de paz e o vereador, impactou a participação desse eleitorado. De fato, ainda são poucos os trabalhos que versam sobre o assunto. Em seus estudos sobre a participação política no Brasil do século XIX, a partir da investigação dos votantes nas eleições municipais da província de São Paulo, Klein afirma que, a despeito das regras eleitorais nas freguesias daquela província arrefecerem a participação dos votantes no pleito, houve um nível considerável desses eleitores primários nas eleições locais.[319] De acordo com o autor, à medida que avançam as pesquisas a partir da investigação das listas eleitorais nas demais províncias do Império, revelar-se-á a dimensão da participação popular nessas eleições.

Com efeito, o trabalho de pesquisa de Kátia Motta aborda a participação política do votante na província do Espírito Santo, partindo da investigação dessa documentação. De acordo com a autora, até a década de 1840, as listas eleitorais limitavam-se a registrar as ocupações desses cidadãos ativos.[320] Porém, com a Lei de 19 de agosto de 1846,[321] deveriam registrar

---

[317] *Ibid.*, p. 357-358. A Constituição de 1824 definiu as regras do direito ao voto, especialmente no caso das eleições para as Assembleias Gerais que aconteceriam em dois turnos. Nessas eleições indiretas, o eleitor primário (o votante) votava no eleitor (secundário), que, por sua vez, votava no candidato ao cargo. Ver BRASIL, 1824a.

[318] A partir da Lei de 1º de outubro de 1828, as eleições para a câmara municipal passaram a ser diretas. Ver BRASIL, 1828b.

[319] KLEIN, Herbert S. Participación política en Brasil en el siglo XIX: los votantes de San Pablo em 1880. *In:* ANNINO, Antonio (org.). **Historia de las elecciones en Iberoamérica, siglo XIX**. Uruguai: Fondo de Cultura Econômica, 1995. p. 453-468.

[320] MOTTA, Kátia Sausen da. **Eleições no Brasil do Oitocentos**: entre a inclusão e a exclusão da patuleia na cidadela política. 2018. Tese (Doutorado em História) – Programa de Pós-Graduação em História Social das Relações Políticas, Universidade Federal do Espírito Santo, Vitória, 2018. p. 104.

[321] BRASIL. **Lei nº 387, de 19 de agosto de 1846**. Regula a maneira de proceder ás Eleições de Senadores, Deputados, Membros das Assembléas Provinciaes, Juízes de Paz, e Camaras Municipaes. Rio de Janeiro: Collecção das Leis do Imperio do Brazil, 1846. Disponível em: http://www.ibrade.org/wp-content/uploads/2018/03/Lei-387-de-19-de-agosto-de-1946.compressed.pdf. Acesso em: 13 fev. 2021.

também "idade, profissão e estado (civil)" do eleitorado.[322] Apesar disso, as listas eleitorais não faziam, por exemplo, a distinção entre votante e eleitor na província do Espírito Santo.[323] No caso do Rio de Janeiro, além dessa documentação oficial,[324] a imprensa periódica era uma fonte importante sobre o tema das eleições municipais e a participação ativa de seus atores sociais em torno do pleito.

Em uma correspondência publicada no jornal *A Aurora Fluminense*, um votante se posicionou sobre as instruções dadas para a eleição de 1828. Ele disse que, assim como outros "honrados vizinhos" da paróquia, não era um "Doutor" para compreender a complexidade daquele texto e que, por isso mesmo, todos estavam "na maior confusão do mundo". O votante se colocava como porta-voz das queixas coletivas: "O outro dia me disse um: pois, Sr., porque não há de aparecer um papel que sirva de modelo para o Povo ignorante se regular, designando em forma de mapa a maneira porque hão de pôr os nomes, o lugar da assinatura, o que é o rótulo etc. Isso seria melhor que as Instruções do Sr. Governo [...]".[325] Ele levantou várias dúvidas a partir da exposição das Instruções, especialmente sobre a votação para juiz de paz e suplente, questionando o alcance daquelas informações. Decerto, a participação ampliada dos votantes nas eleições municipais — que incluía uma parcela pouco letrada e até analfabeta[326] da população do Rio de Janeiro — e as recentes mudanças nas regras eleitorais da câmara, que incluíam a votação direta, justificavam as críticas e dúvidas do correspondente. De todo modo, o interesse do votante nas eleições municipais, marcadas para o dia 11 de janeiro, vai além das dúvidas sobre as instruções para a votação. Ele questiona a demora na publicação das listas — a lei determinava que as listas com os nomes dos eleitores fossem afixadas nas paróquias 15 dias antes do

---

[322] MOTTA, 2018, p. 102.

[323] MOTTA, 2018, p. 106. Sabe-se, contudo, que a participação do votante no Espírito Santo foi expressiva para época: 13,3% da população livre estava apta a votar.

[324] As listas eleitorais da cidade do Rio de Janeiro foram alvo de investigação. Maria Yedda Linhares analisou as listas do ano de 1876, no intuito de "apresentar um estudo das estruturas sociais" daquela sociedade. Ver LINHARES, Maria Yedda. As listas eleitorais do Rio de Janeiro do século XIX. Projeto de classificação socio-profissional. **Caravelle** – Cahiers du monde hispanique et luso-brésilien, n. 22, p. 41-67, 1974. p. 43. Como resultado dessa pesquisa, a estimativa de votantes em potencial na cidade do Rio de Janeiro é de 6,8% para o ano de 1876. LINHARES, 1979 apud CASTELLUCCI, Aldrin Armstrong Silva. Muitos votantes e poucos eleitores: a difícil conquista da cidadania operária no Brasil Império (Salvador, 1850 – 1881). **Varia História**, Belo Horizonte, v. 30, n. 52, p. 183-206, 2014. p. 191. Disponível em: https://www.scielo.br/pdf/vh/v30n52/09.pdf. Acesso em: 20 fev. 2021.

[325] A Aurora Fluminense, n. 135, 31 dez.1828.

[326] A Constituição de 1824 não restringiu o voto dos analfabetos, o que na prática ampliava a participação dos votantes nas eleições. Ver BRASIL, 1824a.

pleito — e sugere que, na dificuldade de publicá-las integralmente até aquela data, que a divulgação começasse de maneira parcial para evitar "demoras". Ele ainda reverbera aquilo que vinha sendo dito na imprensa sobre as qualidades do cidadão eleito para o cargo de juiz de paz: "será indispensável que sejam homens bem estabelecidos, para que possam, sem padecer necessidades (que são sempre inimigas da virtude) ocupar-se seriamente no cumprimento de muitas obrigações de seu cargo, pelos 4 anos que durar".[327] Nesse sentido, a participação do votante que assina sob a alcunha de *Hum Pobre Homem* sinaliza o envolvimento dessa parcela da população nas eleições locais.

A organização para a eleição de 1829 foi alvo de críticas. Segundo o redator do jornal *A Aurora Fluminense*, em algumas paróquias as listas impressas eram sistematizadas, mas em outras parecia um amontoado de nomes "sem designação de ruas, número de casas etc."[328]. A responsabilidade de organizar as listas e presidir a mesa eleitoral era do vigário, enquanto não tivesse um juiz de paz na localidade. Essa era a primeira eleição para juiz de paz das freguesias do Rio de Janeiro, e os ânimos e atenções estavam voltados para isso. Nas palavras entusiasmadas de Evaristo da Veiga sobre o 11 de janeiro de 1829, dia da eleição municipal, o clima era de festividade e "esperança" atrelado ao "interesse sempre crescente que se nota do Povo do Rio de Janeiro nestas solenidades políticas". De acordo com o Evaristo, nem mesmo "a chuva que caiu durante o dia" teria sido suficiente para demover o votante de participar da eleição.[329] Em suma, para reforçar a legitimidade e a confiança do público no processo eleitoral, não bastava ter eleições, estas precisavam imprimir a ideia de ordem e adesão.[330]

Evaristo da Veiga salientava que a participação dos votantes naquela eleição teria sido maior do que na anterior. Se de fato essa informação procede, é possível vislumbrar a dimensão dessa participação em 1829, a partir da apuração da eleição de novembro de 1828, para a escolha dos eleitores das freguesias, indicada no Quadro 3. Com exceção da freguesia de Sacramento, que não tinha enviado a relação dos eleitos até aquela data, o total de votos válidos nas paróquias da Corte somaram 19.858, e foram nomeados pelo voto 92 eleitores.[331] Contudo, vale destacar que de acordo com o decreto de 26 de

---

[327] A Aurora Fluminense, n. 135, 31 dez. 1828.
[328] A Aurora Fluminense, n. 137, 5 jan. 1829.
[329] A Aurora Fluminense, n. 140, 12 jan. 1829.
[330] GRAHAM, 1997, p. 104-106.
[331] Ver Quadro 3. A título de informação, destacamos que a sobredita fonte jornalística apresenta a lista nominal dos candidatos por freguesia, com os respectivos números de votos. Na construção do quadro demonstrativo, apresentamos apenas o somatório total dos votos de cada uma das freguesias.

março de 1824, Capítulo II, § 5, sobre a forma de proceder as eleições primárias, o número de votos não representava exatamente o número de votantes porque cada votante tinha o direito de votar em tantos nomes "quantas são as pessoas que a Paroquia deve dar por eleitores".[332]

Quadro 3 – Lista de eleitores nomeados por algumas paróquias desta Corte (1828)

Paróquia	Eleitos	Votos válidos
São José	28	7.491
Santa Rita	27	4.719
Santana	23	4.445
Candelária	14	3.203
Sacramento*	–	–

*Não consta o envio da lista. Fonte: A Aurora Fluminense, n. 00112, 3 nov. 1828. Eleitores escolhidos para a eleição da Assembleia Paroquial.

Nesse sentido, esses números são um demonstrativo parcial dos resultados dessa eleição de 1828. Ademais, além da ausência da lista da freguesia de Sacramento, a pouco mais de um mês da publicação do resultado, o vigário da freguesia de São José avisava aos fregueses que teria de remeter uma nova lista refeita para a imprensa, pois, além de a anterior não estar no padrão exigido — por ordem alfabética —, faltavam nomes. O vigário estabeleceu o prazo de três dias para os fregueses que não tinham se identificado na lista remeterem seus nomes.[333] Por fim, a melhor informação obtida para conhecer o número aproximado de votantes na eleição de 1829 foi o total de cédulas apuradas, informação que localizamos nas atas eleitorais das freguesias,[334] conforme indicado na Tabela 1, a seguir.

---

[332] BRASIL, 1824b, p. 55 (Decreto de 26 de março de 1824).
[333] Diário do Rio de Janeiro, n. 9, 11 dez. 1828.
[334] AGCRJ. BR RJAGCRJ 62.2.51 – Fundo da Câmara Municipal/Série Eleições. Livro da Ata das Eleições de Juiz de Paz e Suplente da Freguesia da Candelária e de Vereadores da Câmara Municipal do Rio de Janeiro (1829); AGCRJ. BR RJAGCRJ 62.2.52 – Fundo da Câmara Municipal/Série Eleições. Livro da Ata das Eleições de Juiz de Paz e Suplente da Freguesia de Sacramento e de Vereadores da Câmara Municipal do Rio de Janeiro (1829); AGCRJ. BR RJAGCRJ 62.2.53 – Fundo da Câmara Municipal/Série Eleições. Livro da Ata das Eleições de Juiz de Paz e Suplente da Freguesia de Santana e de Vereadores da Câmara Municipal do Rio de Janeiro (1829); AGCRJ. BR RJAGCRJ 62.2.54 – Fundo da Câmara Municipal/Série Eleições. Livro da Ata das Eleições de Juiz de Paz e Suplente da Freguesia de São José e de Vereadores da Câmara Municipal do Rio de Janeiro (1829); AGCRJ. BR RJAGCRJ 62.2.55 – Fundo da Câmara Municipal/Série Eleições. Livro da Ata das Eleições de Juiz de Paz e Suplente da Freguesia de Santa Rita e de Vereadores da Câmara Municipal do Rio de Janeiro (1829).

Tabela 1 – Apuração eleitoral (1829)

Freguesia	Nº de votantes
Sacramento	3.284
São José	1.914
Candelária	1.734
Santana	746
Santa Rita	641
Total	7.573

Além do número de votantes na eleição municipal do Rio de Janeiro no ano de 1829, vale informar o quantitativo de votos apurados para determinados votados entre as eleições citadas por Evaristo da Veiga (1828 e 1829): Identificamos os seguintes juízes de paz e suplentes eleitos em 1829 e empossados em 1830, e que tinham sido votados — como eleitores — na eleição de 1828 para as respectivas freguesias:[335] *São José*: Manoel Theodoro de Azambuja (218 votos) e João Silveira do Pillar (275 votos); *Santa Rita*: Manoel Teixeira da Costa e Silva (221 votos) e João Goulart (217 votos); *Santana*: Custódio Xavier de Barros (152 votos) e João José Dias Camargo (290 votos); *Candelária:* Luiz Francisco Braga (321 votos).[336]

De acordo com o Quadro 4, na comparação dos resultados da apuração eleitoral apesar de a eleição municipal de 1829 contar com um número maior de votantes, na medida em que votavam votantes de primeiro e segundo graus, somente os eleitos na freguesia de São José — Manoel Theodoro de Araújo Azambuja e João Silveira do Pillar — tiveram um número maior de votos com relação aos seus resultados na eleição de 1828.

Quadro 4 – Apuração do número de votos (1829)

Freguesia	Juiz de Paz	Votos	Suplente	Votos
Sacramento	Francisco Alves de Brito	490	João José da Cunha	343
São José	Manoel Theodoro de Araújo Azambuja	395	João Silveira do Pillar	300
Candelária	João Baptista Reys	278	Luiz Francisco Braga	146

---

[335] Ver Quadro 2.
[336] A Aurora Fluminense, n. 112, 3 nov. 1828.

Freguesia	Juiz de Paz	Votos	Suplente	Votos
Santana	Custódio Xavier de Barros	125	João José Dias Camargo	136
Santa Rita	Manoel Teixeira da Costa e Silva	166	João Goulart	176

Fonte: Livros das Atas Eleitorais de 1829 das respectivas freguesias

  De acordo com a informação do jornal *A Aurora Fluminense*, em 19 de janeiro de 1829, a apuração das listas eleitorais para o cargo de juiz de paz das 19 freguesias que perfaziam a municipalidade enfrentava dificuldades de logística. Assim, até aquela data, os votos da freguesia de Sacramento não tinham sido apurados.[337] Apesar disso, em fevereiro de 1830, a câmara municipal publica o edital com o nome dos juízes de paz empossados para atuar nas freguesias e, na relação dos nomes, consta o juiz de paz e o suplente de Sacramento. Mas no caso da freguesia da Candelária apenas o nome do juiz de paz suplente consta na relação dos empossados.[338] Outra curiosidade dessa listagem é a acumulação de funções na magistratura. Os juízes de paz suplentes das freguesias de Santana, José Dias Camargo, e de Santa Rita, João Goulart, foram convocados na qualidade de "juízes de fato" a comparecer à Casa da Câmara para sessão de um processo sobre liberdade de imprensa. Em novembro de 1830, nove meses após a posse da magistratura leiga, José Camargo e João Goulart atuavam como jurados.[339] De acordo com Joelma Nascimento, não havia, de fato, uma proibição nas leis de 1827 e 1828 para a acumulação de cargos. Entretanto, a autora informa que em 1830, na eleição municipal de Mariana, na província de Minas Gerais, os dois candidatos mais votados para ocupar o cargo de juiz de paz na freguesia de Barra Longa foram impedidos de tomar posse sob esse argumento.[340]

  O fato é que, apesar de a Constituição de 1824 determinar os critérios para a participação eleitoral do cidadão ativo e prever a criação de uma lei que marcasse a forma das eleições,[341] não havia, no período investigado,

---

[337] A Aurora Fluminense, n. 143, 19 jan. 1829.
[338] Jornal do Commercio, n. 36, 16 fev. 1830.
[339] Diário do Rio de Janeiro, n. 17, 20 nov. 1830.
[340] NASCIMENTO, 2015, p. 83.
[341] Ver capítulo IV – Das Eleições; arts. 90 a 97, da Constituição Política do Imperio do Brazil. BRASIL, 1824a.

uma legislação eleitoral no país.[342] De todo modo, a organização do processo eleitoral para juiz de paz foi demarcada a partir da Lei de 1º outubro de 1828. A eleição aconteceria a cada quatro anos, no dia 7 de setembro. Caberia ao juiz de paz da paróquia onde aconteceria a eleição receber a lista dos eleitores aptos a votar e, ainda, organizar e afixar na igreja matriz uma lista nominal, com 15 dias de antecedência do evento. No dia da eleição para juiz de paz, cada votante deveria entregar ao presidente da mesa eleitoral uma cédula fechada e assinada, contendo o nome de dois cidadãos elegíveis: um para juiz de paz e outro para suplente do distrito.[343]

Contudo, a experiência adquirida na organização da eleição municipal de 1829, especialmente no tange ao cargo de juiz de paz, seria colocada à prova na eleição seguinte diante das convulsões políticas do período. No ano de 1832, além das eleições municipais, as ruas da capital do Império foram ocupadas por movimentos de protestos liderados pelas facções caramuru e exaltada contra o governo da Regência.[344] Os jornais da situação e da oposição participaram ativamente do debate político. Somavam-se a esse contexto conturbado as novas regras impostas pelo Código do Processo Criminal,[345] que alteraram a configuração das freguesias em distritos, logo após o processo eleitoral de 1832, no Rio de Janeiro.

Em setembro de 1832, o juiz de paz da freguesia de Santa Rita mandou publicar um edital, dando orientações precisas e minuciosas ao cidadão votante sobre o procedimento das eleições de 7 de setembro. Ele informava o lugar e o horário e reiterava a vigência dos cargos (1833 – 1836) de juiz de paz e vereador. O texto é um sucinto tutorial para a votação:

> Todos os Cidadãos que tem as qualidades recomendadas na Lei para votarem e serem votados, cujos os nomes se acham na lista afixada na porta da Igreja, devem ali comparecerem às 8 horas da manhã para dar duas cédulas, das quais uma conterá os nomes de nove pessoas, que tenham as qualidades designadas para poderem ser Vereadores, devendo ser assinada no verso ou pelo mesmo votante, ou por outro a seu rogo, se não souber escrever, e fechada com um rótulo

---

[342] De acordo com Graham (1995, p. 357), até 1846, "as normas eleitorais" seguiam as instruções gerais da Constituição de 1824 e, doravante, os decretos de instruções emanados do executivo. Somente em 1845, os legisladores brasileiros redigiram uma lei eleitoral "minuciosa e ampla".

[343] BRASIL, 1824a, arts. 2º a 7º.

[344] Sobre as manifestações de rua na Corte no período regencial e as facções políticas, ver BASILE, 2004; MOREL, 2005.

[345] BRASIL, 1832c (Lei de 29 de novembro de 1832), arts. 1º a 4º.

dizendo — Vereadores para Câmara Municipal desta Cidade do Rio de Janeiro — e outra cédula contendo os nomes de duas pessoas, que tenham as qualidades necessárias para poderem ser Juízes de Paz, sendo uma para Juiz de Paz, e outra para Juiz de Paz Suplente também assinada e fechada como a dos Vereadores. Se algum Cidadão tiver reclamação a fazer por não se achar o seu nome na mencionada lista, ou não tiver ainda dados ao Delegado da mencionada Quadra o poderá fazer em tempo para ser adicionado seu nome na lista afixada; esperando de todos os meus Comparoquianos que satisfação os preceitos da Lei para não incorrerem na pena de 10$000 rs, aqueles que sem motivo atendível e justificado não derem as suas cédulas.[346]

Votar era um dever cívico passível de multa estabelecida por lei, caso não fosse cumprido.[347] Em 6 de setembro de 1832, o *Jornal do Commercio* destacava a agitação da capital às vésperas da eleição municipal. De acordo com o jornal, as disputas entre os "Chefes de partidos" (facções) pressupunham estratégias de espionagens, "falsos boatos" e propaganda eleitoral. O jornal publicava listas nominais que, segundo o redator, estavam circulando na cidade, contendo a indicação de nomes dos candidatos elegíveis aos cargos nas freguesias.[348]

Quadro 5 – Listas de nomes indicados aos cargos de vereador e juiz de paz

Chapa 1	Chapa 2	Chapa 3
Vereadores		
Francisco Ferreira de Assis; Padre João José Moreira; Estevão Alves de Magalhães; José Fernandes de Torres; Manoel Teixeira de C. e Silva; Joaquim José da Silva; Francisco Alves de Brito; João Pedro da Veiga; João José da Cunha.	Fillipe Nery de Carvalho; Estevão Alves de Magalhães; Luiz Francisco Braga; Francisco Alves de Brito; José Fernandes da Torre; Candido Martins Vianna; José Martins da Cruz Jubim; João Martins Lourenço Vianna; Luiz de Menezes Vasconcellos de Drumond.	Francisco José da Rocha; Francisco Gomes de Campos; João Fernandes Lopes; José Maria Bomtempo; Antônio José de Brito; João Pedro de Carvalho de Moraes; João Martins Lourenço Vianna; Manoel Gomes d'Oliveira Couto; Thomé Ribeiro de Faria.

---

[346] Jornal do Commercio, n. 28, 1 set. 1832. Assina o edital, o juiz de paz Manoel Teixeira da Costa Silva.

[347] Ver BRASIL, 1828b (Lei de 1º de outubro de 1828), art. 9º.

[348] Jornal do Commercio, n. 32, 6 set. 1832. Na edição n. 28, de 1 set. 1832, o jornal anunciava a venda de cédulas necessárias para a eleição dos Vereadores da Câmara Municipal, dos Juízes de Paz e seus Suplentes.

Chapa 1	Chapa 2	Chapa 3
Juízes de Paz		
São José: João Silveira do Pillar e Sebastião Vieira do Nascimento; **Sacramento:** Juvencio Pereira Ferreira e Luiz de Souza Lobo; **Santana:** João J. Lopes Ferraz e Antônio Francisco da Costa; **Candelária:** Constantino da Costa e S. e Antônio da C. B. Guimarães; **Santa Rita:** José F. d'Oliveira Pena e Custódio Ferreira dos Santos.	**São José:** Honório José Teixeira e suplente José Antônio Lisboa.	–

Fonte: Jornal do Commercio, n. 32, 6 set. 1832.

Dos nomes citados na sobredita chapa para o cargo de juiz de paz, de acordo com o resultado da eleição de 1832 indicado na ata eleitoral da freguesia da Candelária, Constantino da Costa e Silva recebeu 54 votos para juiz de paz e 69 para juiz de paz suplente, perfazendo um total 123 votos; já Antônio da Cunha Barboza Guimarães obteve onze votos para juiz e quarenta e três para suplente, totalizando 54 votos. Contudo, o nome mais votado para juiz de paz da freguesia da Candelária – o desembargador *Gustavo Adolfo de Aguiar Pantoja* – sequer foi citado na sobredita lista eleitoral. Entretanto, Gustavo foi eleito "com a maioria de 252 votos para juiz" e 42 votos para juiz de paz suplente. O suplente eleito foi João Pedro da Veiga, que recebeu 220 votos para juiz de paz e 88 votos para suplente.[349] Decerto, as listas que circulavam na imprensa cumpriam um papel relevante na campanha eleitoral, mas não determinavam necessariamente o resultado. Entretanto, em torno das chapas, importa perceber como os indivíduos ligados a determinadas ideologias e grupos políticos saíam em defesa de seus candidatos, valendo-se dos jornais ligados às facções e, no intuito de fortalecer seus argumentos, recorriam aos artigos dos novos códigos legais do Império.

> Lemos no Clarim da Liberdade, numa correspondência assinada o Homem da Cidade na Roça, e bem certo sobre o que se passou naquela eleição em Jacarepaguá, diremos alguma coisa sobre a queixa do Homem da Cidade. [...] Sabemos que

---
[349] AGCRJ. BR RJAGCRJ 62.3.1 – Fundo da Câmara Municipal/Série Eleições. Livro da Ata das Eleições de Juiz de Paz e Suplente da Freguesia da Candelária e de Vereadores da Câmara Municipal do Rio de Janeiro (1832).

o Juiz de Paz para a legislatura seguinte, que obteve a maioria dos votos, está pronunciado, e porventura um pronunciado é excluído de votar, e ser votado para Juiz de Paz? Leia o Homem da Cidade a Constituição do Império artigos 91 e 92, e a resolução da Assembleia Geral de 30 de julho de 1830. O cidadão pronunciado não está convencido, e portanto está no gozo de seus direitos.[350]

A eleição para juiz de paz, em 1832, era o segundo evento desse tipo, e a legislação disponível deixava várias lacunas, não esclarecendo, por exemplo, como proceder caso um candidato ao cargo de juiz de paz estivesse respondendo a um processo. Nesse sentido, à medida que as queixas iam surgindo, os juízes do crime analisavam e construíam entendimento sobre as matérias.[351] Em grande medida, pautados nessas "omissões" das leis, os militantes políticos construíam suas defesas e seus argumentos.

O jornal *O Exaltado* questionava a denúncia feita sobre uma pretensa conivência da mesa eleitoral com um votado na freguesia de Jacarepaguá. Para tanto, argumentava o editor que a própria mesa eleitoral teria lavrado em ata a proposta de um outro nome para ocupar o cargo de juiz de paz daquela freguesia, por julgá-lo "inábil pela pronúncia"[352], questão refutada pelo jornal. Diante disso, o redator de *O Exaltado* acusa o dito Homem da Cidade de promover um abaixo-assinado com a intenção deliberada de ocupar o lugar do juiz de paz eleito.[353]

Na freguesia de São José, houve um pedido de anulação da eleição sob a alegação do cidadão Manoel Ignácio Soares Lisboa de que o juiz de paz e o vigário responsáveis pela organização da mesa revelaram o nome dos votantes e dos votados antes da apuração.[354] O redator do jornal *A Aurora Fluminense* denunciava irregularidades nessas eleições para juiz de paz e vereador da dita freguesia, acusando o presidente da mesa eleitoral, o juiz de paz Manoel Theodoro Azambuja, de manipular a eleição em favor próprio:

---

[350] O Exaltado, n. 29, 27 out. 1832.
[351] SANTANA, 2020, p. 18.
[352] O Exaltado, n. 29, 27 out. 1832.
[353] O Exaltado, n. 29, 27 out. 1832. Em 29 de janeiro de 1833, a Regência analisa o ofício enviado pela câmara municipal do Rio de Janeiro, "acompanhando a representação de José Joaquim de Moura Telles, em que se queixa de ter sido excluído do cargo de juiz de paz da freguesia de Jacarepaguá". A Regência decide que o cidadão pronunciado não pode ser eleito juiz de paz, partindo da interpretação do artigo 3º da lei de 15 de outubro de 1827, que estabelece que é necessário ser eleitor para ocupar o cargo de juiz de paz e, nesse sentido, no artigo 94 § 3º da Constituição de 1824, que proíbe que pronunciados em querelas ou devassas sejam eleitores.
[354] Jornal do Commercio, n. 33, 10 set. 1832.

> Receberam simultaneamente as cédulas, sem verificar se o votante estava, ou não nas circunstâncias de votar; apareceram mais cédulas para juiz de paz que para vereadores [...] e depois de declararem quem era o votante, se publicava o voto. Se era dado ao Sr. Presidente (o Ilmo. Sr. Azambuja) havia grande festa dos Girões que ali se colocaram de propósito. [...] Sr. Manoel Theodoro há de sair por força Juiz de Paz.[355]

Em meio a toda essa agitação política em torno da eleição, a criação do Código do Processo Criminal, em 29 de novembro de 1832, mudaria a organização das freguesias, dividindo-as em zonas distritais. O artigo 13 do novo Código do Processo Criminal determinava que tivesse um juiz de paz para cada novo distrito criado a partir da lei, o que na prática alteraria a situação dos juízes eleitos em 1832. De acordo com a nova lei, não havia espaço para barganha política, e novas eleições teriam que ser convocadas: "Sancionado e publicado o presente código, proceder-se-á logo as eleições para juízes de paz nos distritos que foram criados, ou alterados, os que durarão até as eleições gerais somente".[356]

Em 31 de janeiro de 1833, os juízes de paz das freguesias receberam um ofício da Câmara Municipal do Rio de Janeiro, informando a necessidade de novas eleições para juiz de paz já em 14 de fevereiro de 1833. Manoel Theodoro Araújo Azambuja, juiz de paz da freguesia de São José, pede esclarecimentos sobre o assunto e adverte que seria "impossível preencher as exigências", no intuito de organizar uma nova eleição ainda no mês de fevereiro. Ademais, de acordo com Azambuja, "os juízes de paz atuais terão talvez que permanecer no exercício do cargo pelo direito adquirido de sua eleição".[357] As "dúvidas" de Azambuja geraram reação de resposta do redator do jornal *A Aurora Fluminense*, que acusava o juiz de paz de tentar ignorar o código, na medida em que a freguesia de São José tinha sido alterada e dividida em três distritos, enquadrando-se na lei e, portanto, na demanda por uma nova eleição. O artigo

---

[355] A Aurora Fluminense, n. 675, 14 set. 1832. Sobre o termo "Girões", importa destacar que a referência faz alusão ao ativismo político dos caramurus envolvidos em manifestações de rua na cidade do Rio de Janeiro, entre eles, o publicista do jornal d'A Trombeta, Luís Antônio da Silva Girão, envolvido no protesto de rua de 12 de setembro de 1832. Ver BASILE, 2004, p. 417.

[356] A Aurora Fluminense, n. 732, 8 fev. 1833.

[357] Diário do Rio de Janeiro, n. 4, 6 fev. 1833. De acordo com o resultado da eleição de 1833, o nome de Manoel Azambuja não figura entre os juízes de paz eleitos para os distritos da freguesia de São José. Ver Quadro 6. Na edição de 11 fev. 1833, a câmara municipal publica um edital adiando as eleições para o dia 17 fev. 1833. Ver Diário do Rio de Janeiro, n. 8, 11 fev. 1833. A nomeação de eleitores para as eleições de deputados aconteceria no dia 3 mar. 1833. Ver Diário do Rio de Janeiro, n. 22, 28 jan. 1833. Além da eleição para deputado, foi convocada uma eleição para a vaga do falecido senador Marques de Santo Amaro, na província do Rio de Janeiro. A eleição chegou a ser anulada, e uma nova eleição foi convocada. A polêmica girava em torno da indicação do nome de Feijó para o Senado. Ver Diário do Rio de Janeiro, n. 22, 19 abr. 1833; n. 1, 1 maio 1833.

sugere que o sobredito juiz de paz estava fazendo manobras para permanecer no cargo.[358] Independentemente da defesa do que estava prescrito no Código do Processo, as disputas políticas em torno da eleição de 1832 para o cargo de juiz de paz nas freguesias urbanas do Rio de Janeiro matizava os discursos a favor ou contra uma nova eleição, isso porque havia muitos interesses em jogo. O redator do jornal *A Aurora Fluminense*, o moderado Evaristo Ferreira da Veiga — diferentemente do seu irmão, João Pedro da Veiga, que ficou em segundo lugar em votos para juiz de paz e foi eleito suplente da Candelária —, recebeu apenas dois votos para juiz suplente nesta eleição de 1832;[359] provavelmente o dele próprio. Aliás, a posse do caramuru Manoel Azambuja, eleito também em 1832, foi alvo de mais controvérsias.

Em janeiro de 1833, a Câmara Municipal deu posse ao juiz de paz reeleito Manoel Azambuja, que, logo depois, foi destituído do cargo por ordens da Regência sob a alegação de "faltar-lhe um dos requisitos marcados na Lei" qual seja o tempo de residência na freguesia. Em 15 de janeiro, porém, Azambuja anunciava aos cidadãos de São José a confirmação de sua reeleição e posse para exercer o cargo.[360] O fato é que o envolvimento de Azambuja no movimento de protesto de 12 de setembro de 1832, contra a demissão de Hollanda Cavalcante do ministério,[361] transcorrido poucos dias após as eleições municipais, denotava seu posicionamento político alinhado à causa caramuru. Como resultado desse distúrbio urbano, o juiz de paz Azambuja respondeu a um processo de responsabilidade "por negligência na execução da lei de 6 de junho de 1831, isto é, por não haver usado de rigor, empregando a força para dispersar o povo que reunido queria representar contra o ministério de então", mas foi absolvido pelo júri.[362] Além de ser pronunciado, Azambuja foi suspenso de suas funções de juiz de paz pela Regência, dando lugar ao suplente e membro do grupo moderado, João Silveira do Pillar.[363] Esse fato gerou discussões laudatórias nas folhas caramurus,[364] que saíram em defesa de Azambuja, e na imprensa moderada, que atacava a conduta do juiz de paz.

---

[358] A Aurora Fluminense, n. 732, 8 fev. 1833.
[359] AGCRJ. BR RJAGCRJ 62.3.1 – Fundo da Câmara Municipal/Série Eleições. Livro da Ata das Eleições de Juiz de Paz e Suplente da Freguesia da Candelária e de Vereadores da Câmara Municipal do Rio de Janeiro (1832).
[360] Diário do Rio de Janeiro, n. 14, 17 jan. 1833.
[361] Ver BASILE, 2004, p. 415. Ver também: SANTANA, 2019, Introdução.
[362] Revista Popular (1852 – 1862). Biographia, n. 7, 1860, p. 180. Disponível em: http://memoria.bn.br Acesso em: 26 jan. 2021. Esse distúrbio urbano foi amplamente discutido na tese de Basile (capítulo XIV, p. 416-421).
[363] A Aurora Fluminense, n. 689, 17 out. 1832.
[364] A Aurora Fluminense cita o jornal *Caramuru* como exemplo de um árduo defensor de Manoel Azambuja. Cf. A Aurora Fluminense, n. 686, 10 out. 1832.

O coronel Manoel Theodoro de Araújo Azambuja tinha uma ligação antiga com a freguesia de São José. Nascido em 4 de julho de 1779, na cidade do Rio de Janeiro, Azambuja morreu idoso, em 27 de julho de 1859. Foi casado com d. Maria Manoel Rita Nascentes e teve 14 filhos. Iniciou a carreira militar aos 14 anos, no 3º regimento de infantaria de milícias da freguesia de São José, chegando ao posto de capitão da 8ª companhia do referido regimento, em 26 de agosto de 1802, até ser promovido por d. Pedro I, em 1830, a coronel comandante do regimento de infantaria de 2ª linha. Sua trajetória política começa durante a vida militar, quando atuou na cena pública, assinando o "Protesto da Tropa à Sua Majestade", em 11 de março de 1821.[365] O documento elaborado pela Divisão Portuguesa Auxiliadora e pela Tropa da Guarnição da Corte de Primeira e Segunda linhas trazia as assinaturas dos chefes e oficiais das tropas em uma manifestação de apoio ao rei d. João VI, a unidade política do país e ao Reino Unido. O documento foi redigido no contexto das discussões sobre a adesão do Brasil e o juramento do rei d. João VI à carta constitucional portuguesa que estava sendo elaborada pelas cortes em 1821.[366] O conteúdo do protesto reitera ainda que a resolução apresentada pela Divisão Portuguesa, em 26 de fevereiro,[367] em apoio à adoção da Constituição portuguesa no Brasil, "foi um efeito inteiramente produzido pelo desejo de fazer causa comum com seus companheiros de armas de Portugal, procurando por este modo chamar o Brasil a mesma causa". Por fim, os militares se queixam de serem envolvidos em planos reformistas "concebidos por pessoas obscuras" e "operações contrárias aos seus juramentos", reiterando fidelidade ao Reino Unido. Além da participação nos protestos de 1821, Azambuja esteve à frente do 3º regimento, no episódio da Independência e na aclamação de d. Pedro I.[368] Mas em 1824, ele foi viver na França, alegando o desejo de educar seus filhos naquele país. Na França, Azambuja dedicou-se aos estudos sobre "as instituições do juízo de paz". Um ano depois de seu retorno ao Brasil, em 1828, assumiu a condução da eleição para juiz de

---

[365] Biblioteca Brasiliana Guita José Mindlin. Protesto da Tropa à Sua Magestade. Disponível em: https://digital.bbm.usp.br/bitstream/bbm/490/1/45000000099_Output.o.pdf. Acesso em: 17 set. 2022.
[366] Sobre as manifestações de 1821, ver KATO, Ruth Maria. **Revoltas de rua**: o Rio de Janeiro em 3 momentos (1821 – 1828 – 1831). 1988. Dissertação (Mestrado) – Universidade Federal do Rio de Janeiro, Rio de Janeiro, 1988. p. 54-94.
[367] KATO, *loc. cit.*
[368] Revista Popular, Biographia, n. 7, 1860, p. 171-173.

paz da freguesia de Iguaçu. Em novembro, recebeu o título de eleitor da freguesia de São José.[369] Azambuja foi eleito juiz de paz da freguesia de São José logo na primeira eleição, em 1829,[370] e reeleito em 1832.

    Sob a prerrogativa das mudanças perpetradas a partir da promulgação do Código do Processo Criminal de 1832, novas eleições foram realizadas. Dessa vez, o nome de Manoel Azambuja não foi confirmado para o cargo de juiz de paz da freguesia, como mostra a relação de juízes de paz eleitos em 1833;[371] apesar de Azambuja ter sido o 3º nome mais votado nesta eleição, como veremos mais adiante. Sobre o resultado eleitoral divulgado, destino diferente teve Manoel Lopez Flores Junior — alinhado ao grupo caramuru —, que foi reeleito em fevereiro de 1833[372] para atuar na freguesia de Santa Rita. Aliás, a polêmica eleição de 1832 trouxe como resultado a eleição de um juiz de paz alinhado ao grupo caramuru, o desembargador Gustavo Pantoja, e um suplente alinhado ao grupo moderado, o negociante João Pedro da Veiga, ambos eleitos para a freguesia da Candelária.[373] Nas informações registradas na ata eleitoral do 2º distrito da freguesia da Candelária, em 17 de fevereiro de 1833, consta que o juiz de paz eleito em setembro de 1832, Gustavo Adolfo d'Aguiar Pantoja, ainda na investidura do seu mandato, presidiu a nova eleição para eleger quatro juízes de paz para o 2º distrito da freguesia. A ata eleitoral de 1833 fundamenta a nova eleição, com base nas orientações do novo Código do Processo Criminal de novembro de 1832, no Edital da Câmara Municipal de 28 de janeiro de 1833 e na Portaria de 5 de fevereiro de 1833 da Secretaria de Estado e dos Negócios do Império.[374] Como resultado da eleição de 1833, o desembargador Gustavo Pantoja foi eleito novamente, mas dessa vez, para o 1º distrito da freguesia da Candelária, com 272 votos.[375] O moderado João Pedro da Veiga foi o quarto juiz eleito para o 1º distrito, com 169 votos. Para o 2º distrito da Candelária, o juiz de paz eleito foi Sérgio de Souza Mello, com 219 votos.[376]

---

[369] Revista Popular, Biographia, n. 7, 1860, p. 176.
[370] Ver Quadro 2.
[371] Ver Quadro 6.
[372] Diário do Rio de Janeiro, n. 01, 1 fev. 1833. Manoel Flores foi eleito em setembro de 1832, empossado em 29 de janeiro de 1833 e reeleito em fevereiro de 1833.
[373] AGCRJ. BR RJAGCRJ 62.3.1 – Fundo da Câmara Municipal/Série Eleições. Livro da Ata das Eleições de Juiz de Paz e Suplente da Freguesia da Candelária e de Vereadores da Câmara Municipal do Rio de Janeiro (1832).
[374] AGCRJ. BR RJAGCRJ 62.3.3 – Fundo da Câmara Municipal/Série Eleições. Livro da Ata da Eleição da Freguesia da Candelária – II Distrito (1833).
[375] Cf. Quadro 6.
[376] AGCRJ. BR RJAGCRJ 62.3.3 – Fundo da Câmara Municipal/Série Eleições. Livro da Ata da Eleição da Freguesia da Candelária – II Distrito (1833).

Outro fato curioso sobre o resultado dessa eleição de 1833, é o nome de Venâncio José Lisboa eleito para ocupar o cargo de juiz de paz no 3º distrito de São José. Consta que em setembro de 1836, ainda na vigência da magistratura de 1833 — 1836, Venâncio José Lisboa ocupava o cargo de juiz de paz da freguesia na Glória.[377] O fato é que não sabemos se Lisboa tomou posse no distrito da freguesia de São José, ou se posteriormente foi eleito no distrito da Glória logo após ser desmembrada da freguesia de São José, em 1833. Venâncio José Lisboa era um rico proprietário de terras e dono da famosa "Chácara do Lisboa", situada entre o Catete e Laranjeiras; além de uma casa de Banhos, no Catete. "Todos os antigos prédios" do Catete ao largo do Machado foram construídos por Lisboa, incluindo o palacete da família.[378] Ele era casado com a viúva Úrsula Maria do Bom Sucesso, com quem teve três filhos: "Manoel José Lisboa, Vicente José Lisboa e Venâncio José Lisboa Junior",[379] o terceiro filho também ocupou o cargo da magistratura eletiva, como veremos mais adiante.

Quadro 6 – Juízes de paz ultimamente eleitos: resultado da eleição de 1833

Freguesias urbanas	Distrito	Juiz de Paz	Votos
Candelária	1º	Desembargador Gustavo Adolpho d'Aguiar	272
		Sr. J. Martins da Crus Jobim	197
		Sr. Antônio da Silva Henrique	196
		João Pedro da Veiga	169
	2º	Dr. Sérgio de Souza Mello	219
		Dr. Antônio Alves da Silva Pinto	217
		José Manoel de Lima	205
		Luiz Francisco Braga	184

---

[377] BRASIL. **Collecção das Decisões do Governo do Imperio do Brazil**: Decisão n. 536, 30 set. 1836, p. 322.
[378] GONÇALVES, Aureliano Restier. **Cidade de São Sebastião do Rio de Janeiro**: terras e fatos. Rio de Janeiro: Secretaria Municipal das Culturas, Arquivo Geral da Cidade do Rio de Janeiro, 2004. (Coleção Memória Carioca, vol. 4). Disponível em: http://www.rio.rj.gov.br/dlstatic/10112/4204430/4101442/sao_sebast_rj_terras_fatos.pdf. Acesso em: 23 jun. 2022. p. 104.
[379] *Ibid.*, p. 104; 313.

Freguesias urbanas	Distrito	Juiz de Paz	Votos
São José	1º	Balthazar da Silva Lisboa	540
		José Joaquim de Gouvea	518
		Francisco Aires da Gama	276
		André A. d'Araújo Lima	273
	2º	Antônio Gomes de Brito	383
		Carlos José de Almeida	363
		Manoel Valladão Pimentel	236
		Antônio Joaquim de Azevedo	220
	3º	Venancio José Lisboa	122
		João Silveira do Pilar	109
		A. J. Pereira de Vellasco	87
		Manoel Moreira Lirio	83
Santa Rita	1º	João Gonçalves Pereira	448
		José Rodrigues Ferreira	402
		João da Costa Lima	402
		Antônio José da Cruz Rangel	338*
	2º	Manoel Lopes de Flores Junior	206
		Manoel da Cunha Barbosa	192
		Joaquim José Pereira de Faro	191
		João Ferreira Duarte	189
Santana	1º	João Rodrigues Cunha	349
		Custódio Xavier de Barros[380]	303
		Manoel Joaquim Gomes de Figueiredo	285
		José da Cunha Pinheiro	282
	2º	João Pereira de Souza	275
		Paulo Fernandes Viana	196
		João Baptista Lopes	185
		Carlos Teixeira da Silva	165

---

[380] Diário do Rio de Janeiro, n. 0200020, 26 fev. 1833. Apesar de eleito, Custódio Xavier de Barros estava impedido de exercer a função, sendo substituído por seu suplente Antônio Luiz Pereira da Cunha.

Freguesias urbanas	Distrito	Juiz de Paz	Votos
Sacramento	1º	Antônio Maria da Silva Torres	275
		Francisco José Pinheiro Guimarães	262
		João Huet Bacellar Pinto Guedes	259
		Manoel Rodrigues Pereira da Cruz	221
	2º	Joaquim Gaspar de Almeida	173
		Eleutério José Velho Bezerra	157
		Mariano Pinto Lobato	138
		João José da Cunha	120
	3º	Antônio José de Souza Almeida	252
		Domingos José Lopes	195
		Firmino José Dias	191
		João Martins Lourenço Vianna	167
Engenho Velho	1º	José Gomes Ferreira	272
		Pedro Cyriaco Pacheco	197
		Damaso José Teixeira	169
		José Joaquim da Fonseca	139
	2º	Simplício da Silva Nepomuceno	82
		Duarte José de Mello	75
		Francisco José da Cunha Silveira	56
		João Rodrigues dos Santos	56
Lagoa**		Manoel Gomes Souto**	?

Fonte: A Aurora Fluminense, n. 739, 27 fev. 1833; Jornal do Commercio, n. 54, 28 fev. 1833. *Há diferença de um voto entre os resultados apresentados no *Jornal do Commercio* (337) e na folha *A Aurora Fluminense* (338). O sobredito juiz de paz eleito para atuar no 1º distrito de Santa Rita, Antônio José da Cruz Rangel, era militar do 2º Batalhão da Guarda Cívica, em 1823. Em 1824, Rangel atuava como tesoureiro da Santa Casa de Misericórdia da Corte. Cf. BRASIL. Império do Brasil: Diário do Governo (CE) – 1823 a 1833. Disponível em: http://memoria.bn.br/DocReader/Hotpage/HotpageBN.aspx?bib=706752&pagfis=338&url=http://memoria.bn.br/docreader#. Acesso em: 4 ago. 2021. **Apesar de não termos localizado o resultado da eleição da freguesia da Lagoa nos respectivos jornais, tampouco nas atas eleitorais do período, encontramos o sobredito juiz no exercício do cargo na documentação do Arquivo Nacional. Cf. ANRJ. Fundo/Coleção: Série Justiça – Magistratura Local; Cód. 58 do fundo IJ5.

Quanto a Azambuja, não é possível aferir o impacto que o processo judicial e a suspensão do cargo tiveram sobre a candidatura à reeleição, em 1833. O fato é que os anos de 1832 e 1833 foram marcados por distúrbios urbanos liderados pela facção caramuru e que moderados e caramurus politizavam e tentavam descredibilizar as ações de seus adversários através da imprensa. Com efeito, cada grupo político tinha seu próprio jornal, e, apesar da curta duração e da irregularidade na publicação das folhas, havia um expressivo volume de produção até 1833, especialmente dos jornais ligados aos grupos de oposição ao governo, os exaltados e caramurus.[381] De acordo com Basile, o importante e mais longevo jornal de linha moderada — *A Aurora Fluminense* — circulou entre 1827 e 1835 sem interrupções,[382] marcando um claro posicionamento na defesa dos projetos políticos do grupo liberal moderado, entre os quais, a magistratura eletiva.

A Aurora Fluminense dedicou a edição de 15 de fevereiro de 1833 à discussão da eleição municipal, especialmente a campanha eleitoral para juiz de paz, indicando os grupos políticos envolvidos nessa disputa eleitoral:

> O dia das eleições se avizinham, e tenho de contribuir com o meu voto para as eleições de Juízes de Paz do meu distrito. [...] A cidade está cheia de listas a que chamam de — *chapas* —: dizem que as há para todos os distritos das paróquias, e das duas opiniões contrárias que se batem, e que ouço intitular — *Caramurus e Moderados*.[383]

Ao longo do texto do artigo, o redator destaca a importância que adquiriu o posto de juiz de paz nas circunstâncias que se sucederam ao 7 de abril, na medida em que coube a essa autoridade o combate aos ditos ajuntamentos ilícitos nas ruas da cidade, restabelecendo a ordem e o sossego público. Mais adiante, importa observar a forma como o redator da folha argumenta sobre a importância da eleição para juiz de paz, elencando aspectos e características dos grupos políticos envolvidos nessa eleição, que rivalizavam pelo poder central. Em poucas palavras, constrói-se uma narrativa sobre a importância desse magistrado local a partir de suas ligações com determinados grupos políticos — moderado e caramuru — e, nesse

---

[381] BASILE, Marcello. Inventário analítico da imprensa periódica do Rio de Janeiro na Regência: perfil dos jornais e dados estatísticos. In: CARVALHO, José Murilo de; NEVES, Lucia Maria Bastos Pereira das (org.). **Dimensões e fronteiras do Estado brasileiro no oitocentos**. Rio de Janeiro: Eduerj, 2014. p. 61.
[382] BASILE, 2004, p. 130.
[383] A Aurora Fluminense, n. 735, 15 fev. 1833.

sentido, discute-se o alcance na escolha dessas lideranças municipais para os rumos da política nacional, mas em clara defesa aos candidatos do grupo que ocupavam o governo central: os moderados.[384]

> [...] Porém a vantagem que há em aproveitar a cada um o seu sufrágio me induziu a já votar por um dos partidos, e neste caso a lista de moderados tem vantagens sobre a outra. Encontro ali gente sã, proprietários, cidadãos de boa moral, e inteira probidade. Noto que esses outros homens que tanto me falam em Monarquia, no Sr. D. Pedro 2º, que tanto horror mostram ao 7 de Abril, me dão por candidatos aos Juízes de Paz alguns que mais insultam o Augusto Menino, que mais vociferam em favor da república, e que queriam conquistá-la a ponta de baioneta.[385]

Diante do clima de contestação e instabilidade institucional na capital do Império, em grande medida fomentado pelas rivalidades desses grupos políticos através da imprensa, o jornal *O Exaltado*, ao mesmo tempo em que comemorava o resultado das eleições para juiz de paz, que de fato favoreceu os grupos de oposição ao governo, especialmente os caramurus — conforme observou Marcello Basile[386] — não se furtava de tecer duras críticas aos moderados.[387]

> As eleições para juiz de paz das Freguesias da Cidade é uma prova manifesta de sua derrota vergonhosa, e do descrédito do Governo, e seus sequazes arreeiros. Hordas de jacobinos moderados, vagando de Matriz em Matriz armados de punhais, e de pistolas procuraram, mas debalde, aterrar os votantes, e coagi-los por meio de ameaças, e alaridos a votar talvez em moderados, ou abandonar o terreno eleitoral.[388]

Com efeito, o ano de 1833 foi marcado por intensos debates políticos na imprensa periódica, refletindo as turbulências causadas pelos movimentos urbanos na Corte e as demais disputas travadas entre as facções. Em 3 de março, o jornal *A Aurora Fluminense* dava publicidade à escaramuça entre as facções *moderada* e *caramuru* em torno da "composição das mesas paroquiais e entrega das listas para nomeação dos Eleitores".[389]

---

[384] A Aurora Fluminense, n. 735, 15 fev. 1833.
[385] A Aurora Fluminense, n. 735, 15 fev. 1833.
[386] BASILE, 2004, p. 439.
[387] O Exaltado, n. 45, 26 fev. 1833.
[388] O Exaltado, n. 45, 26 fev.1833.
[389] SANTANA, 2020, p. 19-20.

O juiz de paz do 1º distrito de Santa Rita, José Rodrigues Ferreira, eleito com 402 votos para atuar na freguesia,[390] foi acusado de má condução no processo de composição da mesa eleitoral, favorecendo o clima de disputas e violências entre os grupos ali representados. O juiz foi acusado de aceitar, na lista de eleitores, uma liderança local do grupo caramuru: o padre Fernando Pinto d'Almeida, que, por sua condição de sacerdote, não deveria sequer estar na lista. Quando o nome de José de Souza França foi anunciado para secretário da mesa, imediatamente os moderados se manifestaram contra a indicação, denunciando o partidarismo do juiz de paz que também era um caramuru. A eleição prosseguia em clima de confusão. De acordo com o conteúdo do artigo, gritos, ameaças e injúrias somente cessaram com a chuva que caiu às quatro horas da tarde, dispersando os grupos.[391]

De fato, as publicações sobre os meandros do processo eleitoral tomavam forma de denúncia. Sob a alcunha de *Uma Aranha que viu tudo*, o assinante da edição n. 13 do jornal *Diário do Rio de Janeiro* assevera que os *moderados* usavam de artifícios escusos para elegerem seus candidatos a juízes de paz, utilizando a máquina pública do governo:

> Os senhores Jacobinos se andam pegando pelas paredes, para obterem votos para juízes de paz, para a sua cabala Moderada: até agora, empregavam só para este fim, os meios de persuasão; mas deram agora em usar meios mais eficazes, empregando os Chefes de Repartições, e a sua influência sobre os seus súditos, que, destarte, se veem obrigados a obedecer.[392]

O conteúdo do artigo chega a citar o nome do sr. major Menezes, diretor do Arsenal de Guerra, que, visivelmente constrangido, estaria pedindo votos aos mestres e contramestres para a chapa moderada dos quatro juízes de paz da freguesia de São José. De acordo com o redator, entre os nomes indicados estava o de "Zeferino boticário, o célebre Tição, e outros dessa laia".[393] As eleições municipais de 1832/1833 abrem um campo de análise sobre os arranjos dos grupos políticos que rivalizavam pelo poder central em torno do resultado dessas eleições.

De acordo com Richard Graham, no período regencial, a lealdade do brasileiro na perspectiva da vacância do trono voltou-se para as lideranças locais. Por outro lado, essas autoridades entendiam que, para garantir seus

---

[390] Cf. Resultado da eleição. Ver Quadro 6.
[391] A Aurora Fluminense, n. 742, 6 mar. 1833.
[392] Diário do Rio de Janeiro, n. 13, 16 fev. 1833.
[393] Diário do Rio de Janeiro, *loc. cit.*

interesses e a lealdade popular, em uma época em que "a soberania do rei estava limitada pela vontade do povo", fazia-se necessário assegurar a legitimidade do processo eleitoral e, ao mesmo tempo, promover a ideia "de um compromisso comum a um centro distante". Não por acaso, as tentativas de interferência dos agentes do governo e dos grupos políticos de oposição nessas eleições sinalizam as rivalidades políticas do poder central que se estendem para a localidade, mas também apontam uma série de trocas e parcerias na defesa dos interesses de ambos os lados.[394]

A discussão na imprensa sobre as relações e as influências políticas dos indivíduos indicados para o cargo de juiz de paz e os agentes do governo regencial foi alvo de réplicas nos jornais. Nessa linha de argumentação, o periódico *A Aurora Fluminense* respondia às críticas de *O Carijó*. O sobredito jornal da facção caramuru teria acusado os moderados de promoverem os candidatos do governo para ocupar o cargo de juiz de paz nas freguesias, apontando a candidatura do irmão do deputado moderado Evaristo da Veiga, João Pedro da Veiga, de José Fernandes Torres, que ocupava o cargo de vereador na câmara municipal, e de Félix José da Silva, que seria amigo do ministro da Justiça Honório Hermeto Carneiro Leão.[395] Na réplica, o redator de *A Aurora Fluminense* se limita a ressaltar virtudes dos candidatos à chapa moderada, fazendo duras críticas aos nomes indicados na chapa caramuru: "E que nomes se compreendem nessas cédulas? O de hum Gustavo, o de um aventureiro Roma, disfarçado com um pomposo título — General Lima — os de um Luiz Mendes Ribeiro, de um Gabriel Pinto de Almeida, e de um José Rodrigues Ferreira?".[396]

Nesse clima de intensas discussões políticas na imprensa fluminense, chama atenção as divergências no número de votos publicados nas folhas *A Aurora Fluminense* e *Jornal do Commercio*. Somente em 1º de março de 1833, *A Aurora Fluminense* divulgou as listas dos juízes de paz eleitos nas freguesias de Sacramento e Engenho Velho[397] e, como é possível observar a seguir, a *Aurora* informava menos votos para determinados nomes, comparando à lista divulgada no *Jornal do Commercio*.[398]

---

[394] GRAHAM, 1995, p. 349.
[395] A Aurora Fluminense, n. 735, 15 fev. 1833.
[396] A Aurora Fluminense, n. 735, 15 fev. 1833.
[397] A Aurora Fluminense, n. 740, 1 mar. 1833.
[398] A exceção foi o número de votos do juiz de paz eleito para o 1º distrito de Santa Rita, Antônio José da Cruz Rangel que, de acordo com a edição 739 de A Aurora Fluminense, teve 338 votos contra os 337 divulgados no número 54 do Jornal do Commercio. Sobre o resultado das eleições de 1833, ver BASILE, 2004, p. 438-439.

Quadro 7 – Eleição de 1833

Freguesias/ Distritos		Juízes de paz eleitos	Jornal do Commercio – nº de votos	A Aurora Fluminense – nº de votos
Sacramento	2º	Joaquim Gaspar de Almeida	175	173
	3º	Firmino José Dias	191	161
		João Martins Lourenço Vianna	167	157
Engenho Velho	1º	Pedro Cyriaco Pacheco	197	167
	2º	Simplício da Silva Nepomuceno	82	81

Fonte: Jornal do Commercio, n. 54, 28 fev. 1833; A Aurora Fluminense, n. 740, 1 mar. 1833.

Não é possível saber se foi apenas um erro na publicação dos resultados, ou se havia alguma intenção deliberada por trás dessas divergências. Contudo, de acordo com a apuração dos votos registrados na ata eleitoral do 2º distrito da freguesia de Sacramento o resultado publicado pelo jornal *A Aurora Fluminense* sobre o votado Joaquim Gaspar de Almeida (173 votos) está correto.[399] Entretanto, a apuração dos votados registrada na ata do 3º distrito de Sacramento e do votado registrado na ata do 1º distrito do Engenho Velho confirmam o resultado divulgado no *Jornal do Commercio*, apontando um erro em torno de 30 votos para menos nas sobreditas publicações do jornal *A Aurora Fluminense*.[400]

O jornal *Cometa* indicava ampla maioria dos caramurus entre os juízes de paz eleitos: dos 56 juízes de paz eleitos apenas um seria da facção moderada. Mas a *Aurora* argumentou que entre os 56 eleitos pelo menos 22 juízes estavam nas listas dos moderados. De todo modo, ambos admitiam o resultado final da eleição de 1833, que dava ampla maioria aos caramurus.[401]

---

[399] Cf. AGCRJ. BR RJAGCRJ 62.3.4 – Fundo da Câmara Municipal/Série Eleições. Livro da Ata da Eleição da Freguesia de Sacramento – II Distrito (1833). De acordo com os registros da sobredita ata eleitoral, cumpre destacar a presença entre os votados de personalidades como o marquês de Itanhaém, com 60 votos; Antônio Alves Branco Muniz Barreto, com nove votos, e o marquês de Jundiaí, com apenas sete votos.

[400] AGCRJ. BR RJAGCRJ 62.3.4 – Fundo da Câmara Municipal/Série Eleições. Livro da Ata da Eleição da Freguesia de Sacramento – III Distrito (1833). AGCRJ: BR RJAGCRJ 62.3.21 – Fundo da Câmara Municipal/Série Eleições. Livro da Ata da Eleição da Freguesia do Engenho Velho – I Distrito (1833).

[401] A Aurora Fluminense, n. 740, 1 mar. 1833.

Foi nesse ambiente de disputa de facção, que a participação política do cidadão brasileiro nas eleições trouxe uma série de questões e possibilidades que não foram previstas pela elite política imperial. Especialmente no caso da magistratura leiga.

Em maio de 1834, o deputado Saturnino de Souza e Oliveira discursa na Assembleia Legislativa contra a revogação dos poderes do deputado Carneiro Leão. O que causava espécie ao então deputado Saturnino de Souza era a possibilidade de o eleitor "cassar os poderes a qualquer Deputado, quando neles não tiverem mais confiança". E assevera que, sob o mesmo arbítrio, estavam os "Juízes de Paz e os demais cargos de eleição". A ideia de que aquilo que "a lei não restringe nós não podemos restringir" era rechaçada pelo deputado, que argumentava sobre os riscos de anarquia e desmonte do sistema representativo se tal procedimento fosse admitido. Ele recorre, novamente, ao exemplo do juiz de paz, que, ao "desagradar a um partido, a uma influência da localidade", teria que "temer essa vingança".[402] A interferência dos grupos políticos nas eleições era uma questão explorada nos discursos parlamentares. Os limites dos votantes também. Dar ao eleitor o direito de "deseleger" um agente público foi interpretado como um "capricho" perigoso.[403] Do ponto de vista das pessoas que se "ajuntavam" para tal manifestação (votantes e eleitores), a interpretação decerto era outra. Contudo, no Parlamento, essa polêmica estava atravessada por uma discussão mais ampla e ambientada na elaboração do Ato Adicional.

Conforme asseverou Campos, a instituição da Justiça de Paz foi perdendo crédito entre seus defensores — a elite política brasileira —, em uma mudança de perspectiva radical sobre a utilidade e a credibilidade da magistratura leiga.[404] O ambiente político de 1836, sob o protagonismo do movimento regressista, estava permeado pela discussão de uma pauta de reformas conservadoras que incluíam mudanças nas leis.[405] Nesse ínterim, o deputado José Clemente Pereira, citando a proximidade das eleições municipais, apresentou dois projetos na sessão da Assembleia Legislativa Provincial do Rio de Janeiro, em 2 de março de 1836. As propostas visavam reelaborar os limites dos juízes eleitos nas freguesias, alterando a aplicabilidade dos artigos 9 e 10 do Código do Processo Criminal de 1832. Para tanto, o deputado valeu-se de uma interpretação da "lei das reformas",

---

[402] Jornal do Commercio, n. 110, 17 maio 1834.
[403] Jornal do Commercio, *loc. cit.*
[404] CAMPOS, 2018, p. 131.
[405] BASILE, 2009, p. 64.

que daria à assembleia provincial o direito de "nomear e marcar distritos aos juízes de paz". Pautado nessa prerrogativa e na urgência de mitigar os supostos prejuízos atrelados a esses agentes públicos nomeados pelo voto, José Clemente assevera: "As instituições das Justiças de Paz, que, nos primeiros quatro anos de sua criação vigorou nesta Província com reconhecida utilidade pública, degenerou depois por tal forma, que hoje, salvas poucas exceções, só produz graves males à administração da Justiça, e pesados vexames aos povos". Porém, o relator do texto fez questão de enfatizar que não se entendesse com isso "que se podia acabar com tais juízes".[406]

Após essa preleção, os projetos foram apresentados à assembleia. A primeira proposta, dividida em sete artigos, trata especialmente da redução do número de distritos criados a partir código do Processo Criminal, que, a partir de então, deveriam ser restritos ao número proporcional de freguesias e capelas curadas no Rio de Janeiro. Assim, cada distrito teria que eleger apenas um juiz de paz e um suplente para a vigência do mandato de quatro anos. Isso porque, de acordo com o deputado Clemente Pereira, a quantidade de juízes de paz eleitos a partir da criação do Código do Processo Criminal — até quatro juízes por distrito — era um absurdo. Clemente destaca que, com a aproximação da eleição de 1836, determinadas freguesias chegariam a eleger até doze juízes. Quanto às excessivas atribuições do cargo, os magistrados de paz passariam a "delegar aos seus delegados todas as atribuições que por lei lhes competirem", inclusive as de "presidir as eleições, e Conselhos de Qualificação". O projeto propunha também a extinção dos inspetores de quarteirão e a criação de delegados.[407]

A segunda proposta diz claramente que se deve "derrogar o artigo 9 e 10 do Código do Processo Criminal" a favor da lei anterior de 15 de outubro de 1827, artigo 2, que determinava a eleição de apenas um juiz de paz para cada freguesia. Além disso, previa a urgência na redução das atribuições dadas aos juízes de paz e, finalmente, a extinção das Juntas de Paz por incompetência desse magistrado para atuar na forma da lei.[408] Em linhas gerais, esses dois projetos apresentados pelo deputado José Clemente Pereira à assembleia provincial tinham o objetivo de oferecer uma *alternativa legal*, caso fossem aprovados, aos artigos do Código do Processo Criminal de 1832 naquilo que se refere às regras da nomeação eletiva e as atribuições do cargo de juiz de paz para atuar nas freguesias do Rio de Janeiro.

---

[406] Jornal do Commercio, n. 50, 3 mar. 1836.
[407] Jornal do Commercio, n. 50, 3 mar. 1836.
[408] Jornal do Commercio, n. 50, 3 mar. 1836.

No dia 12 de março, coube ao deputado Paulino de Souza ler o parecer sobre o projeto. "As comissões reunidas de Justiça Civil e Criminal, Guarda da Constituição e das Leis, de Estatística e divisão Civil e Judiciária examinaram atentamente o projeto [...]". Sobre a eleição de quatro juízes de paz para cada um dos distritos que compõem as freguesias, a comissão se posicionou a favor da proposta, indicando que fosse apreciada na sobredita sessão para vigorar já nas próximas eleições municipais (1836). Entretanto, quanto às disposições do projeto para extinguir o cargo de inspetores de quarteirão, "restabelecendo antigos Delegados", apesar de reconhecer a autonomia das assembleias provinciais para legislar sobre determinados assuntos circunscritos no artigo 10 da lei de 12 de agosto de 1834, a comissão, alegando o desejo de manter-se "na órbita de suas atribuições", pede vistas ao Poder Legislativo geral, no intuito de interpretar o § 7º do artigo 10 do Ato Adicional de 1834. Isso porque o autor do projeto utiliza o argumento de que o sobredito inciso permitiria que as assembleias provinciais deliberassem sobre a supressão e criação dos empregos municipais e, nesse sentido, estariam inclusos os cargos de juiz de paz e inspetor de quarteirão. Além de o artigo não tratar especificamente do cargo da magistratura eletiva, a comissão destacou que não competia ao poder provincial a criação de legislação "Civil, Criminal e do Processo", apontando para os riscos de uma "reforma legislativa anárquica" constituída à luz das circunstâncias políticas do país.[409]

Nesse clima de disputas políticas e debates sobre as atribuições do juizado de paz, a Câmara Municipal dirige-se à Secretaria de Estado dos Negócios do Império, em ofício, a fim de solucionar a dúvida que surgiu sobre quem seria, afinal, o responsável pela presidência das eleições municipais em 7 de setembro de 1836. A orientação da secretaria era que as regras permaneciam pautadas na Lei de 1º de outubro de 1828, ou seja, caberia aos juízes de paz de cada distrito presidir as eleições em suas freguesias.[410] As tensões sobre o assunto da magistratura eletiva não ficavam restritas aos círculos institucionais.

Um correspondente do *Jornal do Commercio*, indignado com a organização da eleição, indaga o ministro da Justiça sobre a coincidência do dia e hora marcados para os dois escrutínios: a eleição da câmara municipal

---
[409] Jornal do Commercio, n. 59, 14 mar. 1836.
[410] Jornal do Commercio, n. 184, 24 ago.1836.

e da Guarda Nacional, ambas em 7 de setembro de 1836. O sujeito que assina sob a alcunha de *Um plebeu* assevera que "a ordem foi dada com o propósito de tolher o direito do cidadão de dar o seu voto", uma vez que seria impossível para o votante estar em dois lugares ao mesmo tempo.[411] Com efeito, as eleições eram eventos tumultuados. Em *Cidadania no Brasil*, José Murilo aborda esse aspecto conflituoso do período eleitoral marcado por "violência e fraude".[412] O autor informa que, na organização das primeiras eleições, as mesas eleitorais eram formadas por "aclamação popular", ou seja, literalmente no "grito". Ademais, a influência dos chefes locais no processo eleitoral pressupunha uma relação de interdependência entre o votante — que podia reafirmar sua lealdade ou barganhar benesses com seu voto — e os interesses desses líderes.[413] Contudo, assim como os tumultos,[414] a manifestação de desconfiança do cidadão em ser tolhido do "direito de dar o seu voto" também pode ser compreendida dentro de um processo de desenvolvimento da participação política do votante. Infelizmente, os dados fornecidos pelos jornais sobre o número de votos para juiz de paz na eleição de 1836 estão fragmentados, e não tivemos acesso à todas as atas eleitorais dos distritos. Portanto, até aqui, não há como mensurar essa eleição.

Quanto à proposta do projeto para redução do número de juízes de paz por distrito, a despeito do número de eleitos para o 1º distrito da freguesia de Santana, 1º e 2º distritos da freguesia de Sacramento e 1º e 2º distritos da freguesia de Candelária indicados no Quadro 8, a Câmara Municipal do Rio de Janeiro seguiu com as determinações do Código do Processo Criminal de 1832, elegendo quatro juízes de paz por freguesia. Sobre a investidura desses magistrados, nota-se que foi irregular. Dos quatro juízes eleitos no 1º distrito de Santana, um deles não foi investido do cargo. O mesmo aconteceu no 2º distrito da freguesia de Sacramento, e na Candelária apenas um juiz de paz tomou posse no 1º distrito, e apenas dois no 2º distrito. A posse dos eleitos deveria acontecer na primeira semana

---
[411] Jornal do Commercio, n. 194, 6 set. 1836.
[412] CARVALHO, 2010, p. 33.
[413] *Ibid.*, p. 37.
[414] CARVALHO, José Murilo de. A involução da participação eleitoral no Brasil, 1821 – 1930. *In*: CARVALHO, José Murilo de; CAMPOS, Adriana Pereira (org.). **Perspectivas da cidadania no Brasil Império**. Rio de Janeiro: Civilização Brasileira, 2011b. p. 50.

do mês de janeiro após a eleição[415], mas, como veremos mais adiante, nem sempre eles compareciam à sessão da câmara municipal no dia determinado para prestar seus juramentos.

Quadro 8 – Eleição e posse dos seguintes juízes de paz (1836/1837)

Freguesia urbanas	Distrito	Resultado da eleição (n° de votos)	Posse
Santana	1°	Os Srs. Antônio Corrêa Picanço (329); Manoel Joaquim Gomes de Figueredo (318); Francisco José Loureiro (249); e José Alves Carneiro (235)	Antônio Corrêa Picanço; Francisco José Loureiro; e José Alves Carneiro
	2°	Antônio Luiz Pereira da Cunha (255); João Baptista Lopes (244); José Rodrigues de Amorim (155); João Pedro da Silva Ferreira (145)	Antônio Luiz Pereira da Cunha; José Rodrigues de Amorim; e João Pedro da Silva Ferreira
Sacramento	1°	Os Srs. João Huet Bacellar Pinto Guedes (283); Francisco Pinheiro Guimaraes (257); João José Moreira (196); e Carlos José de Almeida (191)	João Huet Bacellar Pinto Guedes; Francisco José Pinheiro Guimarães; João José Moreira; e José de Almeida
	2°	Os Srs. Luiz da Costa Franco de Almeida (323); Francisco de Paula Vieira de Azevedo (272); João Mendes Ferreira Ramos (202); e Carlos dos Santos de Oliveira Pinto (155	Luiz da Costa Franco de Almeida; Francisco de Paula Vieira de Azevedo; e João Mendes Ferreira Ramos
	3°	Antônio José de Souza e Almeida (485); Francisco Alves de Brito (320); Manoel José do Rozário (190); Luiz de Souza Lobo (95)	Antônio José de Souza e Almeida; Manoel José do Rozário; e Luiz de Souza Lobo

---

[415] Cf. BRASIL, 1828b (Lei de 1° de outubro de 1828), art. 17. Apesar dessa orientação, todos os editais da Câmara Municipal do Rio de Janeiro indicavam data posterior à primeira semana de janeiro.

Freguesia urbanas	Distrito	Resultado da eleição (nº de votos)	Posse
Santa Rita	1º	João Gonçalves Pereira (405); José Vicente de Azevedo Coutinho (381); João José Dias Camargo (324); Antônio Moreira Coelho (237)[416]	João Gonçalves Pereira; José Vicente de Azevedo Coutinho; João José Dias Camargo; e Antônio Moreira Coelho
	2º	Manoel Lopes Flores (402); Gabriel Pinto de Almeida (362); Eleutério José Velho Bezerra (310); Luiz Rodrigues Ferreira (304)[417]	Manoel Lopes Flores; Gabriel Pinto de Almeida; Eleutério José Velho Bezerra; e Luiz Rodrigues Ferreira
Candelária	1º	Os Srs. José Moreira Barbosa (282); José Joaquim Guimaraes (188); João Pedro da Veiga (115); e João Afonso Lima Nogueira (109)	João Affonso Lima Nogueira
	2º	Os Srs. Francisco de Santa Bárbara Garcia (171); Manoel Ferreira de Araújo Pitada (146); Luiz Francisco Braga (128); e Jerônimo do Nascimento Silva* (119)	Francisco de Santa Bárbara Garcia; Manoel Ferreira de Araújo Pitada; Josino do Nascimento Silva*
São José	1º		André Antônio de Araújo Lima; João José Dias Moreira (sargento mor); Luiz Joaquim Nogueira da Gama; e Domingos Gonçalves de Siqueira
	2º		Joaquim Antônio da Costa Junior; Jesuíno Teixeira de Carvalho; e Francisco Ribeiro da Silva Queiroz
Glória	1º		Venancio José Lisboa Filho e Cypriano José Lisboa
	2º	Sebastião Vieira do Nascimento (109); Manoel Moreira Lírio (102); João Caetano de Oliveira Guimarães (86); Candido Porfírio de Assis Araújo (83)	Sebastião Vieira do Nascimento; Manoel Moreira Lírio; João Caetano de Oliveira Guimarães; e Candido Porfirio de Assis Araújo

---

[416] AGCRJ. BR RJAGCRJ 62.3.68 – Fundo da Câmara Municipal/Série Eleições. Livro da Ata da Eleição da Freguesia de Santa Rita – 1º distrito (1836).

[417] AGCRJ. BR RJAGCRJ 62.3.69 – Fundo da Câmara Municipal/Série Eleições. Livro da Ata da Eleição da Freguesia de Santa Rita – 2º distrito (1836).

Freguesia urbanas	Distrito	Resultado da eleição (nº de votos)	Posse
Engenho Velho	1º		Paulo Fernandes Vianna; Elias Antônio Lopes; João Miguel Gomes de Oliveira; e Felix José da Silva
	2º	Pedro Cyriaco Pacheco (257); Jozé Gomes Ferreira (236); Damazo José Teixeira (178); Antônio José Pestana (97)	Pedro Cyriaco Pacheco; José Gomes Ferreira; Damazo José Teixeira; e Antônio José Pestana
Lagoa	–	Antônio Januário da Silva (126); José Francisco da Silveira (122); Cândido Ladislau Japi-Assú (113); José Fernandes de Oliveira Penna (111)	Antônio Januário da Silva e Cândido Ladislao Japi-Assú

Fonte: Jornal do Commercio, n. 197, 12 set. 1836 (resultado da eleição de 1836); Jornal do Commercio, n. 12, 16 jan. 1837 (informações de posse). Obs. 1: além do resultado e da posse publicados no *Jornal do Commercio*, acessamos, posteriormente, algumas atas eleitorais de 1836 no Arquivo Geral da Cidade do Rio de Janeiro, que completam as informações de alguns distritos das freguesias. Cf. AGCRJ. BR RJAGCRJ 62.3.67 – Fundo da Câmara Municipal/Série Eleições. Livro da Ata da Eleição da Freguesia de Santana – 2º Distrito (1836). Obs. 2: há uma ligeira diferença do número de votos de alguns votados para o 1º distrito da freguesia de Santana publicado no *Jornal do Commercio*, com relação ao que consta na ata eleitoral: Manoel Joaquim Gomes de Figueredo (308); Francisco José Loureiro (241). Cf. AGCRJ. BR RJAGCRJ 62.3.65 – Fundo da Câmara Municipal/Série Eleições. Livro da Ata da Eleição da Freguesia de Santana – 1º Distrito (1836). Obs. 3: resultados da votação a partir das seguintes atas eleitorais: AGCRJ. BR RJAGCRJ 62.3.64 – Fundo da Câmara Municipal/Série Eleições. Livro da Ata da Eleição da Freguesia de Sacramento – 3º Distrito (1836); AGCRJ. BR RJAGCRJ 62.3.71 – Fundo da Câmara Municipal/Série Eleições. Livro da Ata da Eleição da Freguesia da Lagoa – (1836); AGCRJ. BR RJAGCRJ 62.3.58 – Fundo da Câmara Municipal/Série Eleições. Livro da Ata da Eleição da Freguesia da Glória – 2º distrito (1836); AGCRJ. BR RJAGCRJ 62.3.57 – Fundo da Câmara Municipal/Série Eleições. Livro da Ata da Eleição da Freguesia da Engenho Velho – 2º distrito (1836). *Sobre o resultado e a posse da eleição do 2º distrito da freguesia da Candelária, apesar de o *Jornal do Commercio* ter publicado o nome de Jeronimo do Nascimento Silva como juiz eleito (mas não ter mencionado a posse do votado), consta que, em janeiro de 1837, tomou posse nesse distrito o doutor Josino do Nascimento Silva, o que indica um possível erro na publicação do nome no jornal. Cf. TJRJ. Museu da Justiça. Centro Cultural do Poder Judiciário (CCMJ). A magistratura e o cenário urbano carioca: personalidades homenageadas na denominação dos logradouros públicos. Rio de Janeiro: Tribunal de Justiça do Estado do Rio de Janeiro, 2016. p. 70. Para o 1º distrito da freguesia da Glória foram eleitos os irmãos Lisboa: Venâncio e Cypriano.

2.1 A campanha eleitoral de 1840

> Senhor redator. Sendo amanhã o dia da grande campanha eleitoral para juízes de paz e vereadores, vou pedir-lhe o favor de publicar a seguinte lista para juízes de paz do 2º distrito da Glória, por ser aquela em que a grande maioria dos cidadãos deste distrito pretende votar.[418]

Às vésperas das eleições municipais de 7 de setembro de 1840, um correspondente do *Jornal do Commercio*, sob o pseudônimo de *R.A.O*, divulga sua intenção de voto ao publicar, na seção *Correspondências*, uma lista com os nomes de seus candidatos ao cargo de juiz de paz para o segundo distrito da freguesia da Glória. Com um claro direcionamento ao público votante e falando em nome de uma suposta maioria, ele divulgava sua chapa — como também eram chamadas na imprensa as listas com os nomes dos candidatos aos cargos de juiz de paz e vereador. Importa destacar que essa publicidade não se restringia às folhas. Na campanha eleitoral de 1833, um rapaz que morava na rua da Alfândega distribuía "um maço" de listas pela cidade com os nomes dos candidatos para eleição da câmara municipal,[419] em uma espécie de panfletagem eleitoral.

A estratégia de divulgação das chapas no *Jornal do Commercio* para eleição municipal de 1840 teve início em janeiro do mesmo ano,[420] indicando nomes para eleitores e, respectivamente, para candidatos aos cargos de juiz de paz e vereador. Ademais, como às eleições municipais sucediam as eleições para assembleia legislativa,[421] as chapas com indicação de nomes para deputados também eram divulgadas nesse espaço.

O ano de 1840 foi especialmente movimentado pelo contexto político e eleitoral. Das 236 edições do *Jornal do Commercio* aqui investigadas, que perfazem os meses de janeiro a setembro de 1840[422] — período que vai do início da campanha eleitoral na imprensa à eleição de 7 de setembro do mesmo ano —, observa-se uma intensa discussão sobre as eleições para a câmara municipal em torno da publicação dessas listas nominais. Doravante, nos meses de abril e julho, não localizamos divulgação dessas listas nos

---

[418] Jornal do Commercio, n. 236, 6 set. 1840.
[419] Diário do Rio de Janeiro, n. 13, 16 fev. 1833.
[420] Jornal do Commercio, n. 20, 23 fev. 1840; n. 30, 2 fev. 1840.
[421] Jornal do Commercio, n. 221, 22 ago. 1840. As eleições para deputados estavam marcadas para o dia 15 de novembro de 1840, e cabia à câmara municipal a apuração dos votos para Assembleia Legislativa.
[422] Reiteramos que foram sistematizadas as chapas localizadas no jornal até à véspera da eleição, ou seja, até o dia 6 de setembro de 1840.

jornais. Mormente, nesse período, as publicações sobre o assunto giraram em torno do adiamento das eleições para Assembleia Geral[423] em virtude da campanha da Maioridade e, posteriormente, da aclamação do imperador.[424] Somente no início do mês de agosto, a campanha tomou fôlego novamente, com o ressurgimento das publicações nos jornais sobre o tema das eleições.

> Para que o país não se vá esquecendo que em setembro deste ano tem que mandar às urnas eleitorais os nomes de cidadãos beneméritos, para diversos cargos populares que tem de ser exercidos no futuro quatriênio, serão convenientes futuras publicações no sentido, não só de lhe lembrar que esse época se aproxima, como de lhe indicar alguns cidadãos que podem, querendo, ser aproveitados nos diversos cargos populares para que vamos indicar:[425]

Quanto à divulgação das chapas para os cargos de vereador e juiz de paz da Câmara Municipal do Rio de Janeiro, importa destacar que elas eram publicadas na coluna *Correspondências* do *Jornal do Commercio*.[426] Já a divulgação da posse dos cidadãos eleitos para os cargos de juiz de paz e vereador se dava através de publicações das sessões de posse da Câmara Municipal, na coluna do jornal denominada *Editais*. A forma como essas chapas eram elaboradas pelos indivíduos que enviavam as listas nominais para os jornais sinaliza uma intensa e criativa participação dos votantes[427] na elaboração da campanha eleitoral, especialmente no ano de 1840.

O responsável pela confecção da chapa para eleitor, publicada na edição n. 36, dirigia-se ao editor da folha justificando a confecção de uma lista própria, a despeito das duas chapas que circulavam no *Jornal do Commercio*,

---

[423] Apesar da proposta de adiamento, a eleição para escolha dos eleitores que votariam para a Assembleia Geral foi marcada para 25 de outubro. Nesse ínterim, os juízes de paz dos primeiros distritos das freguesias de Sacramento, Candelária, Santa Rita, São José, Santana e Glória divulgaram um abaixo-assinado exortando os cidadãos "em circunstância de votar nos eleitores" para a nomeação dos deputados a não portarem armas no dia da eleição e para que não excedessem os limites da ordem. Assinaram o documento os seguintes juízes: Carlos José de Almeida, Gabriel Getúlio Monteiro de Mendonça, Antônio Moreira Coelho, Domingo Gonçalves Siqueira, José Alves Carneiro e Francisco Alves de Castro Rozo. Cf. Diário do Rio de Janeiro, n. 239, 24 out. 1840. A probabilidade de haver violência nas eleições para a nova legislatura que os juízes de paz tentavam evitar se confirmou no final daquele ano de 1840, com as "Eleições do Cacete".

[424] Jornal do Commercio, n. 148, 3 jun. 1840; n. 193, 25 jul. 1840.

[425] Jornal do Commercio, n. 203, 3 ago. 1840.

[426] Importa destacar que o jornal *Diário do Rio de Janeiro* também deu publicidade a essas chapas, que geralmente eram publicadas na coluna "Notícias Particulares". Entretanto, percebe-se que não havia a mesma regularidade na publicação dessas listas nominais como no *Jornal do Commercio*, pelo menos durante a campanha eleitoral de 1840 (janeiro a setembro). Assim sendo, a título de sistematização e análise desses dados específicos, consideramos as chapas divulgadas no *Jornal do Commercio*, por serem informações mais regulares.

[427] Nesse caso, a referência aos votantes inclui tanto os eleitores de primeiro grau quanto os de segundo grau.

que, segundo ele, não o satisfazia plenamente. Nesse sentido, o autointitulado *O Paroquiano da Sé* confeccionou a própria lista: "tirando de cada uma delas os nomes que mais me agradam pelo conhecimento que deles tenho". Ademais, o sujeito sugere que o redator dê a maior publicidade, no intuito de que "chegue às mãos dos dois senhores a lista que fiz sob as bases por eles apresentadas"[428], ou seja, o conteúdo do texto indica o alinhamento na elaboração dessas chapas no intuito de apoiar determinados nomes previamente indicados em outras listas.

Outro aspecto atrelado aos meandros da campanha eleitoral ainda pouco abordado, especialmente no tocante ao cargo de juiz de paz, é a forma como esses homens elegíveis, ou seja, os eleitores de segundo grau, participavam desse jogo político, manifestando sua intenção de ocupar (ou não) o cargo. Ao tratar do tema das eleições, José Murilo de Carvalho informa que parte dos argumentos da elite política brasileira sobre os custos econômicos e políticos das eleições de primeiro grau, por exemplo, estava respaldado em antigas concepções dos códigos portugueses. Nesse sentido, sob os resquícios do antigo código português, o voto no Brasil do Oitocentos não era entendido como um direito do cidadão, e estava vedado ao candidato aos cargos eletivos promover campanha eleitoral para si.[429] Na imprensa, porém, seguia a campanha em torno da divulgação das listas nominais assinadas por indivíduos sob codinomes que indicavam certos posicionamentos ideológicos e políticos. Um assinante do *Jornal do Commercio*, denominado *O amante da magistratura popular*, ao divulgar sua lista de nomes para ocupar o cargo de juiz de paz no 1º distrito da freguesia de Sacramento, sinaliza sua preocupação sobre o assunto e o engajamento na campanha:

> Como é muito provável que esta lista tenha a melhor aceitação, e que a eleição se realize nesse sentido, eu quisera que esse meus senhores fizessem uma declaração franca se aceitam ou não o ônus, para com tempo organizar-se outra, no caso negativo; e no afirmativo, fazer-se no distrito uma espécie de coalisão, e ser assim unanime a eleição.[430]

Conforme assevera o redator do texto, além do desejo de organizar a campanha em torno de determinados nomes previamente estabelecidos, há uma clara intenção de formar uma coalisão em torno dessas chapas. Na edição de 11 de março, três indivíduos (*Nitherohyense*, *Outro Brazileiro* e *Eleitor da*

---

[428] Jornal Commercio, n. 36, 8 fev. 1840.
[429] CARVALHO, 2011b, p. 53-54.
[430] Jornal do Commercio, n. 00036, 8 fev. 1840, p. 2.

Roça) publicam suas chapas de candidatos a deputados com a mesma relação de nomes indicados em uma lista anteriormente divulgada no jornal, asseverando tratar-se dos nomes mais adequados para ocupar o cargo "contemplando indivíduos de diversas opiniões" e que não se restringem "somente a um partido".[431] A forma como esses sujeitos assinam suas publicações demostra seu alinhamento com determinadas causas. Quando *O amante da magistratura popular* dava publicidade a seus candidatos para o cargo de juiz de paz, ele também marcava posição pela causa da magistratura eletiva.

No ano das sobreditas eleições municipais, o tema dos limites da Justiça de Paz foi alvo de discussão na Assembleia Legislativa em torno da Reforma do Código do Processo Criminal.[432] Com efeito, as disputas políticas matizavam a campanha, bem como a análise crítica dos acontecimentos que permeavam o processo eleitoral.

Um assinante do *Jornal do Commercio* — autointitulado *** — tece duras críticas à divulgação da chapa para eleitores da freguesia de Sacramento. Em sua análise, a tal lista para eleitores, "e outra, que, segundo consta, breve aparecerá para juiz de paz", atende aos interesses particulares do mentor da chapa, "que descaradamente" se inclui na relação de nomes indicados para "ocupar lugares que só devem exercer homens de bem", desconsiderando os critérios do mérito e da qualificação, "querendo conduzir esse negócio como se estivéssemos na Inglaterra ou nos Estados Unidos, onde se emprega até o convincente argumento do soco e da cerveja".[433]

Na edição de 14 de fevereiro, o sujeito apontado como responsável pela dita chapa para eleitores da freguesia de Sacramento responde às críticas a ele dirigidas, indagando sobre qual das três chapas divulgadas nas últimas edições da folha se fazia a referência, e assevera:

> Por último, Sr. das ***, não tema Vm. Que no Brasil se façam eleições como na Inglaterra e Estados-Unidos, com o argumento do soco e da cerveja, só porque alguém se lembrou de publicar uma lista de eleitores ou deputados, e porque não se lembraram de sua conspícua pessoa. Nem os cidadãos votam

---

[431] Jornal do Commercio, n. 68, 11 mar. 1840. *"Nitherohyense"*.

[432] Em seus estudos sobre centralização e federalismo no Brasil, Ivo Coser destaca os pontos nevrálgicos no tocante às críticas do visconde do Uruguai ao Código do Processo Criminal de 1832. De acordo com o autor, o código conferiu poderes a um agente público da localidade — o juiz de paz — que não estava sob o controle do poder central. Nesse sentido, ainda que o governo garantisse a vitória do seu grupo político no Parlamento, ficava à mercê das rivalidades políticas no município, caso os magistrados eleitos fossem do grupo rival. A Reforma do Código do Processo Criminal de 1841 foi uma bandeira do grupo regressista. Ver COSER, 2008, p. 258.

[433] Jornal do Commercio, n. 37, 10 fev. 1840.

só por quem as folhas inculcam, nem a sua personagem é de tão grande vulto que levem as coisas a esse ponto, só por ser esquecida. O bom senso do povo brasileiro, em todo caso, é o melhor fiador. *Um Cabalista*.[434]

Em outra publicação de candidatos para a freguesia de Sacramento, o correspondente que assina sob a alcunha de *Catão* expõe sua preocupação, enquanto votante ativo, em votar nas eleições primárias, dada a importância desta como "base das eleições para deputados". Nesse sentido, afirma que não pretende dar o seu "voto a esmo, ou fundado simplesmente em informações das folhas". O autor da chapa informa seu critério para a escolha dos nomes: "pessoas que mais garantias de ordem oferecem ao país".[435]

O clima de tensão em torno dos nomes para ocupar o cargo de juiz de paz nos distritos da freguesia de Sacramento recrudescia com as publicações e discussões dessas listas nominais. Em março, um correspondente do *Jornal do Commercio* informa que, apesar da "Grande guerra que dizem há de haver com as eleições para juízes de paz do 3º distrito da freguesia de Sacramento, a que se vai proceder em setembro do corrente ano; e como também hei de dar o meu voto, brigue quem quiser, que os meus escolhidos são [...]".[436] A polêmica a que se refere o indivíduo sob o pseudônimo *Hum que vota* sobre as eleições para juízes de paz de Sacramento começa a ser esclarecida a partir da informação publicada no *Diário do Rio de Janeiro*. Um cidadão denominado *Hum que não se ilude* denuncia que, entre os nomes que compõem a lista, figura "o candidato Francisco Borges Mendes, segundo mencionado da chapa publicada no *Jornal do Commercio*".[437]

De acordo com o conteúdo da denúncia dirigida aos "incautos moradores do 3º distrito da freguesia de Sacramento", o candidato Francisco Borges Mendes, conhecido como "doutor pintado, ou cosmorama", tinha passagem pela cadeia e estava sendo processado. Decerto, em uma tentativa de descredibilizar de vez o candidato, o texto ainda destaca que Mendes morava em uma residência bastante humilde: "um sótão pequeno, por cima de uma cocheira de cavalos". Ademais, chama atenção o fato de esse candidato ter sido mencionado no artigo como um "agente de causas".[438]

---

[434] Jornal do Commercio, n. 42, 14 fev. 1840. Na mesma edição, são publicadas duas listas com nomes de candidatos indicados para eleitores para votar na eleição da câmara municipal. O interessante é que, nessas listas, é possível acessar os cargos de alguns indivíduos.

[435] Jornal do Commercio, n. 44, 16 fev. 1840.

[436] Jornal do Commercio, n. 67, 10 mar. 1840, p. 3.

[437] Diário do Rio de Janeiro, n. 60, 13 mar. 1840, p. 4. Cf. Quadro 11.

[438] Diário do Rio de Janeiro, n. 60, p. 4.

Até onde sabemos, Francisco Borges Mendes era "filho legítimo de Francisco Borges Mendes e D. Clara Victoria Carolina Borges Mendes, cidadão brasileiro, natural da província da Bahia, e que se achava no gozo de seus direitos civis e políticos, farmacêutico que vive de suas agências" e tinha 29 anos.[439] Em setembro de 1836, ele foi pronunciado a prisão livramento pelo crime de estelionato. De acordo com a publicação de o *Diário*, Borges Mendes e João José Pinto de Carvalho teriam se envolvido no roubo e fuga de um escravo. Destaca-se também a informação de que Mendes seria redator de o *Cosmorama Judicial*, e teria sido processado por Antônio Luiz Pereira da Cunha por calúnias e injúrias impressas na sobredita folha. Entretanto, o processo foi anulado por falta de comparecimento do autor à audiência.[440] Ocorre que quando seu nome foi indicado para juiz de paz da freguesia de Sacramento nas eleições de 1840, uma série de acusações surgiram contra ele nas edições do jornal. Uma das acusações fazia menção ao cargo de inspetor do 16º quarteirão que ocupava e, que, a priori, não poderia ocupar por não ser morador da freguesia, conforme determinava o Código do Processo Criminal de 1832.[441] Contudo, entre todas as denúncias, a mais instigante é a de que teria participado ativamente "nos dias que enlutaram a Bahia, no ano de 1834", ou seja, que teria participado de movimentos no período das revoltas regenciais. O artigo informa em letras garrafais, que Mendes confessou ser um *maometano*, condição que supostamente o impediria de continuar no cargo de inspetor de quarteirão. O indivíduo que faz a denúncia pede providências ao juiz de paz que o nomeou.[442] Em sua defesa, Mendes assevera ter sido obrigado a prestar um juramento dizendo que era maometano por sofrer perseguições políticas em 1834 pela parte do juiz de paz da Praia Grande, mas que nunca teria curvado seus joelhos "ao chefe de medina"(sic), e reitera: "sou cathólico apostólico romano". Ele manifestava o desejo de voltar a sua terra natal, a Bahia.[443]

Cumpre observar que na eleição para juiz de paz de 1844, na freguesia de Recife, uma liderança do partido Praieiro chama atenção pela coincidência de nomes: trata-se de Francisco Borges Mendes, baiano, um

---

[439] Diário do Rio de Janeiro, n. 89, 21 abr. 1840.
[440] Diário do Rio de Janeiro, n. 0900005, 6 set. 1836; n. 74, 3 abr. 1839.
[441] Diário do Rio de Janeiro, n. 70, 27 mar. 1840.
[442] Diário do Rio de Janeiro, n. 79, 7 abr. 1840.
[443] Diário do Rio de Janeiro, n. 81, 9 abr. 1840.

ativista praieiro que ameaçava pegar em armas para garantir o resultado das eleições municipais. De fato, não é possível afirmar que se trata da mesma pessoa, entretanto, a coincidência de nomes, naturalidades e envolvimento em "causas", especialmente a atuação nas eleições municipais, merece uma investigação mais aprofundada.[444] Isso porque é preciso considerar o período em questão e as tensões sociopolíticas que permeavam essas eleições municipais e estavam presentes tanto no caso do Rio de Janeiro quanto nas demais províncias do Império.

No dia da eleição, em 7 de setembro de 1840, o jornal *Diário do Rio de Janeiro* ainda publicava informações sobre a situação eleitoral no 3º distrito da freguesia de Sacramento: "Ao público. Para ciência dos cidadãos que tem de votar no 3º distrito da freguesia de Sacramento, se imprime o documento abaixo em que mostra poder ser votado o cidadão Manoel Alves Silva, cônego da Imperial Capela, não obstante estar pronunciado a livramento simples".[445] Na ausência de um código legal que regulasse as especificidades dessas eleições, a imprensa cumpria o papel de orientar o público votante.

Um sujeito identificado como *Hum do Povo* informa como elaborou sua chapa para candidatos a vereadores da câmara. Convencido da importância de ter pelo menos três nomes que representassem cada classe "que atenda a sua transcendente importância no Estado", o sujeito assevera que:

> Composta com esse pessoal, a câmara municipal desta corte fará florescer esse populoso município [...]: Magistrados e empregados públicos; Militares e engenheiros; Médicos com diuturnas clínicas no Rio de Janeiro; Negociante de indústria comercial; Advogados; Industria manufatureira e boticários; Proprietários territoriais e fazendeiros.[446]

---

[444] Ver CAVALCANTI JUNIOR, Manoel Nunes. **"Praieiros", "guabirus" e "populaça"**: as eleições gerais de 1844 no Recife. 2001. Dissertação (Mestrado em História) – Universidade Federal de Pernambuco, Recife, 2001. p. 92; 99.

[445] Diário do Rio de Janeiro, n. 199, 7 set. 1840. O Cônego em questão é Manoel Alvez da Silva, juiz de paz da 3º distrito da freguesia de Sacramento, afastado do cargo de juiz em julho de 1840 por decisão do Tribunal da Relação do Rio de Janeiro durante o processo que sofria por crime de responsabilidade. Ver ANRJ. Fundo/Coleção Relação do Rio de Janeiro – 84, ano 1840, n. 1052, maço 151, GAL C. Autor: Promotor Público, Réu: Juiz de paz do 3º distrito de Sacramento.

[446] Jornal do Commercio, n. 46, 18 fev. 1840. A chapa completa com os nomes dos candidatos indicados dentro de cada classe socioprofissional indicada, encontra-se sistematizada no Quadro 9.

Quadro 9 – Chapa para vereadores da câmara municipal

Magistrados e empregados públicos	Aureliano de Souza e Oliveira Coutinho, José Clemente Pereira, Cândido José de Araújo Vianna
Militares e engenheiros	Pedro de Alcântara Bellegarde, Antônio Manoel de Mello, João Paulo dos Santos Barreto
Médicos com diuturnas clínicas no Rio de Janeiro	Joaquim Cândido Soares de Meirelles, José Martins da Cruz Jubim, Jacinto Rodrigues Pereira Reis
Negociante de indústria comercial	José Gonçalves Pereira, José Antônio Moreira, Ignácio Ratton
Advogados	Nicoláo Rodrigues dos Santos França Leite, Joaquim Gaspar de Almeida e Felizardo Pinheiro de Campos
Indústria manufatureira e boticários	Estevão Alves de Magalhães, Ezequiel Corrêa dos Santos, João Francisco de Pinho
Proprietários territoriais e fazendeiros	Filippe Nery de Carvalho, Manoel da Cunha Barboza, Antônio da Cunha Barboza Guimarães, José Francisco de Mesquita, José Joaquim Guimarães, Joaquim Antônio Ferreira, Pedro Antônio Vieira da Mota, Joaquim José Pereira do Faro Filho, Antônio Gomes de Brito

Fonte: Jornal do Commercio, n. 46, 18 fev. 1840.

Como dito anteriormente, certos nomes indicados nas chapas para vereador surgem também indicados nas chapas para juiz de paz. Nesse sentido, é especialmente útil esse tipo de informação, pois revela a construção de um perfil de candidato para ocupar os sobreditos cargos na câmara municipal atrelado a determinados atributos socioprofissionais. As indicações para construção de uma chapa que contemplasse determinados perfis de candidatos incluíram, de forma circunscrita,

> [...] os eclesiásticos. Brasileiros natos deste mesmo município e província, um dos quais tem ocupado os primeiros e mais distintos cargos na igreja fluminense; rogo aos meus colegas, que, a par dos nomes que honram as suas chapas sejam inscritos o dos ilustríssimos e reverendíssimos: Monsenhor Narcizo da Silva Nepomuceno e cônegos Manoel de Queiroz Paiva e Manoel Joaquim da Silveira. *Hum Eleitor do Município da Corte*.[447]

---

[447] Jornal do Commercio, n. 50, 22 fev. 1840.

A despeito desses eclesiásticos indicados para compor as chapas para a eleição da câmara, não localizamos essa categoria profissional na relação dos juízes de paz empossados em 1841. O curioso na construção desses perfis de candidatos, que reforçam a ideia de distinção social como um critério para ocupar os cargos da Câmara Municipal do Rio de Janeiro, é o fato de invisibilizar certas orientações perpetradas nas novas leis. Quando o cargo de juiz de paz foi criado, em 1827, não havia a obrigatoriedade de formação em Direito para a investidura do cargo. Ademais, o artigo 4º da Lei de 1º de outubro de 1828 definiu que "todos os que podem votar na assembleia paroquial" também poderiam ser vereadores (o mesmo valendo para os juízes de paz) "desde que tivessem dois anos de moradia na localidade".[448]

Na edição n. 219, o *Jornal do Commercio* publica um artigo da folha *Sentinela da Monarquia*, no qual se discute a importância das eleições para câmara municipal e o papel da vereança.[449] No final do mês de agosto, o jornal publica uma relação de obras feitas pela câmara entre os anos de 1837 e 1840. No conteúdo da correspondência, o indivíduo identificado como *Hum seu assinante* rebate as críticas sobre a atual gestão, que teriam sido publicadas nos jornais da capital, de que "a câmara municipal da Corte nada tem feito por esse município",[450] citando as obras concluídas — calçadas novas, conserto de calçadas e pontes, aterros, abertura de ruas, diferentes obras — e as que estavam em andamento, que incluíam desde calçadas novas à limpeza de valas e praças.[451] Na mesma edição, a publicação de uma chapa com os nomes dos atuais vereadores da câmara municipal indicados à reeleição traz a justificativa da indicação:

> Ninguém bom de razão irá dizer que os cidadãos de que é composta essa chapa, não são de merecimento e não se interessam pelo município [...] Para que se há de dizer que a câmara atual nada tem feito, que nada de bom se deve esperar mais dela? Outra qualquer teria feito mais? Não estão em andamento tantas obras de proveito para o município? [...] O município não deixará de dar uma prova autêntica de sua gratidão à câmara atual; e animo-me a dizer que todos os homens imparciais pensam desse modo.***[452]

---

[448] MOTTA, 2018, p. 98.
[449] Jornal do Commercio, n. 219, 20 ago. 1840.
[450] Jornal do Commercio, n. 226, 27 ago. 1840.
[451] Jornal do Commercio, n. 226, 27 ago. 1840
[452] Jornal do Commercio, n. 226, 27 ago. 1840.

Houve quem criticasse veementemente as publicações das chapas, asseverando tratar-se de manipulação política por esse ou aquele nome que, salvo um ou outro candidato indicado em particular, estava sempre repetindo os mesmos nomes nas listas a influenciar o povo votante.[453] Esse entendimento sobre a pretensa manipulação do voto do eleitor de primeiro grau corroborou a construção de um discurso que tomou forma de pauta política nos anos que se seguiram.

No trabalho de época sobre o sistema eleitoral no Império, Francisco Belisário Soares aponta o votante como o principal agente do fracasso ético e institucional do sistema eleitoral brasileiro, por se tratar de uma "turba multa, ignorante, desconhecida e dependente". Para o autor, as mazelas da corrupção e da violência no período eleitoral são consequência — em vez de causa — da participação política de um eleitorado manipulável. A despeito da "massa" de votantes analfabetos que, segundo Belisário, "não lê, nem pode ler jornais",[454] a campanha para alcançar esse eleitorado através da divulgação dos nomes dos elegíveis seguia na imprensa.

Ao publicar sua chapa com os nomes de candidatos ao cargo de juiz de paz do segundo distrito da Glória, o correspondente destaca que as chapas até então divulgadas para a eleição no sobredito distrito trazia nomes de candidatos que sequer pertenciam ao lugar, condição *sine qua non* para concorrer a eleição na localidade.[455] O fato é que, de uma forma ou de outra, a campanha a partir da elaboração e publicação das chapas dos candidatos alcançava o público, fomentando diversas discussões em torno das eleições. Um morador do Engenho Velho declarou que, diante das informações divulgadas na folha por um comparoquiano sobre o candidato a juiz de paz da sobredita freguesia, o sr. Pedro Cyriaco Pacheco, reiterava que não daria o seu voto a:

> [...] um operário da fábrica de tapetes, que, ou há de estar pondo tintas nas formas, ou aviando partes, ao que torcerá as ventas o dono da fábrica, que certo não quererá pagar jornal a quem lhe roube o tempo de trabalho, e que talvez por isso o despeça, e aí teremos de novo o sr. juiz sem emprego e obrigado a fazer gaiolas para passarinhos; portanto, não concorrerei para que o Engenho Velho tenha um juiz gaioleiro.[456]

---

[453] Jornal do Commercio, n. 227, 28 ago. 1840.
[454] SOUZA, Francisco Belizário Soares de. **O sistema eleitoral do Império**. Brasília: Senado Federal, 1979. (Coleção Bernardo Pereira de Vasconcelos, v. 18). p. 33.
[455] Jornal do Commercio, n. 228, 29 ago. 1840.
[456] Jornal do Commercio, n. 228, 29 ago. 1840. Assina: Hum Outro do Engenho Velho.

A decisão de não votar no candidato a juiz de paz estava respaldada nas informações publicadas no jornal por outro morador da freguesia, que argumentava sobre a condição socioeconômica do sr. Cyriaco:

> Quem exerce o cargo de juiz tem de sofrer despesas pecuniárias e perda de tempo: ora, é do tempo de trabalho que o sr. Cyriaco subsiste; este gesto com os negócios do juízo prejudica os interesses do senhor, que não poderá recuperá-lo pela vara, que nada rende, a menos que se não trampoline com a justiça.[457]

Essa leitura sobre o perfil socioeconômico do candidato ideal para ocupar o cargo de juiz de paz transcende o que está nas leis, mas, com efeito, é um indicativo do pensamento de uma parcela daquela sociedade do Rio de Janeiro do século XIX e um juízo de valor sobre a ideia de pobreza atrelada à corrupção. De todo modo, de acordo com as informações do Quadro 10, o candidato já havia sido eleito e reeleito para desempenhar a função de juiz de paz anteriormente.

Quadro 10 – Juízes de paz reeleitos (1829 – 1840)

Freguesias	Eleições			
	1829	1833	1836	1840
Candelária	Luiz Francisco Braga (suplente)	Luiz Francisco Braga; João Pedro da Veiga	Luiz Francisco Braga; João Pedro da Veiga; Josino do Nascimento Silva; José Joaquim Guimarães; André Antônio de Araújo Lima	João Pedro da Veiga; Josino do Nascimento Silva; José Joaquim Guimarães
São José	João Silveira do Pillar (suplente)	João Silveira do Pillar; Manoel Moreira Lírio**; Carlos José de Almeida**; André Antônio de Araújo Lima	João José Dias Moreira; Domingos Gonçalves Siqueira; André Antônio d'Araújo Lima; Jesuíno Teixeira de Carvalho**	João José Dias Moreira; Domingos Gonçalves Siqueira; André Antônio de Araújo Lima
Santa Rita	-	João Gonçalves Pereira	João Gonçalves Pereira; Antônio Moreira Coelho; Gabriel Pinto de Almeida; Luiz Rodrigues Ferreira	Antônio Moreira Coelho; Gabriel Pinto de Almeida; Luiz Rodrigues Ferreira

---

[457] Jornal do Commercio, n. 226, 27 ago. 1840. Assina: Hum do Engenho Velho.

Freguesias	Eleições			
	1829	1833	1836	1840
Santana	Custódio Xavier de Barros	Custódio Xavier de Barros; Paulo Fernandes Vianna**	Antônio Corrêa Picanço; José Rodrigues de Amorim; José Alves Carneiro	Antônio Corrêa Picanço; José Rodrigues de Amorim; José Alves Carneiro; Jesuíno Teixeira de Carvalho**
Sacramento	João José da Cunha (suplente)	Francisco José Pinheiro Guimarães; João José da Cunha; João Huet Bacellar Pinto Guedes	Francisco José Pinheiro Guimarães; Carlos José de Almeida; Luiz da costa Franco e Almeida; Francisco de Paula Vieira de Azevedo; Antônio José de Souza e Almeida; João Huet Bacellar Pinto Guedes	Francisco José Pinheiro Guimarães; Carlos José de Almeida; Luiz da Costa Franco e Almeida; Francisco de Paula Vieira de Azevedo; Antônio José de Souza e Almeida
Engenho Velho	–	Pedro Cyriaco Pacheco; José Gomes Ferreira; Damaso José Teixeira	Pedro Cyriaco Pacheco; José Gomes Ferreira; Damaso José Teixeira; Antônio José Pestana; Felix José da Silva; Paulo Fernandes Vianna**	Damaso José Teixeira; Antônio José Pestana; Felix José da Silva
Glória	–	–	Venâncio José Lisboa Filho; Sebastião Vieira do Nascimento; Manoel Moreira Lírio**	Venâncio José Lisboa Filho*; Sebastião Vieira do Nascimento
Lagoa	–	–	–	–

Fonte: Jornal do Commercio e Diário do Rio de Janeiro. A título de reeleição, consideramos apenas o nome dos candidatos imediatamente eleitos, ou seja, os reeleitos na eleição seguinte ao mandato vigente. As informações que compõem o quadro são resultado do cruzamento dos dados dos quadros anteriores. Sobre a eleição de 1832, que foi cancelada em janeiro de 1833, as informações são fragmentadas. Como já foi dito, não localizamos a publicação do resultado dessa eleição nos jornais investigados. No entanto, na ata eleitoral da freguesia da Candelária, localizada no Arquivo Geral da Cidade do Rio de Janeiro, foi possível verificar que o juiz de paz eleito em 1832, o desembargador Gustavo Pantoja, foi reeleito para o primeiro distrito da Candelária na eleição seguinte (1833). Cf. AGCRJ. BR RJAGCRJ 62.3.1 – Fundo da Câmara Municipal/Série Eleições. Livro da Ata das Eleições de Juiz de Paz e Suplente da Freguesia da Candelária e de Vereadores da Câmara Municipal do Rio de Janeiro (1832). Além da ata da Candelária, localizamos apenas mais um livro da eleição de 1832: ata da freguesia do Engenho Velho. Na ata da eleição consta que o juiz de paz eleito com 322 votos foi José Gomes Ferreira, e o suplente eleito foi Félix José da Silva, 241 votos. Cf. AGCRJ. BR RJAGCRJ 62.2.57 – Fundo da Câmara Municipal/Série Eleições. Livro da Ata das Eleições de Juiz de Paz e Suplente da Freguesia do Engenho Velho – Câmara Municipal do Rio de Janeiro (1832). *Quanto às eleições de Venâncio José Lisboa Filho, importa destacar que sabemos que foi eleito em 1833 para exercer o cargo de juiz de paz na freguesia da Glória, pois consta que estava no exercício do cargo naquela freguesia, em setembro de 1836. Cf. BRASIL. **Collecção das Decisões do Governo do Imperio do Brazil**: Decisão n. 532, 30 set. 1836, p. 322. De acordo com o Quadro 8, Venâncio José Lisboa Filho foi reeleito para a magistratura de 1836 a 1840. Em 1840, foi novamente eleito para ocupar o cargo no 2º distrito da freguesia da Glória, mas não tomou posse. Cf. Jornal do Commercio, n. 44, 17 fev. 1841. **Cumpre destacar que o cidadão Manoel Moreira Lírio foi reeleito consecutivamente para as magistraturas de 1833 e 1836, mas em duas freguesias diferentes (São José e Glória). A partir de 1833, a Glória foi desmembrada da freguesia de São José. O juiz de paz Carlos José de Almeida foi eleito em 1833 para a freguesia de São José e, nas duas eleições seguintes (1836/1840), foi eleito pela freguesia de Sacramento. Seguindo a mesma linha, Paulo Fernandes Vianna foi eleito, em 1833, para o 2º distrito da freguesia de Santana e reeleito em 1836 para o 1º distrito da freguesia do Engenho Velho, assim como Jesuíno Teixeira de Carvalho, eleito em 1836 para o 2º distrito da freguesia de São José e, em 1840, para o 2º distrito da freguesia de Santana. Apesar de André Antônio de Araújo Lima não aparecer na lista dos eleitos de 1840, sabemos que ele foi eleito para o cargo pela freguesia de São José, pois o *Jornal do Commercio* de 28 de janeiro de 1841 trouxe a notícia de que André declinou da posse do cargo alegando enfermidade.

Além da manutenção de hierarquias e alinhamentos políticos, decerto havia outros interesses que moviam a militância por essa ou aquela chapa, que incluía, de fato, uma preocupação com a qualificação desses agentes públicos para o cargo. Um votante do 2º distrito da freguesia da Glória agradece a indicação da chapa para juiz de paz feita pelo correspondente *L.A.O*, pois teria "desmascarado a trama que urdiam certas pessoas para fazerem recair as eleições para juízes de paz deste distrito em cidadãos que não tem a nossa simpatia". O votante, morador da freguesia da Glória, termina o artigo afirmando que os cidadãos que devem ser eleitos são os contemplados na dita lista.[458]

Um correspondente do jornal identificado como *O Imparcial* divulga sua intenção de voto para reeleição dos vereadores, no intuito de manter

---

[458] Jornal do Commercio, 231, 1 set. 1840. Assina: E. R.R. Na edição n. 232, há uma discussão na Assembleia Legislativa sobre uma petição do vereador Luiz Menezes de Vasconcellos Drumond, que teria sido expulso da câmara por seus colegas vereadores. Sessão em 1 de setembro de 1840.

o que chamou de "câmara velha". Em seu artigo, adverte o povo sobre os "aduladores" em época de eleição e sobre as qualidades dos candidatos que devem ser levadas em conta: "saibamos escolher cidadãos que tem de velar sobre os interesses da municipalidade e de exercer os cargos de juízes de paz. [...] homens de bem, homens probos e sisudos, esses sim, esses serão sempre vereadores dignos e dignos juízes".[459] Em outra publicação sobre o assunto da reeleição da câmara, o indivíduo tenta justificar as críticas que a atual gestão vinha recebendo sobre o mau uso do dinheiro público, sob a máxima de que *os fins justificam os meios*: "Que tem que a ponte de Meriti custasse três vezes o que deveria custar, se se tirou a vantagem de se mostrar que esta obra, feita por administração, deve ficar aos vindouros como prova do saber e zelo da câmara".[460]

Por fim, há poucos dias da eleição de 7 de setembro, um votante sai em defesa de seu candidato (Miguel de Frias Vasconcellos), alegando que são falsas as acusações de que Vasconcellos estaria impedido de assumir o cargo de vereador por ocupar outro cargo público.[461] Com efeito, apesar das possíveis polêmicas que tal fato pudesse causar entre os opositores, a legislação em vigor nada dizia sobre o assunto, ou seja, não havia um impedimento legal para acumulação de cargos públicos no âmbito municipal. Todas essas questões envolvendo a disputa eleitoral fomentavam dúvidas e insinuações.

Um votante que assina como *O Imparcial*, na coluna *Notícias Particulares* do jornal *Diário do Rio de Janeiro*, sugere que o volume de listas nominais publicadas na imprensa atendia a outros interesses, que estariam para além da simples campanha para os candidatos:

> Tenho visto em seu Diário tantas listas para as próximas futuras eleições [...] As cabalas fervem..., cada um cabala para o seu fim; ... mas coitados tornam-se só meros degraus, e afinal ficam com os beiços com o que mamarão? Querem tornar isso no estado da Inglaterra, que publicamente se compram votos por dinheiro, e talvez por um copo de ponche nas tavernas?[462]

---

[459] Jornal do Commercio, n. 233, 3 ago. 1840. O Imparcial.
[460] Jornal do Commercio, n. 235, 5 set. 1840. Assinam: R.M; O procurador por devoção.
[461] Jornal do Commercio, n. 233, 3 set. 1840. Assina: *Hum que Vota*.
[462] Diário do Rio de Janeiro, n. 40, 19 fev. 1840.

Os pretensos favorecimentos que teriam movido essas pessoas a confeccionarem e divulgarem as chapas para a campanha eleitoral de 1840 já tinham sido sugeridos em outros artigos publicados nos jornais. A utilização da máquina pública pelo grupo que ocupava o governo regencial, com a finalidade de influenciar os empregados públicos para o pleito eleitoral, também foi alvo de denúncias na imprensa, conforme dito anteriormente neste capítulo.[463] Esses aspectos do jogo eleitoral estão alicerçados na tríade sufrágio, ordem e lealdade.

Graham discute o conceito de clientelismo no Brasil do século XIX, apresentando um instigante panorama de cooperação e trocas ativas entre as lideranças locais e o governo central em torno da garantia do voto e, consequentemente, da eleição de determinados perfis de candidatos. De acordo com o autor, para além do recurso da coerção e da violência, os chefes locais usavam de sua influência para barganhar o voto do eleitor, pois a vitória nas urnas, além de garantir a legitimidade do processo eleitoral e do seu poder na localidade, possibilitava negociar "cargos públicos" e outras vantagens com o governo. Nesse sentido, a existência das eleições esvaziava as tensões sociais e políticas, na medida em que a oposição tinha "chance de ganhar", e os "despossuídos" de participar de alguma maneira do sistema e até negociar o seu voto.[464] No período em questão, os grupos políticos que rivalizavam pelo poder regencial empenharam-se nas disputas do cargo da magistratura leiga e eletiva, promovendo seus candidatos e imputando denúncias de corrupção, improbidade administrativa e incompetência aos seus opositores.

Não se trata, porém, de reduzir a criação da magistratura eletiva a mais um recurso de legitimação dessas estruturas de poder. Guardadas as especificidades da "estratificada sociedade brasileira", o investimento no sistema eleitoral dialogava com o projeto político liberal de nação no qual o ideal de uma sociedade civilizada estava respaldado na expressão da "vontade do povo".[465] Havia os que defendiam a lisura do processo eleitoral como condição precípua de manutenção da ordem social, e a magistratura popular como um princípio da "liberdade do cidadão".[466]

---

[463] Diário do Rio de Janeiro, n. 0200013, 16 fev. 1833.
[464] GRAHAM, 1997, p. 104.
[465] GRAHAM, 1997, p. 106.
[466] Jornal do Commercio, n. 236, 6 set. 1840.

Em 6 de setembro, às vésperas das eleições municipais, o dia da Independência foi lembrando em uma publicação do jornal. O artigo começa com uma saudação à data cívica, mas alerta para o contexto da disputa eleitoral que, segundo o correspondente, mais favorece as desavenças e discórdias, o "máximo interesse dos partidos" e os "esforços para debelar adversários" do que os interesses públicos:

> A imprensa geme com a multiplicidade de nomes próprios que a si mesmo se recomendam, ou são recomendados por seus amigos, aos sufrágios dos cidadãos, e cada nome provoca os comentários da maledicência, a intriga se afervora: sim, todos anelão a honra da representação municipal ou da magistratura de paz, e para consegui-la nada poupam. Mais de 100 nomes próprios tem sido lançados a avidez do público! [...] seja acertada a sua escolha, não caiam as varas da magistratura popular, dessa que dispõe da liberdade do cidadão, em mãos indignas [...][467]

Ao exortar o público votante sobre a importância de escolher a magistratura de paz, o correspondente enfatiza a liberdade do cidadão.

A campanha para as eleições municipais era um jogo sem regras claramente definidas, um terreno fértil para a criatividade, no qual várias fórmulas foram testadas, mas o resultado não estava garantido. O juiz eleito e empossado para o 1º distrito da freguesia da Candelária, João Pedro da Veiga, não foi indicado em nenhuma das chapas para juiz de paz.[468] Entretanto, seu nome foi indicado 14 vezes [469] em 29 chapas para vereadores publicadas no *Jornal do Commercio* entre os meses de fevereiro e setembro de 1840. Importa destacar que João Pedro da Veiga, apesar de ter sido eleito e empossado como juiz de paz, como mostra o Quadro 11, pediu exoneração do cargo à câmara municipal, alegando enfermidade, em 28 de janeiro de 1841.[470] Do mesmo modo, o advogado José Moreira Barbosa também declinou — nesse caso, à reeleição para o cargo —,

---

[467] Jornal do Commercio, n. 236, 6 set. 1840.

[468] Cf. Quadro 11. Além de negociante e proprietário, João Pedro da Veiga era irmão de Evaristo da Veiga e membro da Sociedade Defensora da Liberdade e Independência Nacional.

[469] Ver Jornal do Commercio, n. 38; 67; 203; 206; 214; 221; 228; 232; 233; 234; 235. Importa destacar que uma mesma edição do jornal poderia ter mais de uma chapa, como foi o caso da edição 235, na qual o nome de João Pedro da Veiga foi indicado duas vezes para vereador em chapas diferentes.

[470] O dr. José Joaquim Guimaraes, indicado na chapa para juiz de paz e empossado para atuar no 1º distrito da Candelária também desistiu do cargo; assim como André de Araújo Lima que também não prestou juramento na câmara. Ambos alegaram enfermidade.

alegando proximidade com o último mandato. Diferentemente de João Pedro da Veiga, o nome do dr. José Moreira Barbosa constava na chapa da campanha para juiz de paz. A câmara municipal os dispensou e mandou chamar os "imediatos em voto".[471] No mesmo edital, o dr. Venâncio José Lisboa Filho envia um ofício à câmara municipal, justificando sua ausência no dia da posse para o cargo de juiz de paz do 2º distrito da freguesia da Glória.[472]

Apesar da campanha em torno do nome de Venâncio — indicado em várias chapas para vereador e juiz de paz —, ele não comparece à nova data marcada pela câmara para a posse e envia outro ofício desistindo de assumir o cargo.[473] Com efeito, no relato dos cargos que exerceu, não consta a magistratura de paz,[474] a despeito de ter tomado posse em 16 de janeiro de 1837 para o cargo de juiz de paz do 1º distrito da freguesia da Glória, como consta no Quadro 8. O doutor Venâncio Filho teve uma carreira proeminente dentro da magistratura. Foi jurisconsulto e juiz de direito. Em 1871, foi nomeado conselheiro de Estado. Na esfera política, Venâncio foi chefe das "províncias do Rio de Janeiro e do Maranhão", além de ter sido deputado do Império pelas duas províncias.[475]

De todo modo, a forma como se dava a campanha eleitoral não pressupunha uma manifestação prévia e oficial do eleitor por esse ou aquele cargo. Uma vez eleitor, o cidadão estava submetido ao escrutínio, ou seja, ele podia ser escolhido tanto para ocupar o cargo de juiz de paz quanto o de vereador na eleição da câmara municipal. É interessante observar que, apesar da relação de nomes nas chapas publicadas na imprensa, a simples indicação para determinado cargo não garantia a eleição, tampouco a posse do eleitor. Sem dúvida, porém, a publicidade desses nomes nos jornais fomentava a campanha eleitoral.

Outra questão em destaque é o motivo recorrente entre os eleitores que desistiram do cargo: a enfermidade. Isso porque, de acordo com a Lei de 1º de outubro de 1828, artigo 19, o eleito não poderia rejeitar o cargo,

---

[471] Jornal do Commercio, n. 25, 28 jan. 1841.
[472] Jornal do Commercio, n. 25, 28 jan. 1841.
[473] Jornal do Commercio, n. 44, 17 fev. 1841.
[474] Ver SÓCIOS falecidos brasileiros. **Instituto Histórico e Geográfico Brasileiro**, 2015. Disponível em: https://ihgb.org.br/perfil/userprofile/VJLisboa.html. Acesso em: 10 dez. 2022. Venâncio José Lisboa Filho ingressou no IHGB em 4 de fevereiro de 1839.
[475] GONÇALVES, 2004, p. 313. Cumpre destacar que Venâncio José Lisboa era filho do rico proprietário de terras que exercia o cargo de juiz de paz na freguesia da Glória no ano eleitoral de 1836. Ver BRASIL. Collecção das Decisões do Governo do Império do Brasil: Decisão n. 536, 30 set. 1836, p. 322.

"exceto: 1ª enfermidade grave, ou prolongada; 2º emprego civil, eclesiástico, ou militar". Não por acaso, os sobreditos juízes eleitos pediram exoneração do cargo ou declinaram da posse sob a alegação de enfermidade. A lei também previa a reeleição, mas autorizava o juiz de paz a recusar a posse quando houvesse proximidade com o último mandato.[476]

O levantamento nominal desses cidadãos indicados nas chapas para juízes de paz e vereadores, além de indicar alguns perfis socioprofissionais, permite o cruzamento de dados, revelando informações sobre certos agentes públicos.

Um nome bastante citado na campanha eleitoral de 1840 é o de Luiz de Menezes Vasconcellos de Drumond.[477] Ele tinha o título de comendador herdado da família, e foi condecorado por d. João VI, com o hábito de Cristo e com a comenda de Nossa Senhora da Conceição pela rainha de Portugal. Foi companheiro de Antônio Carlos Ribeiro de Andrada no processo de Independência, trabalhou pela campanha da Maioridade de d. Pedro II e, de acordo com o *Jornal do Commercio*, ocupou o cargo de administrador da Alfandega da capital durante muitos anos.[478] Em um desagravo publicado na folha *Diário do Rio de Janeiro,* um anunciante sob a alcunha de *Tudo sabe por documentos* indaga o presidente do Câmara Municipal Luiz Menezes de Drumond sobre sua campanha contra a proposta para a reeleição dos vereadores da Câmara: "Eu que de bem perto sei as origens dessas inventivas e desgostos que sofreu de seus companheiros o muito alto, gordo e poderoso Luiz Menezes Vasconcellos Drumond [...] aflijo-me [...] sair a campo para fazer umas três perguntas ao Sr. Drumond".[479] O conteúdo do artigo acusava Drumond de se opor a reeleição dos atuais vereadores da Câmara por vingança, motivada por uma denúncia, recebida pela Câmara, de suposta irregularidade em uma de suas propriedades. Outro fato digno de nota em sua trajetória foi a sua reprovação no recrutamento de membros para a maçonaria.[480] De todo modo, como veremos a seguir, a publicidade em torno de Drumond confirmou as indicações das listas nominais que circulavam na imprensa.

---

[476] BRASIL, 1828b (Lei de 1º de outubro de 1828), artigos 18 e 19.
[477] Ver Quadro 11 (Chapa e Posse dos Juízes de paz, Santana, 2º distrito).
[478] Jornal do Commercio, n. 356, 24 dez. 1846.
[479] Diário do Rio de Janeiro, n. 199, 7 set. 1840.
[480] BARATA, 2006, p. 332.

Das dez chapas com os nomes indicados para o cargo de juiz de paz do 2º distrito da freguesia de Santana, sete trazem o nome do proprietário Drumond.[481] Das 29 chapas para vereador da câmara, 13 chapas indicam o nome do proprietário para o cargo. O resultado dessa campanha foi a eleição de Luiz de Menezes para as duas funções: juiz de paz e vereador. Na verdade, ele foi reeleito para a câmara municipal[482] e presidiu a posse dos demais vereadores em janeiro de 1841.[483] Na condição de presidente da câmara, Drumond não deu posse ao cargo de juiz de paz a si mesmo. Para tanto, ele presidiu a sessão de posse do dr. Justino José Tavares, eleito juiz de paz do 2º distrito da freguesia de Santana, e, na mesma sessão, ele próprio prestava juramento e tomava posse como juiz de paz eleito, mas sob a presidência interina do engenheiro e proprietário Miguel Frias de Vasconcellos.[484] Dessa maneira, ao acumular os dois cargos, Drumond exercia uma posição política de liderança dentro da câmara, na condição de presidente, e na municipalidade, exercendo o cargo de juiz de paz.[485]

Entre os 57 magistrados empossados em 1841, havia doutores, proprietários, negociantes, empregado público e até um vereador da câmara municipal reeleito. Homens que representavam uma parcela da elite local, ocupando o cargo da magistratura leiga e eletiva. De acordo com Richard Graham, no período de construção do Estado nacional brasileiro, foram os líderes locais, homens que contavam com suas posições sociais e riquezas, que estabeleceram as regras do jogo eleitoral nas freguesias.[486]

Quanto à publicação das chapas nos jornais, além de fornecerem algumas informações sobre o perfil socioprofissional dos indicados a juiz de paz, apresentam um panorama das freguesias para as quais houve mais publicações voltadas à campanha para o sobredito cargo.[487] Em 1840, a província do Rio de Janeiro era a mais populosa do país, com aproximadamente 430.000 habi-

---

[481] Cf. Quadro 11.
[482] Cf. Jornal do Commercio, n. 241, 15 set. 1840. Resultado da eleição para vereador.
[483] Jornal do Commercio, n. 10, 12 jan. 1841.
[484] Jornal do Commercio, n. 26, 29 jan. 1841.
[485] Jornal do Commercio, n. 356, 24 dez. 1846. Em 24 de dezembro de 1846, o *Jornal do Commercio* publicou uma nota comunicando o falecimento de Drumond, em 23 de dezembro de 1846. Importa destacar que, entre os cargos ocupados e citados na nota, não há qualquer menção à função de juiz de paz desempenhada por Drumond.
[486] GRAHAM, 1995, p. 347.
[487] Freguesias (somatório total dos distritos): Santana, 12 chapas; Sacramento, 10; Glória, 6; São José, 3; Santa Rita, 2; Candelária, 2. Não localizamos chapas para as freguesias do Engenho Velho e da Lagoa.

tantes entre livres e escravos.[488] Com relação a estimativa populacional das oito freguesias urbanas da cidade, os dados alcançados até aqui indicam que a freguesia de Sacramento, em 1838, perfazia o número de 4.587 homens livres e maiores de idade, seguida por São José, 3.237; Santa Rita, 3.108; Candelária, 3.051; Santana, 2.873; Engenho Velho, 1.356; Glória, 1.266 e Lagoa com 537 homens livres e maiores de idade.[489] Porém, a informação acima permite apenas uma ideia aproximada, ou seja, uma projeção sobre a dimensão do público masculino apto a votar para o ano de 1840, sobretudo porque nem todos os "homens livres e maiores" preenchiam os requisitos para ser votante ou eleitor e os dados estatísticos do senso de 1838 são inexatos. De todo modo, as publicações dos jornais indicam uma mobilização dos comparoquianos na campanha eleitoral através de suas correspondências e conteúdos sobre o perfil do candidato ideal para ocupar o cargo da magistratura leiga nas freguesias.

Foi a partir da imprensa fluminense que a campanha eleitoral tomou forma e adquiriu sentidos próprios, arregimentando para a arena política novos atores sociais, que são elementos fundamentais para a compreensão da participação popular nessas eleições municipais e nas disputas políticas em torno da magistratura eletiva.

---

[488] "N. 8 – Mapa da População das 7 Províncias". BRASIL. Ministério do Império. **Relatório da Repartição dos Negócios do Império apresentado à Assembleia Geral Legislativa na Sessão Ordinária de 1840**. Rio de Janeiro: Typographia Nacional, 1840. Disponível em: http://memoria.bn.br/pdf/720968/per720968_1839_00001.pdf. Acesso em: 19 fev. 2021.

[489] "N. 6 – Mapa da População do Município da Corte". BRASIL. Ministério do Império. **Relatório da Repartição dos Negócios do Império apresentado à Assembleia Geral Legislativa na Sessão Ordinária de 1838**. Rio de Janeiro: Typographia Nacional, 1838. Disponível em: http://memoria.bn.br/pdf/720968/per720968_1837_00001.pdf. Acesso em: 19 fev. 2021.

Quadro 11 – Chapas de nomes para o cargo de juiz de paz e posse dos magistrados eleitos (1840/1841)

Freguesias urbanas	Distrito	Chapa	Posse dos juízes de paz
Santana	1º	Antônio Pinto da Costa; Manoel José de Souza Ramos; Fortunato José do Nascimento; Gabriel José Soares.[490] Antônio Ribeiro Borges da Fonseca[491]; Gabriel José Soares Bitencourt; Manoel Joaquim Gomes de Figueiredo; Filippe Furtado de Mendonça.	José Alves Carneiro; Antônio Corrêa Picanço; Joaquim Justo da Silva[492]
Santana	2º	Luiz de Menezes Vasconcellos Drumond (proprietário); José Antônio da Fonseca Lessa (empregado público); Bernardo José Pires (negociante); Justino José Tavares (bacharel em letras).[493] José Antônio da Fonseca Lessa; José Rodrigues d'Amorim; João Pedro Ferreira da Silva; Luiz de Menezes Vasconcellos de Drumond.[494] Dr. Joaquim Antônio Pereira da Cunha[495]; Luiz de Menezes Vasconcellos Drumond; José Rodrigues de Amorim; José Antônio da Fonseca Lessa. João Pedro Ferreira da Silva; José Rodrigues d'Amorim; José Antônio da Fonseca Lessa; Luiz de Menezes Vasconcellos de Drumond.[496] José Antônio Fernandes; Luiz de Menezes Vasconcellos; José Maria da Costa; Antônio Luiz Pereira da Cunha.[497]	José Rodrigues de Amorim; Jesuíno Teixeira de Carvalho (proprietário); Antônio Fernandes Vaz; Sr. Dr. Justino José Tavares (bacharel em Letras)[498]; Luiz de Menezes Vasconcellos de Drumond (proprietário)[499]

---

[490] Diário do Rio de Janeiro, n. 197, 4 set. 1840.
[491] Jornal do Commercio, n. 57, 29 fev. 1840.
[492] Ver Posse dos sobreditos juízes: Jornal do Commercio, n. 14, 16 jan. 1841. Em 4 de fevereiro de 1841, tomou posse o juiz de paz José Severino da Silva. Jornal do Commercio, n. 31.
[493] Jornal do Commercio, n. 236, 6 set. 1840. O curioso é que o indivíduo que assina sob o pseudônimo de O Amigo do Bem Público diz que está reproduzindo a mesma lista de nomes já publicada pelo Monarquista Constitucional. No jornal Diário do Rio de Janeiro, consta a sobredita lista de nomes para juiz de paz assinada pelo O Maiorista. Ver Diário do Rio de Janeiro, n. 197, 4 set. 1840.
[494] Jornal do Commercio, n. 184, 14 jul. 1840.
[495] **Chapa para juiz de paz assinada por ***. Ver Jornal do Commercio, n. 53, 25 fev. 1840.
[496] Jornal do Commercio, n. 77, 21 mar. 1840.
[497] Jornal do Commercio, n. 188, 18 jul. 1840.
[498] Ver a posse do sobredito juiz de paz: Jornal do Commercio, n. 26, 29 jan. 1841.
[499] Jornal do Commercio, n. 26, 29 jan. 1841.

Freguesias urbanas	Distrito	Chapa	Posse dos juízes de paz
Santana	2º	Antônio Luiz Pereira da Cunha; José Antônio Fernandes; Joaquim Maria de Souza; Antônio Fernandes Vaz.[500] Luiz de Menezes Vasconcellos de Drumond; José Antônio da Fonseca Lessa (empregado púbico); Bernardo José Pires (negociante); Justiniano José Tavares (bacharel em Letras).[501] José Antônio Fernandes; Antônio Fernandes Vaz; José Maria Marques da Costa; João Pereira de Souza Caldas.[502] Dr. João de Siqueira Queiroz (advogado); Manoel de Azevedo Marques (oficial de secretaria); José Rodrigues Amorim (oficial de secretaria). Jesuíno Teixeira de Carvalho (proprietário)[503] Luiz de Menezes Vasconcellos de Drumond (proprietário); José Antônio da Fonseca Lessa (empregado público); Bernardo José Pires (negociante); Justino José Tavares (bacharel em Letras).[504]	José Rodrigues de Amorim; Jesuíno Teixeira de Carvalho (proprietário); Antônio Fernandes Vaz; Sr. Dr. Justino José Tavares (bacharel em Letras)[505]; Luiz de Menezes Vasconcellos de Drumond (proprietário)[506]
Sacramento	1º	Doutor Joaquim Gaspar de Almeida (proprietário e advogado); José Joaquim da Rocha (ex-ministro em Roma e advogado); Doutor Bernardo Augusto Nascentes Azambuja (advogado); Doutor Felizardo Pinheiro de Campos (advogado).[507]	Carlos José de Almeida; Francisco José Pinheiro Guimaraes (doutor); Joaquim Pinheiro de Campos; Joaquim Bandeira de Gouvêa (doutor)

[500] Jornal do Commercio, n. 228, 29 ago. 1840.
[501] Jornal do Commercio, n. 234, 4 set. 1840.
[502] Jornal do Commercio, n. 234, 4 set. 1840.
[503] Jornal do Commercio, n. 235, 5 set. 1840.
[504] Jornal do Commercio, n. 235, 5 set. 1840.
[505] Ver a posse do sobredito juiz de paz: Jornal do Commercio, n. 26, 29 jan. 1841.
[506] Jornal do Commercio, n. 26, 29 jan. 1841.
[507] Jornal do Commercio, n. 36, 8 fev. 1840.

Freguesias urbanas	Distrito	Chapa	Posse dos juízes de paz
Sacramento	1º	Joaquim Gaspar de Almeida (advogado e proprietário); José Joaquim da Rocha (ex-ministro em Roma); Bernardo Augusto Azambuja (advogado); Felizardo Pinheiro de Campos (advogado).[508] Dr. José Baptista Lisboa; Dr. Guilherme Bandeiras de Gouvêa; Carlos José de Almeida; Padre João José Moreira.[509]	Carlos José de Almeida; Francisco José Pinheiro Guimaraes (doutor); Joaquim Pinheiro de Campos; Joaquim Bandeira de Gouvêa (doutor)
Sacramento	1º	Dr. Joaquim Bandeira de Gouvêa; Dr. Francisco José Pinheiro Guimarães; Joaquim Pinheiro de Campos; Carlos José de Almeida.[510] José Joaquim da Rocha; João José Moreira; Luiz Benedicto de Azevedo; Carlos José de Almeida.[511]	Carlos José de Almeida; Francisco José Pinheiro Guimaraes (doutor); Joaquim Pinheiro de Campos; Joaquim Bandeira de Gouvêa (doutor)
Sacramento	2º	Francisco de Paula Vieira; Ezequiel Corrêa dos Santos; Luiz da Costa Franco João Teixeira Godinho.[512] Francisco de Paula Vieira de Azevedo (proprietário); José Alves Ribeiro de Mendonça (proprietário); Manoel Moreira Lirio da Silva Carneiro (proprietário); Thomaz José Tinoco de Almeida (proprietário).[513] Manoel José do Rozário; Antônio José de Souza e Almeida; Antônio José Moreira Filho; José Pinto de Miranda.[514]	Francisco de Paula Vieira de Azevedo (proprietário); Luiz da Costa Franco e Almeida; Manoel Moreira Lírio da Silva Carneiro (proprietário); João Teixeira Godinho

[508] Jornal do Commercio, n. 203, 3 ago. 1840.
[509] Jornal do Commercio, n. 231, 1 set. 1840.
[510] Jornal do Commercio, n. 233, 3 set. 1840.
[511] Jornal do Commercio, n. 235, 5 set. 1840.
[512] Jornal do Commercio, n. 232, 2 set. 1840.
[513] Jornal do Commercio, n. 233, 3 set. 1840.
[514] Jornal do Commercio, n. 235, 5 set. 1840.

Freguesias urbanas	Distrito	Chapa	Posse dos juízes de paz
Sacramento	3º	Francisco Alves de Brito; Francisco Borges Mendes; cônego Manoel Alves da Silva; Raphael Pereira de Carvalho.[515] Francisco Borges Mendes; Sebastião José Brandão; cônego Manoel Alves da Silva; José Joaquim de Almeida.[516]	João Pinto de Miranda; Antônio José de Souza e Almeida; Manoel Theodoro Xavier; Rafael Pereira de Carvalho
São José	1º		João José Dias Moreira (proprietário); Domingos Gonçalves de Siqueira; João Affonso de Lima Nogueira
São José	2º	Cândido Miguel de Souza Carvalho; Luiz Gonçalves Rodrigues França; João Caetano de Oliveira Guimaraes; José Joaquim de Gouvêa.[517] Dr. Joaquim Antônio da Costa; Dr. Sebastião Machado Nunes; João Caetano de Oliveira Guimarães; Jachinto Ferreira de Paiva.[518] Dr. Joaquim Antônio da Costa; Dr. Sebastião Machado Nunes; Manoel Antônio Cardoso; João Mendes Ferreira Ramos.[519]	Joaquim Antônio da Costa (doutor); João Ricardo Benedicto de Abreu; Candido Miguel de Souza Carvalho
Santa Rita	1º		Antônio Moreira Coelho; Antônio Ferreira do Nascimento; Justino Ferreira da Silva; Francisco de Paula Rodrigues

---

[515] Jornal do Commercio, n. 67, 10 mar. 1840, p. 3.
[516] Jornal do Commercio, n. 228, 29 ago. 1840.
[517] Diário do Rio de Janeiro, n. 197, 4 set. 1840.
[518] Jornal do Commercio, n. 221, 22 ago. 1840.
[519] Jornal do Commercio, n. 233, 3 set. 1840.

Freguesias urbanas	Distrito	Chapa	Posse dos juízes de paz
Santa Rita	2º	Manoel da cunha Barbosa (proprietário); Manoel Lopes Flores (proprietário); Doutor Pedro Antônio de Oliveira (membro da assembleia provincial e proprietário); José Chrsitino da Costa Cabral (membro da assembleia provincial).[520] Francisco Rodrigues de Araújo Pinheiro (negociante); Matheus de Oliveira Borges (proprietário e negociante); Gabriel Pinto de Almeida (proprietário); Doutor Luiz Rodrigues Ferreira (proprietário).[521]	Luiz Rodrigues Ferreira (doutor e proprietário); Gabriel Pinto de Almeida (proprietário); José Rodrigues Ferreira; Matheus de Oliveira Borges (proprietário)[522]
Candelária	1º	José Joaquim Guimarães (advogado e proprietário); Joaquim Affonso Lima Nogueira (advogado e proprietário); Joaquim Ferreira Alves; José Moreira Barboza (advogado).[523]	Dr. José Joaquim Guimaraes (doutor); João Pedro da Veiga (proprietário e negociante); João Bernardes Machado; Gabriel Getúlio Monteiro de Mendonça
Candelária	2º	Manoel Alves de Azevedo (negociante e proprietário); Jusino do Nascimento Silva (doutor); Antônio Alves da Silva Pinto (doutor); José Rodrigues Salgado (negociante e proprietário).[524]	Antônio Alves Machado de Carvalho; Josino do Nascimento Silva (doutor); Antônio Alves da Silva Pinto Junior (doutor)
Glória	1º		*João Silveira do Pillar (negociante e proprietário); Francisco Alves de Castro Roso; João da Costa Freitas; José Ribeiro Monteiro

---

[520] Diário do Rio de Janeiro, n. 197, 4 set. 1840, p. 2.
[521] Diário do Rio de Janeiro, n. 197, 4 set. 1840, p. 4.
[522] Três dos quatro nomes indicados na chapa para juiz de paz do 2º distrito da freguesia de Santa Rita foram empossados em 12 de janeiro de 1841, na Câmara Municipal do Rio de Janeiro. Ver Diário do Rio de Janeiro, n. 197, 4 set. 1841; Jornal do Commercio, n. 14, 16 jan. 1841.
[523] Jornal do Commercio, n. 203, 3 ago. 1840.
[524] Diário do Rio de Janeiro, n. 199, 7 set. 1840. Não localizamos chapa para o sobredito distrito no *Jornal do Commercio*.

Freguesias urbanas	Distrito	Chapa	Posse dos juízes de paz
Glória	2º	Fidelis Honório dos Santos Pereira; Sebastião Vieira do Nascimento; Marciano Bonifácio Pacífico da Silva; José Alves Pinheiro.[525] Fidelis Honório dos Santos Pereira; Sebastião Vieira do Nascimento; Marciano Bonifácio Pacífico da Silva; José Alves Pinheiro.[526] Fidelis Honório dos Santos Pereira; Sebastião Vieira do Nascimento; Mariano Bonifácio Pacífico da Silva; José Alves Pinheiro.[527] Venâncio José Lisboa Filho (formado em leis); Fidelis Honório dos Santos Pereira (empregado público); Antônio José da Costa e Sá (proprietário); Ignácio Viegas Tourinho Rangel (ex-pagador das tropas).[528] Fidelis Honório dos Santos Pereira; Sebastião Vieira do Nascimento; Marciano Bonifácio Pacífico da Silva; José Alves Pinheiro.[529] Fidelis Honório dos Santos Pereira; Sebastião Vieira do Nascimento; Marciano Bonifácio Pacífico da Silva; José Alves Pinheiro.[530]	Fidelis Honório da Silva dos Santos Pereira (empregado público); Sebastião Vieira do Nascimento; José Alves Pinheiro; Venâncio José Lisboa Filho
Engenho Velho	1º		Felix José da Silva; Luiz Gonçalves da Silva; Francisco José da Cunha Silveira
Engenho Velho	2º		José Gomes Ferreira; Damaso José Teixeira; Antônio José Pestana; Domingues de Azevedo Coutinho Duque-Estrada
Lagoa			José Moreira Lírio[531]

[525] Jornal do Commercio, n. 236, 6 set. 1840.
[526] Jornal do Commercio, 228, 29 ago. 1840.
[527] Jornal do Commercio, n. 231, 1 set. 1840.
[528] Jornal do Commercio, n. 232, 2 set. 1840.
[529] Jornal do Commercio, n. 233, 3 set. 1840.
[530] Jornal do Commercio, n. 235, 5 set. 1840. Assina: O.J.T.
[531] Jornal do Commercio, n. 14, 16 jan. 1841. Em 4 de fevereiro de 1841, a Câmara Municipal deu posse ao juiz de paz Jerônimo Martins de Almeida.

CAPÍTULO 3

APURAÇÃO ELEITORAL NAS FREGUESIAS DA CORTE

Quanto à forma de condução das eleições das câmaras municipais no país, a apuração do resultado da primeira eleição para vereadores, juízes de paz e suplentes no Rio de Janeiro seguiu o rito estabelecido na Lei de 1º de outubro de 1828. Os livros das atas eleitorais da eleição de 1829 das freguesias de Santana, Santa Rita, Sacramento, Candelária e São José trazem, além dos resultados da contagem dos votos, "[...] tudo o que for relativo à Eleição dos membros da Câmara Municipal, e dos Juízes de Paz no Colégio Eleitoral da Paróquia [...]".[532] Com efeito, a documentação informa o nome do presidente da mesa eleitoral e dos demais membros, o resultado da apuração dos votos, o nome dos votantes ausentes nas eleições e as respectivas multas de dez mil réis aplicadas por ausência nos pleitos, valor que seria destinado às obras públicas da cidade.[533] Trazia também as deliberações da mesa sobre denúncias recebidas durante a apuração dos votos,[534] assim como indícios de fraude no registro das eleições.[535]

Essa instigante documentação manuscrita permite averiguar, além do resultado eleitoral e da extensa relação nominal dos votantes presentes e ausentes, a forma como se deu parte do processo eleitoral em cada freguesia urbana investigada, agregando, assim, outras perspectivas de análise, além das obtidas por meio dos jornais.

---

[532] AGCRJ. BR RJAGCRJ: Livro da Ata Eleitoral da Freguesia de Santana (1829), n. 62.2.53, 17 jan. 1829.
[533] AGCRJ. BR RJAGCRJ: Livro da Ata Eleitoral do 2º distrito da Freguesia da Candelária (1833), n. 62.3.3, 17 fev. 1833.
[534] AGCRJ. BR RJAGCRJ: Livro da Ata Eleitoral da Freguesia de Santana (1829), n. 62.2.53, 17 jan. 1829.
[535] AGCRJ. BR RJAGCRJ: Livro da Ata Eleitoral do 1º distrito de Sacramento (1833), n. 62.2.58, 17 fev. 1832.

Figura 1 – Mapa das Freguesias da Cidade do Rio de Janeiro (1850)

Fonte: SANTOS (2013). As cinco freguesias destacadas na legenda do mapa, a saber Candelária, Sacramento, Santa Rita, Santana e São José compunham, na eleição municipal de 1829, as freguesias centrais da cidade. Nas eleições municipais seguintes, além das cinco freguesias citadas, as freguesias do Engenho Velho, Lagoa e Glória perfaziam o total das oito freguesias urbanas investigadas nesta pesquisa. Até o ano de 1850, as sobreditas freguesias tinham a delimitação geográfica apresentada neste mapa. Em 1856, porém, uma das freguesias tratadas, Engenho Velho, teve parte do seu território desmembrado na freguesia de São Cristóvão. Ver BERGER, Paulo. **As freguesias do Rio Antigo.** Rio de Janeiro: Edições O Cruzeiro, 1965, p. 131.

3.1 O que dizem os livros das atas eleitorais (...)

> Aos quinze dias do mês de janeiro do nosso Senhor Jesus Cristo de mil oitocentos e vinte e nove, oitavo da Independência do Império, na sacristia da paróquia de Nossa Senhora da Candelária da cidade do Rio de Janeiro, em virtude da portaria do Ministro e Secretário dos Negócios do Império expedida na data de primeiro do mês de dezembro de mil oitocentos e vinte e oito, e editais do Senado da Câmara da sobredita cidade

e Corte do Rio de Janeiro, serviram a Assembleia Paroquial da mesma freguesia para assim se proceder a eleição de nove vereadores que hão de formar a Câmara Municipal desta mesma cidade do Rio de Janeiro, e do juiz de paz e seu suplente da referida freguesia, sendo o presidente Antônio Francisco Leite, vereador do Ilustríssimo Senado da Câmara [...][536]

3.1.1 Freguesia da Candelária

Guardadas as sutis diferenças na redação dos primeiros livros das atas das eleições para juiz de paz das freguesias urbanas da cidade do Rio de Janeiro, no geral os textos seguiam um padrão informativo, destacando a formação da mesa paroquial, a identificação nominal de cada um dos indivíduos que receberam votos até o quantitativo de um voto e, quando julgado necessário, a aplicação de multas aos votantes ausentes. Na freguesia da Candelária, a primeira eleição para magistratura de paz aconteceu em 15 de janeiro de 1829.

Como resultado da apuração eleitoral do referido ano, foram eleitos João Baptista Reys, com a maioria de 278 votos, e Luiz Francisco Braga, com a maioria de 146 votos. "Saindo por isso eleitos o primeiro para juiz de paz, e o segundo para seu suplente".[537] Na sequência, a Câmara Municipal da Cidade do Rio de Janeiro foi participada do resultado da apuração, passando a proceder, nos termos do artigo 9º da Lei de 1º de outubro de 1828, àqueles que deixaram de entregar pessoalmente as suas cédulas. A mesa julgou os votantes ausentes "incursos na pena de multa de dez mil réis, imposta no referido artigo" e fez questão de registrar que o valor da multa seria aplicado a obras públicas.

No contexto da eleição seguinte, em setembro de 1832, a cidade do Rio de Janeiro vivia dias atípicos, com manifestações de protestos pululando nas ruas da capital do país. A virulenta campanha na imprensa para as eleições municipais e as disputas políticas no Parlamento em torno da criação do Código do Processo Criminal ameaçavam a sustentação dessa eleição. De todo modo, em 7 de agosto do corrente ano, a Câmara Municipal publicou o edital para a eleição na paróquia da Candelária. O presidente da mesa eleitoral era o juiz de paz em exercício Luiz Francisco Braga e, conforme as informações divulgadas nos jornais, "saiu eleito para o cargo

---

[536] AGCRJ. BR RJAGCRJ: Livro da Ata Eleitoral da Freguesia da Candelária (1829), n. 62.2.51, 15 jan. 1829.
[537] AGCRJ. BR RJAGCRJ: Livro da Ata Eleitoral da Freguesia da Candelária (1829), n. 62.2.51, 15 jan. 1829.

de juiz de paz Gustavo Adolfo de Aguiar, com a maioria de 252 votos, e para suplente, João Pedro da Veiga, com 220 votos para juiz de paz e 80 votos para suplente".[538] Com efeito, o resultado da eleição de 1832 colocava lado a lado na condução da magistratura de paz da freguesia da Candelária dois adversários políticos: Gustavo Adolfo d'Aguiar Pantoja, alinhado ao grupo caramuru, e João Pedro da Veiga, alinhado ao grupo dos moderados. A grande reviravolta eleitoral, porém, aconteceria a partir da aprovação do Código do Processo no Parlamento, em novembro daquele mesmo ano.

De acordo com o novo código, as freguesias seriam divididas em zonas distritais, e haveria eleição para quatro juízes de paz por mandato em cada um dos novos distritos. Ocorre que a eleição de 1832 já havia acontecido antes mesmo da promulgação do Código do Processo. Então, em 13 de dezembro de 1832, o governo da Regência emitiu um decreto com instruções acerca dos procedimentos para novas eleições municipais.[539]

Assim, no 2º distrito da freguesia da Candelária houve uma nova eleição para quatro juízes de paz que serviriam ao mandato de 1833 a 1836. Então, em "17 de fevereiro de 1833, na Igreja Matriz de Nossa Senhora da Candelária, em observância das disposições do Código do Processo Criminal e instruções de 13 de dezembro do ano passado, e demais disposições", se reuniu a Assembleia Paroquial da mesma freguesia a fim de proceder à eleição de quatro juízes de paz para cada um dos dois distritos em que aquela paróquia foi dividida. O presidente foi o desembargador juiz de paz Gustavo Adolfo d'Aguiar, depois de se formar a mesa na conformidade das instruções. Foram eleitos: Sérgio de Souza e Mello com 219 votos; Antônio Alves da Silva Pinto Junior com 217; José Manoel de Lima com 206; e Luiz Francisco Braga com 184 votos. Aliás, Braga também ocupava o posto de secretário da sobredita mesa eleitoral. O livro da ata eleitoral registrou uma lista nominal, contendo o endereço dos votantes ausentes nesta eleição, que foram multados em dez mil réis.[540] Vale observar que o fato de d'Aguiar estar na presidência da mesa eleitoral como juiz de paz da freguesia denota que ele, além de ser eleito em 1832, chegou a tomar posse do cargo nesse ínterim. Não obstante, tanto Gustavo Adolfo d'Aguiar como

---

[538] AGCRJ. BR RJAGCRJ: Livro da Ata Eleitoral da Freguesia da Candelária (1832), n. 62.3.1, 7 set. 1832.

[539] BRASIL. **Decreto de 13 de dezembro de 1832**. Dá Instrucções para a execução do Codigo do Processo Criminal. Rio de Janeiro: Collecção das Leis do Imperio do Brazil, 1832b. Disponível em: https://www2.camara.leg.br/legin/fed/decret_sn/1824-1899/decreto-37413-13-dezembro-1832-564046-publicacaooriginal-88066-pe.html. Acesso em: 20 abr. 2024.

[540] AGCRJ. BR RJAGCRJ: Livro da Ata Eleitoral da Freguesia da Candelária – 2º distrito (1833), n. 62.3.3, 17 fev. 1833.

João Pedro da Veiga foram eleitos, em 1833, para juízes de paz do 1º distrito da freguesia da Candelária, como mostra o Quadro 6. Com efeito, o que torna essa documentação da freguesia da Candelária (ata da eleição de 1832) preciosa e singular é o fato de não termos conseguido acessar o resultado dessa eleição em nenhum outro lugar, apesar de a imprensa fluminense ter divulgado a anulação desse pleito.

O fato é que, depois de 1833, as turbulências e disputas políticas que transbordavam para as ruas da cidade do Rio de Janeiro ficaram circunscritas aos redutos palacianos, à imprensa e aos espaços de sociabilidade que favoreciam tais discussões. Apesar dos esforços do governo regencial para manter a capital do país sob o império da "ordem" e do ordenamento social, as eleições municipais eram um momento de tensão política e de um incipiente, mas potente, exercício de cidadania.

De acordo com a ata eleitoral do 1º distrito da freguesia da Candelária de 8 de setembro de 1836,[541] o presidente da mesa era o juiz de paz em exercício Antônio Machado Nunes; nome que, aliás, não consta na relação divulgada na imprensa sobre o resultado dos quatro juízes de paz eleitos em 1833.[542] Infelizmente, não localizamos o livro da ata eleitoral desse distrito para conferir a posição de Antônio Nunes na eleição de 1833, mas, como é sabido, ele não ficou entre os quatro eleitos. Contudo, a eleição de 1836 aconteceu "no consistório da paróquia de Nossa Senhora da Candelária, em virtude do edital de 20 de agosto deste ano, na conformidade das instruções de primeiro de dezembro de mil oitocentos e vinte oito, e disposição do artigo 9º do Código do Processo Criminal". Foram eleitos o Doutor José Moreira Barbosa, com 282 votos, o doutor José Joaquim Guimarães, com 188 votos, João Pedro da Veiga, com 115 votos, e o doutor João Affonso Lima Nogueira, com 109 votos. Entre os nomes arrolados na lista dos votantes ausentes sob pena de multa de 10 mil réis, foram isentos os seguintes cidadãos: "Antônio Luiz dos Santos Lima e Francisco Xavier Dias da Fonseca. O primeiro por estar o seu nome em duas ruas, por ter duas casas; e o segundo, provar por testemunhas, ter entregue sua lista e haver esquecimento de se anotar as assinaturas".[543] Como resultado da eleição de 1836 para o 1º distrito da Candelária, os votantes da freguesia reelegeram João Pedro da Veiga para mais um mandato na magistratura de paz.

---

[541] AGCRJ. BR RJAGCRJ: Livro da Ata Eleitoral da Freguesia da Candelária – 1º distrito (1836), n. 62.3.55, 8 set. 1836.
[542] Ver Quadro 6.
[543] AGCRJ. BR RJAGCRJ: Livro da Ata Eleitoral da Freguesia da Candelária – 1º distrito (1836), n. 62.3.55, 8 set. 1836.

A trajetória de alguns votados oriundos da localidade se imbrica à própria trajetória desses indivíduos na cena pública. Na ocasião de seu depoimento sobre os "tumultos das garrafadas", que aconteceu nas ruas das freguesias centrais do Rio de Janeiro, João Pedro da Veiga, comerciante e livreiro da rua da Quitanda, nº 144, na freguesia da Candelária, disse ter ouvido da janela de sua casa um grupo de pessoas "chamar pelo seu nome", dando vivas ao imperador e aos portugueses.[544] Esse episódio que antecedeu a abdicação do imperador d. Pedro I, Noite das Garrafadas, ocorreu na região que perfazia o centro nevrálgico da capital do Império do Brasil. Na freguesia da Candelária, por exemplo, estavam situados importantes edifícios e monumentos públicos, como o Paço Imperial, a Alfândega do Rio de Janeiro, o Arsenal da Marinha, a Praça do Comércio e o antigo Chafariz do Mestre Valentim, para citar alguns.[545] Essa região do centro do Rio de Janeiro, dotada de historicidade, era também reduto dos portugueses e comerciantes lusos que ali residiam, agindo e reagindo aos embates sociopolíticos daquele tempo carregados de sentimentos antilusitanos.[546] Não por acaso, como veremos mais adiante, o juiz de paz da Candelária, João Pedro da Veiga, movido, decerto, pelo potencial eleitoral que as relações de vizinhança traziam, teve um entendimento bastante particular sobre a atuação de um grupo de comerciantes portugueses nessa freguesia.

3.1.2 Freguesia de Santana

Em 17 de janeiro de 1829, na sacristia da freguesia de Santana, o vereador Bernardo José Borges Reis presidiu a mesa da primeira eleição para juiz de paz e suplente do município e dos nove vereadores. Depois de examinar as cédulas para vereadores, todas foram enviadas para a Câmara Municipal. Na sequência, passou à contagem das cédulas de juiz de paz e suplente, saindo eleitos os senhores Custódio Xavier de Barros, com a maioria de 125 votos, e o suplente João José Dias Camargo, com 136 votos.[547]

No dia da apuração das listas eleitorais, um homem chamado Antônio Rodrigues da Silva afixou uma lista com o seguinte conteúdo: "Lista dos senhores juízes de paz. Para primeiro juiz de paz Jesus de Nazareth, para sup.

---

[544] SANTANA, 2019, p. 112. Sobre a Noite das Garrafadas, ver RIBEIRO, 2002. Uma nova edição do livro da tese de Gladys Ribeiro foi publicada no ano de 2022.
[545] BERGER, 1965, p. 18-20.
[546] Ver RIBEIRO, 2002; SOARES, Carlos Eugênio Líbano. **A capoeira escrava e outras tradições rebeldes no Rio de Janeiro (1808 – 1850)**. 2. ed. rev. e ampl. Campinas: Editora da Unicamp, 2004. p. 341-344.
[547] AGCRJ. BR RJAGCRJ: Livro da Ata Eleitoral da Freguesia de Santana (1829), n. 62.2.53, 17 jan. 1829.

Sua Majestade o Imperador Pedro Primeiro, estes são os melhores". O texto escrito por Antônio ressaltava ainda que a sobredita lista serviria para dar muitas risadas, advertindo, porém, que "quem semeia sempre colhe". A mesa eleitoral deliberou pela anulação do voto do dito Antônio Rodrigues da Silva e o chamou para prestar satisfação.[548] Outra ocorrência registrada na ata foi a petição dirigida à Câmara para que a mesa eleitoral da freguesia de Santana, por ocasião da eleição municipal, deliberasse pela aceitação do voto de Paulo Alexandre Conde, apesar de não ser cidadão brasileiro, porque "ultimamente se lavrou mandando aceitar a lista e tudo quanto a este requisito se passou tanto verbalmente quanto por ofício".[549] Afora o potencial polêmico dessas duas ocorrências durante o processo eleitoral de 1829, a lista produzida pelo votante Antônio Rodrigues, ironizando os candidatos, está carregada de conteúdo crítico, e a petição para aceitação do voto de um estrangeiro denota a importância que a eleição municipal despertava.

Um dado interessante sobre a condução da mesa eleitoral a partir das eleições de 1833, é que, ao que tudo indica, o juiz de paz do primeiro distrito da freguesia era quem conduziria a eleição nos demais distritos. O conselheiro Antônio Corrêa Picanço, juiz de paz do 1º distrito de Santana, foi o presidente da mesa na eleição de 7 de setembro de 1836, que aconteceu no consistório da igreja da freguesia de Santana, sendo eleitos para juízes de paz: Antônio Correa Picanço, Manoel Joaquim Gomes de Figueiredo, Francisco José Loureiro e doutor José Alves Carneiro.[550] Picanço também conduziu a mesa eleitoral do 2º distrito, em 7 de setembro de 1836. Na ocasião foram eleitos os seguintes juízes: Antônio Luiz Pereira da Cunha, João Baptista Lopes, João Rodrigues de Amorim e João Pedro da Silva Ferreira.[551] Cumpre destacar que o presidente da mesa em questão, Antônio Corrêa Picanço, foi reeleito para cumprir o mandato de 1836 – 1840, no 1º distrito de Santana.

A importância da freguesia de Santana está relacionada a sua localização espacial. Desmembrada da freguesia de Santa Rita em 1814, ambas estavam localizadas na importante zona portuária do Rio de Janeiro, centro econômico da capital do país. Apesar de o processo de ocupação ter catalisado a parcela dos mais pobres da cidade (ciganos, negros fugidos e pequenos comerciantes), a partir de 1830 a região da freguesia de Santana passou

---

[548] AGCRJ. BR RJAGCRJ: Livro da Ata Eleitoral da Freguesia de Santana (1829), n. 62.2.53, 17 jan. 1829.
[549] AGCRJ. BR RJAGCRJ: Livro da Ata Eleitoral da Freguesia de Santana (1829), n. 62.2.53, 17 jan. 1829.
[550] AGCRJ. BR RJAGCRJ: Livro da Ata Eleitoral da Freguesia de Santana – 1º distrito (1836), n. 62.2.66, 7 set. 1836.
[551] AGCRJ. BR RJAGCRJ: Livro da Ata Eleitoral da Freguesia de Santana – 2º distrito (1836), n. 62.2.67, 7 set. 1836.

a abrigar "edificações administrativas ligadas ao poder imperial". Para o entorno do "Campo de Santana, foram transferidos os prédios" do Tribunal do Júri da Corte, o Supremo Tribunal de Justiça e a Câmara Municipal da cidade do Rio de Janeiro,[552] instituição responsável pela organização das eleições municipais da cidade.

3.1.3 Freguesia de Santa Rita

> Aos onze dias do mês de janeiro do nosso Senhor Jesus Cristo, de mil oitocentos e vinte e nove, oitavo da Independência do Império, na Sacristia da freguesia de Santa Rita, desta Corte, em virtude da portaria do ministro e secretário do Estado dos Negócios do Império, expedido em data de primeiro de dezembro de mil oitocentos e vinte e oito, e editais da ilustríssimo Senado da Câmara da Muita Heroica e Leal Cidade do Rio de Janeiro, se reuniu a assembleia paroquial da mesma freguesia, para assim se proceder a eleição de nove vereadores que hão de formar a Câmara Municipal da sobredita cidade, e do juiz de paz, e seu suplente, da referida freguesia.[553]

A primeira eleição para juiz de paz em Santa Rita foi presidida pelo então vereador do Senado da Câmara Municipal, Manoel José Ribeiro de Oliveira. Na ocasião, estava presente o "reverendo doutor vigário da freguesia José Caetano Ferreira de Aguiar". Durante a apuração dos votos, nove células foram "inutilizadas, das que pertencem aos juízes de paz, e seus suplentes": sete delas por não terem assinaturas, "e duas por virem unicamente com o rótulo". Como resultado da apuração, foram eleitos Manoel Teixeira da Costa e Silva para juiz de paz e João Goulart para suplente. A ata também registrou a lista dos votantes que não entregaram as suas cédulas e, portanto, a aplicação de multa correspondente.[554]

Na eleição de 1836, para o 1º distrito de Santa Rita, conduziram a mesa eleitoral o juiz de paz José Vicente de Azevedo Coutinho e o reverendo José Francisco da Silva Cardozo. O presidente propôs os nomes para secretários da mesa, que foram aprovados por aclamação. No intuito de

---

[552] PINTO, Fernanda Mousse. **A invenção da Cidade Nova do Rio de Janeiro**: agentes, personagens e planos. 2007. Dissertação (Mestrado em Planejamento Urbano e Regional) – Instituto de Pesquisa e Planejamento Urbano Regional, Universidade Federal do Rio de Janeiro, Rio de Janeiro, 2007. p. 115; 111. Sobre o perfil de ocupação da freguesia de Santana, ver também: ABREU, Mauricio de A. **Evolução urbana do Rio de Janeiro**. 4. ed. Rio de Janeiro: Instituto Pereira Passos, 2013. p. 37-42.

[553] AGCRJ. BR RJAGCRJ: Livro da Ata Eleitoral da Freguesia de Santa Rita (1829), n. 62.2.55, 11 jan. 1829.

[554] AGCRJ. BR RJAGCRJ: Livro da Ata Eleitoral da Freguesia de Santa Rita (1829), n. 62.5.55, 11 jan. 1829.

organizar o recebimento das cédulas eleitorais dos dois distritos, Coutinho propôs que elas fossem recebidas por sequência ordinária (o 1º distrito e, posteriormente, o 2º), "o que assim se fez por ter a mesa deliberado". Sendo assim, foram "chamados os cidadãos votantes do primeiro distrito para entregarem as suas cédulas". Sobre o resultado da eleição de 1836, vale observar que o presidente da mesa, o então juiz de paz do 1º distrito de Santa Rita no exercício do cargo, José Vicente de Azevedo Coutinho, foi o segundo mais votado, com 381 votos. Entretanto, o nome de José Vicente não consta na lista dos juízes de paz eleitos na eleição anterior, em 1833,[555] o que corrobora o fato de que a ocupação do cargo não obedecia necessariamente à posição do votado na eleição.[556] A ata também registrou a lista de todos os nomes para juízes de paz votados, e a lista com os nomes dos "cidadãos que devem ser multados".[557]

A apuração das cédulas eleitorais do 2º distrito aconteceu no mesmo dia da apuração do 1º distrito, e sob a formação da mesma mesa eleitoral. Aliás, o primeiro secretário da mesa eleitoral, Manoel Lopes Flores, foi também o juiz de paz com o maior número de votos nesse distrito: 402. Assim como no primeiro distrito, a lista dos cidadãos que deveriam ser multados por não entregarem suas cédulas eleitorais foi registrada em ata.[558]

A título de curiosidade, é interessante observar que a organização e preocupação com o registro dessa apuração eleitoral gerou, além de um livro ata para cada distrito da freguesia de Santa Rita em questão, um terceiro livro ata dessa eleição de 1836, com ambos os registros da apuração eleitoral dos distritos, repetindo as mesmas informações.[559]

Assim como a freguesia de Santana, Santa Rita fazia parte da região portuária do Rio de Janeiro. A cadeia do Aljube e o antigo mercado de escravos da cidade, o Valongo, estavam localizados naquela região. Não por acaso, a quantidade de trapiches e casas de comércio transformavam Santa Rita em um importante circuito comercial da cidade.[560] Como em outras freguesias urbanas da capital, a concentração de escravos para o período era

---
[555] Cf. Quadro 6.
[556] AGCRJ. BR RJAGCRJ: Livro da Ata Eleitoral da Freguesia de Santa Rita – 1º distrito (1836), n. 62.3.68, 7 set. 1836.
[557] AGCRJ. BR RJAGCRJ: Livro da Ata Eleitoral da Freguesia de Santa Rita – 1º distrito (1836), n. 62.3.68, 7 set. 1836.
[558] AGCRJ. BR RJAGCRJ: Livro da Ata Eleitoral da Freguesia de Santa Rita – 2º distrito (1836), n. 62.3.69, 7 set. 1836.
[559] AGCRJ. BR RJAGCRJ: Livro da Ata Eleitoral da Freguesia de Santa Rita (1836), n. 62.3.72, 7 set. 1836.
[560] BERGER, 1965, p. 121.

expressiva em comparação com a população livre.[561] Os comparoquianos credenciados para serem votantes da freguesia de Santa Rita, porém, deram mostras de engajamento no processo eleitoral ao denunciarem os membros da mesa responsáveis pela condução da eleição de 1833 por suspeita de irregularidade na apuração das cédulas.[562]

3.1.4 Freguesia de Sacramento

A primeira eleição para juiz de paz da freguesia de Sacramento aconteceu na "Sacristia da Igreja do Sacramento da Sé", em 11 de janeiro de 1829. O presidente da mesa era o doutor Francisco Gomes de Campos, juiz de fora da cidade. Para secretários, foram escolhidos por aclamação José Ignácio Coimbra e Epifânio José Pedrozo; para escrutinadores, foram escolhidos Theophilo Benedicto Ottoni e João Estevão.[563] Por ocasião da apuração das cédulas, a mesa decidiu que primeiro fossem apuradas as cédulas para vereador e, uma vez enviadas à Câmara Municipal, depois fossem apuradas as cédulas para juiz de paz e suplente. Os votantes que deixaram de entregar suas cédulas eleitorais foram incursos nos termos do artigo 9º da Lei de 1º de outubro de 1828, à vista do que a mesa os julgou incursos na pena de multa de 10 mil réis, imposta no referido artigo com aplicação do valor a obras públicas.[564]

Na eleição seguinte para um novo mandato da magistratura de paz da freguesia de Sacramento, cumpre destacar que a data informada na ata eleitoral do 1º distrito, 17 de fevereiro de 1832, apresenta erro no registro do ano. Conforme indicado no corpo do documento, a assembleia paroquial se reuniu para proceder à eleição dos juízes de paz para os três distritos da freguesia após a criação do Código do Processo Criminal de 29 de novembro de 1832. Portanto, o ano correto da eleição para o 1º distrito da freguesia é 1833, como de fato segue registrado mais adiante no texto da ata.[565]

---

[561] Ver SANTANA, 2019, p. 40.
[562] SANTANA, 2020, p. 17-18.
[563] Os jovens Theophilo Benedicto Ottoni e Epifânio José Pedrozo foram integrantes do Club dos Amigos Unidos, sociedade secreta de oposição ao governo de d. Pedro I. De acordo com Marcello Basile, a maior parte dos membros eram ligados à facção exaltada na Corte. Ver BASILE, Marcello. **A politização das ruas**: projetos de Brasil e ação política no tempo das Regências. Brasília: Senado Federal, 2022. p. 21-22.
[564] AGCRJ. BR RJAGCRJ: Livro da Ata Eleitoral da Freguesia de Sacramento (1829), n. 62.2.52, 11 jan. 1829.
[565] AGCRJ. BR RJAGCRJ: Livro da Ata Eleitoral da Freguesia de Sacramento – 1º distrito (1833), n. 62.2.58, 17 jan. 1833.

O presidente da mesa eleitoral foi o reverendo padre e atual juiz de paz João José Moreira. Quanto aos escrutinadores escolhidos por aclamação, Posidônio José Lins e Luiz Venâncio Ottoni, nenhum dos dois atendeu à convocação, sendo substituídos por Felippe Neri de Carvalho e José Lino de Moura. Porém, apareceu a denúncia de que o segundo escrutinador, José Lino de Moura, não tinha os requisitos exigidos na lei, então a mesa propôs o nome do cidadão Joaquim Alves de Azevedo, que foi aclamado. Na apuração eleitoral, foram eleitos os seguintes juízes de paz: Antônio Maria da Silva Torres, Francisco José Pinheiro Guimarães, João Huet de Bacelar Pinto Guedes e Manoel Rodrigues Pereira da Cruz. Quando a lista da apuração eleitoral foi publicada, apareceu o cidadão Juvêncio Pereira Ferreira, membro da facção exaltada, denunciando perante a mesa que o referido João Huet Bacellar Pinto Guedes (caramuru) se achava compreendido no § 7º do capítulo II das Instruções de 24 de março de 1824, ou seja, que João Guedes não era "homem probo e honrado, de bom entendimento, sem nenhuma sombra de suspeita, e inimizade à causa do Brasil".[566] Juvêncio alegava estar de posse de uma certidão "que conjuntamente com a sua denúncia apresentava". No intuito de esclarecer esses tipos de dissensão, a mesa remeteu um parecer à Câmara Municipal para sua inteligência, junto com um requerimento em sentido oposto, oferecido pelo cidadão Antônio Luiz Pereira da Cunha Junior, filho do senador e então barão de Inhambupe Antônio Luiz Pereira da Cunha.

Outrossim, a mesa também oficiou o cidadão Antônio Maria da Silva Torres, solicitando que se manifestasse sobre sua suposta condição de oficial de primeira linha no posto de Tenente-coronel do Estado Maior. A questão levantada era se Antônio Torres deveria ser admitido entre os quatros juízes de paz mais votados. Nesse sentido, a mesa decidiu enviar os documentos e votos para a Câmara Municipal deliberar sobre a questão.[567]

De acordo com a ata eleitoral do 2º distrito de Sacramento, a eleição e apuração eleitoral conduzidas pelo juiz de paz do 1º distrito, João José Moreira, que aconteceu em 22 de fevereiro de 1833 transcorreu sem maiores polêmicas. Foram eleitos Joaquim Gaspar de Almeida, Eleutério José Velho

---

[566] BRASIL. **Decreto de 26 de março de 1824.** Manda proceder á eleição dos Deputados e Senadores da Assembléa Geral Legislativa e dos Membros dos Conselhos Geraes das Provincias. Rio de Janeiro: Collecção das Leis do Imperio do Brazil, 1824b. Disponível em: https://www2.camara.leg.br/legin/fed/decret_sn/1824-1899/decreto-38579-26-marco-1824-567113-publicacaooriginal-90525-pe.html. Acesso em: 4 jun. 2022.

[567] AGCRJ. BR RJAGCRJ: Livro da Ata Eleitoral da Freguesia de Sacramento – 1º distrito (1833), n. 62.2.58, 17 jan. 1833.

Bezerra, Mariano Pinto Lobato e João José da Cunha para o mandato de 1833 – 1840 da magistratura de paz. Não houve registro de abstenção eleitoral neste distrito, e, portanto, não houve aplicação de multa.[568]

Três dias depois da eleição e apuração eleitoral para juiz de paz do 2º distrito, seguiu-se a apuração no 3º distrito de Sacramento, em 25 de fevereiro de 1833, saindo eleitos os seguintes juízes de paz: "Antônio José de Souza e Almeida, duzentos e cinquenta e dois, Domingos José Lopes, cento e noventa e cinco, Firmino José Dias, cento e noventa e um, João Martins Lourenço Vianna, cento e sessenta e sete".[569]

Sobre a divulgação da lista dos juízes de paz eleitos no 2º distrito da freguesia de Sacramento nas eleições de 1836,[570] vale destacar que a mesma informação sobre o resultado da apuração dos votos divulgada no *Jornal do Commercio* apresenta números diferentes dos registrados na ata eleitoral,[571] como é possível verificar no quadro a seguir.

Quadro 12 – Resultados da apuração eleitoral do 2º distrito da freguesia de Sacramento (1836)

Juiz de paz eleito	Jornal do Commercio	Livro da ata eleitoral
Luiz da Costa Franco e Almeida	323 votos	332 votos
Francisco de Paula Vieira e Azevedo	272 votos	278 votos
João Mendes Ferreira Ramos	202 votos	208 votos
Carlos dos Santos Oliveira Pinto	155 votos	162 votos

Com efeito, a diferença entre o número de votos divulgado no *Jornal do Commercio* e a apuração dos votos registrada na ata eleitoral do 2º distrito da freguesia de Sacramento não altera o resultado. De todo modo, é curioso que a folha tenha divergido para menos na divulgação do resultado dos votos dos quatro juízes eleitos para o distrito; especialmente porque essa não foi a primeira vez que a imprensa fluminense divulgou resultados divergentes sobre a eleição da magistratura de paz.

---

[568] AGCRJ. BR RJAGCRJ: Livro da Ata Eleitoral da Freguesia de Sacramento – 2º distrito (1833), n. 62.3.4, 22 fev. 1833.
[569] AGCRJ. BR RJAGCRJ: Livro da Ata Eleitoral da Freguesia de Sacramento – 3º distrito (1833), n. 62.3.5, 25 fev. 1833.
[570] AGCRJ. BR RJAGCRJ: Livro da Ata Eleitoral da Freguesia de Sacramento – 2º distrito (1836), n. 62.3.65, 19 set. 1836.
[571] Ver Quadro 8.

De todo modo, a ata eleitoral registrou, além do resultado dos votos, uma denúncia apresentada por "Manoel José Pereira de que o cidadão José Antônio Fernandes não podia ser votado nesta freguesia, em o mencionado 2º distrito, aonde reuniu setenta e três votos, por se ter mudado para a freguesia de Santana, e não ter domicílio fixo nesta freguesia de Sacramento". Diante disso, a mesa paroquial quis ouvir o denunciado, mas ele não apresentou provas suficientes que refutassem a denúncia, "tendo sido eliminado da lista de juiz de paz". De fato, o número de votos recebidos pelo cidadão José Antônio Fernandes (73 votos) não garantia a ele um mandato naquela eleição. Nesse sentido, o interessante nessa ocorrência foi a iniciativa do votante em denunciar aquilo que identificou como irregular, o que denota uma participação ativa no processo eleitoral, a despeito de desconhecermos outras motivações para a denúncia.[572]

Quanto à apuração eleitoral do 3º distrito da freguesia de Sacramento, diferentemente do 2º distrito, não temos como comparar o resultado da apuração dos votos nos jornais, porque não localizamos o resultado para aquele distrito na imprensa. Mas de acordo com a ata eleitoral, foram eleitos para o 3º distrito em 1836 os seguintes juízes de paz: Antônio José e Almeida, com 485 votos; Francisco Alves de Brito, com 320 votos; Manoel José do Rosário, com 190 votos; Luiz de Souza Lobo, com 95 votos.[573]

É digno de nota a "dúvida" apresentada pela mesa sobre um votado, "o crioulo forro" Antônio Saturnino, que obteve 17 votos nessa eleição para juiz de paz. A dúvida era se "poderiam aproveitar" os votos do "crioulo". Doravante, no intuito de esclarecer a questão sobre as credenciais do votado para o cargo eletivo, "exigiu-se do mesmo documento de seu batismo, e lhe foram apresentadas Certidão de Provisão do seu casamento, que lhe declarava ser liberto, e a certidão em relatório do processo de seu casamento, que o denominava crioulo forro, pelo que a mesa também o eliminou", enviando as certidões apresentadas à Câmara Municipal. Com efeito, a votação em um "crioulo forro" para o cargo de juiz de paz suscitou estranheza da mesa paroquial. Isso porque apesar de as leis eleitorais permitirem que um liberto fosse votante, ele não poderia ser eleitor e, consequentemente, não poderia ser eleito. De fato, diante do número de votos recebidos essa era uma possibilidade remota naquele contexto, haja vista que o número de votos que

---

[572] AGCRJ. BR RJAGCRJ: Livro da Ata Eleitoral da Freguesia de Sacramento – 2º distrito (1836), n. 62.3.65, 19 set. 1836.
[573] Luiz de Souza Lobo foi membro da Sociedade Defensora da Liberdade e Independência Nacional e da Sociedade Federal Fluminense.

Antônio Saturnino recebeu era insuficiente para um dos mandatos de quatro anos na magistratura de paz. De todo modo, a mesa eleitoral quis se posicionar diante dos votos recebidos. Há pelo menos duas justificativas possíveis para isso: primeiramente, a questão da cor da pele de Antônio Saturnino suscitava a dúvida sobre a possibilidade de ele poder ou não ser eleito para o cargo de juiz de paz, e, com efeito, cabia à mesa eleitoral investigar os casos suspeitos. Mas, para além disso, a decisão de eliminar os votos dados a um crioulo forro colocava em xeque essa inusitada experiência eleitoral articulada pelos votantes do 3º distrito da freguesia de Sacramento.[574]

Como é possível conferir na Tabela 2, a seguir, a concentração de escravos nas freguesias urbanas do Rio de Janeiro entre os anos de 1821 e 1838, período que perfaz três das quatro eleições investigadas neste trabalho, é consideravelmente expressiva. Entre as freguesias centrais, a Candelária era a que apresentava maiores percentuais de escravos em relação aos livres. Entretanto, Carlos Eugênio Líbano Soares em seu prestigiado trabalho *A capoeira escrava e outras tradições rebeldes no Rio de Janeiro (1808 – 1850)* assevera que a "Cidadela da freguesia de Sacramento era o centro nervoso da cidade de escravos e negros livres da Corte do Rio de Janeiro [...] ponto de predileção das maltas de capoeiras, território das irmandades de pretos e onde se concentram angus e zungus da cidade".[575] Não há que se estranhar, portanto, que 17 votantes, possivelmente alguns libertos, da freguesia de Sacramento tenham tido a ousadia de votar em um "crioulo" para representante da localidade.

---

[574] AGCRJ. BR RJAGCRJ: Livro da Ata Eleitoral da Freguesia de Sacramento – 3º distrito (1836), n. 62.3.64, 19 set. 1836.
[575] SOARES, 2004, p. 342.

Tabela 2 – População carioca distribuída entre livre e escrava

		Sacramento	São José	Candelária	Santa Rita	Santana	Engenho Velho*	Glória*	Lagoa*
1821	Escravos	9.961	8.438	7.040	6.795	3.948	3.006	**	1.188
1821	Livres	12.525	11.373	5.405	6.949	6.887	1.871	**	937
1821	**Total**	**22.486**	**19.811**	**12.445**	**13.744**	**10.835**	**4.877**	**	**2.125**
1838	Escravos	8.334	5.084	4.297	5.707	5.491	4.290	2.618	1.316
1838	Livres	15.922	9.126	5.816	8.850	10.282	3.876	3.950	2.003
1838	**Total**	**24.256**	****14.410**	**10.113**	**14.557**	**15.773**	**8.166**	**6.568**	**3.319**
1849	Escravos	14.215	10.357	8.540	12.304	12.840	9.759	6.779	4.061
1849	Livres	27.641	17.050	10.143	19.508	25.877	11.125	8.891	6.816
1849	**Total**	**41.856**	**27.407**	**18.683**	**31.812**	**38.717**	**20.884**	**15.670**	**10.877**

*No censo de 1821, essas freguesias eram classificadas como rurais. **Em 1821, o distrito da Glória fazia parte da freguesia de São José. ***O mapa da população do município da corte disponível no Relatório da Repartição dos Negócios do Império (1838) apresenta uma diferença no somatório final da população livre e escrava do 2º distrito da freguesia de São José de 200 indivíduos a mais. O total correto é, portanto, de 14.210 habitantes". Fonte: SANTANA (2019, p. 40).

As demandas registradas nas atas eleitorais no momento da apuração denotam as distinções daquela sociedade escravista em que cada caso é um caso. Ademais, tanto a análise dos aspectos populacionais das freguesias do Rio de Janeiro para a década de 1830 como a historiografia que trata sobre a circularidade de escravos e livres nas freguesias urbanas da cidade-Corte sinalizam para as possibilidades que poderiam surgir em uma eleição municipal como aquela.

Logo após a apuração da sobredita eleição (1836), "o cidadão Campos" apresentou uma denúncia à mesa contra o recebimento dos 71 votos de José Luiz da Rocha. De acordo com o denunciante, o dito Rocha mentiu ao indicar na lista eleitoral que era advogado, além de se achar pronunciado na Justiça. Então, a mesa resolveu que, sobre a primeira denúncia, "nenhum efeito procedia". Já sobre a segunda denúncia, "a mesa resolveu afirmativamente", haja vista que o acusado não havia "apresentado documento de baixa na culpa" na Justiça. A reviravolta, porém, foi José da Rocha aparecer no final dos trabalhos apresentando um requerimento, que a mesa eleitoral julgou conveniente considerar, enviando-o à Câmara Municipal.[576] Diferentemente do que aconteceu com o crioulo forro Antônio Saturnino, o fato de José Luiz da Rocha ter falseado as suas credenciais de eleitor não foi suficiente para a mesa eleitoral ter eliminado o votado.

3.1.5 Freguesia de São José

Em 17 de janeiro de 1829, o procurador do ilustríssimo Senado da Câmara Municipal do Rio de Janeiro, Venâncio José Lisboa,[577] presidiu a mesa eleitoral para a eleição de juiz de paz e suplente na sacristia da igreja de São José.[578] Para secretários da mesa, o presidente indicou, e foram escolhidos por aclamação, os senhores Bento José da Cunha Lima e Ezequiel Correia dos Santos. Após a entrega e apuração das cédulas, foram eleitos Manoel Theodoro de Araújo Azambuja para juiz de paz e João Silveira do Pillar para suplente. Após a listagem dos demais nomes votados, seguiu-se a lista de nomes dos cidadãos que "deixaram de entregar as suas cédulas", os quais foram multados em dez mil réis.[579]

---

[576] AGCRJ. BR RJAGCRJ: Livro da Ata Eleitoral da Freguesia de Sacramento – 3º distrito (1836), n. 62.3.64, 19 set. 1836.

[577] O procurador da câmara Venâncio José Lisboa era pai do doutor Venâncio José Lisboa Filho, que foi eleito juiz de paz para dois mandatos. O próprio Venâncio Lisboa ocupava o cargo de juiz de paz em 1833, apesar de o seu nome não constar na lista dos quatro juízes mais votados nessa eleição.

[578] AGCRJ. BR RJAGCRJ: Livro da Ata Eleitoral da Freguesia de São José (1829), n. 62.2.54, 17 jan. 1829.

[579] AGCRJ. BR RJAGCRJ: Livro da Ata Eleitoral da Freguesia de São José (1829), n. 62.2.54, 17 jan. 1829.

Conforme o que aconteceu para a maioria das freguesias urbanas investigadas nesta pesquisa, não localizamos a ata eleitoral da eleição anulada de 1832, mas, de acordo com a "Ata da eleição dos juízes de paz do primeiro distrito da freguesia de São José", em 17 de fevereiro de 1833 a Câmara Municipal designou que essa eleição acontecesse no consistório da igreja de São José. Aliás, além das instruções do Código do Processo para a eleição de um juiz para cada distrito e "das ordens do governo" nesse sentido, coube à Câmara Municipal publicar os editais para as chamadas das sobreditas eleições municipais. Em 1833, o presidente da mesa eleitoral foi o juiz de paz suplente João Silveira do Pillar. O total de cédulas somou 1.527 e, "separadas as que pertenciam a eleição dos quatro juízes de paz do referido distrito, achou-se ser oitocentos e vinte cédulas".[580] Sobre o resultado da apuração dos votos, importa comparar as informações publicadas na imprensa periódica com os dados registrados na ata eleitoral.

Quadro 13 – Resultados da apuração eleitoral do 1º distrito da freguesia de São José (1833)

Juiz de paz eleito	Diário do Rio de Janeiro	Livro da ata eleitoral
Balthazar da Silva Lisboa	540 votos	544 votos
José Joaquim de Gouvêa	518 votos	523 votos
Francisco Aires da Gama	276 votos	277 votos
André Antônio de Araújo Lima	273 votos	275 votos

Com efeito, como já foi dito, não foi a primeira vez que os resultados publicados nas folhas foram ligeiramente menores que as informações registradas em ata eleitoral. *A priori*, era responsabilidade da Câmara Municipal divulgar essas informações nos jornais por meio de editais. De todo modo, a polêmica no tocante à apuração eleitoral de 1833 no 1º distrito da freguesia de São José gira em torno do resultado do terceiro colocado para ocupar o cargo de juiz de paz. De acordo com a ata eleitoral, *Manoel Theodoro de Araújo Azambuja* foi eleito com 313 votos, enquanto Francisco Aires da Gama obteve 277 votos, seguido do quinto colocado, André Antônio de

---

[580] AGCRJ. BR RJAGCRJ: Livro da Ata Eleitoral da Freguesia de São José – 1º distrito (1833), n. 62.3.6, 17 fev. 1833.

Araújo Lima, com 275 votos. O fato é que Francisco Aires da Gama ocupou a posição de Azambuja no resultado final da eleição.[581]

De acordo com os registros da ata eleitoral do 1º distrito da freguesia de São José, quatro juízes de paz saíram eleitos, "deixando de ser considerado Manoel Theodoro de Araújo Azambuja, que era o terceiro na ordem dos mais votados, por se achar pronunciado". Essa alegação sobre o impedimento de pronunciados na Justiça pautada na interpretação de instruções e leis que regulamentavam as eleições demandou do então presidente da mesa, o moderado João Silveira do Pillar, o reconhecimento da falha na organização da lista de eleitores aptos para o pleito. Entretanto, Pillar enumera cinco motivos que teriam justificado a anulação das cédulas eleitorais que elegiam Azambuja:

> Primeiro, por serem anônimas; segundo, porque sendo assinadas de cruz não continham assinatura alguma ou de outra pessoa a rogo do votante, na conformidade do artigo sétimo das citadas instruções; terceiro, porque sendo algumas remetidas em Cartas, não estavam estas na conformidade da Lei; quarto, porque sendo outras lançadas sobre a mesa, sem que fossem entregues, não se pode verificar as identidades dos apresentantes; e quinto finalmente, porque foram remetidas sem carta declaratória dos motivos porque não compareciam pessoalmente os votantes.[582]

De fato, como pudemos observar no capítulo II, a eleição de 1833 foi bastante conturbada, especialmente pela disputa estabelecida entre os grupos políticos moderado e caramuru. Nesse contexto de eleição municipal e manifestações de rua na Corte, não é possível ignorar que havia, no mínimo, um conflito de interesses entre o presidente da mesa eleitoral, o juiz de paz suplente João Silveira do Pillar, e seu adversário político, o juiz de paz reeleito Manoel Azambuja. No decorrer deste trabalho é possível notar as disputas políticas em torno da eleição para o cargo de juiz de paz do caramuru Azambuja e do moderado João do Pillar. Contudo, apesar do afastamento de Azambuja da magistratura, o resultado da apuração eleitoral no 2º distrito da freguesia de São José revelou o alcance de sua notoriedade social na municipalidade, pois, mesmo diante das controvérsias políticas e sendo residente em outro distrito, Manoel Azambuja também obteve votos nesse distrito.[583]

---

[581] AGCRJ. BR RJAGCRJ: Livro da Ata Eleitoral da Freguesia de São José – 1º distrito (1833), n. 62.3.6, 17 fev. 1833.
[582] AGCRJ. BR RJAGCRJ: Livro da Ata Eleitoral da Freguesia de São José – 1º distrito (1833), n. 62.3.6, 17 fev. 1833.
[583] AGCRJ. BR RJAGCRJ: Livro da Ata Eleitoral da Freguesia de São José – 2º distrito (1833), n. 62.3.7, 17 fev. 1833.

A representatividade de indivíduos como Azambuja na localidade pode ser explicada pelas redes de relações políticas que se estabelecem em torno de determinados nomes para ocupantes de cargos estratégicos. No entanto, para além disso, é preciso considerar a trajetória do próprio indivíduo em uma freguesia que foi palco de importantes eventos da vida social e política da cidade. Ademais, a freguesia de São José abrigava importantes instituições em seu território, como o Hospital da Santa Casa de Misericórdia, na Praia de Santa Luzia, e a Câmara dos Deputados, no Largo da Assembleia.[584] Azambuja era um cidadão dessa localidade, onde construiu sua carreira militar e se inseriu na cena pública. O afastamento compulsório do cargo de juiz de paz, em 1832, tinha total relação com o movimento de protesto dos caramurus de 12 de setembro daquele ano, que aconteceu nas ruas da freguesia de São José,[585] no qual Azambuja teve participação ativa, apesar de ocupar o cargo de magistrado de paz.

O que a classe política ainda estava descobrindo, porém, é que aquelas eleições locais mobilizavam os votantes e desafiavam as fórmulas usuais de atingir certos objetivos eleitorais.

3.1.6 Freguesia do Engenho Velho

Além da freguesia da Candelária, a única ata da eleição de 1832 encontrada foi a da freguesia do Engenho Velho. Nesse sentido, dada a importância dessa eleição, seu registro foi levado em conta, ainda que essa freguesia tenha sido considerada urbana apenas a partir do ano de 1833, quando "o vereador João Pedro da Veiga apresentou um projeto à câmara municipal dividindo algumas freguesias da cidade, ficando na mesma data julgada e aprovada a proposta apresentada. O artigo 6º do projeto, depois convertido em lei, dividiu o Engenho Velho em dois distritos".[586]

Como é sabido, a eleição de 1832 foi marcada por uma virulenta campanha eleitoral na imprensa fluminense e atravessada pelas disputas dos grupos políticos. De fato, a anulação do pleito eleitoral de 1832 justificou-se sob o argumento da divisão das freguesias em novos distritos, conforme orientava o novo Código do Processo Criminal, apesar de a promulgação do código ter sido posterior à data da eleição em questão e de os votados já terem tomado posse do cargo. Desperta a atenção o

---

[584] BERGER, 1965, p. 133.
[585] Sobre o protesto de rua, ver BASILE, 2022.
[586] BERGER, 1965, p. 45.

fato de a apuração dessa eleição não ter sido divulgada nos jornais, por exemplo. Não localizamos nenhuma relação de nomes dos votados nos periódicos, a despeito das demais eleições. Porém, foram as discussões em torno de certos juízes de paz já empossados, como consequência dessa eleição de 1832, que comprovaram a sua efetiva realização. Doravante, a localização de dois livros atas referentes a essa eleição compõem um precioso registro documental:

> Ano de nascimento de nosso Senhor Jesus Cristo de mil oitocentos e trinta e dois, aos sete dias do mês de setembro do dito ano, unodécimo da Independência do Império na sacristia desta matriz de São Francisco Xavier do Engenho Velho em observância a lei de 1º de outubro de 1828, tendo precedido a fixação dos editais na forma da mesma lei, reunida a assembleia paroquial para assim se proceder a eleição [...][587]

O presidente da mesa eleitoral da freguesia do Engenho Velho era o juiz de paz em exercício José Gomes Ferreira, assistido "pelo reverendo vigário Manoel Joaquim Rodrigues Dantas". Entre os dois secretários nomeados por aclamação, um deles é Pedro Cyríaco Pacheco, que viria a ser juiz de paz da freguesia do Engenho Velho por mais de uma vez, apesar das polêmicas levantadas na imprensa sobre sua candidatura.

Depois da composição da mesa, as cédulas eleitorais foram recebidas perfazendo 377, mas "por faltar grande número a receber se levantou a sessão na forma das instruções". De acordo com o novo registro da ata, a apuração só foi retomada no dia 12 de setembro de 1832, ou seja, cinco dias depois. Na ocasião, foram contabilizadas 400 cédulas. O primeiro nome mais votado da lista apresentada para juiz de paz foi João Martins Lourenço Vianna[588], com 239 votos.[589] Entretanto, um dia depois desse resultado, no dia 13 de setembro de 1832, um novo registro em ata confere a vitória a José Gomes Ferreira, que havia obtido, de acordo com a ata do dia 12, o total de 54 votos, mas que "em último resultado achou-se ter obtido" o total de 322 votos.[590] Essa surpreendente reviravolta no resultado da eleição para juiz de paz, que transitou entre os dias 7 e 13 de setembro, não traz uma explicação razoável sobre como se chegou a esse "último resultado". Importa

---

[587] AGCRJ. BR RJAGCRJ: Livro da Ata Eleitoral da Freguesia do Engenho Velho – 1832, n. 62.2.57, 7 set. 1832.

[588] O capitão e proprietário João Martins Lourenço Vianna foi membro do primeiro Conselho da Sociedade Militar. Ver BASILE, 2022, p. 726.

[589] AGCRJ. BR RJAGCRJ: Livro da Ata Eleitoral da Freguesia do Engenho Velho – 1832, n. 62.2.57, 12 set. 1832.

[590] AGCRJ. BR RJAGCRJ: Livro da Ata Eleitoral da Freguesia do Engenho Velho – 1832, n. 62.2.57, 13 set. 1832.

destacar, porém, que José Gomes Ferreira era nada menos que o juiz de paz em exercício na freguesia, além de estar à frente da condução do processo eleitoral na condição de presidente da mesa.

Quanto à apuração para juiz de paz suplente, a ata do dia 13 de setembro informa que, seguindo a resolução da Assembleia Geral Legislativa de 1830, "juntando os votos que os mesmos indivíduos obtiveram para juiz de paz" chegou-se ao resultado seguinte: Félix José de Souza para suplente, com 241 votos.[591]

Com efeito, desde a maneira como os resultados foram organizados e expostos na redação da ata (sem obedecer à sequência e posição dos indivíduos na eleição) até a contraditória mudança de posição dos votados para o cargo de juiz de paz denotam irregularidades durante o processo de apuração eleitoral. Contudo, essa ocorrência registrada no livro da ata eleitoral da freguesia do Engenho Velho corrobora o que a historiografia já havia dito sobre as disputas eleitorais entre os grupos políticos moderado e caramuru em torno da eleição municipal. Há fortes indícios de que o juiz de paz do Engenho Velho que acabou reeleito na reviravolta da apuração eleitoral daquele ano, José Gomes Ferreira, era membro da facção caramuru, que fazia oposição ao governo da Regência.[592]

Não à toa, a disputa das facções políticas pela vitória eleitoral nos municípios encontra o seu termo ante os resultados. Em 21 de fevereiro de 1833, logo após a anulação da eleição anterior, o juiz de paz José Gomes Ferreira, então presidente da mesa eleitoral, anunciou o resultado da sobredita eleição de 1833 que deu a ele mais um mandato na Justiça de Paz.[593]

Na eleição de 1836, para o mandato da magistratura de paz do 2º distrito da freguesia do Engenho Velho, o juiz de paz e presidente da mesa eleitoral, Elias Antônio Lopes, indica os nomes de Paulo Fernandes Vianna e Joaquim José da Siqueira para secretários e, para escrutinadores, os desembargadores

---

[591] AGCRJ. BR RJAGCRJ: Livro da Ata Eleitoral da Freguesia do Engenho Velho – 1832, n. 62.2.57, 13 set. 1832.

[592] A trajetória de José Gomes Ferreira na magistratura de paz da freguesia da Engenho Velho é marcada por envolvimentos distintos nos movimentos urbanos políticos do período. De acordo com os registros jornalísticos, durante o ano de 1831, Gomes parecia empenhado no combate aos "indivíduos que intentem subverter a ordem do governo". Cf. Diário do Rio de Janeiro, n. 14, 17 nov. 1831. Em julho de 1833, porém, o sobredito juiz de paz surge na relação nominal das "pessoas julgadas com criminalidade" pelos distúrbios urbanos de dezembro de 1833, ou seja, os movimentos caramurus contestatórios que aconteciam na cidade. Ver A Aurora Fluminense, v. 7, n. 934, 18 jul. 1834. Soma-se a isso o fato de que, em sua trajetória, José Gomes Ferreira havia sido membro da Sociedade Militar, uma associação política caramuru. Com efeito, não seria uma atitude inusitada naquele contexto uma mudança de alinhamento político; a historiografia sobre o assunto já tratou sobre esse aspecto político para o período. Ver BASILE, 2022; MOREL, 2005; RIBEIRO, 2002.

[593] AGCRJ. BR RJAGCRJ: Livro da Ata Eleitoral da Freguesia do Engenho Velho – 1833, n. 62.3.21, 21 set. 1833.

Antônio Pereira Barreto Pedroso, que havia ocupado o cargo de intendente geral de polícia da Corte, e Aureliano de Souza e Oliveira Coutinho. Alguns desses indivíduos que tomaram parte nas mesas eleitorais exercendo as funções de secretário ou escrutinadores eram homens proeminentes nos circuitos econômico e político da cidade-Corte e, doravante, alguns deles também ocuparam o cargo de juiz de paz. Quanto ao resultado da apuração eleitoral de 1836, mais uma vez José Gomes Ferreira foi um dos dois nomes mais votados na eleição para juiz de paz, perfazendo o terceiro mandato consecutivo.[594]

3.1.7 Freguesia da Lagoa

"Em 7 de setembro de 1836, na capela de São Clemente, que serve de paróquia da freguesia de São João Baptista da Lagoa de Rodrigues de Freitas, se reuniu o Povo, sob a presidência do atual juiz de paz José Francisco da Silva. O reverendo José Corrêa de Sá Coelho, celebrou a missa do Espírito Santo e fez um discurso análogo ao objeto".[595]

Lavrada a ata eleitoral dessa eleição de 1836 na freguesia da Lagoa, o presidente da mesa indagou se havia alguma denúncia que recaísse "em pessoas ou pessoa determinadas, e não havendo quem denunciasse, se procedeu o recebimento das cédulas". Ocorre que, logo após a contabilização dos 197 votos para juiz de paz, a mesa foi comunicada de que "muitos cidadãos não tinham conseguido dar seus votos por serem Guardas Nacionais, e estarem a serviço na parada do dia de hoje (*7 de setembro*)". Então, a mesa deliberou que o recebimento dos votos dos guardas acontecesse no dia posterior, 8 de setembro, quando seria retomada a sessão e a recontagem dos votos.[596]

É digno de nota a atenção do presidente da mesa em conferir um aspecto de lisura ao processo que culminaria na apuração eleitoral, desde a abertura da sessão, ao se dirigir ao "Povo" como testemunha daquele evento, à decisão de suspender a apuração para que os guardas nacionais, que estavam de serviço na parada cívica de 7 de setembro, dessem os seus votos. Ademais, ficou registrado em ata que os "papéis" concernentes às apurações ficariam "separadamente dentro da Mesa, que sendo fechada com duas chaves, ficou uma delas em poder do presidente e outra em poder do secretário, e depois de lacrada ficou depositada dentro da capela".[597]

---

[594] AGCRJ. BR RJAGCRJ: Livro da Ata Eleitoral da Freguesia do Engenho Velho – 1836, n. 62.3.21, 7 set. 1836.
[595] AGCRJ. BR RJAGCRJ: Livro da Ata Eleitoral da Freguesia da Lagoa – 1836, n. 62.3.71, 7 set. 1836.
[596] AGCRJ. BR RJAGCRJ: Livro da Ata Eleitoral da Freguesia da Lagoa – 1836, n. 62.3.71, 7 set. 1836.
[597] AGCRJ. BR RJAGCRJ: Livro da Ata Eleitoral da Freguesia da Lagoa – 1836, n. 62.3.71, 7 set. 1836.

Com efeito, em 8 de setembro de 1836, "os cidadãos guardas nacionais" depositaram suas 78 cédulas na urna eleitoral da freguesia da Lagoa: 44 votos para vereadores da Câmara Municipal e 44 votos para juiz de paz, totalizando 241 votos para os magistrados.

Quanto a essa única ata eleitoral localizada para a freguesia da Lagoa, vale destacar a iniciativa dos Guardas Nacionais requerendo o direito do voto, assim como o cuidado da mesa eleitoral em registrar um aspecto de transparência ao processo eleitoral na freguesia; dois eventos não necessariamente recorrentes naquele contexto, especialmente porque a transparência nas eleições não parece ser uma preocupação das autoridades naquele período.

3.1.8 Freguesia da Glória

Em 7 de setembro de 1836, na "Igreja Matriz de Nossa Senhora da Glória", reuniu-se a assembleia paroquial para eleição dos juízes de paz do 2º distrito da freguesia da Glória. Diferentemente do que foi registrado nas atas das demais freguesias, o presidente da mesa eleitoral da Glória era o juiz de paz do 3º distrito da freguesia de São José, "o Coronel Comendador Manoel Moreira Lírio". Na ocasião, foram eleitos "os cidadãos Sebastião Vieira do Nascimento cento e nove,[598] Manoel Moreira Lírio cento e dois, João Caetano Oliveira Guimarães oitenta e seis, Candido Porfírio de Assis Araújo oitenta e três" votos. A ata registrou os nomes dos votantes ausentes condenados a multa de 10 mil réis.[599]

Sobre o presidente da mesa eleitoral, duas ocorrências chamam a atenção: primeiramente o fato de o juiz de paz da freguesia de São José estar conduzindo a mesa eleitoral de outra freguesia e, não obstante, acabar sendo reeleito para o cargo de juiz de paz na freguesia da Glória. Com efeito, a Glória se desmembrou da freguesia de São José em 1833, mas desconhecemos quais tenham sido os instrumentos utilizados para justificar essa interferência do juiz de paz de São José na freguesia da Glória na apuração eleitoral de 1836.[600]

Entre as oito freguesias estudadas neste trabalho de pesquisa, a Glória, a Lagoa e o Engenho Velho são as que apresentam os menores índices de ocupação populacional, de acordo com as estimativas dos censos de 1821 e 1838. Nesse ínterim, entre os moradores do Engenho Velho, por exemplo,

---

[598] Sebastião Vieira do Nascimento foi sócio fundador da Sociedade Federal Fluminense.
[599] AGCRJ. BR RJAGCRJ: Livro da Ata Eleitoral da Freguesia da Glória – 1836, n. 62.3.58, 7 set. 1836.
[600] AGCRJ. BR RJAGCRJ: Livro da Ata Eleitoral da Freguesia da Glória – 1836, n. 62.3.58, 7 set. 1836.

o número de escravos é superior ao de população livre.[601] Cumpre observar que, nesse período, a diferenciação dos aspectos urbanos e rurais entre essas freguesias ainda era uma linha tênue. A partir de 1833, com a nova divisão das freguesias em zonas distritais, há um novo rearranjo nessas localidades, o que não significa, necessariamente, que haja uma imediata diferenciação nos aspectos sociais e políticos; o que talvez explique a permanência do juiz de paz de São José conduzindo a eleição na freguesia desmembrada (Glória).

Com efeito, os dados sobre o processo eleitoral fornecidos por meio desses manuscritos (livros das atas) compõem um precioso arcabouço documental, junto com as informações obtidas na imprensa. Se as publicações dos votantes nos jornais denotam a participação ativa desses eleitores de 1º e 2º graus desde a campanha eleitoral, as denúncias, petições e críticas registradas nos livros das atas durante o processo de apuração dos votos ratificam esse sentido: a participação dos votantes nas eleições municipais representou um instigante exercício de cidadania. Claro que as disputas políticas e as manobras eleitorais estavam à espreita dos resultados – a denúncia feita contra o caramuru eleito João Huet denota isso – , mas em se tratando de eleições municipais, esses procedimentos não foram tão simples assim. Nem mesmo a formação da mesa eleitoral escapou às críticas sobre supostas irregularidades na escolha dos membros.

A propósito, cumpre observar que pelo menos três secretários nomeados para compor a mesa das eleições para juízes de paz saíram eleitos para o cargo da magistratura nas respectivas freguesias. O mesmo aconteceu com alguns juízes de paz que presidiam a mesa das eleições para as quais se reelegeram. De fato, a participação nas eleições municipais parece ter despertado o interesse de indivíduos de destaque na cena pública: Theophilo Benedicto Ottoni, Ezequiel Corrêa dos Santos, Paulo Fernandes Vianna (filho) e os desembargadores Aureliano de Souza e Oliveira Coutinho e Antônio Pereira Barretos Pedrozo aceitaram a nomeação para os cargos de secretários e escrutinadores das mesas eleitorais.

Os jornais e as atas eleitorais revelaram o instigante processo que culminou nos mandatos investigados para a magistratura de paz nas freguesias da cidade do Rio de Janeiro. Doravante, foi preciso conhecer o perfil e a trajetória desses homens eleitos na e para a localidade, ou seja, foi preciso conhecer quem era "o juiz de paz da freguesia".

---

[601] É sabido que os dados dos censos para este período não são precisos, porém é a projeção aproximada que temos daquela realidade. Sobre esses dados, ver também: Tabela 2 – População carioca distribuída entre livre e escrava; ABREU, 2013, p. 39.

CAPÍTULO 4

"SENHOR, DOUTOR, CIDADÃO": O JUIZ DE PAZ DA FREGUESIA

> O Cidadão Juiz de Paz do 1º distrito da freguesia de São José,[602] O Doutor Balthazar da Silva Lisboa, do Conselho S. M. Imperial e comendador da Ordem de Christo [...] Faz saber que as Audiências deste juízo continuarão a ser feitas em uma das salas da Câmara Municipal [...].[603]

Poucos meses depois da posse dos juízes de paz eleitos para a primeira magistratura, o jornal *Diário do Rio de Janeiro* publicou, na coluna *Declarações*, o resumo dos trabalhos realizados pelos juizados de paz de quatro das cinco freguesias centrais do Rio de Janeiro — São José, Sacramento, Santana e Candelária —, remetidos por seus respectivos magistrados. Em nota, o escrivão de Sacramento destacou que estava a serviço do juiz de paz da freguesia, fazendo "apresentar ao respeitável público"[604] o resumo dos trabalhos e das causas que, até o fim do mês de março de 1830, estavam sob a alçada daquele juizado de paz.

Seguindo o mesmo padrão de destaque dado às ações e aos trabalhos realizados ao longo daquele primeiro ano da magistratura eletiva, além do juiz de paz Francisco Alves de Brito, da freguesia de Sacramento, publicaram suas listas na folha os juízes Manoel Theodoro de Araújo Azambuja, da freguesia de São José, Custódio Xavier de Barros, eleito para a freguesia de Santana, e Luiz Francisco Braga, juiz de paz da freguesia da Candelária. Talvez não seja possível saber as razões que moveram esses juízes recém-eleitos a prestarem, voluntariamente, conta de seus atos. Mas, de fato, além das informações cotidianas da magistratura leiga publicadas por meio da imprensa — como horário e local de atendimento ao público —, esses agentes públicos compartilharam seus feitos nos jornais, registrando parte

---

[602] Diário do Rio de Janeiro, n. 0500013, 1833.
[603] Diário do Rio de Janeiro, n. 0400008, 1833.
[604] Diário do Rio de Janeiro, n. 100003, 5 ago. 1831.

da trajetória institucional da magistratura de paz a partir dos trabalhos por eles produzidos.

De todo modo, é preciso considerar que esses cidadãos foram eleitos para ocupar o cargo em quatro das cinco freguesias centrais da cidade, ou seja, a localidade com a maior concentração populacional da região.[605] Ademais, a partir do processo de demarcação dos limites urbanos implementados durante a década de 1830,[606] o espaço onde estavam localizadas essas freguesias representava o centro administrativo e portuário da cidade do Rio de Janeiro.[607] Assim sendo, é inegável a importância política e econômica dessas freguesias centrais no cenário da capital do Império, que, a partir de 1834, passaram a compor o município neutro.[608] Além disso, um desafio dos juízes de paz da cidade-Corte era o controle dos comportamentos sociais no meio urbano, no intuito de garantir a tranquilidade pública em uma cidade onde a fragilidade laboral dos homens livres e pobres somava-se às epidemias, ao desabastecimento de água, à precariedade das forças policiais, à escravidão urbana e aos protestos políticos de rua na Corte. Compreender as ações dos magistrados locais, considerando como e por que agem esses indivíduos em determinadas situações e espaços, e a influência do "campo de forças antagônicas" contribui para desnaturalizar a ideia de premeditação por trás de cada ação dos agentes.[609]

Importa destacar que três dos quatro juízes de paz das freguesias citadas nos jornais foram reeleitos nas eleições seguintes,[610] o que talvez denote uma relação entre a publicidade dos trabalhos do primeiro ano de magistratura e a eleição. O fato é que as informações contidas nos "resumos das causas feitas" fornecem uma perspectiva concreta sobre as primeiras ações dos juízes de paz dessas freguesias.

---

[605] Guardadas as imprecisões dos censos demográficos no Brasil do século XIX, os censos dos anos de 1821 e 1838 mostram que, das oito freguesias urbanas investigadas neste trabalho de pesquisa, as freguesias centrais de Sacramento, Santana, São José, Santa Rita e Candelária são as mais populosas. Ver Tabela 2 – População carioca distribuída entre livre e escrava: SANTANA, 2019, p. 40. Não localizamos o resumo dos trabalhos do juizado de paz da freguesia central de Santa Rita.

[606] BERGER, 1965, p. 7-9.

[607] ABREU, 2013, p. 37-42.

[608] BERGER, 1965, p. 7.

[609] BOURDIEU, 1989, p. 81; 83.

[610] Sabemos que o juiz de paz Manoel Azambuja foi reeleito na eleição de 1832, que acabou sendo anulada após a posse dos magistrados, em janeiro de 1833. Quanto às demais, apenas Francisco Alves de Brito não foi eleito **novamente** no período aqui investigado.

Tabela 3 – Resumo das causas feitas nos juizados de paz (1830)

Freguesias	Período	Trabalhos	Nº
Sacramento	Maio a julho	Conciliações feitas em audiência	125
		Ditas não conciliadas	55
		Ditas esperadas ou sem efeito pelas partes, por não falarem nelas	32
		Ditas em andamento	14
		Infrações de Posturas, sendo uma delas apelada	3
		Termos de Bem-viver	2
		Corpos de delitos remetidos ao juiz do bairro incluído, sendo um desses auto de achada de trates, que foi remetido ao Tesouro de Ausentes	5
		Ditos a requerimento de partes, contendo um deles auto de arrombamento de portas	11
		Exame do réu indicado (bígamo) conduzido debaixo de vara, interrogado na forma da lei, remetido com o processo ao juiz do bairro	1
		Dito preso em flagrante sob ordem do juiz e solto por ordem deste	1
		Total	249
Santana	Maio a julho	Conciliados	70
		Não conciliados	2
		Não ditas por interesses d'órfãos	0
		Não dita por interesse nacional	1
		Absolvições de instância	8
		Infrações de Posturas	16
		Juramentos d'Alma por aprazimento das partes	7
		Condenações por falta de provas	4
		Termos de declaração	1
		Corpo de delito direto	16
		Ditos indiretos	4
		Termos de Bem-viver	10
		Dito de composição	2
		Ofícios a diversas estações	16
		Total	167

Freguesias	Período	Trabalhos	Nº
Candelária	Julho a dezembro	Conciliações verificadas em audiências	130
		Ditas não verificadas	88
		Ditas verificadas fora da audiência	?
		Ações adiadas e não decididas	87
		Ditas de condenações por violações de Posturas da Câmara Municipal	47
		Ditas de absolvição da instância	2
		Auto de diligência por indicação de roubo	1
		Auto de corpo de delito por mortes remetido ao competente desembargador juiz do crime	6
		Dito por ferimento e roubo	14
		Dito indireto	1
		Total	**335**
São José	Fevereiro a dezembro	Conciliações terminadas	287
		Não conciliadas	124
		Termos de Bem-viver	18
		Infrações de Posturas	70
		Total	**499**
		Conciliações verificadas em audiências	410
		Ditas em particular pelo juiz	7
		Ditas conciliadas em parte	2
		Ações não conciliadas	197
		Ditas em andamento	25
		Ditas não tomadas em conhecimento por não pertencerem à freguesia	7
		Ditas absolvidas da Instância por não comparecerem os autores	10
		Ditas esperadas ou sem efeito, por não haver quem nelas falem	73
		Ditas esperadas por dependerem de resposta de fora da cidade	3
		Infrações de Posturas da Câmara Municipal	49
		Ditas não julgadas por se dar de suspeito o juiz	2
		Ditas apeladas pelo réu	4

Freguesias	Período	Trabalhos	Nº
São José	Fevereiro a dezembro	Auto de exames e achada de trates	2
		Apresentação de menor	1
		Apresentação de trastes	1
		Ação de reclamação sobre lançamento de Décima	1
		Justificações	4
		Dito justificado o justificante e dado ao mesmo guia	1
		Protesto sobre abuso que se pretendia fazer pela imprensa de vida privada	1
		Termos de Bem-viver com cominação de pena	19
		Dito (ilegível) remetido ao juízo do distrito	1
		Dito requerido, e não concluído	4
		Corpos de delitos requeridos e ex officio	42
		Dito sendo o réu preso, interrogado e remetido ao juízo competente por haver espancado e ferido a mulher	1
		Dito remetido do juízo de paz da freguesia de São Gonçalo e, nesse juízo, conciliadas as partes	1
		Autuado e preso por ladrão e remetido com o auto ao juiz do crime do bairro	1
		Dito autuado e remetido ao juízo do crime da Corte	1
		Dito preso em flagrante sob ordem do juiz e solto sob ordem deste	1
		Réu estrangeiro, casado duas vezes com mulheres vivas, conduzido e interrogado na forma da lei, remetido com o processo ao juízo do crime do bairro	1
		Ofícios deste juízo a diversas autoridades	35
		Ditos recebidos	34
		Quitações das multas da Câmara Municipal tomadas no cartório	12
		Requerimentos despachados para diversas ações, do dia 5 de junho até o fim de 1830:	

Freguesias	Período	Trabalhos	Nº
São José	Fevereiro a dezembro	Junho	150
		Julho	200
		Agosto	198
		Setembro	163
		Outubro	165
		Novembro	190
		Dezembro	188
		Testamentos feitos e aprovados	5
		Ditos aprovados	6
		Guia para enterros	7
		Total	2.159

Fonte: Diário do Rio de Janeiro, n. 0800002, 3 ago. 1830; n. 0800004, 5 ago. 1830; n. 0100003, 5. jan. 1831; n. 0100023, 31 jan. 1831. As informações das tabelas foram compiladas tal qual apresentadas na fonte. Entretanto, indicamos os resultados da recontagem dos números parciais e totais no texto que segue e em notas de rodapé.

Quanto à análise dos dados, as informações indicadas pelos juizados de paz das sobreditas freguesias em períodos distintos dificultam o cruzamento dessas ações, tornando imprecisa a tentativa de estabelecer relações. Entretanto, é possível examinar pelo menos três ações comuns a quase todas as freguesias apresentadas:[611] conciliações, Posturas e Termos de Bem-viver.

Na freguesia de Santana, nos meses de maio, junho e julho de 1830, do total de 157[612] ações apresentadas, 73 foram de conciliações, que correspondem a 46,5%; 10 Termos de Bem-viver foram assinados (6,4%) e 16 ações foram sobre infrações de Posturas Municipais, correspondendo a mais ou menos 10% de todas essas ações.

Na lista de ações apresentada pelo juizado de paz da freguesia da Candelária, entre os meses de julho e dezembro de 1830, das 376[613] ações

---

[611] Exceto a freguesia da Candelária, que entre suas ações não apresentou os Termos de Bem-viver.

[612] O somatório total das ações (167) publicado no jornal está em desacordo com o quantitativo das informações apresentadas. Portanto, o somatório total correto é: 157 ações.

[613] Na freguesia da Candelária, o somatório total das ações (335) publicado no jornal está em desacordo com os dados fornecidos na lista. Portanto, o somatório total correto é: 376.

listadas, 218 foram de conciliações (58%)[614] e 47 "causas" estavam relacionadas à infração de Posturas Municipais, ou seja, 12,5% do total.

Em São José, das 499 ações processadas entre os meses de fevereiro e dezembro de 1830, 411 corresponderam a conciliações (82%), 18 se relacionavam aos Termos de Bem-viver (3,62%) e 70 foram por infrações de Posturas Municipais (14%).

O juizado de paz da freguesia de Sacramento foi o mais empenhado na divulgação de suas ações do ano de 1830: publicou, em agosto, os resultados dos meses de maio e julho e, em janeiro de 1831, um resumo com o demonstrativo de todo o ano. Sobre esse demonstrativo anual divulgado no *Diário do Rio de Janeiro*,[615] do total de 2.225[616] ações, 616, ou seja, 27,7% dos casos corresponderam a conciliações, 47 casos (12,5%) foram sobre infrações de Posturas Municipais e 24 (1,08%) foram de assinaturas de Termos de Bem-viver. Vale destacar que, no demonstrativo dos meses de maio a julho de 1830 dessa freguesia, das três infrações de Posturas registradas, uma sofreu apelação da parte do réu. No resumo das causas feitas entre os meses de fevereiro e dezembro do mesmo ano, consta que duas infrações de Posturas não foram julgadas, "por se dar o juiz de suspeito" na ação, e quatro sofreram apelação dos réus.

Essa informação sobre pedidos de recursos às decisões do juízo de paz da freguesia de Sacramento quanto ao enquadramento dos indivíduos em infrações de Posturas Municipais corrobora a observação de Campos sobre as orientações previstas nos "Manuais" ou "Guias para os Juízes de Paz", como foram denominados. De acordo com a autora, guardadas as sutilezas entre os livros de Diogo Antônio Feijó e Bernardo de Vasconcellos, a elaboração desses dois manuais, em 1829, tinha como finalidade precípua orientar os magistrados leigos sobre suas funções à vista da legislação. Quanto ao caráter decisório das ações desses juízes, os autores dos manuais entendiam que às decisões desses magistrados caberiam recursos bastante restritos. Para Feijó, por exemplo, a exceção seria justamente a "apelação nas questões sobre posturas municipais",[617] o que leva a crer que a divul-

---

[614] A título de sistematização, agrupamos todos os dados referentes às conciliações (verificadas, não verificadas e fora de audiência). Contudo, o somatório dessas informações foi feito por aproximação, uma vez que a fonte no quesito "fora de audiência" encontra-se ilegível.
[615] Diário do Rio de Janeiro, n. 0100003, 5 jan. 1831.
[616] O somatório total das ações publicado no jornal (2.159) está em desacordo com os valores apresentados. Portanto, de acordo com o novo somatório das informações, o total correto é: 2.225.
[617] CAMPOS; SLEMIAN; MOTTA, 2017, p. 42.

gação desses manuais na imprensa teve algum alcance junto à população da capital, pois passaram-se apenas alguns meses entre a publicação dos guias, em 1829, e os sobreditos registros de recursos do juizado de paz de Sacramento, já no primeiro ano da magistratura eletiva, em 1830.

Sobre os registros dos resumos apresentados, não surpreende o volume de ações conciliatórias, Termos de Bem-viver e Posturas Municipais registrado no primeiro ano de atividade da magistratura nas referidas freguesias. A lei que criou a Justiça de Paz definia sua natureza conciliatória e a função de mantenedora do sossego público. Segundo Luciano Pinto, mecanismos de controle social implementados no Rio de Janeiro, como Termos de Bem-viver e Posturas Municipais,[618] pressupunham disciplinar o meio urbano, no intuito de civilizar a turbulenta cidade-Corte. A criação do Código de Posturas Municipal de 1830 indica esse sentido, na medida em que torna punível comportamentos considerados escandalosos, torpes, obscenos, incivilizados ou perigosos.[619] Além de julgar e aplicar multas aos infratores das Posturas Municipais, o juiz de paz tinha à sua disposição outro instrumento de "supressão da periculosidade" urbana: os Termos de Bem-viver. O registro das ações consideradas desordeiras, ou potencialmente infracionais, é uma forma de sujeitar os indivíduos à assinatura de acordos (Termos), nos quais o sujeito se compromete a não reincidir no delito, sob advertência de punição.[620]

Em seu trabalho sobre a Câmara Municipal da cidade do Rio de Janeiro, Luciano Pinto observa que, "para garantir a ordem e a segurança da sociedade, como preconizava Bentham, era necessário precaver-se dos atos humanos delituosos".[621] Na conjuntura do período pós-Independência e da turbulência sociopolítica dos anos 1830 — e novas instituições e prescrições legais do Império brasileiro que buscavam civilizar sua capital —, o juiz local surge como a "primeira peça da engrenagem" do projeto liberal civilizatório. Nesse sentido, *conciliar os conflitos entre partes*, além de eximir a magistratura profissional dos pequenos litígios, era uma forma de agir preventivamente sobre as desordens urbanas, estabelecendo os limites da convivência na cidade do Rio de Janeiro.[622] De acordo com a lista apresentada

---

[618] PINTO, Luciano Rocha. **Câmara Municipal**: sociedade de discurso na cidade-corte do Império do Brasil (1828 – 1834). 2014. Tese (Doutorado em História Política) – Programa de Pós-Graduação em História, Universidade do Estado do Rio de Janeiro, Rio de Janeiro, 2014. p. 19-20.

[619] *Ibid.*, p. 54.

[620] *Ibid.*, p. 144; 50; 96; 140.

[621] PINTO, 2014. p. 49.

[622] *Ibid.*, p. 50.

do resumo dos trabalhos dos juízes de paz nas freguesias citadas, a atuação desses magistrados incidiu sobre causas diversas, dentre as quais: casos de bigamia, suspeita de roubo, ferimento, espancamento de uma mulher e casos de calúnia vinculados na imprensa. Aliás, esses registros dos trabalhos da magistratura de paz compõem parte da produção documental de outras instituições do Estado, como a Justiça e a polícia.

Os manuscritos que correspondem a ofícios, avisos, portarias, processos, julgamentos, extratos e mapas da criminalidade, além de mensagens diversas entre juízes de paz e autoridades da Corte, estão localizados em fundos e coleções do Arquivo Nacional, mas, em alguns casos, como julgamentos do Tribunal do Júri, podem ser encontrados em publicações de jornais.

Sem dúvida, a imprensa fluminense foi um importante veículo de divulgação e comunicação das ações da magistratura leiga. Por isso mesmo, em uma leitura atenta dessas publicações, é possível identificar a forma como são apresentados esses juízes, seus nomes e suas *distinções*.[623]

Tabela 4 – Títulos e honrarias[624]

Principal			Outros
Doutor	26	18%	3
Marquês	1	0,7%	1
Visconde	1	0,7%	1
Conde	2	1,4%	1
Barão	2	1,4%	1
Comendador	11	8%	4
Fidalgo/Cavalheiro das Ordens	14	10%	4
Total	57	40.2%	15
Total de juízes	140	100	100

---

[623] Aqui, utilizamos o temo "distinção" no sentido lato da palavra.
[624] Além dos jornais e dicionários biográficos, localizamos parte dessas informações no trabalho de pesquisa de ROSSATO, Jupiracy Affonso Rego. **Os negociantes de *grosso trato* e a Câmara Municipal da cidade do Rio de Janeiro**: estabelecendo trajetórias de poder (1808 – 1830). 2007. Tese (Doutorado) – Programa de Pós-Graduação em História Social, Universidade Federal do Rio de Janeiro, Rio de Janeiro, 2007.

Uma característica destacada nas referências a esses magistrados nas sobreditas fontes é a identificação por títulos e honrarias. Na Tabela 4, selecionamos as denominações mais frequentes, ou seja, como eram identificados — especialmente nos jornais — alguns dos 140 indivíduos eleitos (afora os reeleitos) entre os anos de 1829 e 1840. Até onde sabemos, do total dos magistrados eleitos 40% detinham títulos e honrarias; sendo 18% doutores e o somatório das demais categorias (Marquês, visconde, conde, barão, comendador e fidalgo/cavalheiro) contabilizando em torno de 32%. Os títulos de fidalgo, cavalheiro e comendador que alguns juízes de paz possuíam eram oriundos de certas honrarias de ordens militares, tais como a Ordem de Christo, do Cruzeiro e da Rosa, além da Imperial Ordem do Cruzeiro e da Casa Imperial. É digno de nota que entre esses indivíduos eleitos para o cargo da magistratura leiga havia detentores de títulos de envergadura da qualidade de marquês, visconde, conde e barão.

Como dito anteriormente, nessa lista de juízes de paz identificados por suas distinções, a mais frequente era a de "doutor" (18%). Em certos casos, porém, essa qualificação indicava a formação profissional dos indivíduos em Ciências Jurídicas, Ciências Naturais, Medicina e bacharelado em Letras. Entretanto, no mais das vezes, as fontes apresentam apenas a indicação de doutor atrelada aos nomes desses indivíduos. Vale destacar que aqueles que não foram classificados nas publicações dos periódicos por tais distinções tinham o nome precedido por "cidadão" ou "senhor". Ao apresentar o juiz de paz da freguesia de São José, citado na epígrafe deste capítulo — Balthazar da Silva Lisboa, irmão do visconde de Cairu —, os jornais não se restringiram a identificá-lo apenas como "cidadão"; seu título e sua honraria foram postos em destaque.

De acordo com Fonseca, no contexto da Independência brasileira, especialmente a partir da outorga da Constituição de 1824, a discussão jurídico-política em torno do direito de nobreza ensejou calorosos debates no Parlamento e no âmbito do Judiciário sobre a manutenção das distinções e dos privilégios. Isso porque, diante da intolerância de parte significativa do Legislativo ante os resquícios do Antigo Regime, como o "direito inerente às antigas ordens" portuguesas, os juristas e parlamentares brasileiros debruçaram-se sobre o assunto.[625] O ponto nevrálgico do tema era o "princípio da igualdade estabelecido na Constituição"; nesse sentido, a manutenção dos símbolos de distinção entre os cidadãos contrariava esse princípio.[626]

---

[625] FONSECA, Álvaro Monteiro Mariz. O "direito de nobreza" na cultura jurídico-política do Brasil imperial. **Almanack**, Guarulhos, n. 27, ea02219, 2021. Disponível em: https://www.scielo.br/j/alm/a/pBsykHs6fX38np3p-jXcRnzt/?format=pdf&lang=pt. Acesso em: 25 fev. 2022. p. 3.

[626] *Ibid.*, p. 13; 31.

O item XI do artigo 102 da Carta Constitucional assegurou ao imperador a concessão de títulos, honrarias e mercês pecuniárias, ou seja, garantiu a "autonomia imperial para agraciar". Segundo Fonseca, apesar de essa garantia ter sido uma vitória do imperador sobre o Legislativo, isso representou uma mudança significativa na criação e concessão de recompensas, baseada em edições de normas infralegais (avisos, decretos e decisões). A Constituição de 1824 passou a definir as regras, vedando os privilégios individuais e estabelecendo as categorias e a motivação para as concessões. Com efeito, entre os anos de 1833 e 1841, não se verificou a edição de normas infralegais sobre o tema.[627]

No Período Regencial, a Lei de 14 de junho de 1831 determinou que a Regência não poderia conceder títulos e honrarias.[628] Na Câmara dos Deputados, até a legitimidade dos títulos já concedidos desde a Independência foi questionada. Por outro lado, o deputado Antônio Pereira Rebouças argumentou que, em última instância, "os títulos possuíam um valor social, pois eram empregados como forma de tratamento, e portanto não precisam ser abolidos".[629] Com efeito, essa "forma de tratamento" tinha valores social e cultural tão colocados, que, apesar de esses títulos não serem mais transmitidos pelo critério da hereditariedade desde a Constituição de 1824, a publicação do obituário do juiz de paz da freguesia de Santana, em 1846, além de indicar todas as suas honrarias — como veremos mais adiante —, destacou que o título de comendador de Luiz Menezes de Vasconcellos Drumond era uma herança de família.[630] Vale destacar que no mesmo dia e ano da sobredita Lei (14 de junho de 1831), a Regência Trina Provisória editou um decreto que marcava os distintivos que os juízes de paz deveriam usar.[631]

Além dessas honrarias, eram concedidos títulos, ordens militares e distinções pelo imperador a certos indivíduos por bons "serviços feitos ao Estado"[632] ou àqueles que os possuíam por herança de sangue. Outro dado importante para a pesquisa sobre o juiz de paz da cidade do Rio de Janeiro são as informações sobre a ocupação profissional dos juízes eleitos para as seguintes magistraturas:

---

[627] FONSECA, 2021, p. 10-13.
[628] BRASIL. **Lei de 14 de junho de 1831**. Sobre a fórma da eleição da Regencia permanente, e suas attribuições. Rio de Janeiro: Collecção das Leis do Imperio do Brazil, 1831d. Disponível em: https://www2.camara.leg.br/legin/fed/lei_sn/1824-1899/lei-37250-14-junho-1831-563670-publicacaooriginal-87745-pl.html. Acesso em: 26 fev. 2022.
[629] FONSECA, *op. cit.*, p. 31.
[630] Jornal do Commercio, n. 356, 24 dez. 1846.
[631] BRASIL, 1831a (Decreto de 14 de junho de 1831).
[632] FONSECA, 2021, p. 5.

Tabela 5 – Ocupação profissional dos juízes de paz eleitos

Ocupação	Magistratura 1829 – 1833 Principal	Magistratura 1829 – 1833 Outra	Magistratura 1832/1833 – 1836 Principal	Magistratura 1832/1833 – 1836 Outra	Magistratura 1836 – 1840 Principal	Magistratura 1836 – 1840 Outra	Magistratura 1840 – 1844 Principal	Magistratura 1840 – 1844 Outra	Total – ocupação principal
Negociante	2 29%		8 14%	5	8 14%	5	6 10,2%	1	24
Proprietário	1 14,2%		5 8,7%	4	10 17,5%	4	12 20,3%	4	28
Magistrado			2 3,6%	1	3 5,2%		4 6,8%	1	9
Militar	1 14,2%	1	7 12,2%	6	4 7%	4	2 3,4%	2	14
Funcionário público civil			2 3,6%	1	3 5,2%		3 5%		8
Advogado	1 14, 2%		1 1,8%		1 1,8%		1 1,7%		4
Médico			2 3,6%	1					2
Empregado de fábrica			1 1,8%		1 1,8%				2
Boticário					2 3,6%	1			3
Padre/Reverendo			1 1,8%		2 3,6%				3
Presidente da Câmara Municipal/RJ*							1 1,7%		1
Deputado/Senador			1 1,8%				1 1,7%		2

								Professor	1
Total encontrado	5	71,6%	31	54,7%	35	59,7%	30	50,8%	101
Não identificado	2	28,4%	26	45,3%	22	40,3%	29	49,2%	79
Empossados e/ou eleitos	7	100%	57	100%	57	100%	59	100%	180

Fonte: Gazeta do Rio de Janeiro, n. 96, 10 ago. 1822; Diário do Rio de Janeiro, 1829 – 1842; Jornal do Commercio, n. 46, 1840, Jornal do Commercio, n. 26, 1841; Império do Brasil: Diário Fluminense (1821 – 1831), n. 0018, 28 nov. 1831; Revista Popular – Biographia, n. 7, 1860, p. 171-176; SÓCIOS... (2015); GONÇALVES (2004); ANRJ. Memória da Administração Pública Brasileira/Biografia – Período Imperial. Disponível em: http://mapa.an.gov.br/index.php/producao?layout=&id=536 Acesso em: 28 jan. 2022; MACEDO (1876, p. 21-24).

Quanto ao levantamento da ocupação profissional dos juízes de paz eleitos publicado em jornais, especialmente o *Diário do Rio de Janeiro*, cumpre destacar que, a título de sistematização e maior precisão dos dados, consideramos as informações publicadas entre os anos eleitorais de 1829 e 1841. Para tanto, verificamos as chapas eleitorais, as listas nominais e os anúncios das publicações relacionadas a esses juízes, que, no mais das vezes, faziam referência às ocupações e à titulação desses indivíduos. No acesso a essas fontes, é comum haver mais de uma referência sobre vínculos profissionais dos juízes eleitos. Nesse sentido, organizamos a tabela demonstrativa em "ocupação principal" e "outra".

Na categoria "militar", acessamos indivíduos com as patentes de coronel, tenente-coronel, capitão e sargento. Os "funcionários públicos civis" dividem-se em: escrivães, fiscais das freguesias, coletor de rendas nacionais das freguesias, empregado público das Secretarias da Corte, tabelião público de notas da Corte, empregado público, tesoureiro da Caixa Econômica do Rio de Janeiro e acionistas do Banco do Brasil. Na categoria "magistrado", encontramos desembargadores, juízes de direito e juízes municipais. Além dessas ocupações principais, alguns desses cidadãos desempenhavam funções dentro das sociedades a que estavam associados, tais como: 1º secretário da Sociedade Defensora da Liberdade e Independência Nacional, 2º secretário e tesoureiro da Sociedade Amante da Instrução, secretário da Venerável Congregação do Senhor Bom Jesus do Calvário, secretário da Sociedade da Esperança dos Vinte Brasileiros Natos e presidente da Sociedade de Medicina do Rio de Janeiro. Vale destacar que, de acordo com o levantamento da Tabela 5, entre os anos de 1829 e 1840, o maior número de juízes de paz está na categoria "proprietários", com 28 magistrados eleitos, seguido das categorias "negociante, com 24 indivíduos, e militar", com 14 juízes.

De acordo com Christophe Charles, as pesquisas sobre as categorias profissionais ligadas à Justiça permanecem pouco estudadas pela historiografia, mas são reveladoras de práticas políticas e ações sociais[633] que merecem ser aprofundadas. A abordagem desse tipo de objeto sob a ótica do estudo das *elites* permite uma redução na escala de análise, favorecendo as investigações sobre determinados aspectos, a trajetória e o perfil dos indivíduos que compõem o grupo. De acordo com Flávio Heinz, o termo "elite" pressupõe o critério da desigualdade e da distinção de determinados

---

[633] CHARLE, Christophe. Como anda a história social das elites e da burguesia? Tentativa de balanço crítico da historiografia contemporânea. *In:* HEINZ, Flávio M. (org.). **Por outra história das elites**. Rio de Janeiro: Editora FGV, 2006a. p. 19-39. p. 27-30.

"indivíduos no desempenho de seus papéis sociais e políticos" com relação aos demais atores sociais. O conceito passou a ser utilizado por pesquisadores, no intuito de substituir a ideia marxista de classe por uma categoria que pudesse ser aplicada à uma diversidade de sociedades humanas. Ou seja, a ideia de elite está ligada ao poder de influência de determinados grupos, e não necessariamente ao critério da riqueza. Portanto, é possível trabalhar com o conceito voltado à determinadas categorias, ditas subalternas, por exemplo, observando aspectos e padrões que definem certos grupos como elite dentro de cada sociedade.[634] Para o caso dos magistrados leigos, elaboramos um banco de dados a partir da confecção de um questionário aplicado às fontes, no intuito de conhecer a dinâmica sociopolítica e a trajetória do grupo investigado.[635] Aspectos como local de nascimento, escolaridade, experiências políticas, títulos e ocupação profissional[636] foram especialmente úteis para a investigação dos magistrados leigos.

Sobre dados biográficos e trajetórias dos magistrados, até o momento, foi possível sistematizar as informações de 30 juízes eleitos entre os anos de 1829 e 1840.

Na eleição para o primeiro mandato da Magistratura de Paz, em 1829, o cidadão Manoel Theodoro de Araújo e Azambuja foi eleito para ocupar o cargo na freguesia de São José. Azambuja foi membro da Loja Maçônica União e Tranquilidade em 1822 e, em 1823, foi vereador do Senado da Câmara Municipal do Rio de Janeiro.[637] A trajetória de Manoel Azambuja, já mencionada no capítulo anterior deste trabalho, foi marcada por sua participação no episódio que antecedeu a Abdicação de d. Pedro I. Em 6 de abril de 1831, dia anterior a abdicação, Azambuja entregou, juntamente com os juízes de paz das freguesias de Santana e Sacramento, uma representação do povo reunido no Campo da Aclamação, exigindo do imperador a reintegração do ministério. Ainda na vigência do mandato de juiz de paz da freguesia de São José, consta que entre 20 de junho de 1831 e 17 de novembro de 1831, Azambuja exerceu o cargo de presidente da

---

[634] Ver HEINZ, Flávio M. O historiador e as elites – à guisa de introdução. *In:* HEINZ, Flávio M. (org.). **Por outra história das elites**. Rio de Janeiro: Editora FGV, 2006. p. 7-15. p. 8.

[635] CHARLE, Christophe. A prosopografia ou biografia coletiva: balanço e perspectivas. *In:* HEINZ, Flávio M. (org.). **Por outra história das elites**. Rio de Janeiro: Editora FGV, 2006b. p. 41-53. p. 41-42.

[636] BASILE, M. Deputados da Regência: perfil socioprofissional, trajetórias e tendências políticas. *In:* CARVALHO, J. M.; CAMPOS, A. P (org.). **Perspectivas da cidadania no Brasil Império**. Rio de Janeiro: Civilização Brasileira, 2011.

[637] ROSSATO, 2007. p. 317.

província de São Paulo.[638] Na mesma eleição, em 1829, Custódio Xavier de Barros foi eleito para ocupar o cargo da magistratura eletiva na freguesia de Santana, sendo reeleito em 1833.

Custódio ocupou o cargo de juiz almotacé no Senado da Câmara municipal do Rio de Janeiro em 1826.[639] Ele tinha o título de Cavalheiro da Ordem de Christo, era alinhado ao grupo exaltado e foi um dos três juízes incumbidos de entregar a "representação do povo" ao imperador d. Pedro I, em 6 de abril de 1831.[640] De acordo com os dados coletados no jornal *O Auxiliador da indústria Nacional,* Custódio nasceu no Rio de Janeiro, era senhor de engenho e membro efetivo da Sociedade Auxiliadora da Indústria Nacional. Em 1834, Custodio fazia parte da Comissão de Agricultura da sobredita Sociedade.[641] Ele foi casado com d. Maria Roza Xavier de Barros até sua morte, em 25 de dezembro de 1846.[642] Em 1848, o jornal O Auxiliador publicou uma homenagem aos sócios falecidos da Sociedade Auxiliadora, destacando as duas décadas nas quais Custodio Xavier de Barros foi membro. Ademais, o artigo destacava o mérito de ter recebido "os sufrágios de seus municipais para lugares eletivos", reiterando que na condição de juiz de paz Custódio Xavier havia agregado "alguns benefícios a esta corte".[643]

O militar comissário de corveta João José da Cunha foi eleito juiz de paz suplente da freguesia de Sacramento e vereador da Câmara Municipal do Rio de Janeiro na eleição de 1829. Vale destacar que em sua trajetória como vereador da câmara, Cunha fez parte de pelo menos uma das três comissões que tinham como finalidade a recepção dos negócios desta instituição, a saber, a comissão para elaboração das posturas municipais da câmara. A Comissão de Posturas, portanto, foi formada pelos vereadores Francisco Luiz Costa Guimarães, Antônio Pereira Pinto e pelo juiz de paz e

---

[638] **Assembleia Legislativa de São Paulo.** Relação dos Governantes do Período de 1822 a 1900. Disponível em: https://www3.al.sp.gov.br/historia/governadores-do-estado/governantes1.htm. Acesso em: 27 fev. 2022. Ver também: **Revista do Instituto Histórico e Geográfico de São Paulo.** São Paulo: n. 63, v. LXIII, jan./jun. 1967. Disponível em: http://ihgsp.org.br/wp-content/uploads/2018/03/Vol-63.pdf. Acesso em: 27 fev. 2022. p. 266.

[639] ROSSATO, 2007, p. 323.

[640] Ver o resultado das eleições de 1829 e 1833 no capítulo II deste trabalho. Ver também: Diário do Rio de Janeiro, 1831, n. 300019. Disponível em: http://memoria.bn.br/DocReader/DocReader.aspx?bib=094170_01&hf=memoria.bn.br&pagfis=12250. Acesso em: 29 abr. 2022.

[641] O Auxiliador da Indústria Nacional: ou Collecção de Memórias e Notícias Interessantes (RJ) 1833 a 1896, n. 3, 1834. Disponível em: http://memoria.bn.br/DocReader/docreader.aspx?bib=302295&pesq=&pagfis=6495. Acesso em: 5 nov. 2022. p. 71.

[642] *Ibid.*, n. 14, 1846, p. 428.

[643] *Ibid.*, n. 3, 1848, p. 89.

vereador em questão João José da Cunha.[644] Ademais, o juiz de paz João da Cunha foi membro da Loja Maçônica Esperança de Niterói e da Sociedade Defensora da Liberdade e Independência Nacional. Ele faleceu em 1848 em Montevidéu.

O juiz de paz eleito em 1833 para o 3º distrito de Sacramento, *o traficante*[645] e negociante de escravos João Martins Lourenço Vianna, foi matriculado na Real Junta do Comércio, Fábricas, Agricultura e Navegação no ano de 1815. De acordo com Manolo Florentino, Vianna ocupava cargos de direção nas seguradoras que "financiavam e seguravam as expedições" para o tráfico de mão de obra escrava; além de constar na lista de traficantes que atuaram entre a "África e o porto do Rio de Janeiro", entre os anos de 1811 e 1830.[646] Em 1824, Vianna ocupou o cargo de juiz almotacé na câmara e na eleição municipal para o mandato de 1829 – 1832, ele foi eleito suplente de vereador.[647] Na eleição de 1836, João Martins Vianna foi o vereador mais votado, portanto, ele era o indicado para o cargo de presidente da Câmara Municipal do Rio de Janeiro. Quanto aos títulos nobiliárquicos, Vianna foi agraciado com o "Hábito da Ordem de Cristo (1822)" e a comenda da Ordem de Cristo (1841).[648] Ele também ocupou o cargo de secretário da Ordem 3ª do Carmo. De fato, ao longo do período em que atuou no tráfico de escravos, Vianna ocupou cargos em espaços importantes e estratégicos na capital do Império, como a Junta Comercial e a Câmara Municipal do Rio de Janeiro.

Quanto ao juiz de paz Manoel da Cunha Barbosa, ele era português, foi militar (2º tenente) e tinha o título de comendador da Ordem de Cristo. Ele foi eleito juiz de paz para o 2º distrito de Santa Rita na eleição de 1833. Em sua trajetória, consta que foi vereador da câmara em 1827, suplente de vereador para o mandato de 1829 – 1832,[649] e foi membro da Sociedade Auxiliadora da Indústria Nacional.

O juiz de paz eleito para o 2º distrito do Engenho Velho (1833), o negociante de escravos e produtos importados Duarte José de Mello, havia ocupado o cargo de juiz almotacé em 1827. De acordo com Rossato,

---

[644] Ver também: ROSSATO, 2007, p. 140.
[645] FLORENTINO, Manolo. **Em costas negras**: uma história do tráfico de escravos entre a África e o Rio de Janeiro (Século XVIII e XIX). São Paulo: Companhia das Letras, 1997. p. 194.
[646] FLORENTINO, 1997, p. 254-256.
[647] ROSSATO, 2007, p. 60.
[648] *Ibid.*, p. 319.
[649] *Ibid.*, p. 139.

Duarte, além de negociante, tinha outras ocupações e obteve as seguintes honrarias em sua trajetória: "Alferes do regimento de Milícias da cidade de Loanda, Ten. da 7ª companhia do Regimento de Milícias de Loanda, no reino de Angola (1816); Hábito da O. de Cristo e 12$000 de tença (1819); Carta-patente nomeando-o capitão-mor do Campo (1820); Comenda da Ordem de Cristo (1841)".[650]

O senhor de engenho Antônio Gomes de Brito também teve em sua trajetória a experiência dos cargos eletivos de suplente de vereador (1829) e juiz de paz do 2º distrito da freguesia de São José (1833). Brito foi casado com Luiza Francisca Mori de Brito, com quem teve duas filhas.[651] Ele foi membro da Sociedade Amante da Instrução.

O traficante de escravos Simplício da Silva Nepomuceno nasceu na freguesia da Candelária, cidade do Rio de Janeiro, e foi casado com Maria Thereza de Jesus. Em 1809, ele foi matriculado na Junta do Comércio, ratificando a sua competência comercial. Isso porque, além dos negócios ligados ao tráfico de escravizados, Simplício também atuava na importação de azeite, e mantinha "uma loja de varejo na rua da Quitanda".[652] Quanto aos títulos e promoções, consta que Nepomuceno obteve os seguintes: "Carta-patente promovendo-o ao posto de alferes da 4ª Companhia do 1º Regimento de Infantaria de Milícias da Corte (1815); Carta-patente promovendo-o ao posto de Capitão da 3ª companhia do 1º Regimento de Infantaria de Milícias da Corte (1818); Decreto reformando-o no posto de Capitão (1820); Cavalheiro da Ordem da Rosa (1846)" e comendador da Ordem de Cristo.[653] Ademais, Nepomuceno foi eleito juiz de paz para o 2º distrito da freguesia do Engenho Velho em 1833, e foi eleito suplente de vereador para o mandato de 1829 – 1832.

Filho do coronel de engenheiros Aureliano de Souza e Oliveira e irmão do visconde de Sepetiba, Saturnino de Souza e Oliveira Coutinho nasceu em 29 de novembro de 1803, no Rio de Janeiro, em Córrego Seco (atualmente cidade de Petrópolis).[654] Formou-se em Direito na Universidade de Coimbra e atuou como advogado no Rio de Janeiro. Em 1831, Saturnino

---

[650] *Ibid.*, p. 71.
[651] ROSSATO, 2007, p. 331.
[652] *Ibid.*, p. 56; 62; 72.
[653] *Ibid.*, p. 72; 139.
[654] MACEDO, Joaquim Manuel de. **Anno Biographico Brazileiro**, Rio de Janeiro: Typographia e Lithographia do Imperial Instituto Artístico, 1876. Disponível em: https://www2.senado.leg.br/bdsf/handle/id/179448. Acesso em: 13 fev. 2022. p. 475-479.

ligou-se ao grupo moderado, assumiu o cargo de juiz de paz da freguesia de Sacramento (substituindo o então juiz suplente João José Moreira) e foi eleito tenente-coronel do batalhão da Guarda Nacional. Sua atuação à frente do juizado de paz de Sacramento foi marcada pelo distúrbio no Teatro São Pedro de Alcântara, em setembro de 1831.[655] Combateu os caramurus na manifestação de 17 de abril de 1832[656] e, em 1833, foi eleito deputado pela província do Rio de Janeiro. Dentre as diversas funções que exerceu, Saturnino foi inspetor da Alfândega do Rio de Janeiro, presidente da província do Rio Grande do Sul (1839 – 1841) e ministro dos Negócios Estrangeiros, no gabinete de Manoel Alves Branco, em 1847. Faleceu em março de 1848.

O juiz de paz da freguesia de São José, Balthazar da Silva Lisboa, foi eleito para o cargo da magistratura leiga em 1833. Lisboa nasceu em 6 de janeiro de 1761, na cidade de Salvador, Bahia. Era filho de Henrique da Silva Lisboa e Helena de Jesus e Silva e irmão de José da Silva Lisboa (visconde de Cairu). Estudou Direito na Universidade de Coimbra e, quando retornou ao Brasil, assumiu o cargo de juiz de fora na cidade do Rio de Janeiro. Foi ouvidor da comarca de Ilhéus e juiz conservador das matas. Seus estudos sobre cultura e corte de madeira resultaram em uma publicação impressa na Academia de Ciências de Lisboa. Sua obra mais conhecida, porém, foi *Annaes do Rio de Janeiro* (1834). Foi sócio honorário do Instituto Histórico e Geográfico Brasileiro (IHGB) e membro da Sociedade Auxiliadora da Indústria Nacional. Balthazar era considerado um homem ilustrado, mas de ideias muito conservadoras. Joaquim Manuel de Macedo o definiu como "um liberal muito atrasado".[657] Na década de 1830, Balthazar Lisboa fazia parte do grupo caramuru e, na eleição municipal do Rio de Janeiro, em 1833, foi eleito juiz de paz da freguesia de São José. O trabalho de pesquisa de Ana Lima sobre a produção intelectual de Balthazar da Silva Lisboa entre os anos de 1782 e 1835 fornece alguns dados relevantes sobre a trajetória do personagem. A despeito de ter completado seus estudos na universidade de Coimbra, a família Lisboa tinha origem humilde. Para ser agraciado com o título da Ordem de Christo Balthazar foi dispensado de apresentar os

---

[655] Sobre o distúrbio que aconteceu no Teatro São Pedro de Alcântara entre os dias 28 e 29 de setembro de 1831, sob o protagonismo da facção exaltada, ver BASILE, Marcello. Revolta e cidadania na Corte regencial. **Revista Tempo**, Niterói, v. 11, n. 22, p. 31-57, 2007. Disponível em: https://www.scielo.br/j/tem/a/3J8ggxL8xyCYQcV6DTSXv4k/?lang=pt&format=pdf. Acesso em: 14 dez. 2021.

[656] Sobre a manifestação caramuru de 17 de abril de 1832 liderada pelo Barão de Bulow, ver BASILE, 2004, p. 389-414.

[657] MACEDO, 1876, p. 21-24. Ver também: LIMA, Ana Paula dos Santos. Balthazar da Silva Lisboa. **Revista Crítica Histórica**, ano II, n. 4, dez. 2011. Disponível em: http://www.revista.ufal.br/criticahistorica/attachments/article/106/Baltasar%20da%20Silva%20Lisboa.pdf. Acesso em: 13 fev. 2022.

feitos de sua família porque seus pais não possuíam títulos de nobreza. Seu sobrinho neto, Bento da Silva Lisboa, dizia que "seu avô era um architeto". Entretanto, essa categoria profissional à época era condizente com a função de pedreiro. Cipriano Barata, que se autodeclarava desafeto político de José da Silva Lisboa, irmão de Balthazar, descreveu as dificuldades financeiras da família e, guardadas as intenções de Barata com tal comentário, de acordo com Lima, é possível perceber a "situação social dos irmãos Silva Lisboa".[658]

Nesse sentido, partindo da análise dessas informações, é compreensível a importância que a publicidade do cargo de juiz de paz conferia à trajetória dos indivíduos, na medida em que o mandato popular da magistratura de paz conferia notoriedade ao cidadão eleito na capital. Balthazar morreu no Rio de Janeiro em 14 de agosto de 1840.

Gustavo Adolfo d'Aguiar Pantoja nasceu em 1798, na cidade de Salvador, Bahia, e morreu no Rio de Janeiro, em 9 de março de 1867. Era formado em Direito pela Universidade de Coimbra. Ocupou vários cargos na magistratura, dentre os quais: juiz de fora (1823), ouvidor da comarca (1824), desembargador das relações das províncias de Pernambuco, Maranhão e Rio de Janeiro (1826), além da nomeação de ministro, em 1855, para o Superior Tribunal de Justiça. Durante a Regência Una de Feijó, Gustavo Pantoja foi secretário de Estado dos Negócios da Justiça e ministro interino da Secretaria de Estado e Negócios do Império (1836) e dos Negócios Estrangeiros (1836). Possuía os títulos do Conselho (1841) e da Casa Imperial (1857).[659] Atuou politicamente como membro do grupo caramuru no período regencial e, ainda, ocupou o cargo de deputado pelas províncias de Alagoas (1826) e Ceará (1842). Gustavo Pantoja foi eleito para ocupar o cargo da magistratura eletiva na freguesia da Candelária na eleição de sete de setembro de 1832".[660] Em 1833, Pantoja foi novamente eleito em primeiro lugar.

Membro da Sociedade Defensora da Liberdade e Independência Nacional, o negociante e proprietário João Silveira do Pillar também era alinhado ao grupo moderado no período regencial. Em 1827, Pillar ocupou o cargo de juiz almotacé no Senado da Câmara Municipal do Rio de Janeiro. Na eleição de 1829, ele foi eleito juiz de paz suplente da freguesia de São

---

[658] LIMA, Ana Paula dos Santos. **Memórias de Baltasar da Silva Lisboa**: a singular floresta e os povos de Ilhéus (1782 – 1835). 2013. Tese (Doutorado) – Programa de Pós-graduação em Ensino, Filosofia e História das Ciências, Universidade Federal da Bahia, Feira de Santana, 2013. p. 72-73.

[659] Cf. ANRJ. Memória da Administração Pública Brasileira (MAPA). Biografias – Período Imperial. Disponível em: http://mapa.an.gov.br/index.php/component/content/article?id=623. Acesso em: 4 fev. 2022.

[660] AGCRJ. BR RJAGCRJ. 62.3.1 – Fundo da Câmara Municipal/Série Eleições. Livro da Ata das Eleições de Juiz de Paz e Suplente da Freguesia da Candelária e Vereadores da Câmara Municipal do Rio de Janeiro (1832).

José e suplente de vereador da Câmara e, em 1833, assumiu o cargo de juiz de paz do 3º distrito de São José. Em 1840, Pillar foi novamente eleito para o cargo de juiz, mas para atuar na freguesia da Glória.[661] Pillar era viúvo de Thereza Dionísio Barbosa da Fonseca, e morreu em 25 de agosto de 1851.[662] Outra personalidade ligada a facção moderada foi João Pedro da Veiga. O proprietário e comerciante João Pedro da Veiga era o primogênito do português Luiz Francisco Saturnino da Veiga e de Francisca Xavier de Barros. Nasceu em 29 de abril de 1797 e faleceu em 2 de maio de 1862. Foi sócio de uma livraria com seu irmão, Evaristo da Veiga, em 1823. Em 1827, a sociedade foi rompida.[663] João Pedro foi tesoureiro da Santa Casa de Misericórdia, membro da Sociedade Defensora da Liberdade e Independência Nacional e integrante do grupo moderado. Foi eleito para o cargo de juiz de paz na freguesia da Candelária nas eleições de 1833, 1836 e 1840. Ele também foi vereador da Câmara Municipal do Rio de Janeiro em 1833.

Na década de 1830, o português João Huet Bacelar Pinto Guedes Soutto Maior era membro do grupo caramuru. Ele foi eleito e reeleito nas eleições 1833 e 1836, para ocupar o cargo de juiz de paz na freguesia de Sacramento. Huet Nasceu em 10 de outubro de 1784, na comarca de Penafiel, Portugal, e morreu em 14 de fevereiro de 1858, no Rio de Janeiro. Em 1829, já morando no Brasil, foi coronel e comandante da Brigada de Artilharia da Marinha. Em 1841, recebeu o título de comendador. Exerceu os cargos de chefe do Estado-Maior da Guarda Nacional de Paraty e Angra dos Reis. Além disso, foi membro da Sociedade Amante da Instrução, da Sociedade Militar e do Instituto Histórico e Geográfico Brasileiro (IHGB). Sua contribuição aos estudos genealógicos rendeu uma vasta documentação doada por sua família, em 1958, ao Arquivo Nacional.[664]

O médico José Martins da Cruz Jobim nasceu na cidade do Rio Pardo, província do Rio Grande do Sul, em 26 de fevereiro de 1802, e faleceu em 23 de agosto de 1878. Era filho de José Martins da Cruz Jobim e Eugénia

---

[661] Ver o resultado da eleição no capítulo II deste trabalho. Ver também: Diário do Rio de Janeiro, n. 00157, 1840; n. 195, 1840. Disponível em: http://memoria.bn.br/DocReader/DocReader.aspx?bib=094170_01&hf=memoria.bn.br&pagfis=23073; http://memoria.bn.br/DocReader/DocReader.aspx?bib=094170_01&hf=memoria.bn.br&pagfis=23225: Acesso em: 24 abr. 2022.

[662] ROSSATO, 2007, p. 325.

[663] ANDRADE, Marcos Ferreira de. **Política, vínculos familiares e moderação**: a trajetória dos Veiga no sudeste do Império (1827 – 1837). *In:* SIMPÓSIO NACIONAL DE HISTÓRIA, 25., 2009, Fortaleza. **Anais** […]. Fortaleza: ANPUH, 2009. p. 4. Ver SOUSA, 1957 – Vol. VI: Evaristo da Veiga.

[664] ANRJ. DIBRARQ. Fundo/Coleção QT – João Huet de Bacelar Pinto Guedes Sotto Maior. Biografia. Disponível em: http://dibrarq.arquivonacional.gov.br/index.php/joao-huet-de-bacelar-pinto-guedes-sotto-maior. Acesso em: 1º fev. 2022.

Rosa Pereira Fortes. Mudou-se para o Rio de Janeiro na infância, onde estudou no Seminário Episcopal de São José. Diplomou-se em Ciências Físicas (1826) e Medicina (1828), na Faculté de Médecine, em Paris. Foi casado com a paulista Maria Amélia Marcondes do Amaral, com quem teve sete filhos. Além de clinicar em seu consultório particular localizado na rua do Lavradio, nº 53, no bairro da Lapa, no Rio de Janeiro, Jobim também era médico da Santa Casa de Misericórdia. Foi um dos fundadores e presidentes da Sociedade de Medicina do Rio de Janeiro (1829), além de ter ingressado, em 1828, na Sociedade Auxiliadora da Indústria e ser um dos membros da Sociedade Defensora da Liberdade e Independência Nacional. Sua trajetória inclui os mandatos políticos de deputado, na 7ª e 8ª Legislaturas pela província do Rio Grande do Sul, e senador do Império pela província do Espírito Santo. Em 1831, José Bonifácio nomeou José Jobim como médico dos filhos de d. Pedro I. Jobim foi eleito para o cargo de juiz de paz em 1833, na freguesia da Candelária, e pertencia ao grupo moderado. No 150º ano do seu nascimento, o Departamento dos Correios e Telégrafos (Lei nº 1.671, de 12/09/1952) emitiu um selo comemorativo em homenagem a José Martins da Cruz Jobim.[665]

Os juízes de paz Luiz Francisco Braga e Paulo Fernandes Vianna, também foram eleitos em 1833. Deputado da Junta do Comércio do Rio de Janeiro,[666] Paulo Fernandes Carneiro Vianna nasceu em 10 de março de 1804. Era filho do ilustre intendente geral de polícia da Corte do Rio de Janeiro, Paulo Fernandes Vianna e Luiza Rosa Carneiro da Costa. Em 1826, Paulo Fernandes Carneiro Vianna recebeu o título de Conde de São Simão, em referência a sua instância no Rio Grande do Sul (instância de São Simão). Na sobredita província, Vianna ocupou o cargo de intendente de polícia, coronel chefe da 2ª Legião e comandante superior interino da Guarda Nacional. Além do título de conde, ele tinha o título de barão por Portugal (1818), e "foi agraciado como Grande do Império e Gentil Homem da Imperial Câmara e da Imperial Ordem da Rosa. Foi agraciado pelo Príncipe Regente D. João com a mercê do Foro de Fidalgo Cavaleiro da Casa Real e como Cavaleiro de Nossa Senhora da Conceição de Viçosa, de

---

[665] FIOCRUZ. **Dicionário Histórico-Biográfico das Ciências da Saúde no Brasil (1832 – 1930)**, 2023. Casa de Oswaldo Cruz/Fiocruz. Disponível em: https://www.dichistoriasaude.coc.fiocruz.br/. Acesso em: 6 jan. 2022. Jobim foi homenageado com seu nome na cadeira número 41 na Academia Nacional de Medicina. Além de compor o grupo de sócios fundadores, Jobim foi presidente da instituição em 1831 (3º trimestre), 1834 (3º e 4º trimestres), 1839 – 1840 e 1848 a 1851.

[666] Ver Diário do Rio de Janeiro, n. 232, 1840.

Portugal".[667] Apesar de ter sido casado com Honorata Carolina Benigna da Penha de Azeredo Barroso, até onde sabemos, não há registro de que tenha deixado descendentes.[668] Quanto ao cargo de magistrado, Vianna foi eleito juiz de paz das freguesias de Santana (1833) e do Engenho Velho (1836).

A trajetória de Luiz Francisco Braga foi marcada por sua atuação no tráfico e na magistratura de paz. Ele atuou como comerciante, traficando escravos do Rio de Janeiro para Santa Catarina (a maior parte das remessas era para a praça de Laguna), entre os anos de 1822 e 1830. Braga foi considerado um negociante de destaque no tráfico interprovincial entre as sobreditas províncias. Consta que ele era proprietário de parte dos cativos despachados.[669] No ano de 1830, quando encerra a atividade do tráfico, Braga toma posse do cargo de juiz de paz da freguesia da Candelária, tendo sido reeleito para as magistraturas de 1833 – 1836 e 1836 – 1840. Sobre a trajetória eleitoral de Luiz Francisco Braga, é digno de nota o fato de não ter sido eleito na eleição que presidia e que foi cancelada, em 1832, mas ter sido reeleito na eleição subsequente de 1833, para ocupar o quarto ano da magistratura no 2º distrito da freguesia da Candelária.[670] Outro fato que merece destaque é a atuação de Braga como juiz de paz nos distúrbios da Noite das Garrafadas. A devassa feita com base no corpo de delito indireto é de autoria do juiz de paz da Candelária Luiz Francisco Braga.

O segundo nome escolhido na eleição de 1833 para ocupar a magistratura de paz no 2º distrito de Sacramento foi *Eleutério José Velho Bezerra*. Em 1836, Bezerra foi novamente eleito, mas dessa vez, para atuar no 2º distrito da freguesia de Santa Rita. Em 1830, ele foi condecorado Cavalheiro da Imperial Ordem do Cruzeiro e de Christo e, em 1845, Oficial da Imperial

---

[667] Tribunal de Justiça do Rio de Janeiro (TJRJ). Museu da Justiça. Centro Cultural do Poder Judiciário (CCMJ). Catálogo Virtual de Processos da Nobreza. Tribunal de Justiça do Estado do Rio de Janeiro. Rio de Janeiro: Tribunal de Justiça, 2022, p. 99. Disponível em: http://ccmj.tjrj.jus.br/documents/5989760/6464634/Catalogo_Virtual_da_Nobreza_20220902.pdf/ac870bdc-bdb8-3828-8176-411181bd7f34?t=1662351443438. Acesso em: 5 nov. 2022.

[668] Tribunal de Justiça do Rio de Janeiro (TJRJ). Museu da Justiça. Centro Cultural do Poder Judiciário (CCMJ). Catálogo Virtual de Processos da Nobreza. Tribunal de Justiça do Estado do Rio de Janeiro. Rio de Janeiro: Tribunal de Justiça, 2022, p. 99.

[669] PASSOS, André Fernandes. **Rotas internas do comércio de escravos**: Laguna, primeiras décadas do século XIX. 2015. Trabalho de Conclusão de Curso (Bacharelado em História) – Universidade Federal de Santa Catarina, Ilha de Santa Catarina, 2015.

[670] Sobre o resultado eleitoral da freguesia da Candelária (1832), ver AGCRJ. BR RJAGCRJ 62.3.1 – Fundo da Câmara Municipal/Série Eleições. Livro da Ata das Eleições de Juiz de Paz e Suplente da Freguesia da Candelária e de Vereadores da Câmara Municipal do Rio de Janeiro (1832). Sobre o resultado eleitoral do 1º distrito da freguesia da Candelária (1833), ver AGCRJ. BR RJAGCRJ 62.3.3 – Fundo da Câmara Municipal/Série Eleições. Livro da Ata da Eleição da Freguesia da Candelária – II Distrito (1833).

Ordem da Rosa. Na década de 1820, ele ocupou os cargos de Alferes (1826) e chegou a Capitão (1827). Após a experiência da magistratura de paz na cidade do Rio de Janeiro, Eleutério Bezerra assumiu o cargo de inspetor da Alfândega na cidade de Desterro/Santa Catarina. Na década de 1850, foi transferido para Alfândega de São José (SC). Vale destacar que a sua trajetória na política regional, na província de Santa Catarina, é posterior a experiência na Justiça de Paz dos anos de 1830 na capital do país. Consta que Eleutério Bezerra foi eleito para três mandatos consecutivos de deputado na Legislatura provincial de Santa Catarina quais sejam: 6ª Legislatura (1846 – 1847), 7ª Legislatura (1848 – 1849) e 8ª Legislatura (1850 – 1851).[671]

Como resultado das eleições de 1833, o médico Manoel de Valladão Pimentel foi eleito para atuar no 2º distrito da freguesia de São José. Em termos de alinhamentos políticos, de acordo com o levantamento do Quadro 16, Manoel Pimentel foi membro do conselho da Sociedade Defensora da Liberdade e Independência Nacional. Mas sua trajetória foi mesmo marcada por sua atuação no meio acadêmico. Pimentel nasceu em 4 de março de 1802, em Cachoeira de Macacu, Rio de Janeiro. Ele era filho de um humilde agricultor português e de Ana Francisca do Amaral. Apesar das origens humildes, formou-se na Faculdade de Medicina do Rio de Janeiro "onde apresentou sua tese de doutoramento sobre a origem da natureza dos tubérculos pulmonares". Em 1832, ele havia sido eleito membro titular da Academia Nacional de Medicina. Após um mandato à frente da magistratura de paz (1833 – 1836), ele assumiu os cargos de professor e diretor da faculdade entre os anos de 1839 e 1842. De acordo com a publicação da Academia Nacional de Medicina, Pimentel "foi um dos maiores clínicos e um dos mais importantes professores do seu tempo". Seu discípulo mais importante foi João Vicente de Torres Homem. A Academia Nacional de Medicina homenageou o médico dando o seu nome a cadeira número 6 que ocupava. Manoel Pimentel foi o primeiro e único barão de Petrópolis, tendo sido agraciado, também, com os títulos de comendador da Imperial Ordem de Christo e Oficial da Imperial Ordem da Rosa.[672]

---

[671] De acordo com as informações dos portal Memória Política de Santa Catarina, Eleutério "pediu licença do mandato" da 8ª Legislatura, "em 8 de maio de 1851". Memória Política de Santa Catarina. **Biografia Eleutério José Velho Bezerra**, 2022. Disponível em: https://memoriapolitica.alesc.sc.gov.br/biografia/230-Eleuterio_Jose_Velho_Bezerra. Acesso em: 21 jul. 2022.
[672] SAMPAIO, Francisco. Manuel de Valladão Pimentel (Barão de Petrópolis). **Academia Nacional de Medicina**, c2022. Disponível em: https://www.anm.org.br/manuel-de-valladao-pimentel-barao-de-petropolis/. Acesso em: 8 ago. 2022.

Como resultado da eleição de 1833, o doutor Antônio Alves da Silva Pinto também foi eleito juiz de paz, mas para o 2º distrito da freguesia da Candelária, sendo reeleito na eleição seguinte (1836). Em sua trajetória nos cargos da magistratura, consta que ocupou o lugar de juiz almotacé no Senado da Câmara Municipal do Rio de Janeiro em 1820. Antônio Alves nasceu no Bipado do Porto, era casado com Maria Benedita da Silva Pinto e teve um único filho legitimado. Ele faleceu em 30 de setembro de 1855.

Nascido em 1768, em Braga, Portugal, o ex-procurador do Senado da Câmara Municipal do Rio de Janeiro, o senhor Joaquim José Pereira de Faro, foi eleito juiz de paz para o 2º distrito da freguesia de Santa Rita na eleição de 1833. Consta que em 1837 ele era membro efetivo da Sociedade Auxiliadora da Indústria Nacional, identificado como comerciante. Além disso, Faro foi membro da Junta Administrativa da Caixa de Amortização, coronel reformado da Guarda Nacional e tinha o título de 1º barão do Rio Bonito desde 1841.[673] De acordo com Mônica Martins, Joaquim José Pereira de Faro era chefe da 1ª Legião da Guarda Nacional na ocasião em que efetuou a captura do célebre bandido Pedro Hespanhol e seu grupo.[674]

A trajetória de poder econômico e político da família Faro está vinculada às relações de proximidade com a vinda da família real para o Brasil; Joaquim José Pereira de Faro veio para o Rio de Janeiro com a corte de d. João.[675] Além disso, Faro fazia parte do que Manolo chamou de "comunidade de traficantes", ou seja, indivíduos "associados ao comércio de almas" que atuavam nas mais variadas posições dentro da indústria do tráfico, além das

---

[673] Ver também: ROSSATO, 2007. p. 294; 332. Importa observar que, apesar de a autora não estabelecer claramente a distinção entre os Faros, as informações denotam que se trata de duas pessoas diferentes: o 1º barão do Rio Bonito, Joaquim José Pereira de Faro, e o 2º barão do Rio Bonito e visconde com grandeza do Rio Bonito, seu filho João Pereira Darrigue de Faro. Ver Instituto Brasileiro de Museus. Museu Imperial. Coleção Museu Histórico de Petrópolis: Prato com brasão do visconde do Rio Bonito. **Instituto Brasileiro de Museus**, c2012. Disponível em: http://dami.museuimperial.museus.gov.br/handle/acervo/4650. Acesso em: 5 jul. 2023.

[674] MARTINS, Mônica de Souza Nunes. **"Vadios" e mendigos no tempo da Regência (1831 – 1834)**: construção e controle do espaço público da Corte. 2002. Dissertação (Mestrado em História Social) – Universidade Federal Fluminense, Niterói, 2002. p. 75. O bandido Pedro Hespanhol ficou famoso na cidade do Rio de Janeiro tanto pelos seus feitos criminosos como pela dificuldade das autoridades em efetuar a sua captura. Soma-se a isso o fato de a imprensa fluminense dar visibilidade ao "inviolável salteador". Após anos de tentativas frustradas, Hespanhol foi preso em 3 de maio de 1834, morrendo na prisão do Aljube no dia seguinte em virtude dos ferimentos na troca de tiros com a polícia. Ver PORTO, Ana Gomes. Pedro Hespanhol: um bandido célebre no Império brasileiro. **História & Debates**, Curitiba, v. 64, n. 1, p. 110-113, jan./jun. 2016. Disponível em: https://revistas.ufpr.br/historia/article/view/47677/28602. Acesso em: 16 set. 2023.

[675] MARTINHO, Lenira Menezes; GORENSTEIN, Riva. **Negociantes e caixeiros na sociedade da independência**. Rio de Janeiro: Secretaria Municipal de Cultura, Turismo e Esportes. Departamento Geral de Documentação e Informação Cultural. Divisão de Editoração, 1993. p. 16-17.

relações pessoais que estabeleciam entre si.[676] Em 1809, Joaquim de Faro comandava a Companhia de Seguros Tranquilidade[677] e, no período regencial, foi um dos maiores produtores de café do Vale do Paraíba, "chegando a ter mais de quatrocentos escravos" nas fazendas de Santa Ana do Paraíba e São Joaquim, ambas localizadas na sesmaria de Valença. De acordo com Riva Gorenstein, o poder político desse importante proprietário e comerciante de grosso trato junto ao Paço pode ser verificado no tramite judicial "movido contra ele e seu vizinho, o conde de Baepoendi", pelos moradores de Valença que foram proibidos de circularem pela estrada e ponte "construídas pela polícia sobre o rio Paraíba, divisa da fazenda dos dois" proprietários. Durante os dez anos que tramitou o processo (1812 – 1822), Faro e Baepoendi conseguiram que o Tribunal do Desembargo do Paço mantivessem a estrada e ponte trancadas aos moradores. Quanto a notoriedade social alcançada por esse juiz de paz, por ocasião do seu falecimento, em 1843, Antônio José do Amaral publicou um poema na Typographia Universal Laemmert intitulado: "Elegia à muito sentida morte do Ilmo. Exmo. Senhor Joaquim José Pereira de Faro, barão do Rio Bonito, fallecido em 10 de fevereiro de 1843",[678] no qual o autor exaltava as ditas virtudes do ilustre cidadão. Na campanha para as eleições municipais de 1840, o nome de um dos seus nove filhos, o homônimo Joaquim José Pereira de Faro Filho, consta como candidato a vereador nas chapas eleitorais que circulavam na imprensa.

Sobre o rico comerciante Manoel Moreira Lírio, é sabido que ele foi eleito para os mandatos de 1833 e 1836 nas freguesias de São José e Glória respectivamente. Cumpre destacar que a freguesia da Glória fazia parte da freguesia de São José até 1833 e, em 1836 quando a Glória já havia sido desmembrada, Lírio foi eleito juiz de paz daquela localidade, o que denota a sua importante presença naquele espaço. Segundo Riva Gorenstein, ele era "dono de uma chácara que ia da ponte do Catete à praia de Botafogo e, além de ser sócio e diretor da Companhia de Seguros Permanente, atuava como corretor na venda dos mais variados artigos, que iam desde terras, imóveis e objetos de prata até a preparação e venda de escravos especiali-

---

[676] FLORENTINO, 1997, p. 204-208. Manolo Florentino se refere a Joaquim José Pereira de Faro como "também traficante" (p. 208).

[677] GORENSTEIN, Riva. Comércio e política: o enraizamento de interesses mercantis portugueses no Rio de Janeiro (1808 – 1830). *In:* MARTINHO, Lenira Menezes; GORENSTEIN, Riva. **Negociantes e caixeiros na sociedade da independência**. Rio de Janeiro: Secretaria Municipal de Cultura, Turismo e Esportes. Departamento Geral de Documentação e Informação Cultural. Divisão de Editoração, 1993. p. 151.

[678] Divisão Obras Raras. AMARAL, Antônio José do. Elegia a muito sentida morte do Ilmo. Exmo. Senhor Joaquim José Pereira de Faro, barão do Rio Bonito, fallecido em 10 de fevereiro de 1843. **Biblioteca Digital Luso-brasileira**, c2012. Disponível em: https://acervobndigital.bn.gov.br/sophia/index.html. Acesso em: 2 jul. 2023.

zados". Além desse dado importante sobre a sua atuação no comércio de escravos, Manoel Moreira Lírio foi deputado do Banco do Brasil, sendo assim encarregado pelo recolhimento dos impostos que recaíam "sobre todas as embarcações comercializadas na capital".[679]

Conforme o levantamento indicado no Quadro 10,[680] alguns indivíduos foram eleitos e reeleitos, consecutivamente, nas eleições de 1836 e 1840. É o caso de Antônio Corrêa Picanço e de Cândido Ladislau Japi-Assú de Figueiredo e Mello. Consta que, em 1822, Picanço era desembargador juiz do Crime da Corte e Casa.[681] Também foi membro da Sociedade Philomatica do Rio de Janeiro e da Loja Maçônica Comércio e Artes na Idade do Ouro e um dos fundadores da Loja Maçônica Grande Oriente Brasil (1822). Nas duas eleições, 1836 e 1840, foi eleito para o cargo de juiz de paz da freguesia de Santana. O baiano Cândido Ladislau Japi-Assú (Japiassú) de Figueiredo e Mello nasceu em 1799 e morreu em 1861. Estudou Direito na Universidade de Coimbra e foi ouvidor na província de São Paulo, mas perdeu o cargo por suspeitas de envolvimento na morte do jornalista Libero Badaró e, desde então, passou a atuar como advogado na cidade do Rio de Janeiro.[682] Foi eleito juiz de paz da freguesia da Lagoa para a magistratura de 1836 – 1840.

Um político local de destaque na cena pública foi o vereador e presidente da Câmara Municipal do Rio de Janeiro Luiz Menezes de Vasconcellos Drumond, falecido em 23 de dezembro de 1846. No cenário político nacional, atuou no processo da Independência e na campanha da maioridade. Estava na vigência do cargo de vereador e presidente da Câmara Municipal do Rio de Janeiro em 1840, quando foi reeleito para o cargo de vereador e eleito para ocupar a magistratura de paz concomitantemente. Seu nome foi o mais indicado nas chapas da campanha municipal para vereador no sobredito ano.[683]

Sobre o juiz de paz Venâncio José Lisboa Filho, cumpre informar que, além dos dados biográficos já mencionados no capítulo anterior desta pesquisa, Venâncio Filho exerceu o cargo de suplente de vereador da Câmara Municipal do Rio de Janeiro entre 1829 - 1832,[684] e foi juiz dos órfãos em 1834.[685] Em 2

---

[679] GORENSTEIN, 1993, p. 152.
[680] Ver "Juízes de Paz Reeleitos", Quadro 10, capítulo II.
[681] Cf. Hemeroteca Digital. Correio do Rio de Janeiro, n. 0037, 23 maio 1822.
[682] PAIVA, João Pedro; BERNARDES, José Augusto Cardoso. **A Universidade de Coimbra e o Brasil**: percurso iconobibliográfico. Coimbra: Imprensa da Universidade de Coimbra/Coimbra University Press, 2012. p. 108.
[683] Jornal do Commercio, n. 356, 24 dez. 1846.
[684] ROSSATO, 2007, p. 330; 332.
[685] Diário do Rio de Janeiro, n. 1200012, 1834.

de janeiro de 1836, publicou um anúncio no *Jornal do Commercio* comunicando o endereço e horário de atendimento do seu escritório de advogado, na rua da Alfandega, n. 51, centro do Rio de Janeiro.[686] Ele foi eleito juiz de paz da freguesia da Glória nas eleições de 1836 e 1840. No exercício da magistratura de paz, Venancio Filho dava audiências públicas na rua do Catete, n. 188, todas às quartas-feiras, a partir das 8 horas da manhã; e despachava todos os dias em sua residência localizada no largo das Laranjeiras.[687]

Na busca dos dados biográficos e da trajetória dos magistrados eleitos é digno de nota a contribuição da obra "comemorativa do sesquicentenário da instituição parlamentar no Brasil" organizada por Nogueira e Firmo.[688] Trata-se, sobretudo, de informações a respeito dos mandatos parlamentares, além de indicações bibliográficas sobre a vida dos personagens. Nesse trabalho, localizamos os dados dos deputados Gabriel Getúlio Monteiro de Mendonça e Josino do Nascimento Silva, ambos eleitos como juízes de paz.

O deputado imperial Gabriel Getúlio Monteiro de Mendonça nasceu em Mato Grosso e faleceu na Guanabara em 1850, mais ou menos 10 anos após ser eleito para o cargo de juiz de paz na freguesia da Candelária (1840 – 1844). Em sua trajetória na política nacional, Gabriel Mendonça foi eleito deputado já na 1ª Legislatura pela província de Mato Grosso, 2ª Legislatura pela província da Paraíba e para as 6ª e 7ª Legislaturas pela província de Minas Gerais. Além de deputado, Mendonça ocupou cargo na esfera do governo executivo: foi presidente da província da Paraíba entre 12 de fevereiro de 1828 e 5 de agosto de 1830 e da província do Espírito Santo entre 30 de dezembro de 1820 e 27 de novembro de 1831.[689] Na política local, Gabriel Mendonça foi o vereador eleito para a Câmara Municipal do Rio de Janeiro mais votado para o mandato de 1849 – 1852. Ele tinha os títulos de comendador da Ordem de Cristo e Cavalheiro da Imperial Ordem do Cruzeiro.[690]

Diferentemente de Mendonça, que já havia ocupado o cargo de deputado antes de ser eleito para o mandato da magistratura de paz, o doutor Josino do Nascimento Silva foi eleito deputado na 6ª Legislatura no ano posterior (1845) a vigência da magistratura de paz (1840 – 1844).

---

[686] Jornal do Commercio, n. 01, 2 jan. 1836. Como já foi mencionado, Venâncio Filho era bacharel e licenciado em Direito pela Universidade de Paris.

[687] Jornal do Commercio, n. 12, 16 jan. 1837.

[688] Vale destacar que a obra comemorativa completou 50 anos de publicação em 2023, ano que marca os 200 anos da primeira eleição para deputado no Brasil. NOGUEIRA, Octaviano; FIRMO, João Sereno. **Parlamentares do Império**, volume 1. Brasília: Centro Gráfico do Senado Nacional, 1973. Disponível em: http://bd.camara.leg.br/bd/handle/bdcamara/36461. Acesso em: 9 ago. 2022. p. 286.

[689] NOGUEIRA; FIRMO, 1973, p. 286.

[690] ROSSATO, 2007, p. 156.

Josino Silva nasceu na cidade de Campos dos Goytagazes, no Rio de Janeiro, em 31 de julho de 1811, e faleceu em 6 de junho de 1886. Ele era formado em Ciências Sociais pela faculdade de São Paulo e iniciou a carreira da magistratura ocupando o lugar de promotor público e juiz municipal da Corte,[691] além de ser eleito juiz de paz da freguesia da Candelária em 1840. Exerceu vários cargos na administração pública. Foi advogado do Banco do Brasil e diretor da Instrução Pública na província do Rio de Janeiro "até seu falecimento". Na política nacional, Josino foi eleito deputado imperial na 6ª Legislatura, ocupando também o cargo de presidente das províncias de São Paulo, entre 4 de janeiro de 1853 a 25 de junho de 1854, e no Rio de Janeiro, entre 15 de abril de 1871 a 9 de outubro de 1872. A biografia e trajetória desse personagem o colocam em uma posição de destaque no cenário intelectual e político do país, ou seja, na vida pública. Além de fazer parte do conselho do imperador, ele foi presidente do Conservatório Dramático, membro do Instituto Histórico e Geográfico Brasileiro (IHGB) e do Instituto da Ordem dos Advogados Brasileiros. Suas contribuições na elaboração do novo arcabouço legal do Império — Código do Processo Criminal de Primeira Instância do Império do Brasil; Código Criminal do Império do Brasil; a elaboração do Novíssimo Guia para Eleitores e Votantes ("contendo a Lei regulamentar para as eleições de 19 de agosto de 1856") e a Sinopse da Legislação Brasileira[692] — sinalizam sua participação ativa no período de construção das instituições do Estado nacional brasileiro.

Além dos códigos e guias, Josino também escreveu para alguns jornais, como por exemplo, o *Diário do Rio de Janeiro*, o *Jornal do Commercio*, O *Chronista* (fundado por Justiniano José da Rocha); além da folha *O Amigo das Letras*, de São Paulo. Ele tinha a comenda da Ordem de Christo.[693]

Em 2016, o Museu da Justiça do Estado do Rio de Janeiro publicou a obra intitulada *"A magistratura e o cenário urbano carioca: personalidades homenageadas na denominação de logradouros públicos"*. Pelo decreto de 31 de outubro de 1917, o logradouro do centro do Rio de Janeiro denominado *Travessa Nascimento Silva* passou a chamar-se *Rua Conselheiro Josino*. Vale

---

[691] BLACKE, Augusto Victorino Alves Sacramento. **Diccionario Bibliographico Brasileiro (Volume 5: Letras Jo-Ly)**. Rio de Janeiro: Imprensa Nacional, 1899. p. 239-241.

[692] BLACKE, Augusto Victorino Alves Sacramento. **Diccionario Bibliographico Brasileiro (Volume 5: Letras Jo-Ly)**. Rio de Janeiro: Imprensa Nacional, 1899. p. 239-241.

[693] BLACKE, *loc. cit.*

destacar que entre as referências indicadas na publicação da obra o texto informa a posse de Josino do Nascimento Silva como juiz de paz do 2º distrito da freguesia da Candelária, em janeiro de 1837.[694]

Ainda sobre a eleição municipal de 1840, consta que o senhor Antônio Fernandes Vaz, solteiro, nascido na freguesia da Candelária, foi eleito juiz de paz do 2º distrito da freguesia de Santana. Assim como outros magistrados leigos, Vaz já havia ocupado o cargo de juiz almotacé da câmara em 1827. Ele faleceu em 17/9/1863.[695]

Sabemos que, dentre os 30 indivíduos identificados na sobredita relação de nomes de juízes de paz, três são naturais da província da Bahia, oito do Rio de Janeiro, um do Rio Grande do Sul e quatro de Portugal. A faixa etária desses homens quando foram eleitos pela primeira vez para a magistratura de paz versa entre 26 e 72 anos, sendo o doutor Venâncio José Lisboa Filho o mais jovem e o doutor Balthazar da Silva Lisboa o mais velho. Sobre o nível de escolaridade desses indivíduos eleitos, um era formado em Medicina na Faculté de Médecine (Paris), um na Faculdade de Medicina do Rio de Janeiro, quatro em Direito pela Universidade de Coimbra, um outro em Direito pela Universidade de Paris e um pela Faculdade de Direito de São Paulo, conforme indicado no quadro a seguir.

Quadro 14 – Dados biográficos de juízes de paz eleitos entre 1829 e 1840

Local de nascimento	Nº	Faixa etária	Nº	Cursos e Instituições e Formação	Nº
Bahia	3	Até 30 anos		Medicina – Faculté de Médecine (Paris)	
		De 31 a 40	2	Medicina – Faculdade de Medicina do Rio de Janeiro	
		De 41 a 50		Direito – Universidade de Coimbra	3
		De 51 a 60		Direito – Faculdade de Direito de São Paulo	
		Acima de 60 anos	1	Direito – Universidade de Paris	

---

[694] Ver TJRJ. Museu da Justiça. Centro Cultural do Poder Judiciário (CCMJ). **A magistratura e o cenário urbano carioca**: personalidades homenageadas na denominação dos logradouros públicos. Rio de Janeiro: Tribunal de Justiça do Estado do Rio de Janeiro, 2016. Disponível em: http://ccmj.tjrj.jus.br/documents/10136/2288597/magistratura-cenario-urbano-carioca.pdf. Acesso em: 5 nov. 2022.

[695] ROSSATO, 2007.

Local de nascimento	Nº	Faixa etária	Nº	Cursos e Instituições e Formação	Nº
Rio Grande do Sul	1	Até 30 anos		Medicina – Faculté de Médecine (Paris)	1
		De 31 a 40	1	Medicina – Faculdade de Medicina do Rio de Janeiro	
		De 41 a 50		Direito – Universidade de Coimbra	
		De 51 a 60		Direito – Faculdade de Direito de São Paulo	
		Acima de 60 anos		Direito – Universidade de Paris	
Rio de Janeiro	8	Até 30 anos	3	Medicina – Faculté de Médecine (Paris)	
		De 31 a 40	1	Medicina – Faculdade de Medicina do Rio de Janeiro	1
		De 41 a 50	1	Direito – Universidade de Coimbra	1
		De 51 a 60		Direito – Faculdade de Direito de São Paulo	1
		Acima de 60 anos		Direito – Universidade de Paris	1
Portugal	4	Até 30 anos		Medicina – Faculté de Médecine (Paris)	
		De 31 a 40		Medicina – Faculdade de Medicina do Rio de Janeiro	
		De 41 a 50	1	Direito – Universidade de Coimbra	1
		De 51 a 60		Direito – Faculdade de Direito de São Paulo	
		Acima de 60 anos	1	Direito – Universidade de Paris	

Outro dado relevante desse grupo, é o fato de que pelo menos seis desses juízes de paz ascenderam, pela primeira vez, a cargos públicos na política regional e nacional após a eleição para o mandato da magistratura local. Manoel Theodoro de Araújo e Azambuja, José Martins da Cruz Jobim, Saturnino de Souza e Oliveira Coutinho, Venâncio José Lisboa Filho, Eleutério José Velho Bezerra e Josino do Nascimento Silva foram deputados imperiais, deputado provincial, presidentes de províncias, secretário de Estado e Negócios da Justiça, ministro interino da Secretaria de Estado e Negócios do Império e dos Negócios Estrangeiros e senador. Sabemos também que o coronel João Pedro da Silva Ferreira, eleito em 1836 como juiz de paz do 2º distrito da freguesia de Santana, tornou-se o 12º presidente da província de Sergipe em 19 de outubro de 1840.[696]

Contudo, importa destacar que a trajetória de parte desses indivíduos eleitos para o juizado de paz foi marcada pela ocupação de cargos públicos ligados ao controle urbano da localidade, como aponta o levantamento a seguir.

Quadro 15 – Juízes de paz eleitos (1829 – 1840) que ocuparam cargos na Câmara Municipal do Rio de Janeiro

Nome	Cargo	Ano
João da Costa Lima	Vereador	1805
	Juiz almotacé	1823
Joaquim José Pereira de Faro	Procurador	1810
Antônio Luiz Pereira da Cunha	Juiz almotacé	1816 – 1822/1828
Antônio Alves da Silva Pinto	Juiz almotacé	1820
João José Dias Moreira	Juiz almotacé	1821
Francisco Alves de Brito	Juiz almotacé	1823
Joaquim Bandeira de Gouveia	Juiz almotacé	1823/1826
José Gomes Ferreira	Tesoureiro	1823
	Juiz almotacé	1825
Manoel Theodoro Araújo Azambuja	Vereador	1823
João Martins Lourenço Vianna	Juiz almotacé	1824
	Suplente de vereador	1829 – 1832
José Moreira Lírio	Juiz almotacé	1824

---

[696] JAVARI, Barão de. **Organizações e programas ministeriais desde 1822 a 1889**. Secretaria da Câmara dos Deputados. Rio de Janeiro: Imprensa Nacional, 1889. Disponível em: https://www2.senado.leg.br/bdsf/item/id/220525PDF. Acesso em: 24 ago. 2022. p. 442.

Nome	Cargo	Ano
Manoel da Cunha Barbosa	Juiz almotacé	1825/1827
	Suplente de vereador	1829 – 1832
Custódio Xavier de Barros	Juiz almotacé	1826
Manoel Moreira Lírio	Vereador	1826
Antônio Fernandes Vaz	Juiz almotacé	1827
Duarte Jozé de Mello	Juiz almotacé	1827
João Silveira do Pillar	Juiz almotacé	1827
	Suplente de vereador	1829 – 1832
Antônio Gomes de Brito	Suplente de vereador	1829 – 1832
João José da Cunha	Vereador	1829 – 1832
Simplício da Silva Nepomuceno	Suplente de vereador	1829 – 1832
Venâncio José Lisboa	Suplente de vereador	1829 – 1832
João Pedro da Veiga	Vereador	1833
Luiz Menezes Vasconcellos Drumond	Vereador e presidente da câmara	1836 – 1840
Gabriel Getúlio Monteiro de Mendonça	Vereador e presidente da câmara	1849/1852
José Joaquim Guimarães	Suplente de vereador	1849/1852

A relação de nomes de juízes de paz identificados que atuaram em cargos no Senado da Câmara e na Ilustríssima Câmara Municipal do Rio de Janeiro, em certa medida, foi elaborada a partir da contribuição do levantamento feito por Jupiracy Rossato sobre os negociantes que atuaram na sobredita Câmara, com exceção do juiz de paz e vereador Luiz Menezes Vasconcellos Drumond, que não consta na relação de nomes da autora. Há de se observar que, diferentemente de Rossato ao identificar o período de vigência dos cargos da nova Câmara Municipal considerando o ano de 1830/1832, ou seja, a posse e o ano final do primeiro mandato, achamos mais assertivo continuar mantendo a identificação como fizemos até aqui, pelo período do mandato de quatro anos, ou seja, da eleição ao término: 1829 a 1832.

Há que se dizer que diferentemente dos juízes de paz que ascendiam ao poder através do voto direto dos cidadãos votantes, os juízes almotacés eram eleitos pelo sistema de pelouro.[697] Contudo, como bem observou Cláudia Rezende, esses agentes públicos "escolhidos pelos 'homens bons', únicos habilitados a serem candidatos e eleitores" à época,[698] desempenharam papel importante na municipalidade, fiscalizando o comércio e o abastecimento nas "diferentes localidades do Império português".[699]

O termo almotacé "*(muhtasib)*" e a função da almotaçaria "*(hisba)*" são de origem árabe.[700] Entre o período colonial e o Primeiro Reinado brasileiro, os juízes almotacés desempenhavam a função da almotaçaria, ou seja, mediavam conflitos e administravam a localidade fiscalizando o comércio e as condições dos imóveis, organizavam obras de infraestrutura urbana e inspecionavam a limpeza das vilas e cidades.[701] De acordo com Schmachtenberg, apesar de o cargo de almotacé ser considerado de segundo escalão (os cargos considerados de maior prestígio seriam os de vereador, procurador e juiz), ele foi ocupado por vários indivíduos que faziam parte da "nobreza da terra" para os quais um cargo na Câmara Municipal representava a inserção concreta no poder político local.[702]

Para Jupiracy Rossato, a trajetória de poder de certos indivíduos que ocuparam cargos na Câmara Municipal do Rio de Janeiro no mesmo período observado por Schmachtenberg para o caso de Rio Pardo (1811 – 1830) está

---

[697] De acordo com Rezende, a eleição para os cargos oficiais da Câmara Municipal acontecia trienalmente. O colégio eleitoral era constituído pelos "homens bons", que "designavam três eleitores, incumbidos da elaboração de três listas. Através da compatibilização dos nomes mais votados, extraíam-se três róis definitivos para cada ofício, colocados em bola de cera: os pelouros. No último mês do ano uma criança menor de sete anos" fazia o sorteio. Ver REZENDE, Cláudia de Andrade de. **Administrar o espaço, regular os costumes**: os fiscais na administração da cidade de São Paulo (1828 – 1841). 2021. Dissertação (Mestrado em História) – Universidade Federal de São Paulo, Escola de Filosofia, Letras e Ciências Humanas, Guarulhos, 2021. p. 56.

[698] *Ibid.*, p. 59.

[699] REZENDE, Cláudia de Andrade de. Os almotacés e o exercício da almotaçaria na vila de São Paulo (1765 – 1800). **Revista Cantareira**, Dossiê Áfricas, n. 25, p. 281, 2016. Disponível em: https://periodicos.uff.br/cantareira/article/view/27934/16327. Acesso em: 9 jul. 2023.

[700] Segundo Schmachtenberg, o cargo de origem árabe foi introduzido na Península Ibérica no período de ocupação islâmica e estava relacionado à fiscalização e administração das cidades. Ver SCHMACHTENBERG, Ricardo. "**A arte de governar**": redes de poder e relações familiares entre os juízes almotacés na Câmara Municipal de Rio Pardo/RS, 1811 – c.1830. 2012. Tese (Doutorado) – Universidade do Vale do Rio dos Sinos, São Leopoldo, 2012. p. 45.

[701] SCHMACHTENBERG, Ricardo. Redes de poder e as relações familiares na Câmara Municipal do Rio Pardo, 1811/1828: o caso dos juízes almotacés. *In*: SIMPÓSIO NACIONAL DE HISTÓRIA, 26., 2011, São Paulo. **Anais** [...]. São Paulo: ANPUH, 2011. Disponível em: http://www.snh2011.anpuh.org/resources/anais/14/1300424550_Acesso. Acesso em: 10 jul. 2023. p. 11.

[702] SCHMACHTENBERG, 2012, p. 19. O tempo de ocupação do cargo de juiz almotacé era de três meses. Mas é fato que alguns indivíduos permaneciam no cargo para além desse tempo.

permeada pela defesa de interesses de grupos. Em seus estudos, a autora observou a presença significativa de negociantes de *grosso trato* no Senado da Câmara Municipal do Rio de Janeiro. De acordo com Rossato, a presença desse grupo de traficantes na câmara se justifica a partir dos lucros materiais e imateriais que angariavam. Pelos serviços prestados à Câmara Municipal, muitos deles receberam títulos, comendas e honrarias. Ademais, no exercício da almotaçaria esses comerciantes de *grosso trato* ligados também à importação e exportação de alimentos tinham a responsabilidade de garantir o abastecimento da cidade.[703] Além disso, como destacou Schmachtenberg, "o cargo de almotacé era porta de acesso aos mais importantes postos da câmara municipal".[704]

Contudo, a partir da Lei que deu nova forma às câmaras,[705] o posto de juiz almotacé foi extinto no Rio de Janeiro em 1830, e neste mesmo ano aconteceu a posse dos primeiros juízes de paz eleitos na cidade.

De fato, segundo o levantamento apresentado no Quadro 15, há uma estreita relação entre os juízes almotacés e os juízes de paz. Dos 25 juízes de paz listados, 14 foram antes almotacés (56%). Importa observar que entre 14 juízes de paz que ocuparam os cargos de vereador ou suplente de vereador pelo menos quatro também foram almotacés. Decerto, a notoriedade desses juízes almotacés junto à população somada à experiência acumulada nas funções policial e judicial, posteriormente legadas aos juízes de paz, ajude a explicar essa transição entre um cargo alcançado por nomeação para outro cuja ascensão era pelo voto. Não obstante, é preciso considerar um dado importante para análise da permanência desses indivíduos em cargos estratégicos de fiscalização e controle policial na cidade: pelo menos quatro indivíduos que foram juízes almotacés da Câmara Municipal do Rio de Janeiro (além de um procurador) e, doravante, foram eleitos juízes de paz, atuaram também no tráfico e/ou comércio de escravos.

---

[703] ROSSATO, 2007. p. 53-59.
[704] SCHMACHTENBERG, 2012. p. 107.
[705] BRASIL, 1828b (Lei de 1º de outubro de 1828).

Quadro 16 – Juízes de paz que atuaram no tráfico e/ou comércio de escravos

Nome	Eleição	Freguesia/Distrito
Luiz Francisco Braga	1829 – 1832	Candelária/2º
	1833 – 1836	
	1836 – 1840	
Duarte José de Mello	1833 – 1836	Engenho Velho/2º
Francisco José Pinheiro Guimarães	1833 – 1836	Sacramento/1º
	1836 – 1840	
	1840 – 1844	
Joaquim José Pereira de Faro	1833 – 1836	Santa Rita/2º
João Martins Lourenço Vianna	1833 – 1836	Sacramento/3º
Manoel Moreira Lírio	1833 – 1836	São José/3º
Simplício da Silva Nepomuceno	1836 – 1840	Glória/2º
	1833 – 1836	Engenho Velho/2º
José Joaquim Guimarães	1836 – 1840	Candelária/1º
	1840 – 1844	

*O único juiz desta lista que não ocupou cargo na Câmara Municipal foi Luiz Francisco Braga. Fonte: GORENSTEIN (1993); Listagem dos traficantes de escravos entre África e o porto do Rio de Janeiro, atuantes entre 1811 e 1830 – FLORENTINO (1997); ROSSATO (2007).

Não é novidade para os historiadores que se debruçam sobre o assunto do fim do tráfico de africanos após a Lei de 7 de novembro de 1831 a ideia de que havia a conivência das autoridades locais justificando a permanência da prática. O importante trabalho de pesquisa de Sidney Chalhoub, "A força da escravidão: ilegalidade e costumes no Brasil oitocentista", indica esse sentido e mais além. Chalhoub chama atenção para o fato de que "para manter tanta gente escravizada ao arrepio da lei" o Estado adotou medidas nos âmbitos legislativo, administrativo e judiciário.[706] Com efeito, além de a Lei de 7 de novembro de 1831 não definir claramente os ritos de investigação e coibição do contrabando e não dizer a quem caberia a tarefa, sendo

---

[706] CHALHOUB, Sidney. **A força da escravidão**: ilegalidade e costume no Brasil oitocentista. São Paulo: Companhia das Letras, 2012. p. 30.

necessário a edição de um decreto no ano posterior (12 de abril de 1832), o Código do Processo Criminal de 1832 conferiu ao juiz de paz atribuição policial e, ao mesmo tempo, criou o cargo de chefe de polícia. Ou seja, os conflitos institucionais dificultavam ainda mais a fiscalização.[707] Ademais, o fato que chama atenção é o gradativo aumento do número de contrabandeados ao longo dos anos de 1830, com uma significativa estabilidade a partir da ascensão do grupo regressista e as pautas conservadoras no cenário político.[708]

Para Alex Costa, autoridades como os juízes de paz estavam diretamente ligadas ao tráfico ilegal de africanos. Segundo o autor, a natureza eletiva do cargo predispunha esses agentes públicos aos interesses e pressões dos potentados locais, com quem estabeleciam relações.[709] No Rio de Janeiro, consta que o chefe de polícia da Corte Eusébio de Queiróz recebeu uma nota inglesa, "em junho de 1841", denunciando a conivência do juiz de paz do 1º distrito de Santa Rita com o contrabando de africanos. Segundo Chalhoub, Eusébio de Queiróz tinha ciência das acusações sobre o juiz de paz de Santa Rita desde 1837.[710]

De acordo com o conteúdo do documento redigido pelas autoridades inglesas, o juiz ignorava as suspeitas dos navios que chegavam "em lastro" vindos da África, com indícios claros da presença de escravos nas embarcações. O juiz de paz respondeu a acusação alegando que "não lhe cabia deter navios devido a 'suspeitas vagas', pois causaria prejuízo ao comércio".[711] Para além de uma resposta supostamente evasiva, não seria de se estranhar a justificativa e preocupação do juiz em questão sobre os possíveis prejuízos ao comércio. Como resultado da apuração eleitoral para a posse dos juízes de paz nos anos de 1837 e 1841, o único juiz eleito e reeleito no 1º distrito de Santa Rita para os respectivos mandatos foi Antônio Moreira Coelho, que tinha como principal ocupação profissional o ofício de comerciante. Aliás, a atuação dos juízes de paz no comércio corresponde a 2ª categoria profissional com maior número desses indivíduos.

Certamente que interesses pessoais, familiares e de grupo matizavam as escolhas que esses juízes de paz faziam no combate ao tráfico ilegal. Não há como ignorar, por exemplo, a eleição de dois membros da família

---

[707] Ibid., p. 46-52.
[708] Ibid., p. 48.
[709] COSTA, 2019, p. 136.
[710] CHALHOUB, 2012, p. 67.
[711] Ibid., p. 68.

Francisco José Guimarães para o cargo de juiz de paz (Quadro 16); a família Guimarães era uma das 15 maiores empresas da "praça mercantil do Rio de Janeiro" responsável por 32 expedições no tráfico atlântico de escravizados no período de 1811 a 1830.[712] Portanto, é preciso considerar também que a partir de 1832, a inserção na magistratura eletiva representava um estratégico instrumento de manutenção e defesa desses interesses. Como já foi dito, no contexto turbulento das manifestações de rua na Corte, disputas de grupos políticos e a criação do Código do Processo Criminal redefinindo as freguesias em zonas distritais, a eleição para juiz de paz de 1832 foi anulada. Entretanto, concomitantemente aos interesses estritamente políticos na anulação dessa eleição de 1832, não é possível ignorar que dos oito traficantes identificados nas varas da magistratura de paz sete foram eleitos em 1833, ano posterior ao decreto que dava ao juiz de paz jurisdição sobre a fiscalização do contrabando de africanos em situação de escravidão.[713] Ademais, a partir da comparação entre o resultado da eleição de 1832, indicado na ata eleitoral da freguesia da Candelária,[714] e o resultado da eleição de 1833 desta freguesia publicado na imprensa, há situações como a do traficante Luiz Francisco Braga, que obteve apenas 94 votos para o cargo, perdendo a eleição para o juiz eleito Gustavo Adolfo Pantoja, com 252 votos. Porém, com a anulação da eleição de 1832, Braga foi favorecido, conseguindo se eleger para o cargo de juiz de paz do 2º distrito da freguesia da Candelária em 1833.

A trajetória dos magistrados de paz da cidade do Rio de Janeiro denota a construção de uma complexa rede de relações e poder local na qual os interesses de certos grupos estão claramente colocados. Mas além disso, o alinhamento desses indivíduos com facções políticas e movimentos associativos no período de construção do Estado nacional sinaliza a defesa de suas ideologias e projetos políticos.

Cumpre informar que, por ora, identificamos 19 juízes de paz — do total de 140 — que haviam sido membros das seguintes facções políticas na década de 1830: caramuru (9 indivíduos), moderado (7) e exaltado (3).[715] Destes, foi possível reconhecer, na relação de nomes dos juízes de paz citados,

---

[712] FLORENTINO, Manolo; FRAGOSO, João Luiz. **O arcaísmo como projeto**: mercado atlântico, sociedade agrária e elite mercantil em uma economia colonial tardia (Rio de Janeiro, c.1790 – c.1840). Rio de Janeiro: Civilização Brasileira, 2001. p. 200.

[713] Esse levantamento sobre os juízes de paz que atuaram no tráfico e comércio de africanos não esgota a pesquisa sobre o grupo. É possível que haja outros juízes envolvidos com a prática, mas que não foram identificados até aqui.

[714] AGCRJ. BR RJAGCRJ 62.3.1 – Fundo da Câmara Municipal/Série Eleições. Livro da Ata das Eleições de Juiz de Paz e Suplente da Freguesia da Candelária e de Vereadores da Câmara Municipal do Rio de Janeiro (1832).

[715] Ver Diário do Rio de Janeiro, 1833, n. 0300007; A Aurora Fluminense, 15 fev. 1833, n. 735; BASILE, 2004, p. 442.

que Custódio Xavier de Barros, Sebastião Vieira do Nascimento e o padre João José Moreira haviam sido membros do grupo exaltado, que Balthazar da Silva Lisboa, Gustavo Adolfo d'Aguiar Pantoja, João Huet e Manoel Azambuja pertenceram ao grupo caramuru e que João Silveira do Pillar, Joao Pedro da Veiga e José Martins da Cruz Jobim foram membros da facção moderada.[716]

Os "superpoderes" do magistrado de paz apregoados a partir de sua autonomia eletiva e das diversas funções atribuídas pelo Código do Processo Criminal de 1832, precisam ser observados considerando a inserção desses indivíduos em uma rede de relações que incluem o associativismo dos anos 1830.

Quadro 17 – Juízes de paz eleitos membros das seguintes sociedades

Juiz de paz	Freguesia	Magistratura	Sociedades
Custódio Xavier de Barros	Santana	1829 – 1832; 1833 – 1836	Sócio da Sociedade Defensora da Liberdade e Independência Nacional, Sociedade Auxiliadora da Indústria Nacional e Sociedade Amante da Instrução
Francisco Alves de Brito*	Sacramento	1829 – 1832	Membro recrutado para a Loja Maçônica Comércio e Artes na Idade do Ouro e membro da Sociedade Defensora da Liberdade e Independência Nacional
João José Vahia	São José	1829 – 1832	Membro da Sociedade Philomatica do Rio de Janeiro, da Loja Maçônica Esperança de Niterói e da Sociedade Defensora da Liberdade e Independência Nacional
João Silveira do Pillar	São José	1829 – 1832; 1833 – 1836	Sócio da Sociedade Defensora da Liberdade e Independência Nacional
João José da Cunha (suplente)	Sacramento	1829 – 1832	Membro recrutado para a Loja Maçônica Esperança de Niterói e membro da Sociedade Defensora da Liberdade e Independência Nacional

---

[716] Marcello Basile aponta um dado importante sobre a trajetória dos caramurus na Corte onde estava localizada a "base de sustentação do grupo": o resultado favorável nas eleições de 1833. Cf. BASILE, 2004, p. 439.

Juiz de paz	Freguesia	Magistratura	Sociedades
Manoel Theodoro de Araújo Azambuja	São José	1829 – 1832	Membro da Loja Maçônica União e Tranquilidade e da Sociedade Militar
Manoel Teixeira da Costa	Santa Rita	1829 – 1832	Sócio da Sociedade Defensora da Liberdade e Independência Nacional
Saturnino de Sousa e Oliveira Coutinho	Sacramento	1829 – 1832	Membro da Sociedade Philomatica do Rio de Janeiro, sócio da Sociedade Defensora da Liberdade e Independência Nacional e Sociedade da Instrucção Elementar
Balthazar da Silva Lisboa	São José	1833 – 1836	Sócio da Sociedade Auxiliadora da Indústria Nacional e sócio fundador do Instituto Histórico e Geográfico Brasileiro (IHGB)
João Martins Lourenço Vianna	Sacramento	1833 – 1836	Membro do primeiro Conselho da Sociedade Militar
José Martins da Cruz Jobim	Candelária	1833 – 1836	Presidente da Sociedade de Medicina do Rio de Janeiro, sócio das sociedades Auxiliadora da Indústria Nacional, Sociedade Defensora da Liberdade e Independência Nacional e Sociedade de Instrucção Elementar
Manoel de Valladão Pimentel	São José	1833 – 1836	Sociedade Defensora da Liberdade e Independência Nacional e Sociedade da Instrucção Elementar
Manoel da Cunha Barbosa	Santa Rita	1833 – 1836	Sociedade Auxiliadora da Indústria Nacional
**João Huet Bacellar Pinto Guedes Soutto Maior	Sacramento	1833 – 1836 1836 – 1840	Sociedade Militar, Sociedade Amante da Instrução e membro do Instituto Histórico e Geográfico Brasileiro (IHGB)

Juiz de paz	Freguesia	Magistratura	Sociedades
João Pedro da Veiga	Candelária	1833 – 1836; 1840 – 1844	Sócio da Sociedade Defensora da Liberdade e Independência Nacional, Sociedade Auxiliadora da Indústria Nacional e Sociedade da Instrucção Elementar
José Gomes Ferreira	Engenho Velho	1833 – 1836 1836 – 1840	Sociedade Militar
Manoel Moreira Lírio	São José Glória	1833 – 1836; 1836 – 1840	Membro da Sociedade Defensora da Liberdade e Independência Nacional
Carlos José de Almeida	São José Sacramento	1833 – 1836; 1836 – 1840; 1840 – 1844	Membro da Sociedade Amante da Instrução
Antônio Correa Picanço	Santana	1836 – 1840	Membro da Sociedade Philomatica do Rio de Janeiro e da Loja Maçônica Comércio e Artes na Idade do Ouro. Foi um dos fundadores do Grande Oriente Brasil (1822) e membro da Sociedade Defensora da Liberdade e Independência Nacional
Candido Porfirio de Assis Araújo	Glória	1836 – 1840	2º Secretário da Sociedade Amante da Instrução
João José Dias Camargo	Santa Rita	1836 – 1840	Membro e mestre de cerimônias da Loja Maçônica União e Tranquilidade, sócio da Sociedade Defensora da Liberdade e Independência Nacional, sócio da Sociedade Auxiliadora da Indústria Nacional e da Sociedade da Instrução Elementar do Rio de Janeiro[717]

---

[717] Em 6 de outubro de 1831, João José Dias Camargo torna-se "sócio efetivo da referida sociedade". Ver BNDigital Brasil. Coleção Decimal: Carta a João José Dias Camargo, comunicando sua admissão como sócio efetivo da Sociedade de Instrução Elementar do Rio de Janeiro (Manuscrito). Disponível em: http://acervo.bndigital.bn.br/sophia/index.html. Acesso em: 15 fev. 2022.

Juiz de paz	Freguesia	Magistratura	Sociedades
Sebastião Vieira do Nascimento	Glória	1836 – 1840; 1840 – 1844	Membro da Sociedade Federal Fluminense e Sociedade da Instrução
Antônio Luiz Pereira da Cunha	Santana	1836 – 1840	Sócio da Sociedade Defensora da Liberdade e Independência Nacional, Sociedade da Educação Liberal
Luiz de Souza Lobo	Sacramento	1836 – 1840	Sócio da Sociedade Defensora da Liberdade e Independência Nacional e da Sociedade Federal Fluminense
Paulo Fernandes Vianna	Engenho Velho	1836 – 1840	Sociedade da Educação Liberal
Francisco Alves de Castro Rozo	Glória	1840 – 1844	Secretário da Sociedade da Esperança dos Vinte Brasileiros Natos.
Gabriel Getúlio Monteiro de Mendonça	Candelária	1840 – 1844	Sócio da Sociedade Promotora da Colonização do Rio de Janeiro
João Bernardes Machado	Candelária	1840 – 1844	Sociedade Auxiliadora da Indústria Nacional
Raphael Pereira de Carvalho	Sacramento	1840 – 1844	3º secretário da Sociedade Defensora da Liberdade e Independência Nacional

Fonte: A Aurora Fluminense, n. 600, 2 mar. 1832; O Republico (RJ), n. 64, 10 maio 1831; n. 66, 17 maio 1831. Ver também: Diário do Rio de Janeiro (RJ), n. 1000007, 1831; n. 07000017, 1832; n. 0700023, 1832; n. 030018, 1834; n. 0500013, 1835; n. 0300005, 1836; n. 300015, 1836; n. 62, 1840. O Auxiliador da Indústria Nacional: ou Collecção de Memórias e Notícias Interessantes (RJ) – 1833 a 1896, n. 1, 1838, p. 48; n. 3, 1848, p. 89; FIOCRUZ (2023); LIMA (2011). Sobre a informação dos jornais a respeito da Sociedade Defensora da Liberdade e Independência Nacional, ver BASILE (2004, p. 84-88). As demais sociedades políticas também estão citadas no livro *A politização das ruas* (BASILE, 2022). Sobre a relação de nomes dos membros da Maçonaria, ver BARATA (2006, p. 300-332). *Há uma diferença na grafia do nome indicado na relação dos juízes de paz eleitos no *Jornal do Commercio*, n. 36 (Francisco Alves de Brito), com relação à lista de nomes dos membros da Maçonaria (Francisco Álvares de Brito). Conferir se se trata da mesma pessoa. **João Huet era português, nascido na comarca de Penafiel, Portugal, em 10 de outubro de 1784. Militar de carreira, Huet morreu no Rio de Janeiro, em 14 de fevereiro de 1858. Cf. ANRJ. DIBRARQ – Fundo/Coleção QT – João Huet de Bacelar Pinto Guedes Sotto Maior. Biografia. Disponível em: http://dibrarq.arquivonacional.gov.br/index.php/joao-huet-de-bacelar-pinto-guedes-sotto-maior. Acesso em: 1 fev. 2022.

Com efeito, o levantamento dos membros dessas sociedades denota certas inserções dos juízes de paz eleitos nos mais variados espaços na cidade-Corte. Cumpre destacar que dos 29 indivíduos identificados para o período tratado no quadro anterior apenas oito juízes de paz não pertenciam a nenhuma das sociedades políticas listadas. Desse total, identificamos 15 nomes associados à Sociedade Defensora da Liberdade e Independência Nacional, quatro membros da Sociedade Militar e dois da Sociedade Federal Fluminense, totalizando 21 juízes de paz ligados à essas sociedades políticas. Decerto, a análise dessas relações associativas ajuda a esclarecer algumas posturas desses indivíduos, que, aparentemente, se contradizem. Em outubro de 1832, o nome do doutor João José Vahia viria à tona em meio a uma disputa política[718] que se estendia desde o mês de abril do corrente ano entre o juiz de paz caramuru e seu suplente moderado, ambos da freguesia de São José.

De acordo com *A Aurora Fluminense*, "certos jornais" continuavam alegando que o afastamento do juiz de paz de São José, Manoel Azambuja, aconteceu para favorecer o suplente moderado João Silveira do Pillar. Em nota, o periódico apontava um motivo legal para o afastamento de Azambuja e denunciava uma pretensa manobra do juiz que, sabendo que seria afastado, se antecipou em indicar o "Sr. Dr. João José Vahia" para o seu lugar,[719] ignorando os critérios de substituição estabelecidos na Lei[720], que determinavam que cabia à Câmara Municipal convocar o imediato em votos, seguindo a lista eleitoral. Quanto a João Pillar, segundo o *A Aurora Fluminense*, em uma demonstração de desapego e "ato de delicadeza", teria solicitado o próprio afastamento da função de suplente quando Azambuja reassumiu o cargo de juiz de paz da freguesia. Isso porque Pillar estaria evitando o conflito de ter de julgar um escrivão que havia afastado, mas que fora reintegrado por Azambuja.[721] Por fim, o artigo da folha segue argumentando que, cessado o impedimento para o afastamento do suplente João Silveira do Pillar, nem a Câmara nem o governo poderiam impedi-lo de retornar ao cargo, caso

---

[718] Cf. A Aurora Fluminense, n, 689, 17 out. 1832. A divergência entre o juiz de paz Manoel Azambuja e o seu suplente, João Silveira do Pillar, em abril de 1832, foi citada na introdução deste trabalho.

[719] A Aurora Fluminense, n. 689, 17 out. 1832.

[720] BRASIL, 1827 (Lei de 15 de outubro de 1827), artigo 4º, passim.

[721] A Aurora Fluminense, n. 689, 17 out. 1832.

quisesse. É evidente a oposição do redator do jornal *A Aurora Fluminense* às ações do juiz de paz Azambuja. Apesar disso, a deferência do redator da folha ao "Sr. Doutor João José Vahia" — indicado pelo sobredito juiz para substituí-lo — sinaliza o trânsito desse indivíduo entre grupos políticos de alinhamentos distintos; fato que talvez se explique pelas relações associativas entre esses indivíduos que, decerto, ensejavam outros interesses em comum. O próprio Evaristo da Veiga — redator da folha *A Aurora Fluminense* e membro da facção moderada — foi um dos fundadores da Sociedade Philomatica do Rio de Janeiro, da qual João Vahia também fazia parte. Aliás, vale destacar que, de acordo com o levantamento do Quadro 17, alguns juízes eleitos chegaram a participar concomitantemente de mais de uma sociedade com finalidades distintas. É o caso do doutor e presidente da Sociedade de Medicina[722] José Martins da Cruz Jobim, que também era membro da Sociedade Auxiliadora da Indústria Nacional e da Sociedade Defensora da Liberdade e Independência Nacional.

Alguns juízes de paz ingressaram em associações no período posterior aos mandatos da magistratura, como foi o caso dos proprietários Simplício da Silva Nepomuceno, Duarte José de Mello, José Gomes Ferreira, Luiz Rodrigues Ferreira, Francisco de Paula Vieira de Azevedo e Luiz Gonçalves da Silva; além dos comerciantes Paulo Fernandes Vianna, João Martins Lourenço Vianna, Francisco José Loureiro, Antônio Alves da Silva Pinto Junior e Joaquim José Pereira de Faro. Todos eles foram membros da Sociedade Auxiliadora da Indústria Nacional.

Conforme asseverou Marcello Basile, no período regencial, a publicidade dessas sociedades ocupou a cena pública, a despeito da permanência de alguns movimentos associativos secretos, como a Maçonaria.[723] Segundo o autor, chama atenção a variedade da natureza dessas sociedades, como literária, científica, de auxílio mútuo e política. Vale observar a importância desse movimento no período regencial e, nesse sentido, a representatividade das "associações políticas fluminenses" com as três facções que atuavam na capital do Império: moderada, exaltada e caramuru.[724] A Sociedade Federal Fluminense era um órgão do grupo exaltado, a Sociedade Conservadora e a

---

[722] A sede da Sociedade de Medicina da Corte ficava na rua do Rosário, n. 204. Desde julho de 1830, os médicos da Sociedade atendiam gratuitamente a população pobre, "na primeira terça-feira de cada mês". Cf. Jornal do Commercio, n. 00142, 30 jun. 1830.

[723] BASILE, Marcello. Sociabilidade e ação políticas na corte regencial: a Sociedade Defensora da Liberdade e Independência Nacional. **Dimensões**, v. 18, 2006b. p. 349. Disponível em: https://periodicos.ufes.br/dimensoes/article/view/2451. Acesso em: 7 jan. 2021.

[724] BASILE, 2006b.

Sociedade Militar representavam o grupo caramuru e a Sociedade Defensora da Liberdade e Independência Nacional espelhava o projeto político e social do grupo que ocupava o poder central, o moderado.

    O trabalho pioneiro de Lúcia Guimarães abordou a trajetória da Sociedade Defensora da Liberdade e Independência Nacional no período de sua existência (1831 – 1835). A autora informa quais seriam os dois objetivos centrais dessa agremiação: a formulação de diretrizes para o governo regencial e a prestação de auxílio às autoridades visando à manutenção da ordem pública.[725] Não por acaso, as diretrizes que marcavam as regras para os associados previam a expulsão dos sócios envolvidos em ajuntamentos ilícitos, considerados criminosos e perturbadores do sossego público.[726] No contexto turbulento dos protestos de rua na Corte, os ajuntamentos, que desde a Lei de 15 de outubro de 1827 estavam sob a vigilância dos juízes de paz, foram submetidos a leis e posturas mais severas. Com efeito, é consenso na historiografia que, a partir da criação do Código do Processo Criminal de 1832, os poderes do juiz de paz aumentaram significativamente. Entretanto, no ano anterior, a partir do Decreto de Lei de 6 de junho de 1831, proibindo e recrudescendo os ajuntamentos ilícitos, esses magistrados passaram a ter "autoridade cumulativa em todo o município sobre os crimes policiais e delitos contra as posturas municipais".[727] Considerando a subjetividade da prescrição legal do crime de ajuntamento ilícito e suas implicações no tempo da Regência,[728] na prática caberia ao juiz de paz definir as reuniões ditas criminosas e a consequente punição aos indivíduos com até nove meses de prisão. Nesse sentido, importa considerar certas questões e distúrbios políticos de âmbito nacional que repercutiam nas freguesias que compõem a região central da capital do Império. Logo nos primeiros anos de mandato para a primeira magistratura, os cinco juízes de paz das freguesias centrais da Corte enfrentaram uma verdadeira prova de fogo: as manifestações sociopolíticas de rua.

    Na noite dos dias 13, 14 e 15 de março de 1831, o juiz de paz de Sacramento, Francisco Alves de Brito, teve que lidar com os violentos ajuntamentos que se espalhavam na freguesia pelas ruas do Piolho, do Espírito Santo, do

---

[725] GUIMARÃES, Lúcia Maria Paschoal. **Em nome da ordem e da moderação**: a trajetória da Sociedade Defensora da Liberdade e Independência Nacional do Rio de Janeiro. Dissertação de mestrado. Rio de Janeiro: PPGHIS/UFRJ, 1990. Disponível em: https://www.historiografia.com.br/tese/1328. Acesso em: 8 jan. 2021.

[726] BASILE, 2006b, p. 352.

[727] BRASIL, 1831c (Lei de 6 de junho de 1831), artigos 5º, 6º e 8º.

[728] Cf. SANTANA, 2019.

Ouvidor e do Rocio e prendeu por insulto três indivíduos que estavam em um ajuntamento na rua do Rosário. De acordo com o conteúdo da devassa do juiz de paz da Candelária, Luiz Francisco Braga, o movimento contou com a participação de portugueses e brasileiros armados, andando pelas ruas da cidade, rivalizando e atirando paus e garrafas entre si.[729] A incitação ao movimento conhecido como Noite das Garrafadas teria sido consequência das divergências e articulações de brasileiros e portugueses em torno do apoio ao governo de d. Pedro I e dos sentimentos antilusitanos presentes naquele contexto.[730] A pouco menos de um mês desse acontecimento, e em consequência disso, esses juízes das freguesias teriam seus nomes escritos em um fato que marcou a história política do Brasil Império.

O episódio da Noite das Garrafadas ensejou uma série de manifestações na Corte ainda no mês de março de 1831. Em resposta às contestações e articulações dos grupos liberais sobre a questão e sob a acusação de privilegiar os estrangeiros em detrimento dos brasileiros, d. Pedro I demite, no dia 20 de março, o ministro da Justiça e o ministro da Guerra, ambos portugueses natos. A ação, porém, não foi suficiente para mitigar a oposição. Então, no dia 5 de abril, d. Pedro resolve desfazer o ministério recém-criado, colocando, no lugar dos brasileiros, "seis fidalgos da aristocracia".[731] Em 6 de abril de 1831, uma multidão se reuniu no Campo da Aclamação, contestando as decisões do governo. Os juízes de paz de três freguesias da Corte[732] — Custódio Xavier de Barros, da freguesia de Santana, padre João José Moreira, da freguesia de Sacramento, e Manoel Theodoro de Araújo Azambuja, da freguesia de São José — foram até o imperador entregar uma representação do povo pedindo a reintegração do ministério. No entanto, os magistrados "retornaram ao campo, às sete horas da noite, e relataram a resposta do monarca" com a célebre negativa do imperador: "[...] tudo para o povo e nada do povo".[733] O resultado dessa resposta foi o acirramento dos

---

[729] BIBLIOTECA NACIONAL. Seção de Manuscritos, Anais da Biblioteca Nacional, v. 104, doc. 06, 03, 012, nº 799. Rio de Janeiro, 1831. "Processo a que deu motivo os Tumultos das Garrafadas dos dias 13, 14 e 15 de Março de 1831", f. 16-22.

[730] Sobre o conceito de antilusitanismo, ver RIBEIRO, 2002.

[731] PANDOLFI, Fernanda Cláudia. **A abdicação de D. Pedro I**: espaço público da política e opinião pública no final do primeiro reinado. Asis: Universidade Estadual Paulista, 2007. p. 134-135.

[732] Sobre a referência das três freguesias, ver CAMPOS, 2018, p. 127. Sobre a freguesia de Sacramento, é importante destacar que o padre João José Moreira estava ocupando o cargo de juiz de paz suplente em 6 de abril, substituindo o juiz de paz Francisco Alves de Brito, que alegou o motivo de moléstia para justificar seu afastamento da vara. Cf. Diário do Rio de Janeiro, n. 3, 6 abr. 1831.

[733] BASILE, Marcello. A Revolução de 7 de abril de 1831: disputas políticas e lutas de representações. *In:* Simpósio Nacional de História, 28., 2013, Natal. **Anais** [...]. Natal: ANPUH, 2013. Disponível em: http://www.snh2013.

ânimos das pessoas naquele ajuntamento no Campo da Aclamação e, no dia seguinte, a abdicação de d. Pedro I ao trono do Império brasileiro em favor de seu filho de apenas cinco anos de idade.

A atuação dos juízes de paz da cidade no contexto da abdicação foi digna de menção honrosa por parte da Câmara Municipal. O jornal *A Aurora Fluminense* publicou o agradecimento aos seguintes juízes: "Ilustríssimo Sr. Manoel Theodoro de Araújo Azambuja, juiz de paz da freguesia de São José. Expediu-se igual ao Sr. Luiz Francisco Braga Juiz de Paz da freguesia da Candelária, ao Sr. Manoel Teixeira da Costa e Silva Juiz de Paz da freguesia de S. Rita, ao Sr. João José Moreira Juiz de Paz da freguesia de Sacramento, ao Sr. Custódio Xavier de Barros Juiz de Paz da freguesia de Santana". A publicação ainda fez referência ao trabalho prestado por Francisco Alves de Brito, que, na ocasião dos dias 6 e 7 de abril, já não estava mais no exercício do cargo de juiz de paz da freguesia de Sacramento, mas foi elogiado por sua atuação nos distúrbios urbanos de março de 1831.[734] Não deixa de ser interessante o fato de o jornal *A Aurora Fluminense* dar publicidade a menção honrosa da Câmara ao caramuru Manoel Azambuja e ao exaltado Custódio Xavier de Barros. Isso porque no período de intensas disputas políticas nos jornais, é digno de nota a relação entre os juízes de paz e a imprensa, que ora promovia o trabalho desses magistrados, ora depreciava sua atuação. No decorrer dos anos de 1830, mais especificamente ao longo do período que se seguiu à abdicação, o Período Regencial, a percepção sobre os juízes de paz dividiu opiniões.

Pouco depois de os liberais moderados assumirem o governo central, as múltiplas funções dos juízes do povo conferidas pelo Código do Processo de 1832 "recrudesceram às críticas a instituição". Consoante Adriana Campos, o grupo que estava à frente do governo da nação logo percebeu que não seria fácil garantir a lealdade e os postos dos juízes eletivos.[735] Quando, em 1831, as ruas da cidade-Corte foram novamente ocupadas em manifestações

---

anpuh.org/resources/anais/27/1364533003_ARQUIVO_Art-ANPUH2013-MarcelloBasile.pdf. Acesso em: 9 jun. 2023. p. 9-10.

[734] A Aurora Fluminense, n. 476, 25 abr. 1831, p. 2013. De acordo com o conteúdo da informação, o juiz de paz da freguesia de Sacramento, Francisco Alves de Brito, foi substituído por seu suplente João José Moreira, entre março e abril de 1831. Segundo Marcello Basile, em agosto de 1831, o publicista exaltado Clemente José de Oliveira foi pronunciado e julgado pelo juiz de paz da freguesia de Sacramento, o doutor Saturnino de Souza e Oliveira Coutinho. Cf. BASILE, 2004, p. 272-274. Nesse sentido, podemos afirmar que, entre 1830 e 1831, a freguesia de Sacramento teve três juízes de paz no decorrer do primeiro mandato da magistratura. Sendo assim, apesar de não termos identificado Saturnino nas listas que acessamos dos juízes eleitos, agregamos o seu nome no quantitativo de juízes investigados.

[735] CAMPOS, 2018, p. 123-128.

lideradas pelos grupos políticos de oposição ao então governo regencial, lá estavam os magistrados de paz, combatendo aqueles ajuntamentos ou fazendo parte deles. Uma mudança de perspectiva sobre o projeto liberal da magistratura leiga foi tomando forma.

Como veremos mais adiante, entre os anos de 1831 e 1833, o nome desses juízes surge nas mais variadas ocorrências espalhadas pelas freguesias da cidade. A trajetória deles está intrinsicamente marcada pela forma como atuaram nas manifestações de rua. Ademais, a manutenção da ordem social foi um princípio sobre o qual procederam esses agentes nos espaços públicos e privados da cidade, e a forma como agiam para atingir tal objetivo é um dado a ser considerado na análise do perfil desses homens que fizeram a história da magistratura de paz da cidade do Rio de Janeiro.

Em agosto de 1837, o doutor Francisco Ribeiro da Silva Queiroz, juiz de paz do 2º distrito da freguesia de São José, decidido a colocar um limite nos ajuntamentos que persistiam nas tavernas da freguesia e usando de sua autoridade de magistrado, publicou, no *Jornal do Commercio*, uma ordem a todos os inspetores e comerciantes do distrito, informando que: "[...] tenho dado as mais terminantes ordens aos inspetores deste distrito, para que quando patrulharem, prendam imediatamente ao proprietário da taberna ou casa pública, aonde tais ajuntamentos houverem, afim de se impor a pena de $30 rs. e 8 dias de cadeia (além das mais que tiverem ocorrido), estabelecida no artigo 6 da postura de 1º de julho de 1831".[736] As posturas eram publicadas nos jornais, a fim de dar à população o acesso a essas regras, que funcionavam como verdadeiras leis municipais. Entretanto, as ocorrências de infrações de Posturas apontadas pelos juízes de paz denotam que nem sempre o que estava nos Códigos era cumprido, aceito ou compreendido pelo público-alvo. Para o juiz de paz Francisco Ribeiro da Silva Queiroz, "advogado de fama nos auditórios do Rio de Janeiro",[737] a sobredita lei tinha de ser cumprida.

O levantamento em questão não esgota a totalidade de informações sobre todos os indivíduos eleitos; há àqueles sobre os quais obtivemos apenas os nomes e as freguesias para as quais foram eleitos. De todo modo, a pesquisa desse grupo de 140 indivíduos votados entre os anos de 1829 e 1840 revelou um panorama sobre a categoria que nos permite conhecer quem foram os juízes de paz da cidade do Rio de Janeiro.

---

[736] Jornal do Commercio, n. 00173, 8 ago. 1837, f. 3. Disponível em: http://memoria.bn.br/DocReader/DocReader.aspx?bib=364568_02&hf=memoria.bn.br&pagfis=9167. Acesso em: 14 mar. 2022. Ver também: SANTANA, 2019, p. 168.

[737] GONÇALVES, 2004, p. 122.

CAPÍTULO 5

ATUAÇÃO DO MAGISTRADO LEIGO NA ADMINISTRAÇÃO DA JUSTIÇA DE PAZ

> Tendo havido tanta concorrência de parte, nas Audiências, de maneira, que não tem sido possível, determinarem-se estas, antes das 4, e cinco horas, resultando desta demora, incomodo pessoal aos meus Concidadãos, além da perca (*sic*) de tempo, que estes podem empregar em outros arranjos de sua vida; faço saber, que nas Audiências das Segundas, e Quintas, tomarei conhecimento das conciliações, e processos cíveis na conformidade dos § 1º e § 2º do artigo. 5º da Lei de 15 de Outubro de 1827; que nas Quartas Feiras, das dez horas em diante, ouvirei aos rixosos, aos que requererem contra vadios, mendigos, bêbados, turbulentos, e meretrizes escandalosas, e que aos Sábados à mesma hora, despacharei aos que requererem contra os infratores das Posturas, na conformidade do artigo. 88 da Lei das Câmaras Municipais do 1º de Outubro de 1828, contato que as Partes, que comparecerem, um, ou outro dia, provem, com duas ou três testemunhas, o que alegarem, como ordena o artigo 12 da Lei de Paz. Que no fim dessas novas Audiências, inquirirei testemunhas, relativas aos processos cíveis, e crimes; sem embargo destas disposições, qualquer pessoa, poderá a qualquer hora, recorrer ao Juiz de Paz, em caso urgente. E para que chegue ao conhecimento de todos, mandei afixar este Edital.[738]

Em torno da criação da magistratura eletiva, havia os debates sobre a construção do Estado imperial brasileiro. No âmbito dos projetos políticos para a nação, federalistas e centralizadores discutiam a maneira mais adequada de inserir o cidadão ativo no "exercício da liberdade política"[739], superando, assim, o dito "arcaísmo" herdado da antiga estrutura colonial portuguesa. Para os defensores da descentralização política, a partir da disseminação do poder público pela sociedade, a estratégia seria a realização de uma reforma na estrutura judiciária brasileira que privilegiasse tanto os interesses da

---
[738] Diário do Rio de Janeiro, n. 300021, 25 mar. 1830.
[739] COSER, 2008, p. 95.

localidade como a participação direta do cidadão na Justiça. Seus argumentos sobre a necessidade de criação dos cargos eletivos de juiz de paz e júri popular estavam respaldados na ideia de que os agentes públicos eleitos no município teriam seu desempenho controlado pelo eleitor, diferentemente do que acontecia com os funcionários públicos nomeados pelo governo central para atuar nas esferas regional e municipal, "imunes às vontades locais".[740] Ademais, a eleição para magistratura leiga forjaria nos cidadãos vínculos com o Estado, a internalização das leis e a noção social de interesse público, pois eles perceberiam que, para defender seus interesses individuais, precisariam estar ligados aos interesses de outros cidadãos elegendo o melhor representante e, assim, "transportarem suas vontades para dentro do Estado".[741] Na contramão dessas ideias, havia aqueles que entendiam que a observância das leis e da ordem em um território com as dimensões do Brasil estaria seriamente comprometida se certos agentes públicos tivessem vínculos com a localidade e ocupassem cargos administrativos e judiciários "sem treinamento prévio e sem controle do poder distante da sociedade local".[742] Na imprensa e no Parlamento, a discussão entre as duas vertentes políticas em torno da natureza leiga e eletiva da magistratura de paz não findou com a criação do cargo e do Código do Processo de 1832.

Como bem observou Ivo Coser, homens letrados ligados ao alto escalão da elite política, como Bernardo Vasconcellos e Calmon du Pin, criticavam abertamente os pré-requisitos estabelecidos por lei para o cargo de juiz de paz. Na defesa de suas ideias, partiam do argumento de que "certos pré-requisitos de conhecimento somente os homens bons poderiam dispor [...] a elite, que dispunha de conhecimento jurídico e preparação intelectual".[743] Nesse sentido, a implementação da magistratura popular e eletiva no Brasil do século XIX estaria fadada ao fracasso, considerando a precariedade de formação intelectual da população em geral no país e, consequentemente, a incompetência para eleger e ocupar o cargo.

Não se tratava, porém, de rechaçar a criação dos juízes de paz, mas de eleger um modelo institucional que garantisse a força do poder central na localidade. Nesse sentido, eles discutiam as circunstâncias sociopolíticas do país naquele contexto, argumentando que, na Inglaterra, o cargo de juiz de

---

[740] COSER, 2008, p. 61; 81; 69.
[741] Ibid., p. 86.
[742] COSER, 2008, p. 72.
[743] Ibid., p. 77.

paz era ocupado por homens notáveis e membros da elite,[744] e que o Brasil ainda não estava preparado para ter o instituto da Justiça de Paz naquele momento.[745] De fato, a Justiça de paz de paz na Inglaterra citada como modelo para o Brasil estava alicerçada na seleção de homens bons, doutos nas leis e os mais dignos do condado, que seriam nomeados pelo Parlamento e designados pelo rei para ocupar o cargo.[746] Assim sendo, segundo Charles Beard, o poder central reservava para si "um forte controle sobre a administração local".[747]

Mas sobre todas essas ideias debateram os federalistas dizendo que, apesar do contexto sociopolítico brasileiro, era necessário dar um passo para as mudanças e reconhecer que, diferentemente da magistratura togada, a publicidade das decisões dos juízes de paz era um valor em si.[748]

Se por um lado a criação da Justiça de Paz foi tão desejada quanto controversa no período de construção das instituições do Estado nacional brasileiro, há que se considerar a publicidade dada às ações desses juízes sob o esforço de conferir maior acessibilidade popular à Justiça, marcando um diferencial ante as relações constituídas entre a população e a antiga magistratura profissional. Sobre o processo de transformação da estrutura judiciária no Brasil independente, Ivan Vellasco observa um significativo aumento na produção da Justiça comparando a década de 1810 aos primeiros anos de atuação da magistratura de paz (1829-1832) na comarca do Rio da Morte (São João del Rei, em Minas Gerais). Entre as possíveis razões para tal empreendimento, o autor destaca a competitividade que se estabelece entre a antiga magistratura profissional, alvo das críticas "à ineficiência", e a nova magistratura leiga "sobre a qual repousavam as expectativas" de mudanças. Segundo Vellasco, o aumento da produção estaria respaldado no fato de que, naquele momento, ambas as instâncias judiciais "buscavam

---

[744] Ibid., p. 75-77.

[745] Ibid., p. 91.

[746] BEARD, Charles Austin. **The office of the justice of the peace in England**: in its origin and development. New York: The Columbia University Press, 1904. p. 38-39.

[747] BEARD, 1904, p. 44. De acordo com Beard, a criação da Justiça de paz na Inglaterra data ao período do reinado de Eduardo III. Naquele contexto, a "paz do rei", ou seja, a capacidade do monarca de manter o controle social foi uma questão premente para o reconhecimento do poder do rei ante as guerras e a peste negra que assolava a Inglaterra em 1348 (BEARD, 1904, p. 34). "Sob a pressão das condições sociais e o enfraquecimento do poder feudal na localidade" o gabinete da Justiça de paz foi criado como instituição policial e administrativa. Os juízes de paz não estariam subordinados ao "xerife, ou aos ministros, e teriam plenos poderes em assuntos relativos à polícia". O Parlamento decretou que haveria quatro ou mais juízes de paz em cada município e que deveriam ser substituídos a cada ano (p. 34-54). Quanto à diversidade de atribuições desses agentes públicos, entre outras demandas, eles foram autorizados por lei a investigar e punir os xerifes, cobradores de impostos e oficiais de justiça que exorbitassem de seus deveres (p. 78). Ademais, os juízes de paz estavam envolvidos com o sistema de tributação local, podendo, inclusive, aplicar multas por inadimplência (p. 81-83). Nas palavras de Charles Beard, " O juiz de paz era o homem para tudo do Estado" (p. 72).

[748] COSER, 2008, p. 73.

mostrar serviços".[749] Mas, além de *mostrar serviços*, a publicidade que os jornais do Rio de Janeiro trazem sobre as ações dos juízes de paz denotam uma "luta por reconhecimento"[750] da parte dos novos magistrados.

O juiz de paz da freguesia de São José, no intuito de informar "o respeitável público" sobre os dias, os horários e o local de suas audiências, publicou e mandou fixar editais com o respectivo conteúdo. O informativo indicado na epígrafe deste capítulo foi assinado pelo juiz, "Cavalheiro da Ordem de Christo", Manoel Theodoro d'Araújo Azambuja, e traz um detalhado panorama administrativo do cotidiano da Justiça de Paz no primeiro ano do seu mandato.

No trecho citado, sobre as demandas indicadas, fica evidente que a magistratura de paz agiria na medida em que fosse provocada. Cumpre destacar também que, além da organização do atendimento semanal distribuído entre dias determinados e assuntos — como conciliações, processos cíveis, denúncias contra vadios, mendigos, bêbados e meretrizes escandalosas e infrações de Posturas —, há certo cuidado da parte do juiz de paz ao informar as leis que balizam sua atuação nesses temas, além de atuar pelo menos quatro dias na semana na administração da magistratura de paz.

O *Jornal do Commercio* e o *Diário do Rio de Janeiro* publicavam esses editais com as informações prestadas pelos juízes de paz sobre a organização das audiências distribuídas durante a semana de trabalho na seção *Editais*.[751] No mês de fevereiro de 1830, logo após a posse dada aos magistrados para o exercício do primeiro mandato, as folhas já traziam essas informações. No caso do *Jornal do Commercio*, apenas os juízes de paz das freguesias de Santa Rita, Candelária e Santana anunciaram os dias de suas audiências no ano de 1830.[752] A partir de 1831, os anúncios sobre as audiências eram publicados, sucintamente, na margem direita do canto superior da primeira página do *Jornal do Commercio*, com a seguinte chamada: "Dias d'Audiências dos Senhores Juízes de Paz".[753] Para o ano de 1832, houve uma pequena alteração no dia de atendimento do juiz de paz da freguesia de São José. Como veremos mais

---

[749] VELLASCO, Ivan de Andrade. O juiz de paz e o Código do Processo: vicissitudes da justiça imperial em uma comarca de Minas Gerais no século XIX. **Justiça & História**, Porto Alegre, v. 3, n. 6, p. 1-23, 2003. Disponível em: https://www.tjrs.jus.br/novo/revista-justica/revista-justica-historia-volume-3/. Acesso em: 7 jan. 2023.

[750] HONNETH, 2009.

[751] No caso da folha *Diário do Rio de Janeiro*, essas informações também aparecem na seção Correspondências.

[752] Jornal do Commercio, n. 36, 16 fev. 1830; n. 38, 18 fev. 1830. Juízes de paz Manoel Teixeira da Costa Silva, da freguesia da Santa Rita, Custódio Xavier de Barros, da freguesia de Santana, e Luiz Francisco Braga, da freguesia da Candelária.

[753] Localizamos apenas o registro dessas publicações para o mês de outubro de 1831. Cf. Jornal do Commercio, n. 25, 1º out. 1831. A lista publicada se repete nas edições n. 43, 22 out. 1831, e n. 45, 25 out. 1831.

adiante, essas mudanças e ajustes nos dias de atendimento dos magistrados têm a ver também com as substituições dos juízes de paz por seus suplentes. De todo modo, os anúncios sobre o assunto no *Jornal do Commercio* foram esparsos.[754] Assim sendo, consideramos os dados do periódico *Diário do Rio de Janeiro*, pelo padrão de frequência, na elaboração do demonstrativo a seguir.

Quadro 18 – Distribuição das audiências dos juízes de paz em exercício

Período	Freguesia	Local do atendimento		Dias de atendimento					
		Residência	Câmara Municipal	Seg	Ter	Qua	Qui	Sex	Sáb
1830	Candelária	×			×			×	
	Santa Rita[2]	×			×			×	
	São José	×		×		×	×		×
	Sacramento	×		×			×		
	Santana	×			×		×	×	
	Santana[1]	×		×	×	×	×	×	×
	Santana[3]	×							
1831	São José	×		×			×		×
	São José[7]	?	?			×			×
	Santana[1]	×		×	×	×	×	×	×
	Santana[5]	×		×	×	×	×	×	×
	Santana[6]	×		×	×	×	×	×	×
	Sacramento[2]		×	×					
	Sacramento[3]	×		×					
	Sacramento[4]		×	×					
	Santa Rita[8]	×		×	×	×	×	×	×

---

[754] Jornal do Commercio, n. 105, 12 jan. 1832; n. 109, 17 jan. 1832; n. 193, 3 maio 1832.

Período	Freguesia	Local do atendimento		Dias de atendimento					
		Residência	Câmara Municipal	Seg	Ter	Qua	Qui	Sex	Sáb
1832	Sacramento		×	×			×		×
	Sacramento[1]		×	×		×			×
	Sacramento[3]								
	Candelária	?			×			×	
	São José[2]	?				×			×
	São José[4]	×				×		×	

Fonte: Diário do Rio de Janeiro, n. 13, 16 fev. 1830, n. 1, 2 nov. 1832. [1]Atendimento (audiência): juiz de paz suplente da freguesia de Santana, João José Dias Camargo. Cf. Diário do Rio de Janeiro, n. 9, 11 nov. 1830; [2]Em 13 de dezembro de 1830, o suplente da freguesia de Santa Rita, João Goulart, "por impedimento do juiz de paz", assumiu o cargo. Cf. Diário do Rio de Janeiro, n. 10, 13 dez. 1830; [3]Atendimento (audiência): juiz suplente da freguesia de Santana, José da Costa d'Araújo Barros. Cf. Diário do Rio de Janeiro, n. 12, 15 dez. 1830; [1]Atendimento (audiência): suplente da freguesia de Santana, João José Dias Camargo. Cf. Diário do Rio de Janeiro, n. 17, 21 mar. 1831; [2]Atendimento (audiência): suplente da freguesia de Sacramento, padre João José Moreira. Cf. Diário do Rio de Janeiro, n. 3, 6 abr. 1831; [3]Em 25 de junho de 1831, o juiz de Sacramento, Francisco Alves de Brito, retorna ao cargo. Cf. Diário do Rio de Janeiro, n. 18, 25 jun. 1831; [4]Atendimento (audiência): juiz de paz suplente da freguesia de Sacramento, Saturnino de Oliveira e Souza Coutinho. Cf. Diário do Rio de Janeiro, n. 15, 19 jul. 1831; [5]Atendimento (audiência): suplente da freguesia de Santana, José da Costa d'Araújo Barros. Cf. Diário do Rio de Janeiro, n. 9, 12 set. 1831; [6]Atendimento (audiência): suplente da freguesia de Santana, Antônio Corrêa Picanço. Cf. Diário do Rio de Janeiro, Suplemento n. 7, 10 out. 1831; [7]Atendimento (audiência): suplente da freguesia de São José, João Silveira do Pillar. Cf. Diário do Rio de Janeiro, n. 6, 14 dez. 1831; [8]Em 30 de dezembro de 1831, o suplente de Santa Rita assumiu o cargo por impedimento do juiz de paz Manoel Teixeira da Costa Silva, passando a atender todos os dias. Cf. Diário do Rio de Janeiro, n. 22, 30 dez. 1831; [1]Atendimento (audiência): suplente da freguesia de Sacramento João José da Cunha. Cf. Diário do Rio de Janeiro, n. 23, 30 jan. 1832; [2]Entre 30 de janeiro e 17 de fevereiro de 1832, o juiz de paz suplente da freguesia de São José, João Silveira do Pillar, mudou os dias do seu atendimento de terças e sextas para quartas e sábados. Cf. Diário do Rio de Janeiro, n. 23, 30 jan. 1832; n. 17, 21 fev. 1832; [3]Atendimento (audiência): suplente da freguesia de Sacramento, padre João José. Cf. Diário do Rio de Janeiro, n. 3, 3 ago. 1832; [4]Atendimento (audiência): juiz de paz suplente da freguesia de São José, Felippe Justiniano Costa Ferreira. Cf. Diário do Rio de Janeiro, n. 1, 2 nov. 1832.

Essas publicações dos juízes de paz nos jornais indicando ao público dia e local de atendimento semanal permaneceram mais ou menos constantes ao longo do período investigado, ou seja, entre o primeiro ano de exercício do mandato (1830) e o ano de 1841. Quanto aos locais de atendimento ao público indicados no Quadro 18, vale destacar que somente os juízes em exercício da freguesia de Sacramento atenderam fora de suas residências, ou seja, as audiências aconteceram na Câmara Municipal. É digno de nota esse dado sobre os atendimentos feitos no ambiente familiar (as residências dos juízes de paz), pois denota aquilo que Sérgio Buarque de Holanda classificou como "a invasão do público pelo privado, do Estado pela família [...] onde o princípio de autoridade é indisputado", em uma analogia aos resquícios coloniais das relações patriarcais presentes na sociedade brasileira que permaneceram durante o processo de construção do Estado Nacional. De acordo com Holanda, já no período de construção do Estado brasileiro a formação dos homens públicos que ocupavam cargos de responsabilidades ainda estava comprometida com a ideia da defesa dos interesses particulares sobre os públicos; herança das relações patriarcais do período colonial. Não por acaso, nos casos em que a escolha dos homens que exerceriam tais cargos se dava pelo voto, a campanha eleitoral em torno dos juízes de paz, por exemplo, destacava mais a "confiança pessoal que merecia o candidato", e menos as características próprias para ocupar a função.[755]

Outro dado interessante que o Quadro 18 apresenta é a distribuição dos dias dos atendimentos semanais desses agentes. Entre os anos de 1830 e 1832, houve mudanças nos dias de atendimento em determinadas freguesias. Na freguesia de Santana, por exemplo, no ano de 1830, os atendimentos variaram entre três e cinco dias por semana. Em pelo menos uma publicação, porém, o jornal se limitou a divulgar o local de atendimento do juiz de paz da freguesia de Santana, mas sem informar os dias da semana. Para o ano de 1831, observamos que os juízes de paz em exercício na freguesia de São José mantiveram a frequência dos atendimentos, mas em dias diferentes da semana. Vale destacar que no ano de 1830, os atendimentos dos juízes de paz das freguesias variaram entre dois e cinco dias semanais; em 1831, entre um e cinco dias por semana e, em 1832, entre dois e três dias. Entretanto, mais relevante do que a simples exposição do demonstrativo dos dias e do

---

[755] HOLANDA, Sérgio Buarque. **Raízes do Brasil**. 26. ed. São Paulo: Companhia das Letras, 1995. p. 82-145.

local desses atendimentos é a informação contida nesses anúncios sobre as frequentes substituições desses juízes, que, decerto, ajudam a esclarecer, por exemplo, a relação entre juízes eleitos e juízes em exercício.

Como já foi dito anteriormente, a relação dos nomes de 180 juízes eleitos nas eleições de 1829, 1832/1833, 1836 e 1840 foi obtida por meio das publicações dos editais da Câmara Municipal feitas em jornais, especialmente o *Jornal do Commercio* e o *Diário do Rio de Janeiro*. Entretanto, é preciso observar que tanto as demais publicações em jornais quanto os registros documentais localizados nos fundos da Polícia e Justiça, informando as diversas atuações desses agentes públicos, apresentam uma rotatividade de nomes no exercício do cargo que, em certos casos, extrapola o resultado da relação de nomes dos juízes eleitos indicados em publicações da imprensa. Essa aparente inconsistência se explica na medida em que se compreende as substituições (e reconduções) feitas ao longo do período de vigência dos mandatos entre os juízes de paz e seus suplentes e os demais imediatos em voto, ou seja, os suplentes dos suplentes que não aparecem nos resultados eleitorais das relações nominais publicadas nos respectivos editais divulgados nos jornais. Nesse sentido, merecem destaque as diversas substituições dos juízes de paz da freguesia de Santana, Custódio Xavier de Barros, da freguesia de Sacramento, Francisco Alves de Brito, e da freguesia de São José, Manoel Theodoro d'Araújo Azambuja, durante o exercício dos primeiros anos de mandato.

De acordo com o levantamento do Quadro 18, o juiz de paz da freguesia de Santana foi substituído pelo menos cinco vezes nos anos de 1830 e 1831. É sabido que, em 1829, Custódio Xavier de Barros foi eleito para o cargo junto com o suplente, João José Dias Camargo. Em novembro de 1830, o comerciante João José Dias Camargo assume a vara da magistratura de paz, substituindo Custódio pela primeira vez.[756] Depois de pouco mais de um mês, em dezembro de 1830, o suplente estava impedido de exercer a magistratura de paz, sendo substituído por João José d'Araújo Barros,[757] um nome que, até então, não constava na relação de juízes e suplentes eleitos. Em janeiro de 1831, Custódio comunicava a João José d'Araújo Barros o seu

---

[756] Cf. Diário do Rio de Janeiro, n. 9, 11 nov. 1830.

[757] Cf. Diário do Rio de Janeiro, n. 12, 15 dez. 1830. De fato, na relação de nomes publicada no jornal não havia a indicação de João José d'Araújo Barros. Entretanto, ele foi eleito para ocupar o cargo de suplente. Cf. AGCRJ. BR RJAGCRJ 62.2.53 – Fundo da Câmara Municipal/Série Eleições. Livro da Ata das Eleições de Juiz de Paz e Suplente da Freguesia de Santana do Rio de Janeiro (1829).

retorno à função de juiz de paz.[758] Mas as substituições não pararam por aí, nos meses de março, setembro e outubro de 1831, respectivamente, Custódio foi substituído por João José Dias Camargo,[759] José da Costa d'Araújo Barros e Antônio Corrêa Picanço.[760] Aliás, a posse dada ao suplente Picanço foi alvo de críticas no jornal *Diário do Rio de Janeiro*. Na seção *Notícias Particulares*, um correspondente do jornal que assinava sob a alcunha de "Um amigo da veracidade" criticava a nomeação feita pela Câmara Municipal ao juiz togado Antônio Corrêa Picanço, alegando que havia outros nomes mais votados, portanto aptos para ocupar o cargo de suplente do juiz de paz de Santana. Buscando entender o critério que a Câmara Municipal do Rio de Janeiro havia adotado, haja vista que desconsiderava o resultado da votação e, portanto, a posição dos votados para ocupar o carro, o correspondente tecia suas teorias: "Parabéns ao Ilustre Togado, juiz de paz, nomeado por se terem assim tão amplamente preenchidos os desejos, que inflamaram de servir este lugar (si vera est fama) ainda por 3 dias. Se não é como me consta, Sr. Redator, e outros foram os termos da nomeação do novo Juiz, faça o obséquio de o declarar ao seu eleitor".[761] Além da polêmica gerada pelo processo de substituição, vale destacar que o afastamento de Custódio Xavier de Barros, em 21 de março de 1831, acontece a menos de uma semana do distúrbio urbano da Noite das Garrafadas. O fato é que, nesse ínterim, ele retornava ao cargo alegando estar apto para retomar suas atividades na Justiça de Paz. Quando informava o motivo do seu afastamento, o juiz alegava moléstia.

Na freguesia de Sacramento, entre os dias 6 e 25 de abril de 1831, o juiz de paz Francisco Alves de Brito foi substituído do cargo, mas não pelo seu suplente eleito, João José da Cunha, e sim pelo padre João José Moreira.[762] A data do afastamento do então juiz de paz da freguesia de Sacramento é digna de nota, 6 de abril de 1831, pois coincide com a véspera da abdicação de d. Pedro I, o que justifica o fato de ele não estar entre os três juízes de paz que entregaram ao imperador uma representação do povo reunido no Campo de Santana, pedindo a reintegração do ministério. Em 19 de julho de 1831, Francisco se afasta novamente da vara, sendo substituído dessa

---

[758] Cf. Diário do Rio de Janeiro, n. 15, 21 jan. 1831.
[759] Cf. Diário do Rio de Janeiro, n. 17, 21 mar. 1831.
[760] Cf. Diário do Rio de Janeiro, n. 9, 12 set. 1831; Suplemento n. 7, 10 out. 1831.
[761] Cf. Diário do Rio de Janeiro, n. 1000010, 13 out. 1831.
[762] Cf. Diário do Rio de Janeiro, n. 3, 6 abr. 1831.

vez por Saturnino de Oliveira e Souza Coutinho.[763] A primeira vez que o suplente eleito, João José da Cunha, assume a vara no lugar do juiz de paz é em 30 de janeiro de 1832.[764] Mas em agosto do sobredito ano, o padre João José Moreira assume novamente o cargo.[765]

A substituição conflituosa entre o juiz de paz caramuru, Manoel Theodoro Azambuja, e seu suplente eleito, o moderado João Silveira do Pillar, já foi objeto de análise neste trabalho. Contudo, vale destacar alguns aspectos informados a partir da divulgação das audiências desses agentes públicos no exercício do cargo. Em 14 de dezembro de 1831, João Pillar anunciava os dias de suas audiências. Diferentemente do que acontecia nesse tipo de publicação, o texto não informava o fato de Pillar ser suplente e estar substituindo o juiz de paz Azambuja.[766] Até fevereiro de 1832, João Pillar ocupava a magistratura de paz.[767] Mas o turbulento ano de 1832 ainda traria um novo afastamento a Azambuja. Em novembro daquele ano, logo após a eleição municipal que confirmou a reeleição de Azambuja para o cargo da magistratura de paz na freguesia de São José, ele foi substituído por Felippe Justiniano Costa Ferreira.[768] Como já foi dito no capítulo II, nesse período Azambuja respondia a um processo de responsabilidade pelo envolvimento na manifestação de 12 de setembro de 1832. O fato é que, em 17 de janeiro de 1833, Azambuja retorna ao cargo, advertindo o suplente em exercício, Felippe Justiniano, que lhe remetesse a "tabuleta" (distintivo), caso ainda não a tivesse enviado ao juiz suplente, João Silveira do Pillar.[769]

Em uma análise mais atenta sobre o conteúdo ligado à divulgação dos dias e lugares das audiências dos juízes de paz das freguesias no período tratado, dois aspectos merecem atenção: o contexto sociopolítico das manifestações de rua na Corte e certas circunstâncias que influenciavam o efetivo exercício do cargo.

Quando Custódio Xavier de Barros anunciava o retorno das audiências ao juizado de paz de Santana, em 15 de abril de 1831, ele justificava a suspensão do atendimento ao público sob a seguinte referência: "Faço saber

---

[763] Cf. Diário do Rio de Janeiro, n. 15, 19 jul. 1831.
[764] Cf. Diário do Rio de Janeiro, n. 23, 30 jan. 1832.
[765] Cf. Diário do Rio de Janeiro, n. 3, 3 ago. 1832.
[766] Cf. Diário do Rio de Janeiro, n. 6, 14 dez. 1831.
[767] Cf. Diário do Rio de Janeiro, n. 23, 30 jan. 1832; n. 17, 21 fev. 1832.
[768] Ver Diário do Rio de Janeiro, n. 1, 2 nov. 1832. Até então, não havia referência a esse nome na relação de suplentes eleitos para a magistratura de 1829-1832.
[769] Cf. Diário do Rio de Janeiro, n. 14, 17 jan. 1833.

que não tem havido audiências neste Juízo pelo motivo constante a todos os Cidadãos". Decerto, Custódio estava convencido de que os eventos políticos dos meses de março e abril dispensavam maiores explicações e, nesse sentido, que a população da freguesia de Santana não poderia estar alheia aos acontecimentos que movimentaram o Campo de Santana, culminando na abdicação do imperador em 7 de abril.[770] Talvez em uma tentativa de imprimir uma espécie de retorno à normalidade na freguesia, o juiz de paz tenha publicado a retomada das audiências reiterando os "mesmos dias e horários já anunciados".[771] Mas os dias que se seguiram à abdicação não foram de tranquilidade pública na cidade do Rio de Janeiro.

A dita "Revolução do 7 de abril" não refletia as mudanças almejadas pelas multidões que ocuparam as ruas da capital em protestos contra o governo de d. Pedro I. Quando o trono do Brasil ficou vago, o governo central foi ocupado por uma Regência Trina Provisória composta por um militar de alta patente e dois senadores; todos eles eram membros do grupo moderado. No entanto, a mudança de governo frustrou as expectativas de diversas camadas sociais, que utilizaram as manifestações de rua na Corte como um instrumento de reivindicação. Para os mais humildes, a crise econômica continuou se traduzindo em desabastecimento dos gêneros de primeira necessidade, preços altos e, portanto, miséria. Não tardou para que os ânimos aflorados fossem canalizados na busca imediata por quem culpar. Os comerciantes portugueses donos de tavernas, açougues e casas de secos e molhados foram o alvo preferencial de violentos protestos ainda no mês de maio de 1831. Nesse ínterim, o governo regencial foi tachado de conivente com os interesses lusos. O discurso antilusitano adquiria mais força.[772]

No campo político, o sentimento de traição entre os membros do grupo exaltado crescia na medida em que percebiam que estavam sendo excluídos da formação e dos projetos políticos do novo governo do país. Como bem destacou Basile, o desabafo de Theophilo Ottoni sintetiza a frustração dos exaltados que acreditaram e lutaram lado a lado dos moderados pelo fim do governo do Primeiro Reinado e pela construção de um novo projeto político liberal para a nação, mas que se viram usados e, depois, excluídos da composição do governo regencial: "vi com pesar apoderarem-se os moderados do leme da revolução, eles que na última hora tinham apelado

---

[770] Cf. Diário do Rio de Janeiro, n. 12, 16 abr. 1831.
[771] Cf. Diário do Rio de Janeiro, n. 12, 16 abr. 1831.
[772] BASILE, 2022, p. 483-486.

conosco para o juízo de Deus".[773] A reação não tardou, e os ditos radicais exaltados entraram declaradamente para o grupo de oposição ao governo dos moderados incitando a insatisfação sociopolítica generalizada que ainda estava de pé. Então, o governo regencial recém-formado teve que lidar com os intensos distúrbios urbanos que eclodiam no coração do poder.

Quando o juiz de paz de Sacramento, Francisco Alves de Brito, foi substituído de suas funções pelo moderado Saturnino de Souza e Oliveira Coutinho, em 19 de julho de 1831, uma das primeiras ações do então suplente foi a prisão do publicista exaltado Clemente José de Oliveira, acusado de participar do distúrbio do mês de julho conhecido como *Povo e Tropa*.[774]

Desde o dia 12 de julho de 1831, as tropas do 26º Batalhão de Infantaria do Exército e as companhias de polícia rebelaram-se contra o governo em manifestações violentas pela cidade.[775] O governo reagiu, acionando a guarda municipal no cerco ao quartel do 26º Batalhão. A tropa, então, concordou em baixar as armas pela "promessa de não de haver represálias".[776] Entretanto, uma condição para o acordo foi a transferência do batalhão para a Bahia no dia 14 de julho. O embarque da tropa de fato aconteceu, mas sob um clima de intensos tumultos. Na noite do mesmo dia, a 1ª e a 2ª companhia de polícia tomaram o quartel de Bragança (localizado na rua dos Quartéis), armaram-se e ocuparam, de maneira ostensiva, as ruas da cidade. Em outro ponto da capital, na Praça da Constituição, um grupo de civis alinhados à causa dos exaltados insuflavam os soldados do "3º e 5º Batalhões de Caçadores e da Cavalaria" a reagirem contra o descaso da Regência com a polícia e as pretensas punições ao movimento.[777] Diversos folhetos com petições e abaixo-assinados foram feitos por "manifestantes civis" e militares. Os conteúdos traziam temas como o fechamento da Assembleia Legislativa, a organização de uma Assembleia Constituinte, a exoneração de um dos membros da Regência e o antilusitanismo político.[778] Entre os gritos e as palavras de ordens dos agitadores manifestados nas ruas, ouviam-se as vozes bradando: "[...] abaixo a Câmara Municipal, e os juízes de paz".[779]

---

[773] OTTONI, Theophilo *apud* BASILE, 2022, p. 485.
[774] Ver BASILE, 2022, p. 499-502. Ver também: SANTANA, 2019, p. 67-70.
[775] BASILE, 2022.
[776] *Ibid.*, p. 501.
[777] *Ibid.*, p. 502.
[778] BASILE, 2022, p. 503.
[779] BASILE, *loc. cit.*

Por fim, *Povo e Tropa* entregaram ao governo regencial uma pauta de reivindicações assinada por 441 pessoas, entre as quais o publicista Clemente José de Oliveira. Apesar do impacto do movimento civil-militar na capital, de acordo com Basile, este foi perdendo força dado o seu caráter pouco organizado. Nesse ínterim, o governo articulou a reação contando com apoiadores, como o recém-criado Batalhão dos Oficiais Soldados Voluntários, o Corpo de Artilharia da Marinha, o "5º Batalhão de Caçadores" e o "1º Corpo de Artilharia Montada de Caçadores do Exército".[780] Finalmente, no dia 19 de julho, o governo, sentindo-se fortalecido, posicionou-se rejeitando a petição do *Povo e Tropa*. Em 22 de julho, o ministro da Justiça manifestava aos fluminenses os motivos pelos quais o governo não poderia atender àquela petição feita "com armas nas mãos" e declarou a cidade pacificada. Os indivíduos considerados líderes do movimento foram julgados pelo crime de ajuntamento ilícito. Coube ao juiz de paz suplente da freguesia de Sacramento em exercício, Saturnino de Souza e Oliveira Coutinho, conduzir a prisão, o julgamento e a sentença dos indivíduos.[781] O jornal *A Aurora Fluminense* publicou detalhes do julgamento do exaltado Clemente José de Oliveira conduzido pelo juiz de paz alinhado aos moderados, Saturnino Oliveira, no qual é possível perceber indícios da politização do processo que tramitou no intervalo de pouco menos de uma semana, culminando na sentença de Clemente por ajuntamento ilícito no grau máximo da lei.[782]

Se por um lado havia juízes de paz que se orientavam pelos interesses do governo moderado, por outro é preciso considerar alinhamentos políticos de certos juízes com os grupos de oposição ao governo. Nesse sentido, chama atenção o afastamento de magistrados em determinados momentos, como o pedido de afastamento da vara de Sacramento do juiz Francisco Alves de Brito durante as manifestações do *Povo e Tropa*. Na freguesia de Santana, Custódio Xavier de Barros também estava afastado da magistratura de paz em momentos nevrálgicos do cenário político da cidade, exceto no distúrbio urbano de abril de 1832 liderado pelo grupo exaltado.

Com a proximidade do 7 de abril de 1832 — data que marcava o primeiro ano da abdicação de d. Pedro I —, surgiram boatos na imprensa sobre uma revolta perpetrada pelo grupo exaltado contra o governo da Regência para aquela ocasião. O fator agravante naquele contexto era a participação do recém-formado grupo caramuru.

---

[780] *Ibid.*, p. 510.
[781] BASILE, *loc. cit.*
[782] SANTANA, 2020, p. 15-16.

De acordo com Basile, no dia 2 de abril, "magotes espalharam pela cidade uma proclamação impressa [...] Em nome do *Povo e Tropa* do Rio de Janeiro", detalhando os principais pontos que balizavam o protesto, entre os quais a incompetência do governo da Regência, o antinacionalismo desses governantes, as péssimas condições do sistema carcerário da capital do Império, a negligência dos regentes ante os boatos de que d. Pedro I tinha a intenção de retornar ao trono, o descaso do governo com o Exército e a corrupção nos ministérios. Dito isso, os revoltosos conclamavam o povo a "instituir uma nova Regência [...] e uma Assembleia Nacional Constituinte".[783] Na manhã do dia 3 de abril, um grupo de militares e prisioneiros das fortalezas de Santa Cruz e Villegagnon atravessou vários bairros da cidade "até chegar ao Campo da Honra", reunindo uma multidão de civis e militares.[784] O governo da Regência reagiu, convocando a recém-criada Guarda Municipal sob a liderança de Luís Alves de Lima e Silva, e, no final daquele mesmo dia, "O governo obtinha mais uma vitória sobre os *anarquistas*". Contudo, a atuação de certas autoridades da cidade no combate "aos rebeldes" foi alvo de críticas e denúncias de conivência e/ou participação no movimento.[785] O juiz de paz da freguesia de Santana, Custódio Xavier de Barros, divulgou um panfleto no qual refutava as suspeitas que recaiam sobre sua conduta nas manifestações de 3 de abril no Campo da Honra.[786]

O conteúdo do panfleto escrito por Custódio foi dirigido "ao respeitável público", numa clara defesa de sua posição de "empregado público" e competente juiz de paz. Para tanto, o juiz fez uma exposição documentada de seu relato sobre os distúrbios urbanos que ocorreram em sua jurisdição, nas regiões do Campo da Honra e na praia Formoza.[787] Os documentos assinados pelas testemunhas envolvidas nos procedimentos do juiz de paz sobre os ajuntamentos do dia 3 de abril balizavam seus relatos sobre as ocorrências e sua atuação. De acordo com Custódio Xavier de Barros, "às seis horas da manhã do dia três de abril" tomou ciência dos distúrbios que ocorreram na noite anterior (dia 2 de abril) pelo então comandante do 5º

---

[783] BASILE, 2022, p. 591-592. De acordo com o dicionário de época, o termo "magote" significa número de pessoas ou de coisas juntas e era frequentemente utilizado para fazer referência aos ajuntamentos de escravos pela cidade, o que denota a participação desses indivíduos no movimento. Cf. PINTO, Luiz Maria da Silva. **Dicionário da língua brasileira**. Ouro Preto: Typographia de Silva, 1832. Disponível em: https://digital.bbm.usp.br. Acesso em: 23 out. 2022.

[784] BASILE, 2022, p. 595.

[785] BASILE, 2022, p. 599-600.

[786] *Ibid.*, p. 600.

[787] ANRJ. Fundo: Diversos; Caixas – 2H 00 0562 – BARROS, Custódio Xavier. Breve analyse dos acontecimentos que tiverão lugar na manhã do dia 3 de abril (1832).

Batalhão da Guarda Nacional. Em seguida, um capitão do 3º Batalhão de 1ª Linha trouxe uma ordem do Comandante das Armas para que Custódio comparecesse ao Campo da Honra, pois havia um ajuntamento ao lado do Palacete. Diante do exposto, o juiz de paz resolveu suspender as audiências previstas para aquele dia, mandou chamar seu escrivão e convocou a Guarda Nacional para acompanhá-lo na diligência, mas a Guarda ignorou a solicitação.[788] Então, Custodio escreveu para o capitão da "4ª Companhia Silvério Candido de Faria" comunicando que solicitava o suporte dos agentes da Guarda Nacional para intervir no ajuntamento. O capitão compareceu à paisana, com apenas dois soldados, alegando que precisaria de mais tempo para reunir seu pessoal. De todo modo, Faria determinou que os dois guardas partissem em diligência pela cidade em busca de soldados, mas nada surtiu efeito. Nesse ínterim, o delegado da praia Formoza, José Correa da Silva, apareceu, comunicando que um grupo de homens armados invadiu a "casa do capitão". De acordo com o relato, o delegado foi convidado pelos amotinados a tomar parte naquele ajuntamento. Diante disso, o juiz e o escrivão partiram para a casa de Silvério Faria. Chegando lá, encontrou o capitão desolado ao lado de sua família, dizendo que havia sido ameaçado e rendido pelo grupo armado, que levou todas as armas do quartel que o capitão guardava em sua casa, contrariando as recomendações do juiz de paz que já o havia advertido, em 15 de março, sobre a imprudência de ter armamento e munição do quartel guardados em casa.

Por fim, Custódio foi até o lugar onde estava o grupo ajuntado. Chegando lá, ordenou que depusessem as armas, e o grupo se retirou.[789] Em suas considerações finais, o juiz de paz da freguesia de Santana avalia que, ao dispersar o ajuntamento armado, agiu no sentido de proteger a população daquela região dos riscos de morte e pilhagem, já que não havia força policial suficiente para combatê-los. Além disso, Custodio encerra suas "reflexões" acusando o capitão do 4º Batalhão da Guarda Nacional, Silvério Candido de Faria, de tentar deliberadamente "armar alguém", guardando o arsenal do quartel em sua casa.[790] Conforme informado, o grupo caramuru estava presente na cena pública e havia fortes indícios de alinhamento entre membros da Guarda Nacional e os caramurus.

---

[788] ANRJ. Fundo: Diversos; Caixas – 2H 00 0562 – BARROS, Custódio Xavier. Breve analyse dos acontecimentos que tiverão lugar na manhã do dia 3 de abril (1832), p. 1-2.

[789] ANRJ. Fundo: Diversos; Caixas – 2H 00 0562 – BARROS, Custódio Xavier. Breve analyse dos acontecimentos que tiverão lugar na manhã do dia 3 de abril (1832), p. 2.

[790] *Ibid.*, 25 abr. 1832, p. 3.

Ademais, é digno de nota que Custódio Xavier de Barros, na tentativa de se desvincular de qualquer tipo de participação ou conivência nos distúrbios sociopolíticos de 3 de abril de 1832, assevera que sequer participava das "sociedades que atualmente existem", desafiando o público a dizer a qual delas estaria vinculado o seu nome, com exceção da Sociedade Amante da Instrução da qual havia se demitido.[791] Entretanto, essa narrativa não se sustenta, pois é sabido que Barros foi membro de pelo menos uma sociedade política em 1831 — a Sociedade Defensora da Liberdade e Independência Nacional, cujos vários membros dissidentes alinharam-se ao grupo exaltado — e há anos era membro efetivo e atuante da Sociedade Auxiliadora da Indústria Nacional. Porém, é o conteúdo do depoimento n.º 15 do seu próprio escrivão, Antônio Teixeira Chaves, que denota a atuação dúbia do sobredito juiz de paz naquele ajuntamento na praia Formoza.[792]

De acordo com o depoimento do escrivão, quando Custódio ordenou que o grupo depusesse as armas e os cartuchames, ele foi prontamente atendido, sem relutância. O escrivão não se furtou de registrar seu juízo de valor sobre a atuação do magistrado, alegando que o juiz de paz permitiu que aqueles homens se evadissem, "mais de vinte indivíduos" armados, sem sequer processá-los por ajuntamento ilícito.[793]

O fato é que as manifestações de rua na capital do Império marcaram a condução da administração dos magistrados eletivos das freguesias da Corte. O caso do juiz de paz da freguesia de São José, Manoel Theodoro Azambuja, é mais manifesto. Seus afastamentos entre os anos de 1832 e 1833 estão fundamentados em disputas políticas já discutidas no decorrer desta pesquisa. Nesse sentido, os frequentes afastamentos desses magistrados no período de crise institucional e distúrbios urbanos nas freguesias da capital do Império, somados aos seus alinhamentos com as facções políticas moderada, exaltada e caramuru, levam a crer que as substituições foram um instrumento útil para garantir a manutenção no cargo do agente público responsável pela ordem e pelo sossego da cidade enquanto apoiavam os grupos políticos que insuflavam distúrbios urbanos.

---

[791] ANRJ. Fundo: Diversos; Caixas – 2H 00 0562 – BARROS, Custódio Xavier. Breve analyse dos acontecimentos que tiverão lugar na manhã do dia 3 de abril (1832), p. 1.
[792] *Ibid.*, p. 10.
[793] Cf. SANTANA, 2019, p. 140.

A atuação dos magistrados leigos nas revoltas regenciais foi objeto de análise do trabalho de pesquisa de Patrícia Aguiar ao abordar a condução das investigações sobre a "Rusga" na província de Mato Grosso.[794] Situada no contexto nacional das ondas de manifestações políticas que se espalharam pelo Império, a "Rebelião Cuiabana", ou "Rusga", foi resultado do acirramento político entre as elites locais da capital da província de Mato Grosso representadas por duas associações: a "Sociedade dos Zelosos da Independência e a Sociedade Filantrópica".[795]

Em 30 de maio de 1834, a elite política alinhada ao projeto liberal e representada pelo grupo Zelosos da Independência liderou um movimento violento de tomada de poder em Cuiabá, mobilizando a insatisfação popular contra os portugueses e, por conseguinte, contra a elite política dominante alinhada ao "conservadorismo político": a Sociedade Filantrópica. Diante do panorama de crise econômica que se arrastava na região, os Zelosos apontavam para a necessidade de mudança dos antigos políticos e, nesse sentido, a retirada imediata dos portugueses da província, pois também simbolizavam "o fantasma da restauração". De acordo com Patrícia Aguiar, em 30 de maio, "dezenas de portugueses e alguns brasileiros foram mortos" durante a revolta que preconizava a mudança do poder local e o "rompimento com a Regência".[796]

Debelada a sedição, o vice-presidente da província de Mato Grosso, João Poupino Caldas, determinou que os juízes de paz de Cuiabá cumprissem seu papel judicial na apuração da ocorrência de 30 de maio e no processo dos indivíduos envolvidos. No bojo das investigações e das queixas que chegavam, apontando além da violência física casos de roubos durante a revolta, o vice-presidente João Caldas advertia o juiz de paz do 1º distrito, José de Melo e Vasconcelos, sobre os riscos de sua omissão ao não tomar providência sobre as ocorrências, incorrendo em crime de responsabilidade.[797] Nessa conjuntura, as informações de que o sobredito juiz de paz era membro da elite política atrelada à Sociedade dos Zelosos da Independência e os depoimentos das testemunhas relatando "a liderança do juiz de paz José de Melo Vasconcelos nas ações violentas ocorridas em

---

[794] AGUIAR, Patrícia Figueiredo. "Um campo de conflitos": o presidente da província e os juízes de paz na investigação sobre a Rusga em Mato Grosso. **Outros Tempos**, [S. l.], v. 19, n. 33, p. 146-174, 2022. Disponível em: https://outrostempos.uema.br/index.php/outros_tempos_uema/article/view/912/925. Acesso em: 27 out. 2022.

[795] AGUIAR, 2022, p. 154.

[796] AGUIAR, *loc. cit.*

[797] AGUIAR, 2022, p. 156.

Cuiabá em 30 de maio de 1834" indicam as razões que estariam motivando o juiz a ignorar as ordens do vice-presidente da província.[798] Aliás, nem a nomeação do governo central de um novo presidente para a província de Mato Grosso mudou a atuação do juiz de paz a respeito da condução das investigações da Rusga.

Em setembro de 1834, o presidente da província de Mato Grosso, Antônio Pedro de Alencastro, assumia o cargo, proclamando fidelidade ao governo da Regência e aos "honrados cuiabanos". No intuito de restabelecer a ordem na capital, Alencastro emitiu uma portaria aos juízes de paz do 1º e do 2º distrito de Cuiabá, ordenando que investigassem e prendessem dois homens envolvidos na revolta que haviam fugido de Diamantino para a capital da província.[799] Decerto, para surpresa de Alencastro, José Melo de Vasconcelos, juiz de paz do 1º distrito, respondeu a portaria dizendo que havia concedido *habeas corpus* aos dois indivíduos citados porque o juiz de paz de Diamantino "deixou de julgar procedente o auto de corpo de delito". De acordo com José Melo, quando os autos chegaram ao seu juizado de paz, os réus alegaram nulidade e exigiram o *habeas corpus* citando o Código Criminal, que impõe penas aos juízes que procrastinam a concessão de um direito.[800] O fato é que as escolhas dos juízes de paz do 1º distrito de Cuiabá e de Diamantino permitiram que os indivíduos continuassem soltos. Não obstante, somente em outubro de 1834, o juiz de paz em exercício do 1º distrito de Cuiabá, Antônio Rodrigues do Prado, comunicava ao presidente da província uma medida mais concreta em função do ocorrido: o envio de uma escolta a fim de prender os indivíduos envolvidos na Rusga.[801] Vale observar que de acordo com a tabela dos "juízes de paz atuantes no processo investigativo da Rusga", em outubro de 1834, Antônio Rodrigues do Prado estava substituindo o juiz de paz do 1º distrito José Melo de Vasconcelos que estava na vigência do seu mandato.[802]

Não é possível afirmar a razão do afastamento do juiz, mas o contexto da revolta e o possível envolvimento do agente público responsável pela investigação que não avançava pode ter justificado o uso desse recurso. Aliás, como já foi dito, nas freguesias urbanas do Rio de Janeiro as substituições dos juízes de paz informadas por meio dos editais publicados nos jornais

---

[798] AGUIAR, *loc. cit.*
[799] AGUIAR, 2022, p. 161.
[800] AGUIAR, 2022, p. 162.
[801] *Ibid.*, p. 163.
[802] AGUIAR, 2022, p. 154.

denotam a complexidade da atuação desses agentes envolvidos nas causas políticas do período regencial. Mas, além das substituições, um aspecto notável na trajetória dos juízes de paz da capital do Império é que nem sempre o resultado da eleição, a posse e a ascensão dos quatro juízes para cada um dos quatro anos de mandato a partir da eleição de 1833 seguiam as regras estabelecidas.

Primeiramente, ser eleito não significava necessariamente que o sujeito tomaria posse do cargo; houve quem declinasse alegando enfermidade, por exemplo. Além disso, na prática, nota-se que a posição dos indivíduos eleitos para atuar nos distritos das freguesias não seguia à risca a posição determinada no resultado da eleição. Um registro digno de nota é o exemplar da folha *Diário do Rio de Janeiro*,[803] localizado na ata eleitoral de 1829 da freguesia de Santana, que trazia o artigo de um indivíduo autonomeado *O Reto*, o qual fazia duras críticas à posse dada ao suplente Antônio Correa Picanço, eleito em 30º lugar. O indivíduo rebatia as justificativas da Câmara Municipal alegando que, sendo por engano ou pelas "qualidades pessoais do favorecido", era preciso anular a nomeação de Picanço, respeitando a posição dos demais suplentes no resultado da eleição no intuito de manter a justiça aos demais eleitos e a vontade do povo.[804] O doutor João José Vahia eleito em quarto lugar na eleição de 1829 para juiz de paz da freguesia de São José, com apenas 30 votos, também substituiu o suplente eleito João Silveira do Pillar a despeito da posição dos demais votados.[805] Outro indício de conflitos entre o resultado da eleição e a posse dada foi o caso do juiz de paz do 1º distrito da freguesia da Candelária, João Pedro da Veiga, observando-se o episódio da greve dos comerciantes lusos entre os meses de setembro e outubro de 1833.[806] De acordo com o resultado da eleição, João Pedro deveria assumir o quarto ano do mandato de juiz de paz do 1º distrito da Candelária, sendo o primeiro ano exercido pelo desembargador Gustavo Adolpho de Aguiar Pantoja, o segundo pelo doutor José Martins da Cruz Jobim e o terceiro por Antônio da Silva Henrique.[807] Não se sabe exatamente a razão da inversão de posições, mas o que se constata é que

---

[803] Diário do Rio de Janeiro, n. 14, 18 out. 1831.
[804] AGCRJ. BR RJAGCRJ 62.2.53 – Fundo da Câmara Municipal/Série Eleições. Livro da Ata das Eleições de Juiz de Paz e Suplente da Freguesia de Santana do Rio de Janeiro (1829).
[805] AGCRJ. BR RJAGCRJ 62.2.54 – Fundo da Câmara Municipal/Série Eleições. Livro da Ata das Eleições de Juiz de Paz e Suplente da Freguesia de São José (1829).
[806] Sobre a greve dos comerciantes de secos e molhados nas freguesias centrais do Rio de Janeiro, ver SANTANA, 2019, p. 144-148.
[807] Ver Quadro 6.

João Pedro da Veiga estava na vigência do primeiro ano da magistratura de paz quando teve que lidar com uma greve de comerciantes de secos e molhados no 1º distrito da Candelária.

Entre os meses de março e dezembro de 1833, os juízes de paz das freguesias de Santa Rita e Candelária se encarregaram dos ajuntamentos de indivíduos que protestavam pelas ruas da cidade em manifestações lideradas pela facção caramuru. Além disso, entre os problemas quase insolúveis da cidade, persistiam as recorrentes queixas sobre a circulação de moedas falsas. O Código Criminal do Império de 1830, no artigo 175, estabelecia a pena de "seis meses a dois anos de prisão e multa correspondente por introdução e circulação de moedas falsas".[808] Nesse ínterim, um grupo de comerciantes donos de armazéns, tavernas e vendas localizadas nas freguesias de Santa Rita e Candelária resolveu fechar as portas de suas casas comerciais, alegando prejuízos com a circulação de moedas falsas no comércio. Os juízes de paz dos respectivos distritos das freguesias foram mobilizados pelo chefe de polícia da Corte a persuadir os comerciantes a abrirem as portas de suas casas comerciais. Entretanto, as posturas dos magistrados de paz diante do fato foram dissonantes.

O juiz de paz 2º distrito da freguesia de Santa Rita, o proprietário e membro da Sociedade Auxiliadora da indústria Nacional Manuel da Cunha Barbosa, enviou uma lista ao chefe de polícia da Corte, com nome e naturalidade dos comerciantes que haviam aderido ao boicote em seu distrito, argumentando que eles estavam de "combinação". De acordo com o juiz de paz, os comerciantes se limitaram a dizer que estavam sendo coagidos por outros comerciantes a manterem a greve; mas não apresentavam provas disso. Diferentemente de Manuel Barbosa, o juiz de paz do 2º distrito da freguesia da Candelária, José Manoel de Lima, reconheceu que, em 30 de setembro, as casas comerciais em seus distritos estavam de fato fechadas, mas que já havia "dado providências relativas aos sócios de vendas".[809] Na tentativa de explicar a ocorrência, o juiz argumentou que todos os comerciantes teriam dito que a atitude fora motivada por boatos de que todas as casas estavam fechadas nas demais freguesias da cidade e afirmou que não tinha a intenção de cumprir a ordem do chefe de polícia de revelar nome e naturalidade dos comerciantes em questão. O juiz de paz termina o ofício dizendo que, para manter as portas abertas, os comerciantes exigiram

---

[808] Cf. TINÔCO, Antônio Luiz. **Código criminal do Império do Brazil annotado (1830)**. Ed. fac-sim. Brasília, DF: Senado Federal, Conselho Editorial, 2003.

[809] ANRJ. IJ4 290, 1º out. 1833.

"medidas de segurança pessoal". Assim como o juiz de paz do 2º distrito da freguesia da Candelária, João Pedro da Veiga ignorou a solicitação do chefe de polícia da Corte para enviar uma lista com nome e naturalidade dos comerciantes. Ele argumentou dizendo que o fechamento das vendas tinha sido motivado pelo receio de os comerciantes sofrerem insultos, mas que todas as vendas já estavam abertas em seu distrito, a despeito "das insinuações de mal-intencionados".[810]

A administração do distúrbio da greve e as posturas divergentes dos juízes de paz diante da solicitação feita pelo chefe de polícia para confecção de uma lista com nome e naturalidade dos comerciantes podem ser investigadas a partir da análise da única lista fornecida pelo juiz de paz do 2º distrito de Santa Rita, que revela a preponderância dos comerciantes lusos nessa região, somada ao contexto político de distúrbios urbanos provocados pelo grupo alinhado aos interesses dos portugueses: os caramurus. Nesse sentido, importa destacar que, apesar dos riscos que uma crise de desabastecimento de alimentos de primeira necessidade nas freguesias pudesse vir a deflagrar entre os moradores da cidade, os dois juízes de paz da Candelária atenuaram a atitude dos comerciantes. A explicação talvez esteja fundamentada no fato de que os indivíduos ligados à facção moderada temiam que os comerciantes portugueses aderissem à causa caramuru.[811] Quanto ao juiz de paz de Santa Rita, é preciso considerar que a experiência anterior de Manoel da Cunha Barbosa no cargo de juiz almotacé talvez tenha tido alguma influência sobre sua postura no caso dos comerciantes grevistas. Isso porque, de acordo com Ricardo Schmachtenberg, uma das funções dos almotacés era o rigoroso controle e fiscalização do comércio urbano. As condenações por infração de posturas municipais e multas aplicadas aos comerciantes demandavam conflitos de interesses e antipatias mútuas. Ademais, conforme observou Schmachtenberg, era comum os comerciantes tentarem "ludibriar os juízes fechando a porta dos seus mercados enquanto os almotacés faziam a corrida".[812]

---

[810] ANRJ. IJ4 290, 3 out. 1833.
[811] Cf. BASILE, Marcello. Projetos de Brasil e construção nacional na imprensa fluminense. In: FERREIRA, Tânia Maria Bessone da Cruz; MOREL, Marco; NEVES, Lúcia Maria Bastos Pereira (org.). **História e Imprensa**: representações culturais e práticas de poder. Rio de Janeiro: FAPERJ, 2006a. p. 64-65. Ver também: SANTANA, 2021, p. 8.
[812] SCHMACHTENBERG, 2012, p. 131. De acordo com o autor, um dos motivos para aplicação de multas era justamente a tentativa de alguns comerciantes ludibriarem os almotacés, dificultando as visitas de fiscalização (corridas).

Não por acaso, como bem destacou Patrícia Aguiar, entre os interesses das autoridades nomeadas pelo governo central e as relações dos juízes eleitos com certos grupos locais, havia "um campo de conflito".[813] Nesse contexto, vale também considerar a questão do capital eleitoral ligada às influências que os comerciantes da Corte pudessem representar junto à população votante. Ou seja, talvez não fosse uma boa ideia, no caso de uma pretensa reeleição, que os juízes locais denunciassem formalmente elementos com poder de influência sobre a formação da opinião pública, como os comerciantes da Corte. De todo modo, importa destacar que o juiz de paz do 1º distrito da freguesia da Candelária, João Pedro da Veiga foi reeleito na eleição seguinte (1836), diferentemente do juiz de paz do 2º distrito da Candelária, José Manoel de Lima, que sequer apareceu nas chapas das campanhas eleitorais. Já o juiz de paz do 2º distrito de Santa Rita, que delatou os comerciantes, Manoel da Cunha Barbosa, apesar de ter sido indicado para ocupar os cargos de juiz de paz e vereador nas chapas eleitorais que circulavam na imprensa, não foi eleito para nenhum dos dois cargos eletivos.

O fato é que o caramuru Gustavo Adolpho de Aguiar Pantoja não estava ocupando o cargo de juiz de paz na ocasião da greve dos comerciantes lusos,[814] tendo sido substituído pelo moderado João Pedro da Veiga. De fato, essa não foi a primeira vez que João Pedro da Veiga foi nomeado pela Câmara Municipal sob critérios pouco claros com relação a sua posição no resultado das eleições. Não sabemos qual foi o motivo que afastou Pantoja do primeiro ano do mandato, já que ele foi o juiz de paz com o maior número de votos, portanto, o primeiro colocado. O fato é que João Pedro da Veiga, eleito para ocupar o quarto ano, foi empossado pela Câmara Municipal ainda no ano de 1833.[815] Esse tipo de alternância do mandato e de substituições do cargo fornecem um panorama da complexidade da atuação desses magistrados eleitos. Outro aspecto a ser considerado são os afastamentos dos agentes acusados de má administração.

O governo da Regência emitiu um decreto, em 21 de outubro de 1833, suspendendo o juiz do 2º distrito da freguesia de Sacramento, Eleutério José Velho Bezerra, "do exercício de suas funções de juiz de paz". Isso porque, de

---

[813] Ver AGUIAR, 2022.

[814] De acordo com a publicação das audiências no *Jornal do Commercio*, pelo menos até 5 de julho de 1833 Pantoja ocupava o cargo de juiz de paz na freguesia da Candelária. Ver Jornal do Commercio, n. 152, 6 jul. 1833. Entretanto, a poucos dias da greve, em 28 de setembro de 1833, João Pedro da Veiga já anunciava as audiências no juizado do 1º distrito da Candelária em sua casa, na rua São Pedro, n. 55. Ver Jornal do Commercio, n. 223, 1º out. 1833.

[815] O resultado da posse dos juízes de paz e suplentes da eleição de 1833 encontra-se no Quadro 6.

acordo com o conteúdo do ofício enviado para ciência do ministro da Justiça, Aureliano de Souza e Oliveira Coutinho, o juiz "demonstrou negligência no cumprimento dos seus deveres, desprezo à lei e desobediência formal às ordens da Regência". A origem da punição teria sido a concessão indevida de um alvará de licença para uso de armas a Maurício José Lafuente. O juiz de paz teria ignorado os critérios estabelecidos em lei para a concessão da licença, entre os quais: ser cidadão estabelecido no país, com gênero de vida útil e honesto de que possa subsistir, declarando o impetrante sua idade, sua naturalidade, seu emprego e sua residência. Entretanto, a alegação era de que o juiz teria se deixado levar apenas pela justificativa de Maurício José Lafuente de que "tinha inimigos, sem nada mais provar". Ademais, o conteúdo do decreto tecia duras críticas a Lafuente, alegando que se tratava de um "indivíduo, reconhecidamente vadio, e sem gênero de vida honesto e útil".[816] O agravante, porém, seria uma suposta relação de proximidade entre o juiz de paz em questão e o impetrante Lafuente, já que os dois eram vizinhos.

Com efeito, a interferência direta do gabinete da Regência ao suspender o juiz denota a gravidade da situação para o governo, pois, além da negligência do magistrado de paz, o que estava em jogo naquele período turbulento era o controle da concessão de armas para a população, especialmente naquele ano de 1833, quando os caramurus lideravam os distúrbios urbanos contra o governo da Regência nas ruas da cidade. Naquela conjuntura, o *inimigo* em questão contra quem o cidadão pretendia se armar poderia ser o próprio governo.[817] De fato, a Câmara Municipal do Rio de Janeiro já havia emitido um edital de postura, em 23 de junho de 1832, restringindo os critérios para o porte de armas. Mas o capitão Eleutério Bezerra, então juiz de paz de Sacramento, pautado em sua própria interpretação dos fatos, infringiu a postura municipal e, decidindo conceder a licença, acabou afastado de suas funções da magistratura.

Como destacou Eduardo Júnior sobre a questão da suspensão dos juízes de paz na realidade da província de Minas Gerais, apesar de as leis de 6 de junho de 1831 e 14 de junho de 1831 estabelecerem os parâmetros para a suspensão dos magistrados, os conflitos em torno dos procedimentos e da jurisdição sobre o assunto atravessavam o que estava previsto nas

---

[816] BRASIL. **Collecção das Leis do Imperio do Brazil**. Atos do Poder Executivo, Parte 2, 1833. Rio de Janeiro: Typographia Nacional, 1873. Disponível em: https://www2.camara.leg.br/atividade-legislativa/legislacao/colecao-anual-de-leis/copy_of_colecao3.html. Acesso em: 11 set. 2022. p. 138-139.
[817] Vale observar que o impetrante do porte de arma Maurício José Lafuente pode ser o mesmo personagem da manifestação caramuru de 12 de setembro de 1832 do Largo do Paço: "o publicista caramuru/exaltado José Maurício de Lafuente". Ver BASILE, 2022, p. 656.

leis.[818] Não obstante, a suspensão desses magistrados foi alvo de queixas e contestações, mas também de debates no Conselho Provincial, que, certa feita, ignorando a lei de 6 de junho, decidiu pela suspensão e posterior prisão de um juiz leigo, pautada no entendimento do antigo código português.[819] Entre as divergências na aplicação das leis, Silva Júnior destaca o fato de que, quando presidente da província de Minas Gerais afastou um juiz de paz com base na lei de 14 de junho de 1831, dirigida aos magistrados, ele firmava entendimento sobre a natureza controversa do juiz leigo. Mas o ministro da Justiça asseverava que a lei deveria ser aplicada apenas aos juízes de direito.[820] No caso da Corte, porém, essas objeções legais estavam diante do fato de que, na capital, as instituições estavam geograficamente situadas, o que tornava direta a interferência do poder central nas questões locais. Quando a Regência decretou a suspensão do juiz de paz do 2º distrito de Sacramento, o governo o enquadrou "na forma do Art.12 da Lei de 6 de junho de 1831 [...], para responder em Juízo competente por sua negligência, falta de observância da lei, e desobediência".[821] Contudo, essa forma aparentemente mais assertiva na aplicação das leis não se deu sem eventuais contestações e conflitos, como vimos ao longo deste trabalho. A cultura jurídica do Império brasileiro vai tomando forma em torno desses embates legais e institucionais. A magistratura de paz, por sua vez, contribuía conferindo sentidos próprios aos limites impostos ao cargo.

Foi assim que, em setembro de 1834, apesar de as leis que criaram o cargo e aumentaram as funções dos juízes de paz nada dizerem sobre recessos do trabalho, o juiz de paz da freguesia da Lagoa, Manuel Gomes Souto, enviou um requerimento ao ministro da Justiça, Aureliano de Sousa e Oliveira Coutinho, solicitando dois meses de licença da vara para tratar de assuntos familiares. O juiz argumentava que há mais de um ano dedicava-se quase que exclusivamente aos assuntos do juizado de paz: "e continuaria

---

[818] SILVA JÚNIOR, Eduardo da. Justiça leiga e cultura jurídica no Brasil Império: as controvérsias em torno do direito e da forma de suspender os juízes de paz (Minas Gerais, 1827 – 1834). **História, histórias**, [s. l.], v. 9, n. 18, p. 84-113, jul./dez. 2021. Disponível em: https://periodicos.unb.br/index.php/hh/article/view/37296/33025. Acesso em: 11 jan. 2023. Com relação ao procedimento de suspensão dos juízes de paz na Corte do Rio de Janeiro, o artigo 12 da Lei de 6 de junho de 1831 determina que o governo central suspenda o juiz de paz nos casos de prevaricação e negligência. Para as demais províncias, como no caso de Minas Gerais, a lei atribui a suspensão dos magistrados leigos ao presidente da província em conselho. Já a Lei de 14 de junho, no artigo 17, trata da suspensão dos magistrados em geral, atribuindo a tarefa à Regência e aos presidentes de províncias.

[819] SILVA JÚNIOR, 2021, p. 101.

[820] *Ibid.*, p. 105.

[821] BRASIL. **Collecção das Leis do Imperio do Brazil**: Atos do Poder Executivo, Parte 2, 1833. Rio de Janeiro: Typographia Nacional, 1873, p. 139.

do mesmo modo se não fosse obrigado pelas urgências dos negócios da minha casa".[822] A expectativa por uma resposta positiva do ministro da Justiça estava respaldada apenas no argumento do bom desempenho de suas funções como juiz de paz.

Pelo menos até 1842,[823] os juízes de paz continuaram marcando posição sobre a atuação na administração da Justiça ao publicarem nos jornais os dias de seu atendimento ao público. Quanto às informações sobre substituições e afastamentos, elas ficaram menos frequentes depois de 1833. Um dado a ser considerado para análise é o fato de que, a partir de 1834, tem início a alternância de cargo entre os quatro juízes de paz eleitos para atuar nos distritos das freguesias, conforme determinava o Código do Processo Criminal de 1832. Ao que tudo indica, porém, a regra não se aplicou ao caso do juiz de paz empossado em 1833 na freguesia da Lagoa, que solicitava licença de dois meses informando que já estava no exercício do cargo há mais de um ano. Contudo, na seção *Editais* do *Jornal do Commercio*, o segundo colocado na eleição de 1833 para juiz de paz do 1º distrito da freguesia de São José, eleito com 518 votos,[824] o cidadão José Joaquim de Gouvêa, anunciava aos comparoquianos do respectivo distrito que:

> [...] tendo entrado hoje no exercício do cargo de juiz de paz, farei despacho dos requerimentos que se me dirigem, a qualquer hora do dia, na casa da minha residência, na rua da Ajuda n. 48; bem como ali farei as Audiências para reconciliações, em Terças-feiras de cada semana, e as de infrações de Postura da Câmara Municipal, nas Quintas-feiras pelas 10 horas da manhã, não sendo dias santos, e sendo, nos dias antecedentes, quando não sejam impedidos, e se o forem, se farão nos dias imediatamente subsequentes; de modo que haja sempre duas Audiências em cada semana para expedição dos sobreditos negócios, seguindo-se na dos outros do mesmo Juízo a mesma marcha e regulamentos estabelecidos pelo meu predecessor o Ilmo. Senhor Conselheiro Balthazar da Silva Lisboa.[825]

O magistrado de paz José Gouvêa, além de informar a população da alternância do cargo para o segundo ano da magistratura, ainda descreve detalhadamente a maneira como pretende atender o público, reiterando

---

[822] ANRJ. Fundo/Coleção: Série Justiça – Magistratura Local; IJ5 58, 1834.
[823] Jornal do Commercio, n. 9, 10 jan. 1842.
[824] De acordo com o Quadro 6, o juiz eleito para o primeiro ano da magistratura, em 1833, foi Balthazar da Silva Lisboa, com 540 votos.
[825] A postagem é datada do dia 12 de janeiro de 1834. Ver Jornal do Commercio, n. 17, 23 jan. 1834.

que planeja seguir os critérios estabelecidos pelo juiz de paz que serviu no primeiro ano do mandato, sinalizando, portanto, a intenção de dar continuidade à administração anterior. O fato é que o rodízio entre os juízes eleitos para o mandato de quatro anos, previsto em lei, possibilitava eventuais substituições de maneira menos burocrática. Em fevereiro de 1837, o dr. João Affonso Lima Nogueira anunciava os dias de suas audiências no 1º distrito da freguesia da Candelária, informando que se achava no "exercício de juiz de paz por impedimento dos dois mais votados".[826] Além das questões ligadas à administração interna da instituição, as demandas que chegavam aos juizados de paz dos distritos das freguesias da Corte eram as mais diversas.

Em janeiro de 1837, o juiz de paz do 1º distrito do Engenho Velho anunciava no *Jornal do Commercio* que se achava em seu juízo um cavalo, encontrado na rua daquele distrito. O anúncio solicitava que a pessoa que soubesse "dominar" o animal fosse buscá-lo.[827] O juiz de paz do 2º distrito da freguesia da Candelária também anunciava que havia mandado para o depósito geral uma besta de cor castanha encontrada vagando pelas ruas do distrito. A instrução era para que o dono se apresentasse no juizado de paz e pagasse a multa na Câmara Municipal.[828] A atuação do juiz de paz no cotidiano da cidade não passava despercebida.

Um anunciante do *Jornal do Commercio* publicou um agradecimento ao juiz de paz do 1º distrito da freguesia de Sacramento, o "Sr. Doutor Francisco José Pinheiro Guimarães",[829] por conseguir conter o tumulto que se formou no Teatro Francês em virtude do espetáculo de "física experimental do Sr. Lerox". De acordo com o anunciante identificado sob o pseudônimo de "Hum da platéa (sic)", o teatro estava superlotado, com o dobro da capacidade. Além disso, "as pessoas que conseguiram entrar estiveram em um grande aperto" e aquelas que ficaram do lado de fora tentavam forçar a entrada, provocando um início de tumulto, quando o juiz de paz interveio, conseguindo, "sem empregar a menor força, acalmar alguns ânimos agitados". O texto segue elogiando o juiz e desejando que "alguns de seus colegas o imitem, apoderando-se do verdadeiro espírito da magistratura de paz".[830] Na mesma linha, outro anunciante intitulado "O Amigo do mérito" destaca

---

[826] Jornal do Commercio, n. 36, 15 fev. 1837.
[827] Jornal do Commercio, n. 19, 25 jan. 1837.
[828] Jornal do Commercio, n. 277, 11 dez. 1838.
[829] Jornal do Commercio, n. 102, 5 e 6 maio 1839.
[830] Jornal do Commercio, n. 102, 5 e 6 maio 1839.

a atuação do juiz de paz João Pinto de Miranda, que serviu no terceiro ano do mandato no 3º distrito da freguesia de Sacramento: "Sem ofender aos muitos dignos e retos juízes que tem servido no 3º distrito da freguesia de SS Sacramento [...] Felizes os moradores do 3º distrito se o quarto ano for em tudo semelhante ao terceiro!".[831]

Esses depoimentos dos anunciantes do *Jornal do Commercio* sobre as ações dos juízes de paz citados denotam, além do senso de autorresponsabilidade do cidadão ao se posicionar sobre a atuação dos magistrados, o reconhecimento da capacidade e da singularidade dos agentes públicos em questão no exercício de suas competências. Além disso, entre as avaliações que os sujeitos fazem sobre as ocorrências, uma delas assume a forma de denúncia ao tratar do menosprezo aos direitos do público que pagou o ingresso do espetáculo e encontrou o teatro lotado. Outro aspecto destacado entre as publicações é a avaliação das prestações de serviço do juiz de paz em relação à aprovação e ao sucesso do seu mandato. Em suma, trata-se de "uma "estrutura dual do reconhecimento"[832] que abrange tanto o poder de agir desses juízes, como os direitos à boa administração pública que os sujeitos reconhecem como seus. Mas além da inegável importância da aprovação pública, os magistrados eletivos também buscavam atestar sua capacidade por meio do reconhecimento de suas múltiplas responsabilidades e ações sociais.[833]

O juiz de paz Antônio Fernandes Vaz, do 2º distrito da freguesia de Santana, anunciava a publicação do regulamento da Casa dos Expostos, dando destaque aos artigos que lhe diziam respeito, em cumprimento ao decreto imperial de 22 de junho de 1840 e do aviso que recebera da Secretaria de Justiça sobre o assunto. O artigo 84 determinava que as pessoas que haviam recebido "expostos" para criar teriam que apresentar ao juiz de paz do distrito a criança e a guia que a acompanhava e, caso quisessem transferir o menor para outra pessoa, teriam que comunicar ao juiz de

---

[831] Jornal do Commercio, n. 6, 8 jan. 1840, p. 4.
[832] RICOEUR, 2006. p. 212. Na referida obra, Ricoeur trata do conceito do "reconhecimento" partindo da "polissemia regrada da palavra", considerando as "obras de lexicografia da língua francesa". Segundo o autor, para construir uma teoria do reconhecimento é preciso considerar que há pelo menos três vertentes: reconhecimento como identificação, o autorreconhecimento e o reconhecimento mútuo. Para Ricoeur, a despeito da variedade de teorias sobre o termo "conhecimento", ainda não havia uma teoria que se debruçasse sobre o termo "reconhecimento" no sentido semântico e filosófico da palavra. O livro é dividido em três partes que abordam vários aspectos do tema. O que mais nos interessa é o terceiro estudo, que fala do reconhecimento mútuo na perspectiva da estima social.
[833] Consoante Ricoeur, entendemos o termo "atestar" vinculado à ideia de reivindicação das capacidades. Para o autor, é no poder de agir que se "opera a avaliação de nossas capacidades". *Ibid.*, p. 160.

paz.[834] Com efeito, o estabelecimento do alcance de suas atribuições era parte importante do percurso na construção do prestígio do juiz de paz ante as demandas sociais.

Não obstante, no capítulo IV deste trabalho de pesquisa há um panorama quantitativo das primeiras ações desses juízes à frente das "causas" de conciliação nas freguesias centrais da Corte, informando, por exemplo, o número de conciliações verificadas em audiências, conciliações sem efeito, ou ações não conciliadas, além, é claro, de outros tipos de ações feitas, como Termos de Bem-Viver, Infrações de Posturas, auto de diligência, auto de corpo de delito, entre outros. Contudo, a função de conciliação enquanto instituto constitucional e a atribuição da formação de culpa nos processos, estabelecidas respectivamente em 1824 e 1832, lograram importante papel nas reformas judiciais nos anos de 1830.

5.1 O juiz de paz no exercício da Justiça

Como bem observou o deputado José da Cruz Ferreira na sessão que abriu os trabalhos da Assembleia Geral Legislativa de 1826, sob o âmbito das reformas, era urgente a criação de um novo arcabouço jurídico para o Império brasileiro. Entretanto, até o início de 1850, o país ainda não possuía um código comercial. Desde 1808, porém, com a chegada da família real portuguesa, as relações comerciais no território brasileiro eram regidas pela Real Junta do Comércio, Agricultura, Fábricas e Navegação do Rio de Janeiro, criada pelo alvará de 23 de agosto de 1808. De acordo com Lopes,[835] a despeito do órgão representar, em certa medida, a continuidade da estrutura administrativa portuguesa no Brasil, a instituição também foi um espaço para a emergente elite urbana no Primeiro Reinado ligada aos homens de negócios. Quanto à estrutura organizacional da junta no Rio de Janeiro, entre 1808 e 1821, o número de membros previstos em seus estatutos era de nove deputados nomeados, um deputado-secretário e o presidente. O tribunal em si era composto pelo "conselho deliberativo e ministros togados", "a contadoria, a secretaria, as mesas de contribuição localizadas junto às alfândegas, as mesas de inspeção e as aulas do comércio", ou seja, seis repartições. Entre as funções administrativas dos deputados

---

[834] Jornal do Commercio, n. 268, 10 out. 1840.

[835] LOPES, Walter de Mattos. **"A Real Junta do Comércio, Agricultura, Fábricas e Navegações deste Estado do Brazil e seus domínios Ultramarinos"**: um tribunal de Antigo Regime na corte de dom João (1808 – 1821). 2009. Dissertação (Mestrado em História) – Programa de Pós-graduação em História, Universidade Federal Fluminense, Niterói, 2009.

estava a inspeção de fábricas e manufaturas. Já as causas contenciosas eram atribuições dos ministros togados (fiscal, juiz conservador, superintendente geral dos contrabandos e juiz dos falidos).[836]

    Conforme observou Lopes, os deputados da junta recebiam emolumentos, mas, decerto, as relações com o governo central e o símbolo de distinção conferido pelas nomeações para os cargos justificavam as articulações para alcançar um lugar nas repartições.[837] Com o advento da Independência do país, em 1822, o órgão passou a se chamar Imperial Junta do Comércio, Agricultura, Fábrica e Navegação, desvinculando-se dos laços com a estrutura administrativa do tribunal do comércio de Portugal.[838] Algumas funções, porém, se mantiveram sob os mesmos critérios da antiga junta, entre as quais o cargo de deputado. O juiz de paz Antônio Luiz Pereira da Cunha, que ocupou o cargo de suplente de juiz de paz da freguesia de Santana em 1833, e foi eleito juiz de paz do 2º distrito da freguesia de Santana em 1836, havia tomado posse do cargo de deputado da Real Junta Comercial, em 3 de março de 1818.[839] Aliás, conforme mencionado anteriormente, o juiz de paz Paulo Fernandes Carneiro Vianna, eleito pelas freguesias de Santana (1833) e Engenho Velho (1836), ocupava o cargo de deputado na Imperial Junta do Comércio na década de 1840. Entretanto, vale informar que sua investidura no cargo de deputado da Junta data de 2 de agosto de 1826, conforme indicado no livro de juramento e posse da instituição.[840] Até onde sabemos, pelo menos mais dois juízes de paz foram matriculados na Junta do Comércio: Simplício da Silva Nepomuceno, eleito para o cargo de juiz de paz da freguesia do Engenho Velho em 1833, que havia sido matriculado na Junta em 6 de setembro de 1809 e registrado como comerciante de uma loja de varejo na rua da Quitanda; e João Martins Lourenço Vianna, eleito juiz de paz para o 3º distrito de Sacramento em 1833, matriculado na Junta do Comércio em 1815 e registrado como negociante de "grosso trato".[841] Vale destacar que os quatro membros da Junta do Comércio citados tiveram as suas trajetórias na magistratura de paz iniciadas a partir da eleição de 1833.

---

[836] LOPES, W., 2009, p. 28-30; 65; 66.
[837] Ibid., p. 73; 94.
[838] Ibid., p. 32.
[839] ANRJ. Fundo: 7X – Junta do Comércio, Agricultura, Fábrica e Navegação. Posses e Juramentos dos Deputados da Real Junta do Comércio; Códice 520, 1809 – 1832.
[840] ANRJ. Fundo: 7X – Junta do Comércio, Agricultura, Fábrica e Navegação. Posses e Juramentos dos Deputados da Real Junta do Comércio; Códice 520, 1809 – 1832.
[841] ROSSATO, 2007, p. 59-60.

Cumpre informar que até a elaboração do Código Comercial do Império do Brasil, em 1850, a Junta do Comércio atuou como instância administrativa e jurídica no âmbito comercial. Entretanto, o recurso da conciliação às causas comerciais contenciosas foi utilizado como pressuposto das causas dirigidas ao Tribunal do Comércio ou às denúncias remetidas ao Tribunal da Relação do Rio de Janeiro.

Em 1º de setembro de 1831, o negociante Francisco José Rodrigues Filho, matriculado na Imperial Junta do Comércio da Corte do Rio de Janeiro, constituiu como seu procurador o doutor Luiz José Baptista, para "assistir a uma reconciliação" com o capitão e o consignatário do navio que trazia uma carga importada por Francisco. Segundo o negociante, o navio hamburguês Deamous Pecheler trazia um carregamento com 31 caixas de rapé da cidade de Lisboa, quando foi atracado e descarregado na alfândega do Rio de Janeiro. De acordo com o conteúdo do relato, o contramestre do navio, o consignatário Hemery Haman, permitiu que os funcionários da alfândega entrassem no navio sem intimação e examinassem o referido rapé, junto com cebolas e outros gêneros de contrabando que havia no navio. Apesar de as caixas de rapé serem oficiadas como legais, 11 caixas foram consideradas avariadas pela comissão, "com a conivência" de Haman. Então, o suposto lote danificado foi apreendido e direcionado à venda em leilão público pela quantia de três contos e vinte e seis mil réis, como consta no documento legal e incurso nos termos. Em seu pronunciamento dirigido ao juiz de paz da freguesia da Candelária, Luiz Francisco Braga, o negociante diz que, para haver reconciliação entre os supracitados, é preciso considerar as leis comerciais, "como também para proceder o dito leilão, levar-se em conta o produto do mesmo", deixando entrever a necessidade de uma reparação financeira pela carga apreendida. O escrivão do juiz de paz, João Nepomuceno, declara que citou Hemery Haman a comparecer em juízo e que ele disse estar ciente da data da audiência.[842]

Em 2 de setembro de 1831, porém, o juiz de paz forma denúncia para a reconciliação diante da "pronúncia do autor em face a petição apresentava com a fé da locação". Os réus compareceram no juízo de paz, alegando que não estavam cientes do conteúdo relatado na petição do autor e que somente o capitão do navio poderia responder por "tal objeto" expedido. Assim sendo, o juiz mandou avisar ao procurador do autor que "sem ameaça alguma se proceda conciliar", mandando lavrar o termo. Entretanto, o sobredito

---
[842] ANRJ. Fundo: Relação do Rio de Janeiro; Códice 84, ano 1831, n. 269, maço 816, GAL. A. Juízo de Paz da Candelária – Conciliação. Autor: Francisco José Rodrigues Filho; Réu: Hemery Haman.

manuscrito está localizado no fundo do Tribunal da Relação do Rio de Janeiro, e a primeira página do documento em questão já traz a seguinte informação: "Juízo de paz - Conciliação não efetivada".[843] Isso indica que não foi efetiva a pressão do juiz sobre o procurador do autor para que houvesse a conciliação (apesar da informação de que o termo fora lavrado); assim sendo, o processo seguiu para outra instância. A princípio, com exceção do autor da denúncia, o negociante, os réus não pareciam muito interessados nos termos da reconciliação. Quanto ao juiz de paz Luiz Francisco Braga, um notório negociante da Corte, sua atuação na condução do caso é dúbia. Isso porque, apesar de fazer certa pressão sobre o procurador do autor para aceitar a reconciliação, insinuando que ele não levasse o caso adiante, o juiz determina que sejam citados para reconciliação nas penas da lei apenas indivíduos domiciliados no distrito da freguesia da Candelária, o que talvez tenha contribuído para não se efetivar a conciliação, dado que os réus eram estrangeiros, e possivelmente não residissem na freguesia.[844] O fato é que o conteúdo do termo deixa muitas lacunas, o que não nos permite saber, por exemplo, por que o caso foi parar no Tribunal da Relação antes de tramitar na Junta Comercial ou o que movia o juiz a conduzir o caso de maneira ambígua.

    Uma importante contribuição sobre o tema da conciliação no período em questão é o trabalho de Campos e Souza publicado em 2016 *A conciliação e os meios alternativos de solução de conflitos no Império brasileiro*.[845] Destacam os autores que o recurso da conciliação no Brasil Império foi uma resposta à antiga demanda social sobre a morosidade do judiciário, que submetia os indivíduos a uma vida de esperas e incertezas. Coube à carta constitucional de 1824 a indicação de um instituto autorizado a promover a conciliação "entre partes sem a qual nenhum processo poderia ter início".[846] Com efeito, a onda de mudanças no cenário político europeu desde o final do século XVIII, com o advento do Iluminismo, fomentou a reforma da Justiça em vários países do continente. Já no século XIX, a reforma do Judiciário estava na pauta das Cortes Gerais portuguesas e na assembleia de Cádis.

---

[843] ANRJ. Fundo: Relação do Rio de Janeiro; Códice 84, ano 1831, n. 269, maço 816, GAL. A. Juízo de Paz da Candelária – Conciliação. Autor: Francisco José Rodrigues Filho; Réu: Hemery Haman.

[844] ANRJ, *loc. cit.*

[845] CAMPOS, Adriana Pereira; SOUZA, Alexandre de Oliveira Bazilio de. A conciliação e os meios alternativos de solução de conflitos no Império brasileiro. **DADOS – Revista de Ciências Sociais**, Rio de Janeiro, v. 59, n. 1, p. 271-298, 2016. Disponível em: https://www.scielo.br/j/dados/a/nmQYFpykfJHRByqrybVCy8y/. Acesso em: 9 dez. 2022.

[846] *Ibid.*, p. 273.

Guardadas as particularidades, tanto Portugal como Espanha elaboravam as reformas sob os ideais liberais vigentes à época, entre os quais a otimização do poder da Justiça a partir da criação dos juízes conciliadores. As controvérsias em torno da proposta nas assembleias legislativas estiveram presentes em torno de dois argumentos: a "economia processual" *versus* a procrastinação no acesso à Justiça.[847]

    No Brasil, a partir da independência política, o tema da conciliação logo ocupou espaço nos debates da Assembleia Constituinte de 1823 e, mesmo com o fechamento da assembleia, o projeto de criação do instituto da conciliação se concretizou a partir do artigo 161 da Constituição do Império do Brasil de 1824. Cumpre destacar que, apesar de todas as controvérsias em torno do juizado de paz, a função conciliatória do cargo não foi colocada em xeque. Havia consenso entre os legisladores sobre a importância dessa ação. Entretanto, a magistratura togada e parte da elite política questionavam os pressupostos do agente para o exercício do cargo. Quando o cargo foi efetivamente criado no Brasil, em 1827, não havia um regimento formal que orientasse a atuação dos juízes de paz em exercício. Então, além dos manuais de Bernardo de Vasconcellos e Diogo Feijó já citados neste trabalho, outras obras surgiram no intuito de orientar o juiz na condução da conciliação. Nesse sentido, chama atenção a obra de José Marcelino de Vasconcelos (1862) citada por Campos e Souza.[848] Nela, o autor descreve o passo a passo que os magistrados deveriam seguir ao longo da conciliação. Mesmo considerando o caráter doutrinador da obra de Vasconcelos no intuito de instruir os magistrados leigos pelo país, vale ressaltar, todavia, que tais critérios indicados na obra de 1862, já eram seguidos desde a década de 1830 — como o ato de citar o réu e o autor nas audiências, concedendo-lhes a oportunidade de apresentar documentos e se pronunciar verbalmente no intuito de promover a conciliação. O termo da conciliação não efetivada no juizado de paz da Candelária, em 1831, citada neste capítulo, demonstra claramente esse rito. Mas a preocupação em orientar o juiz leigo estava fundamentada também nas divergências de alguns doutrinadores sobre a natureza da magistratura leiga em si. A função conciliatória não era considerada uma "atividade jurisdicional", pois "não envolvia processo"; e para os mais radicais o juiz leigo nem deveria ser "chamado de magistrado".[849]

---

[847] CAMPOS; SOUZA, 2016, p. 274-275.
[848] *Ibid.*, p. 280.
[849] *Ibid.*, p. 279.

Além das fontes documentais, como dados do Acervo Judiciário, jornais e anais do Parlamento, o artigo de Campos e Souza faz uso da literatura do período sobre o assunto, revelando a tendência desses magistrados à aplicação de diversos meios para levar as partes à conciliação.[850] Entretanto, os esforços ou manobras desses juízes não foram suficientes para garantir que as tentativas de conciliação chegassem sempre a seu termo, como demonstra a tabela 1 do artigo em questão, assim como a Tabela 3 dos resumos das causas feitas nos juizados de paz no ano de 1830 elaborada para o capítulo 4 deste trabalho. Ademais, as informações sobre essas ações nas freguesias da Corte são esparsas, dificultando uma análise mais precisa. Como veremos mais adiante, as variáveis em torno das *conciliações* em determinadas freguesias centrais do Rio de Janeiro divergem em números, dependendo do fundo acessado.

De acordo com o levantamento dos dados apresentados por Campos e Souza localizados na Base de Dados do Acervo Judiciário do Arquivo Nacional do Rio de Janeiro, as ações realizadas no juizado de paz da freguesia de São José, entre os anos de 1833 e 1890, perfaziam o total de nove, entre as quais apenas uma seria de conciliação[851] no ano de 1890.[852] Na mesma base de dados, obtivemos os seguintes resultados no período de 1830 a 1839, em algumas freguesias pesquisadas.

---

[850] CAMPOS; SOUZA, 2016, p. 285.
[851] *Ibid.*, p. 287. Cf. Tabela 1.
[852] ANRJ. Base de Dados – Acervo Judiciário do Arquivo Nacional (1830 – 1839). Juízo de paz da freguesia de São José do Rio de Janeiro (ZQ). Disponível em: http://www.an.gov.br/Basedocjud/MenuDocJud/MenuDocJud.php. Acesso em: 26 dez. 2022.

Quadro 19 – Causas nos seguintes Juízos de Paz do Rio de Janeiro (1830 – 1839)

Freguesias	\multicolumn{10}{c}{Ocorrências}

Freguesias	1830	1831	1832	1833	1834	1835	1837	1838	1839
Glória		Cobrança judicial, dívida, penhora		Ação sumária		Inventário; Justificação			Embargo de bens; Infração de Posturas; Dívida, execução judicial
Lagoa				Inventário.					
Candelária	Conciliação (9); Autuação (7); Justificação (2); Carta Precatória	Conciliação (89); Escravos; Sem assunto (2); Dívida; Testamento; Embargo de bens, obras novas	Conciliação (67); Cobrança judicial (10); Sem assunto (5); Alforria; Habilitação de herdeiros, nulidade de testamento; Ação de reconhecimento	Conciliação (47); Espólio; Sem assunto; Cobrança Judicial (4)	Cobrança de dívida	Conciliação (1); Avaliação de bens; Justificação (13); Exame (3); Vistoria; Arbitragem	Conciliação (4)	Ação sumária; Requerimento; Justificação	

Freguesias	Ocorrências						
	1830	1831	1832	1833	1834	1835	1837	1838	1839
Sacramento				Bens abandonados, reivindicação de propriedade		Requerimento	Inventário		
São José				Libelo (2)	Cobrança judicial; dívida				Depósito

Fonte: Base de Dados – Acervo Judiciário do Arquivo Nacional (1830 – 1839). Juízo de paz da freguesia da Glória do Rio de Janeiro (Z0); juízo de paz da freguesia da Lagoa do Rio de Janeiro (ARY); juízo de paz da freguesia de Sacramento do Rio de Janeiro (ARZ); juízo de paz da freguesia de São José do Rio de Janeiro (ZQ); juízo de paz da freguesia de Nossa Senhora da Candelária (3T). Disponível em: http://www.an.gov.br/Basedocjud/MenuDocJud/MenuDocJud.php. Acesso em: 26 dez. 2022.

Com efeito, se compararmos os resultados obtidos no Acervo Judiciário com os dados fornecidos pela publicação do *Diário do Rio de Janeiro* com o resumo das causas feitas nos juizados de paz[853] para o ano de 1830, perceberemos que há uma diferença significativa nos números informados. Somente para o juizado de paz da freguesia de Sacramento entre os meses de fevereiro e dezembro de 1830, afora as demais ações, o *Diário do Rio de Janeiro* informou que 410 conciliações foram realizadas em audiência, 7 foram feitas em particular pelo juiz, 2 ações foram conciliadas em parte, 197 ações não foram conciliadas, 25 estavam em andamento, 7 ações de conciliação foram rejeitadas por não pertencerem à freguesia de Sacramento, 10 foram absolvidas por ausência dos autores, 73 conciliações foram consideradas sem efeito e 3 conciliações aguardavam respostas de "fora da cidade". Em comparação com a base de dados do judiciário, esse panorama é bem diferente do vazio de informações sobre as ações realizadas no juízo de paz da freguesia de Sacramento em 1830. A situação se repete para o juizado de paz da freguesia de São José no mesmo ano. Apesar da ausência de registros na base de dados do acervo judiciário, o *Diário do Rio de Janeiro* informa que, entre os meses de fevereiro e dezembro de 1830, no juizado de paz de São José, foram realizadas 287 conciliações e 124 ações não foram conciliadas, além de 18 ações de Termos de Bem-viver e 70 Infrações de Posturas. Entre os cinco juizados de paz das freguesias urbanas pesquisadas e localizadas no acervo judiciário, apenas a Candelária apresentou dados sobre as ações realizadas, ainda que bastante diferentes das informações publicadas no jornal para o mesmo ano.

Especificamente para o ano de 1830, Adriana Campos e Alexandre de Souza também analisaram os dados obtidos a partir das informações divulgadas no jornal *A Aurora Fluminense*. Tomando por base os dados das ações no juizado de paz da freguesia de São José, as informações fornecidas pelo *Diário do Rio de Janeiro* e pela *A Aurora Fluminense* são divergentes. De acordo com os autores, a folha *A Aurora Fluminense* informava que 51 ações de conciliação foram efetivadas e 29 não foram reconciliadas no juizado de paz da freguesia de São José.[854] Entretanto, como mencionado no capítulo IV deste trabalho, os números apresentados no *Diário do Rio de Janeiro* informam um total de 411 ações de conciliação no respectivo juizado de paz em 1830.[855] Quanto ao juizado de paz da freguesia da Candelária, os dados apresentados para o período de 1830 a 1890 na tabela 1 do artigo de Campos e Souza em questão

---

[853] Ver Quadro 14.
[854] CAMPOS; SOUZA, 2016, p. 288. Cf. Tabela 2.
[855] Ver Tabela 3 – Resumo das causas feitas nos juizados de paz (1830).

sinalizam 248 conciliações efetivadas do total de 454 ações nesse juizado.[856] Para o ano de 1830, a tabela 2 do artigo apresenta 47 conciliações efetuadas e 41 ações não reconciliadas.[857] Mas os dados levantados e apresentados na Tabela 3 deste trabalho de pesquisa demonstram que somente no segundo semestre de 1830 (de julho a dezembro) 130 ações de conciliação foram efetivadas e 88 não verificadas no juizado de paz da freguesia da Candelária.[858] Isso sinaliza, portanto, um número de ações de conciliação nesses juizados de paz do Rio de Janeiro proporcionalmente superior ao indicado para o mesmo período analisado no artigo de Campos e Souza. Comparando os resultados das ações de conciliação apresentados nos respectivos jornais para o ano de 1830 nas freguesias, temos os seguintes percentuais: para a freguesia de São José, o jornal *A Aurora Fluminense* informa um total de 80 ações de conciliação, contra as 411 divulgadas no *Diário do Rio de Janeiro* no mesmo período, ou seja, uma diferença de 414%. Quanto à freguesia da Candelária, a folha *A Aurora Fluminense* informa o total de 88 conciliações para o ano de 1830, contra as 218 ações divulgadas no *Diário do Rio de Janeiro* apenas para o segundo semestre do ano, totalizando um percentual de diferença em torno de 148%. Vale ressaltar que não foi a primeira vez que o *A Aurora Fluminense* fez uma divulgação divergente sobre resultados envolvendo os juízes de paz em comparação com o publicado em outras folhas.

Quanto as conciliações localizadas na base de dados do Acervo Judiciário do Arquivo Nacional do Rio de Janeiro, importa destacar a relevância dos dados nos anos consecutivos a 1830 que a imprensa não forneceu, o que contribuiu para a construção do cenário sobre a atuação dos juizados de paz no período. Ademais, merece destaque o documento localizado na base do judiciário que informa uma solicitação de conciliação feita pelo ex-imperador do Brasil, d. Pedro I, em 1832, ano posterior à abdicação, no juizado de paz da freguesia da Candelária.[859]

---

[856] Os dados da respectiva tabela se baseiam nas informações obtidas na Base de Dados do Acervo Judiciário do Arquivo Nacional.
[857] Ver CAMPOS; SOUZA, 2016, Tabelas 1 e 2. Os dados da Tabela 2 se baseiam nas informações obtidas no jornal *A Aurora Fluminense*.
[858] Ver Tabela 3 – Resumo das causas feitas nos juizados de paz (1830). Vale observar que, tanto no artigo como na pesquisa deste trabalho, foram utilizadas fontes jornalísticas para obtenção dos dados sobre o levantamento das ações de conciliações nos juizados de paz já citados. No entanto, Campos e Souza debruçaram-se sobre as publicações da folha *A Aurora Fluminense*, e nosso levantamento contou com os dados publicados no jornal *Diário do Rio de Janeiro*. As escolhas que cada jornal fazia na divulgação dos resultados das ações dos juízes de paz dizem muito sobre os atravessamentos políticos e ideológicos da imprensa periódica no período.
[859] ANRJ. Base de Dados – Acervo Judiciário do Arquivo Nacional. Juizado de Paz da Freguesia de Nossa Senhora da Candelária, Conciliação: Imperador do Brasil, Carlos Miguel Fontaine, Samuel Felipe & Cia. N. 176, maço, 815, GAL A (1832).

Em 14 de janeiro de 1832, compareceram em audiência pública na casa do juiz de paz Luiz Francisco Braga, "a fim de se reconciliarem, Samuel Philipps & Cia" e o procurador do ex-imperador.[860] A conciliação efetivada entre as partes[861] é resultado de um acordo realizado no juizado de paz da freguesia de Candelária, mediado pelo magistrado Luiz Francisco Braga e os procuradores constituídos pelos interessados. A iniciativa da conciliação partiu do próprio ex-imperador, que na ocasião já havia abdicado o trono do Brasil e estava morando em Portugal. Na pessoa do seu representante legal, o francês Carlos Miguel Fontaine, morador da cidade do Rio de Janeiro, d. Pedro I reconhecia uma dívida com o comércio Samuel Philipps & Cia. e propunha o pagamento de "sete contos e seiscentos e cinquenta e nove mil e setenta e nove reis pelas encomendas e Dourados que se prontificaram em sua oficina por conta e ordem do mesmo senhor (sic)". No conteúdo da petição dirigida ao juiz de paz Luiz Francisco Braga, o procurador Fontaine solicita que o juiz cite a parte, para que em "conciliação seja tratado o reembolso".[862] Por fim, efetivada a reconciliação, ficou acordado no termo que o pagamento da dívida seria feito no escritório do tabelião José Farias na presença das partes e do juiz de paz, "dando os competentes recibos e quitações".[863] Esse registro do termo de reconciliação entre o ex-imperador e o comércio de Samuel & Philipp no juizado de paz da Candelária, no conturbado ano de 1832, torna essa ocorrência um campo fértil para elucubrações, especialmente sobre a questão do reconhecimento da Justiça de Paz.

Trabalhos que abordam a magistratura leiga e eletiva no Brasil[864] recuperaram a discussão parlamentar em torno do caráter descentralizador do instituto. Assim sendo, é recorrente a observação de que um dos objetivos que movia os legisladores na criação do cargo era impor limites à Coroa no

---

[860] ANRJ. Base de Dados – Acervo Judiciário do Arquivo Nacional. Juizado de Paz da Freguesia de Nossa Senhora da Candelária, Conciliação: Imperador do Brasil, Carlos Miguel Fontaine, Samuel Felipe & Cia. N. 176, maço, 815, GAL A (1832).

[861] O comércio Samuel Philipps & Cia. pertencia a proprietários estrangeiros (judeus?). Em 1834, os comerciantes Samuel e Philipps foram os responsáveis legais de d. Pedro I no leilão dos objetos do Palacete de São Cristóvão. Ver Diário do Rio de Janeiro, n. 0500002, 1834. Em 1838, o comércio funcionava na rua da Quitanda, n. 45. Em 1845, porém, estava situado na rua da Alfandega, n. 40; mas o informativo não esclarece a natureza do comércio em questão. Cf. Almanack administrativo, mercantil e industrial do Rio de Janeiro, n. 2, p. 237, 1845. Disponível em: http://memoria.bn.br/docreader/DocReader.aspx?bib=313394x&Pesq=Samuel%20Phillips%20e%20C&pagfis=490. Acesso em: 14 jan. 2023.

[862] ANRJ. Base de Dados – Acervo Judiciário do Arquivo Nacional. Juizado de Paz da Freguesia de Nossa Senhora da Candelária, Conciliação: Imperador do Brasil, Carlos Miguel Fontaine, Samuel Felipe & Cia. N. 176, maço, 815, GAL A (1832), 10 jan. 1832.

[863] *Ibid.*, 25 jan. 1832.

[864] Cf. Campos (2018); Coser (2008); Flory (1986); Nascimento (2015); Slemian (2006); Vellasco (2004).

âmbito da Justiça, afastando o imperador da magistratura local. Há de se considerar, contudo, que apesar de a reforma da Justiça ter sido uma pauta na Assembleia Constituinte de 1823 — outrora dissolvida pelo imperador — e nos grupos políticos de oposição ao governo, a Constituição de 1824 outorgada por d. Pedro I manteve a previsibilidade para a criação da magistratura de paz e do júri.[865] A despeito das controvérsias que existiam sobre a magistratura eletiva, a iniciativa do ex-imperador ao solicitar a reconciliação mediada pela Justiça de Paz no período marcado pelo rompimento institucional do Primeiro Reinado no Brasil (1831) e pelo movimento de restauração da coroa de sua filha d. Maria II, em Portugal (1832)[866] indica a importância que o então duque de Bragança conferia a sua reputação e, decerto, a estima social, ao tornar público o resgate da dívida que havia deixado no Brasil. Da mesma forma, a credibilidade depositada no instituto da Justiça de Paz para realizar tal mediação sinaliza o reconhecimento de sua utilidade.

Sobre as ações de conciliação efetivadas nos juizados de paz das freguesias da Corte, sem dúvida elas ocuparam um papel de destaque entre as funções dos magistrados de paz no período em questão. Mas foi o poder de Justiça concedido a partir da criação do Código do Processo Criminal de 1832 que colocou o juiz leigo na base da formação de culpa de todos os processos judiciais e, não por acaso, no centro das polêmicas que surgiram em torno desse poder a ele concedido. Como destacou Lopes, o processo de formação de culpa tinha início com a queixa apresentada ao juiz de paz pela vítima ou pelo promotor público. O juiz, então, recolhia as provas, ouvia os suspeitos e as partes e preparava "o sumário de culpa que seria apreciado pelo júri de acusação".[867] A princípio, o acesso a esses sumários de culpa revelam o que e como se discutia em juízo; segundo Lopes, o tema que dominava o ambiente jurídico no Brasil do século XIX estava relacionado aos interesses das "classes possuidoras", entre os quais o "tratamento de escravos".[868]

Com efeito, na verificação de um auto de processo judicial em uma ação criminal que teve origem na formação de culpa elaborada no juizado de paz do Engenho Velho no ano de 1835 a seguir, é possível perceber, além do assunto e da forma de tratamento do caso envolvendo a escravidão urbana,

---

[865] BASILE, 2020, p. 200.

[866] Logo após a abdicação, em 7 de abril de 1831, d. Pedro I seguiu para Portugal a fim de reconquistar o trono usurpado por seu irmão d. Miguel, para sua filha d. Maria da Glória. HERSTAL, Stanislaw. **Dom Pedro**: estudo iconográfico – volume III. Brasília, DF: FUNAG, 2021. Disponível em: https://funag.gov.br/biblioteca-nova/produto/36-36-dom_pedro_estudo_iconografico. Acesso em: 17 jan. 2023.

[867] LOPES, 2014, p. 317.

[868] *Ibid.*, p. 322-323.

os interesses e as versões divergentes dos envolvidos em questão: "Freguesia do Engenho Velho, 2º distrito, 23 de fevereiro de 1835. Juízo de paz do 2º distrito do Engenho Velho. Sumário de autuação na forma da Lei".[869]

Em 21 de janeiro de 1835, o juiz de paz Pedro Cyriaco Pacheco do 2º distrito da freguesia do Engenho Velho recebeu a denúncia da morte do escravo Affonso Moçambique.

Segundo o inspetor do 2º quarteirão do 2º distrito da freguesia do Engenho Velho, na noite anterior à morte de Affonso Moçambique, estando ele no balcão de sua taberna, um grupo de pretos entrou pedindo "uma bebida trás da outra; pagaram e saíram". De acordo com Araújo, "um preto de nome falso José" o teria indagado sobre a pretensa venda de um saco de farinha a seus pretos, "pois eles a levaram". Dando falta da mercadoria, o inspetor acionou dois pedestres que estavam nas redondezas, Joaquim José de Santa Anna e Faustino Pinto da Roza, dando ordem para procurar o preto que levava o saco de farinha. Os pedestres retornaram com cinco pretos identificados com o grupo que tinha estado na taberna, mas todos negaram o roubo. Foi então que o inspetor mandou o seu caixeiro, João Martins das Neves, acompanhado de alguns indivíduos "ver se pela estrada encontrava algum saco", mas eles disseram que encontraram apenas dois pretos em uma carroça com um saco de farinha cozido no alto do Pedregulho. Segundo o inspetor, um dos pretos, chamado Jacintho, "sem levar anjinhos", ou seja, sem ser torturado, acabou acusando um outro preto, Vicente, de ser o responsável por tirar o saco da taberna; mas de fato ninguém confessou. De acordo com o relato de Araújo, como não aparecia o roubo, ele teria enviado os escravos para a casa dos seus senhores e somente no dia seguinte soube da morte de um preto no Alto do Pedregulho, mas como não era no seu distrito, "não tomava conhecimento deste".[870]

Na execução do auto do corpo de delito feito no cadáver de Affonso Moçambique, que era escravo de João Rosa Viana, o juiz de paz colheu a declaração dos pretos que estavam na taberna na ocasião da morte. Na sala da Cadeia do Aljube, os indivíduos afirmaram que o pedestre Joaquim José de Santa Anna estava no local da morte de Affonso com uma faca de ponta

---

[869] TJRJ. Museu da Justiça. Centro Cultural do Poder Judiciário. Autos dos Processos Judiciais. Partes: João Rodrigues Viana (autor); Faustino Pinto da Roza e outros (réus). Ação Criminal. Ano 1835. Comarca: Capital – Rio de Janeiro (Corte). Caixa 2468, Reg. 029665, Cód. 35332, Ano 1835.

[870] TJRJ. Museu da Justiça. Centro Cultural do Poder Judiciário. Autos dos Processos Judiciais. Partes: João Rodrigues Viana (autor); Faustino Pinto da Roza e outros (réus). Ação Criminal. Ano 1835. Comarca: Capital – Rio de Janeiro (Corte). Caixa 2468, Reg. 029665, Cód. 35332, Ano 1835. 22 jan. 1835. Affonso Moçambique foi assassinado em 21 de janeiro de 1835.

junto com o pardo Faustino Pinto da Roza. Na sequência, o juiz "Pedro Cyríaco Pacheco, cidadão brasileiro, juiz de paz do 2º distrito da freguesia do Engenho Velho", ao constatar o crime da subida do Pedregulho, mandou o oficial de justiça intimar as pessoas da vizinhança para depor na sala da Cadeia do Aljube, às 8h, do dia 29 do corrente mês.

Na ocasião, as testemunhas e o autor João Rodrigues Viana (representado por Severino Antônio Gomes) foram juramentados pelo juiz e inqueridos pelo procurador. A testemunha Manoel Carrilho afirmava que o assassinato tinha sido cometido pelos pedestres, não pelos escravos. A segunda testemunha, Antônio Pinto, morador de São Cristóvão, natural de São João del Rei, 28 anos de idade, "jurado dos Santos Evangelhos que diria a verdade sobre o que sabe dos réus que estão presentes", afirmou ter visto, na subida do Pedregulho, o réu Joaquim José de Santa Anna, falando que Araújo (inspetor de quarteirão e dono da taberna) havia dito que estava "devendo um saco de farinha que lhe tinham furtado". Ainda de acordo com a testemunha, o réu Faustino Pinto da Roza estava subindo a rua a cavalo com um archote aceso, no alto do Pedregulho, e encontrou quem vinha descendo por parte de lá, o caixeiro; foi quando a testemunha disse ter avistado Araújo. Nesse ínterim, o caixeiro teria cochichado com Araújo "lhe dizendo que na estrada estava um preto caído para morrer, e que ouviu Araújo lhe respondendo que não se importasse e que deixasse estar". Por fim, Antônio Pinto disse ter visto quatro pretos ali armados de pau, porém não sabia dizer quem eram.[871] Joaquim Reis, forro, 20 anos de idade, e Manoel Lopes de Moura, 51 anos, natural de Portugal, casado, negociante de saco de fazenda, morador da rua do Pedregulho, relataram os mesmos fatos.

Segundo o autor João Rosa Viana, proprietário do sobredito indivíduo, o comerciante e inspetor do 2º quarteirão da freguesia, Manoel José de Araújo, havia relatado a Manoel Pinto de Miranda[872] que um grupo de pretos entrou em seu estabelecimento comercial para beber, mas que pouco tempo depois um escravo de Viana teria ido até o estabelecimento denunciar o grupo pelo porte de um saco de farinha. Indignado com o relato do inspetor-taverneiro, João Rosa Viana argumenta dizendo que "um saco de farinha não é um mosquito para que passasse invisível" e que são falsas

---

[871] TJRJ. Museu da Justiça. Centro Cultural do Poder Judiciário. Autos dos Processos Judiciais. Partes: João Rodrigues Viana (autor); Faustino Pinto da Roza e outros (réus). Ação Criminal. Ano 1835. Comarca: Capital – Rio de Janeiro (Corte). Caixa 2468, Reg. 029665, Cód. 35332, Ano 1835. 22 jan. 1835, p. 15-25.

[872] Não fica claro de quem se trata, mas, ao que tudo indica, o indivíduo citado é o inspetor do quarteirão onde aconteceu o crime.

e falaciosas as declarações do inspetor de que seus escravos estariam na taverna às 21h30 da noite, porque "às 20:00h são todos fechados e a chave ficava no poder do supracitado" (Affonso Moçambique).[873]

Os ajuntamentos de escravos nas tavernas eram proibidos pelas Posturas da Câmara Municipal do Rio de Janeiro desde julho de 1831.[874] Além do contexto sociopolítico daquele período, a escravidão urbana na capital do Império sinalizava um potencial descontrole das autoridades sobre esses indivíduos. Como observou Flávio Gomes, a presença de escravos e pretos nas tavernas deflagrava a desconfiança das autoridades sobre vários tipos de ilícitos potencialmente praticados nesses estabelecimentos, envolvendo uma rede de solidariedade entre quilombolas, taverneiros e escravizados.[875] Ademais, as autoridades da Corte estavam empenhadas em desmantelar os locais de ajuntamentos de escravos, libertos e homens livres espalhados pela cidade. Os zungús, ou casa de ajuntamento de pretos, como eram denominados pela polícia esses lugares de produção da cultura negra urbana, foram alvo de repressão e constante vigilância das autoridades da Corte nos anos de 1830. Essas casas coletivas funcionavam como lugar de pouso, que oferecia "comidas e bebidas para os escravos, que tinham aí o privilégio de se reunirem para se divertirem com cantorias e danças". Não era a simples existência dos zungús que incomodava, mas o potencial agregador que esses espaços conferiam aos escravizados urbanos e, consequentemente, a possibilidade de desordem.[876] Nesse sentido, a responsabilidade pelos escravos na cidade recaía também sobre os seus donos. Não obstante, em seu relato, o proprietário do sujeito assassinado em questão tentava reforçar o controle que tinha sobre seus escravos, contrariando a versão do inspetor de quarteirão quanto à presença dos cativos na taverna àquela hora da noite.

Por fim, o juiz de paz mandou intimar o inspetor para acareação com as testemunhas na Cadeia do Aljube, mas este esquivou-se para a casa da vizinhança "na ocasião de que era procurado para a dita intimação". Apesar

---

[873] TJRJ. Museu da Justiça. Centro Cultural do Poder Judiciário. Autos dos Processos Judiciais. Partes: João Rodrigues Viana (autor); Faustino Pinto da Roza e outros (réus). Ação Criminal. Ano 1835. Comarca: Capital – Rio de Janeiro (Corte). Caixa 2468, Reg. 029665, Cód. 35332, Ano 1835. 22 jan. 1835.

[874] Ver AGCRJ. Legislação Municipal, Edital de Posturas, Códice 18.1.67, artigo 6, 1º jul. 1831.

[875] GOMES, Flávio dos Santos. **História de quilombolas**: mocambos e comunidades de senzalas no Rio de Janeiro – século XIX. Rio de Janeiro: Arquivo Nacional, 1995. p. 60-62. Ver também: AVELAR, Lucas Brunozi. A cultura de taverna da escravidão. *In:* ENCONTRO ESCRAVIDÃO E LIBERDADE NO BRASIL MERIDIONAL, 10., 2021, ambiente virtual. **Anais** [...]. [S. l.]: Unifesp; Unesp-Assis, 2021. Disponível em: http://www.escravidaoeliberdade.com.br/site/images/10encontro/lucas_avelar.pdf. Acesso em: 6 jan. 2023.

[876] SOARES, Carlos Eugênio Líbano. **Zungú**: rumor de muitas vozes. Rio de Janeiro: Arquivo Público do Estado do Rio de Janeiro, 1998. p. 46-107.

disso, o oficial de justiça reitera que "o mencionado está ciente do despacho". O autor da denúncia mais uma vez se manifesta, dizendo que deveria constar nos autos, "para esclarecimento da verdade e da Justiça", que seu escravo não disse coisa alguma ao inspetor como ele fez constar.[877] Mas, para surpresa do proprietário João Rodrigues Viana, o juiz de paz denunciou à prisão livramento, com base no depoimento das testemunhas, os pedestres Faustino Pinto da Roza e Joaquim José de Santa Anna e o caixeiro João Martins das Neves, mandando o escrivão lançar o nome deles no rol dos culpados. Destino diferente teve o inspetor de quarteirão, o taverneiro Manoel José de Araújo, que obteve o livramento.[878] O sumário de culpa formado pelo juiz de paz e remetido à sentença do júri livrava o inspetor de quarteirão do julgamento. Isso posto, Viana recorreu da decisão, com base no artigo 297 do Código do Processo Criminal, o qual versa sobre decisões dos juízes de paz nos crimes que não lhes compete julgar. Ele entrepôs um recurso ao Tribunal do Júri da 2ª vara criminal, alegando que o juiz não "obrigou a todos à prisão livramento"[879] diante do assassinato atroz do seu escravo.

É digno de nota o empenho do autor da denúncia para levar a termo a punição dos culpados no crime de seu escravo de confiança, morto a facadas após uma breve passagem pela taverna do inspetor de quarteirão onde supostamente havia acontecido o roubo de um saco de farinha. De fato, é no mínimo curioso que o juiz de paz tenha formado culpa com base no depoimento das testemunhas que apontaram a presença do inspetor no dia e local do crime, junto com seu caixeiro e os policiais que estavam à procura dos pretos sob sua ordem, e, ainda assim, tenha ignorado a participação do inspetor no caso. Soma-se a isso o fato de a declaração oficiada pelo inspetor sobre a ocorrência na taverna, na noite do crime, ter tido várias incongruências contestadas pelo queixoso. Independentemente dos trâmites processuais da formação de culpa, o autor encontrou na lei um recurso para contestar a decisão do juiz de paz que livrou seu

---

[877] TJRJ. Museu da Justiça – Centro Cultural do Poder Judiciário. *Autos dos Processos Judiciais*. Partes: João Rodrigues Viana (autor); Faustino Pinto da Roza e outros (réus). Ação Criminal. Ano 1835. Comarca: Capital – Rio de Janeiro (Corte). Caixa 2468, Reg. 029665, Cód. 35332, 9 fev. 1835, p. 48.

[878] *Ibid.*, 23 fev. 1835.

[879] TJRJ. Museu da Justiça – Centro Cultural do Poder Judiciário. Autos dos Processos Judiciais. Partes: João Rodrigues Viana (autor); Faustino Pinto da Roza e outros (réus). Ação Criminal. Ano 1835. Comarca: Capital – Rio de Janeiro (Corte). Caixa 2468, Reg. 029665, Cód. 35332, p. 51-55. Com efeito, o caso foi julgado no Tribunal do Júri de Acusação em 4 de maio de 1835, na Câmara Municipal do Rio de Janeiro. O Conselho de Jurados foi formado pelo presidente da sessão, o juiz do crime doutor José Inácio Vaz Vieira, promotor público Josino do Nascimento Silva, 50 jurados, o autor e os réus. Os autos do processo foram lidos pelo juiz de paz cabeça do termo, Antônio Luiz Pereira da Cunha.

agente público nomeado, o inspetor de quarteirão, de ir a julgamento pela participação no homicídio de um escravo. O julgamento do caso, então, foi marcado para o dia 4 de maio de 1835, diante do Tribunal do Júri de Acusação formado por 50 jurados. Porém, mesmo nessa instância, a figura do juiz de paz se fazia presente, pois desde a criação do Código do Processo cabia ao "juiz de paz, ao capelão e a Câmara Municipal"[880] a escolha dos jurados. De fato, no livro de correspondências do chefe de polícia com várias autoridades da Corte, Eusébio de Queirós solicita informações dos juízes de paz das freguesias de São José e Santa Rita a respeito da idoneidade de dois cidadãos indicados para o tribunal do júri.[881] Contudo, o Código do Processo de 1832, que ampliou os poderes dos juízes de paz, também proveu os recursos sobre suas decisões.[882]

No cenário político, o ano de 1835 marcava o início do projeto pelas reformas conservadoras lideradas pelo grupo regressista, para o qual as contestações sociais às autoridades da Corte eram sinônimo de parte da desordem que precisava ser combatida. Não por acaso, uma das bandeiras dos regressistas era a reforma do Código do Processo Criminal de 1832, que pretendia restringir as funções e certos poderes concedidos à magistratura local e, não obstante, a mobilização social que orbitava em torno desse instituto. Para tanto, a campanha regressista vinculava o *slogan* do fracasso da magistratura de paz à incompetência do juiz para exercer as múltiplas funções que o código lhe concedeu; especialmente o poder de polícia judiciária. Nesse sentido, a normatização das condutas sociais, tão cara a esse projeto político, dependia, em grande medida, do descrédito da parcela da população apta a votar no autogoverno e, consequentemente, do esvaziamento dessa população da cena pública. Conforme destacou Lopes, nesse período os imbricamentos entre "magistratura e política" eram praticamente naturalizados, pois "não havia rigorosas barreiras institucionais que as isolassem"[883]. A estrutura judicial brasileira dos anos 1830 foi constituída em torno da dicotomia entre a criação dos novos institutos de matrizes liberais e o projeto político reformista conservador.

---

[880] COSER, 2008, p. 64.

[881] ANRJ. Fundo/Coleção: 0E, Códice 1004; vol. 1; 6 fev. 1834. Correspondências de Eusébio de Queirós com várias autoridades.

[882] O capítulo IV do Código do Processo Criminal de 1832 trata os recursos que podem ser interpostos nas decisões dos magistrados. Entre os 19 artigos, 8 falam dos juízes de paz: artigos 293, 294, 296, 297, 298, 299, 300 e 311. Ver Código do Processo de 1832. BRASIL, 1832c, *passim*.

[883] LOPES, 2014, p. 318.

Conforme indicado no demonstrativo anterior, entre as mudanças perpetradas a partir da Reforma do Código do Processo de 1841 estão o fim do júri popular e da função de instrução penal conferida à magistratura de paz em 1832. De fato, esses dois pontos da reforma corresponderam à pauta de parte das elites política e jurídica do país, que pelejavam contra a penetração de indivíduos estranhos àqueles espaços e sobre os quais, *a priori*, por seu caráter eletivo, não exerciam controle ou sujeição.

Figura 2 – Estrutura judicial brasileira entre a criação e a reforma do Código do Processo

FUNÇÃO E NOMEAÇÃO (1832-1841)	Níveis	APÓS A REFORMA DO CÓDIGO DO PROCESSO DE 1841
SUPREMO TRIBUNAL DE JUSTIÇA: Revistas; nomeado pelo governo central.	**Nível Nacional** — Supremo Tribunal de Justiça	**SUPREMO TRIBUNAL DE JUSTIÇA**: Revistas; nomeado pelo governo central.
TRIBUNAIS DA RELAÇÃO: Julgar revista; governo central.	**Nível Regional** — Tribunal da Relação	**TRIBUNAIS DA RELAÇÃO**: Julgar revistas; nomeado pelo governo central.
• **JUIZ DE DIREITO E JURADOS**: Presidir o júri; o 1º é nomeado pelo governo e o 2º é eleito. • **JUIZ MUNICIPAL**: Substituto do juiz de direito nos termos. • **JUIZ DE PAZ**: Conciliação e instrução penal; eleito.	**Nível Local** — Juiz de Direito e Jurados (Comarca). Juiz Municipal (Termos). Juiz de Paz (Distrito).	**JUIZ DE DIREITO/JURADOS**: Fim do júri de pronúncia. **JUIZ MUNICIPAL**: Assume as funções penais do juiz de paz e do júri de pronúncia. **JUIZ DE PAZ**: Fim da função de instrução penal; eleito.

Como é possível observar, a reforma do Código de 1832 em 1841 atingiu especialmente a estrutura judicial local. O 1º Conselho de Jurados (júri de pronúncia) presidido pelo juiz de direito foi abolido após a reforma. Os juízes municipais e o juiz de paz perderam a função de polícia judiciária para o chefe de polícia nomeado pelo poder central. A nível regional, os tribunais de segunda instância (Tribunais das Relações) não sofreram mudanças de função, incluindo o Supremo Tribunal de Justiça, que manteve a incumbência de "rever" as condenações contestadas pelas partes e decidir se o processo seguiria ou não para um novo julgamento.[884] O recurso da revista dirigido ao Supremo Tribunal de Justiça era utilizado nas sentenças dadas por algum Tribunal da Relação sob duas alegações: "nulidade manifesta ou injustiça notória".[885]

---

[884] LOPES, 2014, p. 318.
[885] *Ibid.*, p. 319.

Quanto à Justiça de primeira instância no período tratado, entre os recursos utilizados pelas partes envolvidas nos processos estavam súplicas, petições, representações e requerimentos dirigidos à Casa Imperial, ou seja, ao imperador, como veremos no requerimento que segue mais adiante.[886]

Os manuscritos da série Magistratura e Justiça do Arquivo Nacional dão voz aos atores sociais que surgem na formação de culpa dos processos oriundos de queixas, denúncias ou requerimentos que chegavam ao juizado de paz das freguesias. Guardados os atravessamentos e os filtros presentes nessa documentação, as informações contidas denotam as disputas que são travadas no cotidiano dessa instituição da Justiça, revelando conflitos de interesses presentes naquela sociedade escravista que colocavam em xeque a competência da magistratura leiga no tocante à instrução penal. Como veremos adiante, apesar das frequentes críticas à eficiência da magistratura profissional, a existência de um novo instituto sob a base eletiva em um período de profundas transformações no aparato legal do Império desafiava antigas relações sociais e práticas constituídas.

O juiz de paz do 1º distrito da freguesia de Santana, Antônio Correia Picanço, em ofício dirigido à Regência relata as circunstâncias em que foram acusados, naquele juízo, o senhor Manuel da Costa Vianna e sua mulher, Alexandrina Rosa Vianna, por terem escravizado uma mulher livre. O ofício enviado pelo juiz é uma resposta ao conteúdo acusatório contido no requerimento do "papeleta" Manuel Vianna sobre a suposta maneira arbitrária com a qual o magistrado de paz estaria conduzindo o caso.[887]

Antônio Picanço recebeu a denúncia de que Manuel Vianna e sua mulher teriam seduzido à escravidão a preta Angelica, que estava legalmente alforriada por seu senhor Theodorio dos Santos. No conteúdo do requerimento dirigido a Vossa Majestade Imperial (V.M.I), Vianna relata que, de fato, a escrava havia sido alforriada pelo então falecido Theodorio, mas sob a condição de continuar prestando serviços a sua esposa enquanto vivesse. De acordo com Vianna, atual marido da mulher de Theodorio, a carta com essa informação não existia mais. Diante disso, o juiz teria dito que não tinha condição de averiguar a veracidade daquela informação e determinado que a "escrava" fosse entregue imediatamente, sob ameaça de prisão. De fato,

---

[886] SANT'ANNA, Elizabeth Albernaz Machado Franklin de. **Diferentes vozes, diferentes imagens: representações, requerimentos, petições e súplicas a d. Pedro II**. 2015. Dissertação (Mestrado em História) – Programa de Pós-graduação em História, Universidade Federal Fluminense, Niterói, 2015. Disponível em: https://www.historia.uff.br/stricto/td/1935.pdf. Acesso em: 12 jan. 2023.

[887] ANRJ. Fundo/Coleção: Série Magistratura – Magistratura e Justiça; IJ4 129, 1834.

em ofício, Picanço argumentava que estando Angelica "nas mãos daqueles que barbaramente a maltratam e nada têm de concreto a apresentar sobre suas defesas", determinou que ela fosse entregue ao depósito público; mas Vianna e sua mulher se negavam a cumprir o mandato. Então, disse Picanço: "ordenei sua apresentação sob pena de prisão".[888] Desse ponto em diante, Vianna dedicou-se a contestar a competência do juiz de paz, acusando-o de "arrancar a jurisdição do ilustríssimo juiz de direito das varas cíveis". Isso porque, segundo Vianna, diante da inexistência da carta e não havendo possibilidade de conciliação "era esse negócio civil de juiz de direito para discutir-se competentemente, e não por um modo violento daquele juiz, que dizia ou entrega a escrava, ou será preso; não tive outro remédio para não ir preso se não entregar a escrava, perdendo os serviços dela durante a vida de minha mulher". Por fim, ignorando a competência do juiz de paz e os trâmites processuais, Vianna argumenta o quão "despótico foi aquele juiz em mandar arrancar a escrava do meu poder"; e pede a V.M.I. que anule a decisão, devolvendo a escrava, pois, "apesar de ser alforriada, eram cativos seus serviços".[889]

Há que se dizer, contudo, que a opção de dirigir um requerimento ao imperador não era tarefa simples. Para ser atendido, um dos requisitos básicos era a anexação de documentos comprobatórios e o selo devidamente colocado. Segundo Sant'Anna, na ausência dos anexos o autor do requerimento valia-se de todo tipo de justificativa, inclusive culpabilizar outras instâncias administrativas pelo extravio dos documentos, além de extensas narrativas voltadas ao convencimento sobre a veracidade dos fatos relatados nas missivas.[890]

Sobre o requerimento em questão, Vianna, a despeito de não possuir a dita carta que comprovasse a veracidade de seus argumentos para manter Angelica sob situação de escravidão, ainda assim recorre ao imperador. Com efeito, a narrativa usada pelo réu no conteúdo do requerimento sinaliza o que deseja: a anulação da decisão do juiz de paz. Também é digno de nota a expectativa contida no argumento de que o caso nas mãos do juizado civil, ou seja, na pessoa do juiz de direito, seria mais bem conduzido — ou mais favorável aos seus interesses. Por fim, Vianna argumentava, solicitando a V.M.I. que determinasse a anulação da decisão do juiz de paz e devolvesse

---

[888] ANRJ. Fundo/Coleção: Série Magistratura – Magistratura e Justiça, IJ 4 129, 1834.
[889] ANRJ. Fundo/Coleção: Série Magistratura – Magistratura e Justiça, IJ 4 129, 1834.
[890] SANT'ANNA, 2015, p. 141.

a escrava.[891] A partir da década de 1830, as mudanças estruturais no arcabouço legal do Império e a reforma da Justiça colocaram em conflito antigas práticas sociais ante aos novos institutos. O Código Criminal Brasileiro de 1830, no artigo 179, tipificou como crime a redução de pessoas livres ao cativeiro, com pena de três a nove anos de prisão e multa.[892] Cabia ao juiz de paz a averiguação das queixas e denúncias sobre o assunto e a posterior formação de culpa, quando pertinente.

Com efeito, os dois casos abordados neste capítulo, que revelam a atuação dos juízes de paz na formação de culpa de indivíduos envolvidos no assassinato de um escravo e na escravização de uma mulher pretensamente livre, denotam os atravessamentos que estavam submetidas as decisões desses magistrados e as avaliações de suas ações enquanto juízes. Ademais, é preciso considerar as tensões sociais presentes naquele período de mudanças.[893]

O tratamento dado pelos juízes de paz às questões que envolviam a escravidão urbana na Corte, decerto, estava movido também pelas novas demandas cotidianas e por relações locais que garantissem a manutenção do cargo na magistratura de paz. O caso do juiz Pedro Cyríaco Pacheco, que conduziu o processo de formação de culpa do escravo assassinado em 1835, isentando o pretenso mandante do crime de sofrer o processo, está sob essa perspectiva. Isso porque apesar de Pacheco ter sido eleito para a magistratura de paz da freguesia do Engenho Velho, em 1833, ele foi um candidato bastante criticado durante a campanha eleitoral na imprensa por ser um indivíduo de origem humilde. Mas, uma vez de posse do mandato, suas atuações na defesa dos interesses dos soldados da Guarda Nacional[894] ou do seu inspetor de quarteirão — o comerciante envolvido na morte de

---

[891] ANRJ. Fundo/Coleção: Série Magistratura – Magistratura e Justiça, IJ4 129, 1834.

[892] Cf. BRASIL, 1830 (Código Criminal do Império do Brasil de 1830), *passim*.

[893] Naquele contexto, apesar a Lei de 7 de novembro de 1831 (fim do tráfico) ter sido considerada ineficaz (lei para inglês ver), ela demandou orientações das autoridades no tocante a proibição do tráfico de escravos e suscitou discussões políticas e reações sociais das mais diversas sobre o assunto da escravidão no país. Cf. CHALHOUB, 2012, p. 29-30. Com efeito, a permanência do tráfico nos anos seguintes sinalizava a ineficiência ou conivência das autoridades regionais e locais sobre a continuidade da prática ilegal. Para Alex Costa, autoridades públicas como os juízes de paz das freguesias da província da Bahia, não só foram coniventes, como se beneficiaram diretamente do tráfico ilegal. Cf. COSTA, 2019. De fato, na relação de nomes dos juízes de paz da Corte eleitos entre 1829 e 1840, há pelo menos seis que atuaram no tráfico e/ou comércio de escravos (Luiz Francisco Braga, Simplício da Silva Nepomuceno, Duarte José Mello, João Martins Lourenço Vianna, Manoel Moreira Lírio e Joaquim José Pereira de Faro), além de a maioria dos juízes identificados ser proprietário e, provavelmente, senhor de escravos. Esses conflitos de interesses e embates entre as autoridades locais, as novas leis e a sociedade na cidade mais escravista da nação compõem parte importante da história da magistratura de paz da Corte.

[894] Conforme mencionado no capítulo 1 deste trabalho, o juiz de paz Pedro Cyríaco Pacheco sofreu advertência da Secretaria de Justiça por ter se negado a excluir do livro de matrículas da Guarda Nacional os indivíduos que não estivessem mais em condições de servir, como estava prescrito no artigo 16 da Lei de 18 de agosto de 1831.

um escravo —, denotam alinhamentos locais e refletem a luta pelo apoio eleitoral que resultou em sua reeleição para o cargo de juiz de paz, ainda que, para tanto, ele tenha ignorado as novas leis e certos trâmites legais.

Sobre a observância das leis, há que se dizer que o juiz de paz da freguesia de Santana, no caso que envolvia a redução de uma mulher alforriada à situação de escravidão, agiu respaldado no que determinava o artigo 179 do Código Criminal de 1830. Vale destacar que apesar de Manuel Vianna alegar que o caso seria mais bem conduzido nas mãos de um juiz profissional, o juiz de paz Antônio Correa Picanço tinha formação em Direito, e havia ocupado o cargo de desembargador na Corte. Aliás, essa não foi a única vez que Picanço contrariou interesses justamente por agir sob as orientações das normas legais. Em maio de 1837, ele recebeu uma advertência do ministro da Justiça por ter interrompido a eleição para um posto vago da Guarda Nacional. Picanço alegava ter dúvidas sobre a legalidade da inclusão dos nomes de quatro juízes de paz na lista de candidatos ao posto da Guarda.[895]

A administração da Justiça foi um dos grandes desafios na construção do Estado nacional brasileiro.[896] As mudanças institucionais no período de transição entre a sociedade colonial e a sociedade moderna manifestavam-se por meio das reformas perpetradas na estrutura do poder judiciário, mais especificamente na esfera da municipalidade. A partir da Independência do país era preciso resolver o problema do acesso à Justiça, tornando-a mais inclusiva e trazendo-a ao alcance do cidadão. Em janeiro de 1832, porém, o ministro da Justiça Diogo Antônio Feijó mandava "ativar o andamento dos processos dos presos miseráveis". De acordo com o Feijó certos juízes deixavam em inteiro abandono "os processos de alguns miseráveis, que por anos jazem nas cadeias contra todos os deveres da humanidade e da Justiça, quando prontamente se dá andamento a outros mais modernos; não se pode deixar de estranhar essa desigualdade de proceder".[897] Apesar das reformas institucionais, a igualdade social perante as leis seria "um

---

[895] Como já foi dito, um decreto da Regência de 30 de setembro de 1832, havia determinado a incompatibilidade do cargo de juiz de paz com o de oficial da Guarda Nacional. Ver Capítulo I. O juiz de paz Antônio Correa Picanço foi eleito em 1836 e reeleito em 1840, para atuar no juizado de paz do 2º distrito da freguesia de Santana. Picanço foi membro de diversas associações na Corte: Sociedade Philomática do Rio de Janeiro, Loja Maçônica Comércio e Arte na Idade do Ouro, além de ser um dos fundadores da Loja Maçônica Grande Oriente Brasil e integrar a sociedade política Defensora da Liberdade e Independência Nacional. Picanço foi um personagem bastante atuante no cenário da sociopolítico da capital do Império.

[896] SLEMIAN, Andréa. La administración de justicia en los orígenes del Imperio de Brasil (1822 – 1841). In: FRASQUET, Ivana. **Jamás ha llovido reyes el cielo... De independencias, revoluciones y liberalismos em Iberoamérica.** Quito, Equador: Corporación Editora Nacional, 2013.

[897] BRASIL. **Collecção das Decisões do Governo do Imperio do Brazil**: Decisão n. 4, Justiça, 2 jan. 1832, p. 3.

longo caminho" que o Brasil teria a percorrer. Contudo, a descentralização do poder judiciário no território brasileiro a partir da criação dos juízes locais era parte da estratégia da boa administração da Justiça nos anos 1830.[898] Pelo menos até 1841, porém, o governo central teve que lidar com agentes públicos relativamente autônomos na administração da primeira instância da Justiça e com a participação cada dia mais ativa de uma parcela da população em torno da atuação da magistratura eletiva na localidade. Das estranhezas e dos embates entre as autoridades da Corte, a população e a magistratura ante os novos ordenamentos, surgia uma cultura jurídica forjada nas disputas e nas demandas do cotidiano e, conforme observou Andréa Slemian, matizada por uma Justiça comprometida com o controle social,[899] como veremos no próximo capítulo.

---

[898] SLEMIAN, 2013.
[899] SLEMIAN, 2013, p. 285.

CAPÍTULO 6

AGENTE PACIFICADOR (?): O JUIZ POLICIAL NAS FREGUESIAS URBANAS DO RIO DE JANEIRO

> É seu dever manter a ordem, é seu dever de cidadão. Mas o que é criar desordem? Quem é que diz o que é ou não? Quem quer manter a ordem, quem quer criar desordem?[900]

As relações institucionais abordadas entre as diversas autoridades que atuavam na capital do Império, em certa medida já tratadas neste trabalho, como a estabelecida entre a Secretaria de Justiça e a Magistratura de Paz, somam-se à relação construída com a Secretaria de Polícia no policiamento da cidade. No século XIX, instituições policiais foram criadas no Brasil em mais ou menos três décadas. O marco inicial foi a Intendência-Geral de Polícia da Corte e a Guarda Real de Polícia, ambas criadas a partir da chegada da família real portuguesa ao Rio de Janeiro.

É sabido que a presença da corte portuguesa na cidade trouxe, além de milhares de novos moradores, inúmeras demandas sociais e urbanísticas. A partir de 1808, o ritmo acelerado das reformas urbanas simbolizava um tempo de mudanças na capital do Império. Nesse sentido, um conceito norteador para o processo de transformação da cidade colonial do Rio de Janeiro na nova Corte portuguesa é o conceito de civilização.[901] Não por acaso, uma das primeiras ações do príncipe regente d. João VI foi a criação do cargo de intendente-geral de polícia da Corte. Essa instituição político-administrativa do Estado português seria responsável pelas obras públicas de embelezamento e infraestrutura da capital do Império, além de ter o desafio de garantir a ordem e o sossego público da cidade marcada pela lógica da escravidão urbana.[902]

---

[900] DESORDEM. Intérprete: Titãs. S. Britto, C. Gavin e M. Fromer. *In:* JESUS não tem dentes no país dos banguelas. Rio de Janeiro: Warner/Chappell Brasil Edições Musicais Ltda., 1987. 1 CD, faixa 9.
[901] SCHULTZ, Kirsten. **Versalhes tropical**: império, monarquia e a Corte real portuguesa no Rio de Janeiro, 1808 – 1821. Rio de Janeiro: Civilização Brasileira, 2008.
[902] SCHULTZ, 2008.

Com efeito, o termo *polícia* estava ligado à boa administração do governo na urbe, ou seja, à promoção da limpeza, segurança, fartura, cultura e urbanidade da cidade.[903] De acordo com o lexicógrafo Luiz Maria da Silva Pinto, o verbo *policiar* significava transformar uma nação em uma nação polida. Por fim, o termo *polícia* vinculava-se a um dos sinônimos de *política*.[904] Nesse sentido, para Kirsten Schultz, a reforma civilizatória da cidade do Rio de Janeiro tinha pelo menos dois objetivos gerais: o primeiro de ordem administrativa; uma renovação urbana que contornasse os problemas de infraestrutura da cidade, entre os quais a crise habitacional agravada pela chegada de mais ou menos 15 mil pessoas com a transferência da Corte. O segundo era de ordem especificamente política, ou seja, a reforma da cidade tinha que refletir o espetáculo do poder monárquico, no intuito de garantir o reconhecimento da autoridade do rei e, consequentemente, a lealdade dos seus súditos nos trópicos.[905] Para tal empreitada, a polícia da Corte desempenharia um papel fundamental.

Holloway destaca a importância do cargo de intendente-geral de polícia. De acordo com o autor, as esferas de penetração desses agentes públicos incluíam os âmbitos da Justiça e da política, pois o intendente ocupava o "cargo de desembargador" e tinha *status* de ministro de Estado.[906] O que mais chama a atenção, porém, é a amplitude de seus poderes na atuação repressiva aos comportamentos considerados "inaceitáveis". Cabia ao intendente de polícia decidir o que seria ou não um comportamento criminoso, ou potencialmente criminoso, e a partir daí definir a pena e a punição.[907] O primeiro intendente de polícia da Corte foi Paulo Fernandes Vianna (pai do juiz de paz Paulo Fernandes Carneiro Vianna), o qual ficou conhecido por sua competência na administração das obras públicas e pela forma como conduzia as investigações criminais com base no instrumento da tortura para obter confissões. Para perseguir os criminosos e manter a ordem pública, ele teve à sua disposição uma força policial "organizada militarmente": a Guarda Real de Polícia.[908] Sob a sua gestão, o temido major Miguel Nunes Vidigal comandou os soldados da guarda que atuavam junto à população do Rio de Janeiro de maneira bastante repressiva, utilizando,

---

[903] PINTO, 1832, f. 854.
[904] PINTO, 1832. Ver também: SANTANA, 2019, p. 36.
[905] SCHULTZ, 2008, p. 156.
[906] HOLLOWAY, 1997, p. 46.
[907] HOLLOWAY, *loc. cit.*
[908] HOLLOWAY, 1997, p. 47.

inclusive, castigos físicos. Os alvos preferenciais eram os sujeitos considerados vadios e ociosos, os capoeiras, os grupos de escravos urbanos que eventualmente perambulassem pela cidade e os suspeitos de algum delito. De fato, as classes consideradas subalternas estavam sujeitas ao critério da suspeição e, portanto, constantemente sob a vigilância da polícia.[909]

Com o advento da independência do país e as reformas liberais, crescem as discussões em torno da legalidade das ações coercitivas da polícia. Para os constitucionalistas, a polícia de um Estado constitucional não poderia agir respaldada na brutalidade.[910] Nesse contexto, a proposta de criação de um agente público eleito pelos votantes do município que exercesse as funções de polícia e juiz local[911] sinalizava uma transição: de um modelo de Justiça fortemente centralizado e uma instituição policial reativa para uma Justiça local ao alcance do cidadão e uma polícia pautada nos critérios da prevenção. Nesse sentido, a Lei de outubro de 1827 definia as funções policiais do juiz de paz sob os seguintes critérios: prevenir crimes e ajuntamentos ilícitos, coibir as práticas da mendicância e da vadiagem, corrigir os bêbados e as meretrizes escandalosas, vigiar a conservação das matas e realizar exames de corpo de delito. Apesar da novidade que foi a criação do cargo de juiz de paz no quadro das autoridades policiais, Holloway destaca que a intendência de polícia e a guarda real a princípio não perceberam mudanças significativas no funcionamento da hierarquia institucional. Primeiramente porque os juízes de paz ascenderam ao cargo anos depois de sua criação (1830), além do fato de não terem o poder de convocar a força policial que lhes desse respaldo no cumprimento de suas funções policiais.[912] A grande virada, porém, aconteceu no ano de 1831, quando a capital do Império presenciou o auge da crise institucional agravada pelas multidões em protestos de rua contra o governo de d. Pedro I. Nesse ínterim, mesmo antes da edição da Lei de 6 de junho de 1831, que ampliava as funções de polícia dos magistrados leigos, o intendente-geral de polícia e os juízes de paz das freguesias urbanas da Corte iniciaram uma parceria em prol da restauração da ordem na cidade.[913]

---

[909] Ibid., p. 46-51.
[910] Ibid., p. 57.
[911] Ibid., p. 61.
[912] HOLLOWAY, 1997, p. 62.
[913] De acordo com Mello Barreto Filho e Hermeto Lima, na obra *História da Polícia do Rio de Janeiro*, durante o período regencial, a intendência-geral de polícia da Corte foi comandada pelos seguintes intendentes: "o desembargador Antônio Pereira Barreto Pedroso, o doutor Francisco José Alves Carneiro, o desembargador Aureliano de Sousa e Oliveira Coutinho, o doutor Agostinho Moreira Guerra e o doutor Eusébio de Queirós Coutinho

As correspondências enviadas aos juízes de paz pelo intendente Antônio Pereira Barreto Pedrosa, em abril de 1831, dão a dimensão da importância que os magistrados leigos adquiriram no contexto dos distúrbios urbanos na Corte, além de revelarem o perfil dos indivíduos envolvidos naqueles movimentos de rua[914]. Há poucos dias da abdicação de d. Pedro I, em 5 de abril de 1831, Antônio Pedroso comunica ao juiz de paz da freguesia de Santa Rita a prisão de um estrangeiro encontrado na rua dos Pescadores, com uma pistola "fulminante e carregada".[915] Os avisos enviados aos juízes de paz das freguesias de Santa Rita, Sacramento, Candelária, São José e Engenho Velho datados do mês de abril de 1831 informam basicamente as circunstâncias da prisão, o motivo e o nome dos indivíduos, orientando os juízes de paz a dar "destino conveniente" aos presos. No registro das ocorrências, o motivo mais recorrente das prisões é o porte de armas: facas, pistolas e rifles. O perfil dos indivíduos presos é bastante variado: estrangeiros (portugueses, espanhóis e franceses), pretos forros, pardos, paisanos, soldados da artilharia e outros sem nenhuma identificação além do nome.[916] Há também o registro da prisão de grupos armados compostos de homens brancos e pretos.[917] Além das prisões pelo porte de armas, o intendente comunica ao juiz de paz de Santa Rita que está enviando um francês, Luiz Lidro, preso por ter dado uma facada no soldado da 3ª Companhia de Polícia, Manoel Antônio da Silva.[918]

Nesse cenário de turbulência urbana na capital do Império, no intuito de restaurar a ordem pública e manter a autoridade do governo central constituído, em 9 de julho de 1831, a Regência emitiu um decreto determinando que as autoridades policiais da Corte dessem conta de todas as ocorrências ao governo, por intermédio do intendente-geral de polícia. Fora da Corte, essa espécie de relatório deveria ser enviada ao governo pelos Correios; nas demais províncias do Império, seria enviado pelos Correios por meio dos respectivos presidentes.[919]

Matoso Câmara". Eusébio foi, de fato, o primeiro chefe de polícia da Corte, pois, em 1832, com a criação do Código do Processo, a intendência-geral de polícia foi reformulada, passando à esfera de Secretaria de Polícia da Corte. Ver BARRETO FILHO, Mello; LIMA, Hermeto. **História da Polícia do Rio de Janeiro**: aspectos da cidade e da vida carioca (1831 – 1870). Rio de Janeiro: A Noite, 1942. p. 24.

[914] ANRJ. Correspondências com os juízes de paz. Códice de Polícia da Corte, 0E, 331 v 1.

[915] ANRJ. Códice de Polícia da Corte, 0E, 331 v 1, 5 abr. 1831. Ao juiz de paz de Santa Rita.

[916] Cf. ANRJ. Códice de Polícia da Corte, 0E, 331 v. 1, 5 abr. 1831 – 18 abr. 1831.

[917] ANRJ. Códice de Polícia da Corte, 0E, 331, v. 1, 13 abr. 1831. Ao juiz de paz da freguesia da Candelária.

[918] ANRJ. Códice de Polícia da Corte, 0E, 331, v. 1, 15 abr. 1831. Ao juiz de paz da freguesia de Santa Rita.

[919] BRASIL. **Collecção das Leis do Imperio do Brazil**: Atos do Poder Executivo, Parte 2, 1833. Decreto de 9 de julho de 1831, p. 19. https://www2.camara.leg.br/atividade-legislativa/legislacao/coleccao-anual-de-leis/

Com efeito, em 13 de julho de 1831, o intendente-geral de polícia, o desembargador Antônio Pereira Barreto Pedroso, em ofício ao juiz de paz de Sacramento, comunica ao magistrado que:

> [...] por utilidade do serviço Nacional e desempenho da mesma Lei[920] foi-se necessário a reunião designada naquele artigo, oficiando para ela a casa de sua residência na rua do Lavradio n., para a qual passo a convidar aos demais membros, para amanhã às 10 horas da manhã. Deus guarde V.Sa. Rio, 13 de julho de 1831. Ao juiz de paz da freguesia de Sacramento, do mesmo teor também se expediu ao juiz de paz da freguesia da Candelária, Santana, Santa Rita, São José, Engenho Velho e Lagoa de Freitas.[921]

Apesar da tentativa do intendente de polícia em dar cumprimento ao artigo 10 do Decreto de 9 de julho de 1831, reunindo, para tanto, os juízes de paz da Corte na casa de seu "ajudante" — o então juiz de paz de Sacramento, Francisco Alves de Brito —, o resultado parece não ter atingido o efeito esperado pelo ministro da Justiça Diogo Feijó. Em correspondência de 28 de julho de 1831, ele adverte o juiz de paz "ajudante do intendente geral de polícia" da Corte sobre o descumprimento do decreto que o encarregava de remeter "a parte diária dos acontecimentos criminosos desta cidade".[922] Feijó chegou a citar o artigo 154 do Código Criminal, que trata da suspensão do cargo "por nove meses, no caso de descumprimento de ordem, ou requisição legal de outro empregado".[923] Entretanto, o fato que não pode ser desconsiderado é que, entre a insatisfação manifestada nos avisos do ministro da Justiça e a iniciativa do intendente-geral de polícia da Corte em reunir os juízes de paz para elaboração do dito relatório proposto no artigo 10 do decreto, a cidade vivia dias de intensa turbulência nas ruas. Os meses de março, abril e julho de 1831 foram marcados por distúrbios urbanos no Rio de Janeiro, pela abdicação de d. Pedro I, pelo motim da Guarda Real de Polícia e pela constante rotatividade dos juízes de paz no exercício de suas funções. Um exemplo já citado neste trabalho é o caso do juizado de paz da freguesia de Sacramento, que teve nada menos que três juízes diferentes entre abril e julho de 1831.

---

copy_of_colecao3.html. Acesso em: 24 jul. 2022.
[920] O intendente cita o artigo 10, da Lei de 9 de julho de 1831. Ver ANRJ. Códice 331, 0E, v. 1, 13 jul. 1831, f. 32.
[921] ANRJ. Códice 331, v. 1, 13 jul. 1831, f. 32.
[922] ANRJ. Códice 322, v. 1, 28 jul. 1831, f. 5.
[923] ANRJ. Códice 322, v. 1, 28 jul. 1831, f. 5.

Vale destacar que, apesar de Francisco Alves de Brito, juiz de paz da freguesia de Sacramento, ser tratado em correspondências oficiais do governo como "juiz de paz ajudante" da intendência de polícia, poucos dias após a reunião agendada em sua residência para o dia 14 de julho — dia marcado pelo distúrbio urbano do Povo e Tropa no Rio de Janeiro —, ele se afastou novamente da vara em favor do juiz suplente Saturnino de Sousa e Oliveira Coutinho.

Quanto às demandas do ministro da Justiça sobre as desordens na Corte naquele contexto, decerto no intuito de fazer valer o Decreto de 9 de julho, em agosto de 1831, Feijó endurece os argumentos dirigidos às autoridades policiais e estabelece critérios mais precisos para o envio dos relatórios, determinando que, no dia oito de cada mês, os juízes de paz da província do Rio de Janeiro (e demais províncias do Império) remetessem "uma parte circunstanciada das prisões à ordem dos mesmos, com declaração do tempo de prisão, do motivo dela, do estado do processo e da pena em que tenham sido condenados". De acordo com as instruções, esses relatórios deveriam ser enviados pelos Correios. Apesar de as ordens serem extensivas a todos os juízes de paz da província, a correspondência estava endereçada ao "ilustríssimo juiz de paz ajudante do intendente geral de polícia da Corte".[924]

No contexto das manifestações e dos distúrbios urbanos na cidade do Rio de Janeiro se constroem parte das versões de época sobre a atuação da Justiça de Paz, que precisam ser apreciadas considerando as expectativas do governo, os limites de atuação da magistratura de paz e o contexto sociopolítico do período. Logo no primeiro ano do governo da Regência, mais precisamente entre os meses de junho e outubro de 1831, pelo menos três propostas de contenção das revoltas que aconteciam na Corte e nas demais províncias do Império foram colocadas em prática. Elas envolviam estratégias de reformulação da instituição policial, tais como: a criação da Guarda Civil Municipal, em junho; da Guarda Nacional, em agosto; e, em outubro de 1831, a criação da Guarda Municipal Permanente, com o objetivo de substituir a insurreta Guarda Real de Polícia que havia sido desfeita naquele ano.

Ao abordar a história da criação institucional da polícia no Rio de Janeiro do século XIX, Thomas Holloway observa as dificuldades do governo para lidar com os indícios de insatisfação do corpo de polícia da Corte e,

---

[924] ANRJ. Códice 322, v. 1, 6 ago. 1831, p. 6. Ver também: SANTANA, 2019, p. 106.

ao mesmo tempo, combater as desordens na capital do país.[925] Uma das medidas emergenciais encontradas para a crise pelo recém-formado governo da Regência Provisória foi a edição de um decreto, a Lei de 6 de junho de 1831, que criava as bases para a Guarda Municipal Civil em cada distrito, deixando-a sob jurisdição do juiz de paz. Em cumprimento ao artigo 10º da Lei de 6 de junho de 1831, a Regência Provisória decretou, em 14 de junho, o regulamento do corpo de guardas municipais dividido em esquadras em cada distrito dos juízes de paz.[926] Com efeito, cabia ao juiz de paz organizar a guarda, em "unidades de 25 a 50 homens", reportando-se as demais autoridades do governo. Sob o porte de armas naquela conjuntura, ficou decidido que os cidadãos alistados deveriam portar suas próprias armas enquanto o governo não pudesse fornecê-las, ainda que fosse uma lança.[927] De acordo com Holloway, não foi tarefa fácil a escolha do governo regencial de armar o cidadão naquela conjuntura de "guerra social"[928]

Ainda assim, passada uma semana da edição do regulamento de 14 de junho, o juiz de paz em exercício na freguesia de São José, o doutor João José Vahia, publicou no *Jornal do Commercio* um aviso aos "comparoquianos" que morassem na Lapa, para que se ajuntassem todos os dias, às 6h da tarde, "à porta da freguesia de São José", e os moradores "da Lapa para cima" deveriam ir à porta de sua residência "para nesses dois pontos" dividirem-se em patrulhas "para fazer a ronda da Freguesia".[929] O clima de tensão que se espalhava pela cidade não era à toa. Conforme mencionado no capítulo IV, aproximadamente um mês depois da organização da Guarda Municipal, em 12 de julho de 1831, o 26º Batalhão de Infantaria do Exército, em protesto "contra os maus-tratos e castigos corporais" que sofria, ensejou um violento episódio, que marcou a primeira atuação da guarda municipal recém-criada. Já na manhã do dia 15 de julho, um atrito que eclodiu entre o Corpo de Polícia e os soldados do terceiro Batalhão do Exército resultou em mais violência, deixando "algumas pessoas feridas". Então, os juízes de paz decidiram recolher os guardas municipais do patrulhamento da cidade, por não estarem devidamente armados e em número suficiente para o enfrentamento. Debelada a sedição, o governo da Regência decidiu retirar das mãos dos juízes de paz o comando da Guarda Municipal, legando

---

[925] HOLLOWAY, 1997, p. 62-77.
[926] BRASIL, 1831a (Decreto de 14 de junho de 1831).
[927] HOLLOWAY, *loc. cit.*
[928] *Ibid.*, p. 77.
[929] Cf. Jornal do Commercio, n. 246, 18 jun. 1831.

a função ao deputado moderado Sebastião do Rego Barros.[930] Entre as demais medidas adotadas pelas autoridades da capital do Império, como a dispersão e/ou prisão dos indivíduos que ainda ocupavam os espaços públicos, a dissolução ou "transferência de várias unidade do Exército para outras províncias", a suspensão de promoções e as baixas forçadas, "No dia 21, a Junta de Paz baixou edital fixando prazo de oito dias para que todos os vadios e desocupados conseguissem emprego".[931]

A lei que criou os juízes de paz e o decreto que regulamentava a criação da Guarda Municipal tinham um objetivo em comum: a manutenção da ordem pública a partir da atuação desses agentes no meio urbano, ainda que, para tanto, eles tivessem que aplicar o rigor da lei que autorizava o uso da violência entre concidadãos. Nesse ínterim, *a guerra de todos contra todos*[932] estava formalmente autorizada. Na prática, essas medidas sinalizavam o que viria a ser um sistemático projeto de normatização das condutas sociais em nome do sossego público da capital do Império pautado nos critérios da vigilância, da suspeição e da repressão policial às camadas subalternas da Corte do Rio de Janeiro. Como observou José Luiz Werneck, a criação da guarda municipal tinha o objetivo claro de atuar contra os opositores do governo[933]. Diante das ondas de revoltas regenciais, a insubordinação de uma parcela da população que aderiu aos movimentos praticados contra às autoridades e às elites política e econômica da capital resultou no acirramento do controle policial sobre as condutas consideradas insubordinadas, inadequadas ou suspeitas.[934]

De acordo com Santana, nesse ínterim, o mapeamento das ocorrências policiais nas freguesias da Corte nos meses de maio e junho de 1831, que *a priori* eram enviados pelos juízes de paz à Intendência-Geral de Polícia,

---

[930] BASILE, 2022, p. 506-511.
[931] *Ibid.*, p. 522.
[932] HOBBES, Thomas. **Leviatã, ou matéria, forma e poder de um Estado eclesiástico e civil**. São Paulo: Martins Fontes, 2003.
[933] SILVA, José Luiz Werneck da. Polícia na Corte e no Distrito Federal (1831 – 1886). *In*: SILVA, José Werneck da; NEDER, Gizlene; NARO, Nancy Priscilla. **A polícia na Corte e no Distrito Federal (1831 – 1930)**. Rio de Janeiro: PUC, 1981. p. 161-168.
[934] Um aspecto importante sobre as variáveis que influem nas práticas dos juízes de paz da cidade do Rio de Janeiro é o fato de serem, em sua maioria, "proprietários" ou "comerciantes". A discussão de Luiz Werneck (1981) sobre o projeto de criação das forças policiais naquele contexto aponta como principal função da polícia defender os interesses dos proprietários e comerciantes, ou seja, esses juízes de paz estariam em posição privilegiada na defesa do interesse do grupo. Nesse sentido, esses agentes públicos, *a priori*, tendem a agir para combater qualquer tipo de ameaça à propriedade privada e aos interesses dos comerciantes locais, ao mesmo tempo em que dialogam com os critérios da boa administração da Justiça em prol do ordenamento social, na época quase um sinônimo de paz social.

revelam uma elevada incidência de prisões por "desordem", "vadiagem", "infrações de editais e posturas", bem como pelo enquadramento na categoria "encontrado fora de hora", perfazendo 63,6% do total de prisões registradas na documentação de Polícia da Corte. Vale destacar que, entre todas as categorias listadas na Tabela 1, as prisões por "desordem", isoladamente, apresentam o maior índice de ocorrência (28%), com relação às demais.[935] O mesmo padrão se repete em um outro levantamento apresentado a partir da sistematização dos "Extratos semanais", um demonstrativo das ocorrências e prisões registradas nas freguesias urbanas da Corte nos meses de junho e julho de 1831.[936] Na Tabela 2, as prisões por desordem, capoeira, porte de armas, insulto e circulação fora de hora na cidade estão em maior número do que os registros por tentativa de homicídio e furto, por exemplo. Para Santana, a criminalização de certas condutas a partir dos anos de 1830, como os ajuntamentos, foi utilizada como "instrumento político de coerção e controle social".[937] No entanto, para conferir um aspecto de legalidade às ações policiais era preciso fazer valer o que estava previsto no novo arcabouço legal do Império.[938] Para tanto, era necessário que os juízes locais pudessem contar com um corpo de polícia profissional e permanente que lhes desse respaldo para debelar as desordens urbanas.

A reorganização do controle da capital após o distúrbio urbano do Povo e Tropa passou por medidas provisórias emitidas pelo governo, como a distribuição imediata de armas aos proprietários de comércios "localizados em ruas sem patrulhamento", a redução da idade dos homens para engajamento na Guarda Municipal e as medidas para submeter os juízes de paz ao poder central da Regência. Nesse sentido, o ministro da Justiça Diogo Feijó determinou que os juízes de paz seriam punidos, caso não agissem contra

---

[935] As freguesias da Corte mapeadas no trabalho de pesquisa em questão são as seguintes: Santana, Sacramento, Santa Rita, Candelária e São José. Ver SANTANA, 2020, p. 10-11. Ver também: HOLLOWAY, 1997, p. 84.

[936] SANTANA, 2020, p. 14.

[937] Ibid., p. 21.

[938] Desde 1827, quando o cargo de juiz de paz foi criado, cabia ao juiz local desfazer ajuntamentos. Até que, em 1830, com a criação do Código Criminal do Império do Brasil, artigo 285, o ajuntamento de três ou mais pessoas foi tipificado como ajuntamento ilícito pautado em critérios como a suspeição da criminalidade. Nesse sentido, a polícia podia efetuar prisões de grupos de pessoas sob a suspeita de estarem juntas para cometerem um delito. Os artigos 289 e 290, porém, atribuem aos juízes de paz responsabilidade direta sobre os ajuntamentos de mais de vinte pessoas, mas, para tanto, o juiz precisará empregar a força policial para desfazer o ajuntamento. Além do Código Criminal, a Lei de 6 de junho de 1831 e as posturas emitidas pela Câmara Municipal do Rio de Janeiro recrudesciam o controle e criminalizavam tal comportamento no meio urbano. Ver SANTANA, 2019. Além dos ajuntamentos, outras práticas sociais foram tipificadas como crimes policiais no novo Códigos Criminal, como as sociedades secretas, a vadiagem, a mendicância, as "ofensas da religião, da moral e dos bons costumes", para citar alguns. Cf.: BRASIL, 1830 (Código Criminal do Império do Brasil de 1830), Parte IV, Crimes Policiais.

os envolvidos na rebelião de julho de 1831, e que os magistrados de paz da cidade deveriam se reunir com o intendente-geral de polícia da Corte a fim de "trocar informações" para a manutenção do sossego público.[939] Possivelmente, a preocupação de Feijó ao punir os juízes de paz da Corte que fossem coniventes com os rebeldes estava respaldada nos indícios de envolvimento desses agentes públicos com os movimentos urbanos. De todo modo, como asseverou Thomas Holloway, o efetivo policial que estava à disposição das autoridades naquele momento não era suficiente para resolver os problemas da cidade. A atuação da Guarda Municipal civil estava aquém de ser a força policial capaz de restaurar a tranquilidade pública na capital. Nesse contexto, o projeto de criação da Guarda Nacional paramilitar sairia do papel.[940]

Quando a Guarda Nacional foi criada, em 18 de agosto de 1831, ela atendia a um projeto anterior aos distúrbios urbanos que a deflagraram. A partir da independência do país, cresceram as pressões sobre o Parlamento a respeito da necessidade de reorganização do aparato repressivo, no intuito de substituir o modelo anterior ligado às forças militares organizadas sob um governo autoritário. Logo, a dissolução da insurreta Guarda Real de Polícia e de seus métodos de abordagem pautados na brutalidade daria lugar à defesa da organização de um corpo policial formado sob outras bases, quais sejam, critérios de seleção socioeconômicos e uma corporação formada por civis treinados e bem armados. A Sociedade Defensora da Liberdade e Independência Nacional teve papel ativo na efetivação de um projeto de agência repressiva que garantisse a ordem pública e a defesa da propriedade. Com efeito, os membros que compunham a Sociedade Defensora levaram a bandeira pela restauração da ordem e tranquilidade pública da Corte sob o viés da reestruturação do aparelho repressivo do Estado. Não há que se estranhar, portanto, que parte dos seus membros tenham ocupado o cargo estratégico de juízes de paz da cidade; pelo menos 16 deles (12%) ocuparam o cargo da magistratura leiga. Ademais, alguns desses homens eram proprietários, outros eram negociantes, mas havia também médicos, advogados e desembargadores.

Decerto, a defesa dos interesses desses proprietários e comerciantes estava fundamentada na manutenção da ordem pública, assim como o projeto político alinhado à causa do governo moderado. Nesse sentido, apesar de a lei estabelecer como função precípua da Guarda Nacional a defesa da

---
[939] HOLLOWAY, 1997, p. 82.
[940] HOLLOWAY, 1997, p. 87.

Constituição e a guarda das fronteiras e costas do país, a indicação para que a "milícia cidadã" atuasse também no município, quando a manutenção da ordem fosse necessária, foi uma prerrogativa utilizada.[941] No período de intensa turbulência política e social, essa nova corporação civil atuou no serviço de patrulhamento da cidade do Rio de Janeiro, junto com outras instâncias policiais, como os juízes de paz.[942] Entretanto, a interação entre as forças de policiamento da cidade do Rio de Janeiro foi conflituosa.

As disputas hierárquicas nas freguesias da Corte entre comandantes da Guarda Nacional e juízes de paz, por exemplo, eram recorrentes. Isso porque, além da luta pelo reconhecimento dos novos cargos — e, portanto, a "reafirmação do *status quo* na localidade —, a legislação não definia claramente as posições de comando entre esses agentes nas freguesias.[943] Laura Motta destaca pelo menos dois casos envolvendo conflitos gerados por disputas de comando. No primeiro caso, o juiz de paz da freguesia de São José, Manoel Theodoro de Araújo Azambuja, reivindica para si a autoridade para organizar os corpos de polícia para as rondas, em vez dos comandantes da Guarda Nacional e da Guarda Permanente, alegando ao ministro da Justiça que, para cumprir satisfatoriamente sua função de regular o policiamento na freguesia, era preciso que a distribuição das patrulhas ficasse sob seu comando. Isso porque, de acordo com Azambuja, a falta de conhecimento dos comandantes sobre a distribuição populacional nos distritos acarretava a ineficácia do serviço das poucas rondas disponíveis. Ou seja, segundo o juiz de paz, havia lugares raramente visitados pelos agentes de polícia em que roubos e assassinatos aconteciam, enquanto outros eram "infrutuosamente rondados".[944] Enquanto o juiz de paz de São José questionava a competência dos comandantes das guardas quanto à organização das patrulhas que faziam as rondas, na freguesia da Candelária o comandante da Guarda Nacional denunciava a suposta arbitrariedade do juiz de paz daquela freguesia por mandar prender um cabo e um soldado da corporação.[945] Esse tipo de ocorrência se repetia entre outras instâncias policiais.

Em 7 de fevereiro de 1832, o intendente de polícia da Corte, Agostinho Moreira Guerra, adverte o juiz de paz da freguesia de Sacramento sobre a prisão dos pedestres João Ventura e José da Roza, executada à ordem do

---

[941] MOTTA, 2019, p. 35-37; 78.
[942] *Ibid.*, p. 84.
[943] MOTTA, 2019, p. 90.
[944] *Ibid.*, p. 91.
[945] *Ibid.*, p. 91.

juiz. Segundo Guerra, até aquele momento não havia formação de culpa que justificasse a prisão dos agentes e, nesse sentido, seria mais útil ao serviço público mandá-los "continuar no serviço que lhes compete".[946] Com efeito, além dos conflitos hierárquicos cotidianos entre as autoridades policiais, a conduta dos seus subordinados era um outro fator de conflitos, além do problema do baixo contingente de soldados para atuar na cidade.

A criação da Guarda Municipal Permanente, em 10 de outubro de 1831, atendia à urgente demanda pela substituição da Guarda Real de Polícia e pela criação de um corpo de polícia permanente. Conforme destacou Thomas Holloway, diferentemente da Guarda Real, a nova Guarda Municipal estava subordinada ao ministro da Justiça, e seus soldados não eram escolhidos das fileiras do Exército. Contudo, a obrigatoriedade do engajamento e a falta de remuneração para atuar na guarda agravavam a resistência desses agentes públicos quanto ao serviço de patrulhamento da cidade. Nesse sentido, os intendentes-gerais e os chefes de polícia da Corte reclamavam da "escassez de homens" e do rigor das medidas que os juízes de paz aplicavam aos guardas.[947]

Em advertência a esse tipo de ocorrência, o intendente-geral de polícia da Corte, Antônio Pedrozo, orienta o juiz de paz do Engenho Velho que dê ordens aos "delegados, ou outros dos seus subordinados" sobre o tratamento dado ao comandante de pedestres e seus guardas nas rondas do distrito. Pedroso reitera que o comandante e seus policiais estão "a bem do serviço público" e, nesse sentido, à disposição e ao auxílio do juiz de paz e seus delegados. Portanto, eles não deveriam ser "obstados durante as diligências".[948] É sabido que os juízes de paz faziam parte da estrutura policial da década de 1830, com atribuições bem definidas pelo Código do Processo Criminal de 1832. Porém, uma das maiores dificuldades no exercício das funções policiais desses juízes era o fato de não ter sob seu comando direto uma força policial, pois tanto a Guarda Municipal Permanente como a Guarda Nacional que atuavam nos distritos estavam subordinadas a um comando específico.[949] Apesar de os guardas permanentes e nacionais estarem cientes de que, entre suas atribuições, constava a condução dos presos aos juízes

---

[946] ANRJ. Correspondência da polícia para os juízes de paz de várias localidades. Fundo/Coleção: Série Polícia da Corte; Códice 331, v. 2, fundo 0E, 7 fev. 1832, p. 3.

[947] HOLLOWAY, 1997, p. 92-93.

[948] ANRJ. Correspondência da polícia para os juízes de paz de várias localidades. Fundo/Coleção: Série Polícia da Corte; Códice 331, v. 2, fundo 0E, 28 ago. 1832.

[949] HOLLOWAY, 1997, p. 112.

locais e o auxílio policial nos distritos quando solicitado, a partir de março de 1833 a Guarda Permanente "deixou de fornecer ordenanças para assistir diariamente os juízes de paz".[950] E o que já era insuficiente ficou pior.

Entre os anos de 1831 e 1833, a cidade do Rio de Janeiro vivia dias de intensa turbulência política e social, com distúrbios urbanos pululando nas freguesias. A dimensão desse estado de coisas na Corte fica evidente nas correspondências da intendência de polícia com os juízes de paz. Em março de 1832, Aureliano de Sousa e Oliveira Coutinho, em ofício enviado ao juiz de paz da freguesia do Engenho Velho, comunicava que havia recebido informações sobre um movimento contra o governo que estaria sendo perpetrado em sua freguesia por "homens ociosos e criminosos" para os dias 24 e 25 do sobredito mês. No conteúdo da correspondência, Aureliano Coutinho destaca que, por ser o juiz de paz a autoridade mais próxima dos comparoquianos, "a quem está entregue a sua tranquilidade, deverá empregar a mais assídua vigilância, para que todo aqueles que como tais se reconheçam, sejam trazidos a sua presença; e lhes aplique a Lei segundo a sua culpa, meio único de salvação e sossego da cidade".[951]

Nesse contexto caótico, a redução da força policial fomentava estratégias das autoridades para contornar o problema da mão de obra, pois, apesar do reforço dos Guardas Nacionais atuando nos distritos, "a maioria dos guardas tinham uma profissão e compromissos particulares, o que dificultava a mobilização de grupos em caso de emergência".[952] Foi assim que, em maio de 1832, o intendente-geral de polícia, Agostinho Moreira Guerra, emitiu uma circular aos juízes de paz das freguesias da Corte solicitando que entregassem os chuços que haviam recebido do Arsenal de Guerra ou pelo menos que declarassem o destino do armamento, pois havia recebido ordens nesse sentido.[953]

A solicitação feita por Guerra aos juízes de paz estava pautada em instruções anteriores sobre o assunto da distribuição do armamento:

> Circular: Tendo sido V.Sa. encarregado, e outros dos seus colegas de organizarem as instruções que se devem dar as pessoas a quem se derem os chuços, para manterem a

---

[950] Ibid., p. 113.
[951] ANRJ. Correspondência da polícia com os juízes de paz de várias localidades. Fundo/Coleção: Série Polícia da Corte; Códice 331, v. 2, 20 mar. 1832.
[952] HOLLOWAY, 1997.
[953] ANRJ. Correspondência da polícia para os juízes de paz de várias localidades. Circular. Fundo/Coleção: Série Polícia da Corte; Códice 331, Fundo 0E, v. 2, 21 maio 1832.

ordem pública, passo a lembrar V.Sa. a necessidade de que este trabalho fique conduzido para a próxima reunião da Junta Policial, e nela seja discutido. Aureliano de Souza e Oliveira Coutinho=Juiz de paz de São José. Rio de Janeiro: 1 de março de 1832.[954]

Fica expedida as ordens ao porteiro dessa Junta para lhe enviar os 30 chuços, que existem por ora, o resto então lhe enviarei logo que recebam do Arsenal de Guerra. A distribuição desses V.Sa., com os mais conhecidos dos seus comparoquianos o fará, remetendo-me depois uma lista daqueles a quem se confiarem, e dos chefes para velarem na segurança pública. As instruções brevemente lhes serão enviadas. Rio, 7 de maio de 1832. Agostinho Moreira Guerra. Juiz de paz da Lagoa.[955]

Com efeito, a preocupação do intendente-geral de polícia com o destino do armamento distribuído pelos juízes de paz se justificava sob vários aspectos. Um deles era o fato de que, àquela altura dos acontecimentos urbanos, o risco de as armas estarem nas mãos dos opositores do governo era real. Aliás, quando o intendente de polícia Aureliano de Souza e Oliveira Coutinho advertiu o juiz de paz de São José sobre as instruções que deveria elaborar para as pessoas "a quem se derem os chuços", ele estava dialogando com um membro do grupo de oposição ao governo no comando da magistratura local: o caramuru Manoel Azambuja. Para além disso, é digno de nota a estratégia de armar o cidadão em 1832, ou seja, no ano posterior à criação do corpo de polícia permanente.

Como já foi mencionado, a experiência emergencial da criação de uma Guarda Municipal civil não foi suficiente para policiar a cidade em um contexto de distúrbios urbanos. Ademais, Thomas Holloway destaca o temor das autoridades quanto aos riscos políticos de manter cidadãos armados na capital do Império e, nesse sentido, afirma que a "milícia civil" foi "explicitamente um recurso temporário".[956] *A priori*, a solução encontrada para manter o sossego público foi a organização da Guarda Nacional e, na sequência, da Guarda Municipal Permanente, ambas no ano de 1831. O fato é que, diante das fontes policiais localizadas no Arquivo Nacional, a

---

[954] ANRJ. Correspondência da polícia para os juízes de paz de várias localidades. Circular. Fundo/Coleção: Série Polícia da Corte; Códice 331, Fundo 0E, v. 2, 1º mar. 1832.
[955] ANRJ. Correspondência da polícia para os juízes de paz de várias localidades. Circular. Fundo/Coleção: Série Polícia da Corte; Códice 331, Fundo 0E, v. 2, 7 maio 1832.
[956] HOLLOWAY, 1997, p. 77.

estratégia de armar os cidadãos se manteve, articulada de dentro da Junta Policial, pelo menos até o ano de 1832, a despeito da organização do aparato oficial de polícia.

Em 1831, coube aos juízes de paz das freguesias organizar em seus distritos as unidades de cidadãos que deveriam servir no policiamento da cidade. Na ausência de armas de fogo, os civis seriam armados com lanças (chuços), estratégia que parece se repetir em 1832, como mostram as informações contidas nas correspondências entre os intendentes de polícia e os juízes de paz da Corte.

De acordo com as fontes, havia todo um planejamento para implementar a ação de armar os cidadãos das freguesias sob o argumento de manter a "ordem pública". Os juízes de paz recebiam as orientações do intendente de polícia. Em março de 1832, o intendente Aureliano Coutinho determinou que o juiz de paz de São José "e outros de seus colegas" organizassem informações no intuito de instruir as pessoas dos municípios que seriam armadas. Mas, decerto, dada a importância da missão, Aureliano julgou necessário que o assunto fosse tratado em reunião da Junta Policial, o que corrobora o fato de que, de alguma maneira, tal empreendimento estava sendo conduzido institucionalmente. Não à toa, a incumbência de enviar ao juiz de paz da Lagoa o armamento cedido pelo Arsenal de Guerra era do porteiro da própria Junta Policial.

Entretanto, diferentemente do que aconteceu em junho de 1831, quando a Regência criou as bases para a formação da Guarda Civil Municipal provisória, desconhecemos qualquer lei ou decreto que embase o planejamento de armar os cidadãos em 1832, sob o intuito de manter a ordem pública ou defender o governo central ocupado pelos moderados. Aliás, se a intenção desse movimento orquestrado entre a Junta Policial da Corte e o Arsenal de Guerra era combater os opositores do governo moderado, especialmente os caramurus que ocupavam as ruas da cidade em manifestações de protestos, desconsiderou-se o fato de que certos juízes de paz tinham alinhamentos políticos e/ou ideológicos com os grupos de oposição ao governo. De todo modo, a proximidade desse agente público (juiz de paz) com "os seus comparoquianos" tinha uma utilidade indispensável para o projeto: o controle "a quem se confiarem as armas". Ou seja, apesar de toda a organização dessa espécie de milícia sob a liderança de um "chefe", formada pelos cidadãos mais "confiáveis" dos juízes de paz nas freguesias, era fundamental que esses magistrados locais fornecessem uma lista desses homens armados.

A característica de proximidade entre agentes públicos locais e a comunidade foi tratada no trabalho intitulado "Une Justice de Proximité: La Justice de Paix".[957] De acordo com Jacques-Guy Petit, o auge da Justiça de Paz na França do século XIX foi a década de 1840, quando esses agentes públicos atuavam como oficiais da polícia judiciária perseguindo os opositores do governo central. A proximidade dos juízes de paz com a população lhes conferia notoriedade, especialmente no meio rural, onde, no mais das vezes, esses magistrados eram os únicos funcionários públicos ao alcance da população. Segundo Petit, os arquivos da magistratura de paz revelam as "tensões da vida cotidiana" e suas "relações sociais comuns", evidenciando o fato de que, "até o início do século XX, as populações buscam resolver seus conflitos pacificamente, se possível por conciliação, ou arbitragem". Com efeito, o critério geográfico para ascensão ao cargo da magistratura de paz era uma característica marcante da Justiça de proximidade. De acordo com Petit, para além da questão geográfica, "a proximidade social e simbólica" desses magistrados disponíveis a ouvir e tratar os casos do cotidiano, somado ao fato de que esse "pequeno notável conhecia bem o seu domínio" e as particularidades locais, conferia aspectos paternalistas ao exercício das funções, que denotam o baixo índice de prisões em determinadas regiões da França em meados do século XIX.[958]

Nesse sentido, é possível considerar que a proximidade dos juízes de paz com a comunidade local tinha, no mínimo, dois lados. Um deles justificava a preocupação do intendente de polícia da Corte do Rio de Janeiro com o destino dado pelos juízes às armas distribuídas a seus comparoquianos. Naquele contexto de distúrbios político-sociais, era difícil saber a que lado o magistrado local de fato estaria alinhado.

Ademais, a estratégia política de armar o cidadão, *a priori* contra os opositores do governo regencial, asseverava a cultura de uma "sociedade armada".[959] Ao se debruçar sobre a análise do "emprego da violência armada nas relações políticas", Almeida ressalta que, mesmo nos pleitos eleitorais idealizados "para o exercício não violento das escolhas políticas", os líderes municipais manipulavam o uso da violência para garantir os resultados das

---

[957] PETIT, Jacques-Guy (org.). **Une Justice de Proximité**: La Justice de Paix (1790 – 1958). Angers/France: Université d'Angers – Centre d'Histoire des Regulations Sociales, 2002. Disponível em: http://www.gip-recherche--justice.fr/publication/view/une-justice-de-proximit-les-justices-de-paix-1790-1958/. Acesso em: 25 ago. 2023.
[958] *Ibid.*, p. 3-11.
[959] ALMEIDA, Adilson José de. Sociedade armada: o modo senhorial de atuação no Brasil Império. **Anais do Museu Paulista**, São Paulo, v. 23, n. 2, p. 93-138, jul./dez. 2015. Disponível em: https://www.scielo.br/j/anaismp/a/SLW8p9Tjcg9vgc8q4WRqsdC/. Acesso em: 1º set. 2023.

urnas. Nesse sentido, é preciso considerar o fato de que o Estado nacional brasileiro em construção não detinha o "monopólio da violência armada", o que significa dizer que qualquer tentativa de as autoridades policiais estabelecerem o controle social e/ou garantirem a ordem política confrontava-se com o fato "de que as pessoas, individualmente ou em grupos, tinham condições de uma reação armada".[960]

Nas correspondências entre a polícia da Corte e os juízes de paz das freguesias urbanas, especialmente no período das manifestações de rua (1831 – 1833), fica evidente o problema da incidência da população armada na cidade. Em 5 de abril de 1831, a poucos dias da abdicação de d. Pedro I, o intendente de polícia comunicava ao juiz de paz de Santa Rita que estava enviando à sua presença o estrangeiro inglês Alexandre Valones, "por ser-lhe encontrada uma pistola fulminante carregada que acompanhava o preso".[961] O perfil das pessoas armadas nos dias que antecederam a abdicação era o mais variado. De acordo com a sobredita documentação da polícia, somente em 6 de abril de 1831 foram presos nas freguesias de Santa Rita e Sacramento: um transeunte chamado Luiz Antônio "por ser encontrado com uma pistola carregada";[962] o preto forro Feliciano José, portando uma faca de ponta;[963] o pardo alforriado José Paulo de Souza, pelo porte de armas avulsas da Presiganga;[964] e um paisano Manoel Rodrigues e Manuelino Ferreira Mota "com armas que lhes foram apreendidas".[965]

As prisões efetivadas pelo porte de armas, por ferimentos com armas ou pelo critério da suspeição continuaram registradas ao longo do mês de abril de 1831. Até meados do corrente mês, foram presos nas freguesias da Candelária, Sacramento e Santa Rita "o soldado da artilharia Manoel do Nascimento e a navalha de ponta que lhe foi apreendida".[966] O paisano João Ferreira Gomes foi preso pelo porte de uma faca de ponta.[967] Mesmo destino teve o português João Joaquim Gonçalves, preso pelo porte de várias armas.[968]

---

[960] Ibid., p. 94-96.
[961] ANRJ. Fundo/Coleção: Série Polícia da Corte; Códice 331, v. 1 do fundo 0E. Correspondência da Polícia com os juízes de paz de várias localidades, 5 abr. 1831. O inglês "foi preso pelo Primeiro Tenente do Batalhão de Artilharia da Marinha na rua dos Pescadores".
[962] ANRJ Fundo/Coleção: Série Polícia da Corte, Códice 331, v. 1, freguesia de Santa Rita, 6 abr. 1831
[963] ANRJ Fundo/Coleção: Série Polícia da Corte, Códice 331, v. 1, freguesia de Sacramento, 6 abr. 1831.
[964] ANRJ. Fundo/Coleção: Série Polícia da Corte Códice 331, Fundo 0E, v. 1, freguesia de Sacramento, 6 abr. 1831.
[965] ANRJ. Fundo/Coleção: Série Polícia da Corte Códice 331, Fundo 0E, v. 1, freguesia de Santa Rita, 6 abr. 1831.
[966] ANRJ. Fundo/Coleção: Série Polícia da Corte Códice 331, Fundo 0E, v. 1, freguesia da Candelária, 11 abr. 1831.
[967] ANRJ. Fundo/Coleção: Série Polícia da Corte Códice 331, Fundo 0E, v. 1, freguesia de Sacramento, 12 abr. 1831.
[968] ANRJ. Fundo/Coleção: Série Polícia da Corte Códice 331, Fundo 0E, v. 1, freguesia de Sacramento, 12 abr. 1831.

Além do risco iminente de prisões, a circulação dessas armas colocava em xeque a segurança dos citadinos; nem mesmo os agentes da polícia estavam livres disso.[969] Além das prisões dos estrangeiros armados pela cidade, chama atenção os indivíduos alforriados envolvidos nessas ocorrências nas freguesias, como o caso do "preto forro Maximiniano dos Santos", levado preso ao juiz de paz da Candelária pelo porte de uma faca, assim como o "preto forro Antônio Gustaviano", preso portando um rifle "que lhe foi apreendido".[970] Outro agravante para as autoridades policiais preocupadas com o descontrole da ordem pública no período eram os ajuntamentos de homens com perfis distintos, especialmente quando portavam armas. Ainda no mês de abril de 1831, o intendente de polícia Antônio Pedroso enviou uma correspondência ao juiz de paz da Candelária informando a prisão de um grupo de homens formado por "Francisco Paula de tal, João Bethel e outros pretos", os quais portavam uma faca.[971]

Afora o contexto das manifestações de rua na Corte, a apreensão de armas parece permanecer como uma tarefa cotidiana dos juízes de paz da cidade do Rio de Janeiro. Em junho de 1837, o juiz de paz do 1º distrito da Candelária, "dando busca em uma casa suspeita de haver fogos", apreendeu "22 pistolas grandes, 20 bombas com traques e 783 bombas sortidas e tudo foi remetido para o Laboratório do Exército".[972]

O monopólio do uso da força era um dos grandes desafios do Estado imperial brasileiro, que incluía o controle da distribuição de armas entre a população. Para tanto, era preciso que o Estado brasileiro tomasse "para si o trabalho de vigilância, coerção e controle dos conflitos". Tal tarefa significava enfrentar o que Ivan Vellasco classificou como "cultura da violência", ou seja, enfrentar o fato de que, no Brasil imperial, as relações sociais eram marcadas pelos enfrentamentos hostis, incluindo a "brutalidade no trato entre homens e mulheres, o espancamento das crianças como recurso pedagógico rotineiro, a agressividade como moeda corrente das relações sociais, a valentia como premissa da honra". Tudo isso atravessado pela violência da escravidão e das formas como as autoridades elaboraram a repressão desde a ocupação do território. "A violência ao alcance de todos" era um entrave ao projeto político civilizatório da sociedade do século XIX e precisava ser controlada

---

[969] ANRJ. Fundo/Coleção: Série Polícia da Corte Códice 331, Fundo 0E, v. 1, freguesia de Santa Rita, 15 abr. 1831.
[970] ANRJ. Fundo/Coleção: Série Polícia da Corte; Códice 331, Fundo 0E, v. 1. Correspondência da Polícia com os juízes de paz de várias localidades. Respectivamente nas freguesias da Candelária e Sacramento, em 13 abr. 1831.
[971] ANRJ. Fundo/Coleção: Série Polícia da Corte Códice 331, Fundo 0E, v. 1, freguesia da Candelária, 13 abr. 1831.
[972] ANRJ. Série Justiça, AM, IJ6 177, 30 jun. 1837.

a partir da subordinação dos indivíduos às "regras e às leis". Ademais, como bem destacou Vellasco, a criminalidade era um problema que ocupava a atenção dos "homens de Estado", especialmente a partir da Independência do país. Isso porque, além da implementação dos novos instrumentos de Justiça, o país ainda carecia de uma estrutura policial. Segundo o autor, a criação de um juizado de paz de âmbito nacional representou um avanço nesse sentido, apesar de sua atuação policial restrita à localidade e descentralizada dificultar um diagnóstico mais amplo da criminalidade no país.[973]

Na cidade do Rio de Janeiro dos anos de 1830, as ocorrências cotidianas e as consequências das manifestações de rua como resultado dos distúrbios sociopolíticos do período impuseram ao "juiz policial" um cenário de desordem urbana sob os mais variados delitos. Um exemplo disso pode ser visto no conteúdo da correspondência enviada pelo juiz de paz do 2º distrito da freguesia de São José ao ministro da Justiça, em virtude do requerimento do preso Luiz Carlos Domingues Teixeira ao ministro da Justiça, questionando a legalidade de sua prisão. No conteúdo do ofício, é possível perceber as circunstâncias da ocorrência e a versão dos fatos, segundo o relato do juiz de paz:

> Ilmo. Exmo. Senhor
>
> Devolvo a V. Exa. o requerimento e papeis de Luiz Carlos Domingues Ferreira, e sobre o seu conteúdo, tenho a informar o seguinte:
>
> No dia quatro do corrente mandei ir debaixo de vara Luiz Carlos Domingues Teixeira, por haver contra ele suspeita de ser introdutor de alguns documentos falsos do Tesouro, que giraram na praça, e pelos interrogatórios que verbalmente se fez, conheci serem bem fundadas as suspeitas, e dignas de crédito as informações que eu acabava de ter de negociantes desta cidade de reconhecido crédito e probidade, por isso entendi que deveria mandar para a cadeia em custódia até ulteriores averiguações. No dia cinco do corrente, recebi do doutor chefe de polícia o ofício que por cópia envio a V. Exa., e o seu conteúdo fez-me crer que o preso era cúmplice em tal atentado. Logo que Luiz Carlos Domingues Ferreira foi recolhido em custódia, tratou de ver se conseguia fiança e para esse fim bastante pessoas comigo se empenharam, porém, desenganando-se os agentes de Luiz Carlos que eu

---
[973] VELLASCO, 2004, p. 240; 246; 245; 234; 235; 301.

não me torcia a empenhos e que estava firme em cumprir o dever que a lei me impõe, denegando como deneguei por muitas vezes a fiança requerida, a vista da carta da Lei de três de outubro de mil oitocentos e trinta e três, combinada ao artigo 101 do Código do Processo, que foi tentada pelo juiz de direito a quem se recorreram, trataram então de me destratarem e de fazerem toda a guisa possível. No dia onze do corrente, sétimo da prisão de Luiz Carlos, fui à cadeia obter a inquirição da testemunha para ele as contestar na forma do artigo 142 do Código do Processo, e tendo a primeira testemunha terminado o depoimento. Quando o réu, porém, tentava contestar, repentinamente entraram na sala 16 ou 20 homens e a peito armados pelo célebre Camarinho e pelo Gabriel ex-funcionário da Alfândega bem conhecidos nesta cidade, ali, tumultuosamente deram-me de suspeito e por meio de motim pretendiam que fosse admitido o doutor Ovidio a contestar pondo desta sorte aquele ato em completa desordem, porém, eu sustentava a dignidade do cargo que ocupo, nem admiti o Doutor a contestar, a vista do artigo 142 do Código do Processo, nem aceitei a suspeição em face do artigo 66 do mesmo código, e como continuassem os mesmos indivíduos a roda da mesa para tentarem novas desordens a fim de verem se levavam a cabo seus fins sinistros, mandei então pelo oficial de Justiça intimar-lhes que se retirassem da sala, e assim obtivi findar o preso sua contestação; a primeira testemunha, porém, sendo noite, destinei a continuação para o seguinte dia. Como o artigo 142 do Código do Processo não diz que o juiz deva ir à cadeia, eu para não me expor ao mesmo que já havia sofrido, mandei no dia desse que o preso viesse a casa de minha residência, e por cautela enviei quatro guardas permanentes para não me arriscar a que ferissem o oficial de Justiça. Porém, por estar doente não compareceu neste dia, e no dia 21 conclui o processo. Eu, Ex. Senhor, não conheço e nunca vi o suplicante nem esses indivíduos que neste juízo se apresentam para encontrar-lhe; portanto é falso quando diz que tenho empenho de o prender e atropelar, antes pelo contrário, tenho dele compaixão por ter seis inocentes filhinhos, e tendo a falsa proposição que quando se afiguraram os seus agentes em tumulto e motim para me confundirem entraram dois ou três irmãos do suplicante eu não desconheci que podia contra eles proceder à vista dos artigos 97 e 98 do Código Criminal. Diz o suplicante que eu ensinei à testemunha o que devia dizer, fazendo-lhe até ver um juramento por ela prestado. Ex. Senhor, isto é a maior calúnia que tem aparecido, porque nem a testemunha precisava que eu a ensinasse por ser um negociante que bem mostrava ter educação, nem eu tenho esse péssimo caráter, sou bem conhecido, todos sabem qual a minha conduta, e ninguém deverá crédito a uma tal calúnia. Quanto, porém, ao epíteto de déspota arbitrário e outros, são termos que quase todos usam quando a Justiça lhes bate à porta. Finalmente, se eu tiver cumprido o que devia na forma do citado artigo 97 e 98 do Código Criminal, eles não terão a animosidade de apresentarem o documento número 1, que nenhum crédito merece por vir entre eles o célebre Camarinho, e que para serem meus inimigos basta eu ser brasileiro, e estarei me prestando ao serviço do atual governo que felizmente nos rege. É o que tenho a informar a V.Exa. que mandará o que for justo. Rio, 26 de junho de 1834. À Aureliano de Souza e Oliveira Coutinho, ministro e secretário dos negócios da Justiça. Jeronimo Teixeira de Carvalho, juiz de paz do 2º distrito de São José.[974]

Apesar do detalhado relato do juiz de paz sobre as circunstâncias da prisão, é preciso considerar que, dada a impossibilidade de acessar o conteúdo do requerimento do preso, não é possível comparar as versões do que aconteceu, o que inviabiliza uma análise mais apurada sobre o envolvimento de Luiz na ocorrência. De todo modo, sabemos que Luiz Carlos Domingues Teixeira não era escravo e, decerto, não era um simples homem livre e pobre vivendo sob a lógica de uma sociedade escravista, haja vista o fato de sua prisão ter mobilizado imediatamente um círculo de relações e influência em torno de sua soltura, que demandou estratégias que incluíam desde a tentativa de *habeas corpus* e a constituição de um advogado à ousada intimidação das autoridades durante a audiência de custódia. Ou seja, direta ou indiretamente, ele poderia tanto manejar os recursos da Justiça como mobilizar uma rede de relações para tentar impor sua demanda. Nesse contexto, a "desordem" reverberada pelo magistrado denota outros sentidos além do comportamento inadequado daqueles indivíduos na audiência de custódia.

Ao longo deste trabalho, e por mais de uma vez, vimos juízes de paz posicionando-se diante de requerimentos impetrados por presos que contestavam a conduta e a competência desses magistrados para manter suas prisões. Conforme destacou Ilmar Mattos, em uma sociedade em que a marca da liberdade distinguia os indivíduos dos escravos e os vínculos

---

[974] ANRJ. Fundo/Coleção: Série Justiça e Magistratura, IJ4 118.

pessoais estabeleciam as distinções,[975] não é de se estranhar que, na ausência de melhores argumentos para a defesa de sua liberdade, o recurso utilizado pelos presos tenha sido desqualificar ou intimidar o magistrado leigo. Assim sendo, é preciso observar que o advento da desordem muitas vezes servia para legitimar o papel de certos grupos locais na defesa e manutenção da ordem vigente, estabelecendo hierarquias e reafirmando o lugar social de cada um.[976] Com efeito, para o juiz de paz em questão, imbuído de suas funções policiais, o suplicante agia como se estivesse acima das leis, promovendo a desordem na audiência no intuito deliberado de conseguir livrar-se da prisão a qualquer preço. Mas quando o recurso da violência e intimidação parecia não surtir o efeito desejado, os instrumentos de Justiça, como queixas, representações e requerimentos, eram prontamente utilizados.

Vellasco ressalta que o ingresso das mais variadas camadas populares na instância judicial representava uma mudança paulatina sobre os usos da violência extrema na solução dos conflitos, legitimando, assim, "o desenvolvimento do aparato de vigilância e punição, responsáveis pela implementação da ordem, sob o império das leis".[977] Em suma, ao recorrer à Justiça, os sujeitos negociavam os limites das mais variadas formas de violência ou daquilo que julgavam arbitrário. Contudo, o ordenamento legal não significava a extinção dos "fatores extralegais"[978] na efetivação das prisões ou na condução do andamento jurídico.

A observação do próprio juiz de paz sobre seu procedimento com "os dois ou três irmãos" do suplicante, envolvidos no tumulto durante a audiência de custódia, dá margem a interpretações. Se, de fato, ele não efetuou a prisão dos irmãos do acusado, o juiz não só agiu com negligência como incorreu no artigo 129, parágrafo 5º, do Código Criminal de 1830, que classifica como prevaricação dos agentes públicos "deixarem de proceder contra os delinquentes, que a lei lhes mandar prender, acusar, processar e punir".[979] Contudo, é possível que o juiz de paz tenho agido movido pelas circunstâncias diante da ameaça que um grupo de homens armados representava naquele momento, ou que de fato ele tenha se deixado intimidar. A questão é que, apesar de o magistrado alegar que havia observado o que determinavam os

---

[975] MATTOS, Ilmar Rohloff de. **O tempo Saquarema**. São Paulo: HUCITEC, 1987, p. 125.
[976] Ibid., p. 121.
[977] VELLASCO, 2004, p. 224; 235.
[978] Ibid., p. 225.
[979] BRASIL, 1830 (Código Criminal do Império do Brasil de 1830).

artigos 97 e 98 do Código Criminal de 1830,[980] na hipótese de ter "poupado" os irmãos do suplicante e os demais "desordeiros" da prisão em flagrante, ele teria contrariado o que determinam os artigos citados. Por fim, o juiz de paz do 2º distrito da freguesia de São José encerra a correspondência com a sua versão dos fatos, reiterando que o requerimento do suplicante em questão não merece crédito.

O tratamento dado às condutas sociais consideradas desordeiras e à criminalidade na capital do Império estava dentro de um projeto político civilizatório que pressupunha a normatização das condutas sociais a partir da submissão do citadino às leis, às normas estabelecidas nas posturas municipais e aos novos institutos policiais que incluíam a autoridade dos juízes de paz. Não à toa, como apontam os levantamentos de Santana e Martins, para os anos de 1831 e 1832,[981] ou seja, para o período marcado por distúrbios urbanos na cidade do Rio de Janeiro, as prisões "por desordem" ocupavam os primeiros lugares nos demonstrativos das ocorrências e prisões. Para o ano de 1836, já no período de ascensão do grupo político regressista à cena pública, a prevalência das prisões por "desordem" permanece entre as categorias com a maior incidência de detenção.[982] No "mapa dos crimes cometidos na cidade do Rio de Janeiro" do mês de julho de 1837, não há o registro de prisão por *desordem*, entretanto outras tipologias infracionais relacionadas à normatização das condutas sociais permanecem. A assinatura de termos de bem-viver e as ocorrências registradas nas categorias vadiagem e mendicância aparecem entre as mais numerosas.[983]

Tabela 6 – Mapa da criminalidade (1837)

Crimes cometidos no mês de julho	Diminuição	Aumento	Julho	Junho
Homicídios	–	–	2	2
Ferimentos leves	–	4	6	2
Ofensas físicas	–	–	1	1

---

[980] BRASIL, 1830, Art. 97. Usar de violência ou ameaça para constranger algum juiz, ou jurado a proferir, ou deixar de proferir despacho, voto ou sentença; ou a fazer, como oficial, um ato para que não estejam autorizados. Pena – prisão com trabalho de seis meses a quatro anos, além das mais em que incorrer por violência, ou ameaça. Art. 98. Levantar motim, ou exercitar desordem, durante a sessão de um Tribunal de Justiça, de maneira que se impeça ou perturbe o ato. Pena – de prisão por dois a seis meses, além das mais, em que incorrer.

[981] Para o ano de 1832, ver MARTINS, 2002, p. 105-107. Para o ano de 1831, ver SANTANA, 2019, p. 116-119.

[982] Cf. Tabela 4.2 – Prisões. SANTANA, 2019, p. 161.

[983] ANRJ. Série Justiça, Fundo AM, IJ6 177.

Crimes cometidos no mês de julho	Diminuição	Aumento	Julho	Junho
Injúria	–	1	1	–
Roubos	–	2	5	3
Furtos	–	4	11	7
Estelionato	–	1	1	–
Fuga de presos	1	–	–	1
Uso de armas de defesa	–	2	5	3
Uso de instrumento para roubo	1	–	–	1
Crime contra a propriedade privada	1	–	1	2
Ajuntamento ilícito	–	1	1	–
Vadios e mendigos	3	–	4	7
Termo de bem-viver	9	–	3	12
Total	15	15	41	41

Fonte: Mapa dos crimes cometidos na cidade do Rio de Janeiro com aumento e diminuição que houve em cada um dos diversos delitos comparados com o mês de julho. Secretaria de Polícia do Rio de Janeiro, 27 de agosto de 1837. ANRJ. Série Justiça, Fundo AM, IJ6 177.

No mapa dos crimes do mês de fevereiro de 1838, elaborado a partir dos Extratos Semanais fornecidos pelos juízes de paz das freguesias da cidade à Secretaria de Polícia da Corte,[984] o registro da categoria "desordem" volta a aparecer. Com efeito, a "desordem" não estava tipificada como crime no Código Criminal de 1830. Segundo Iamashita, esse "é um bom exemplo de delito cuja categoria é propositadamente imprecisa, já que pode abranger vários outros motivos relacionados".[985]

A partir da Lei de 26 de outubro de 1831, porém, que estabeleceu os critérios para que os juízes de paz conduzissem os processos dos crimes policiais, a maneira de punir "tumultos, motim ou assuada, não especifi-

---

[984] Como mencionado anteriormente, os Extratos Semanais são uma espécie de relatórios produzidos a partir das informações fornecidas pelos juízes de paz sobre as ocorrências criminais e/ou prisões registradas em cada um dos distritos de suas respectivas freguesias. Até onde sabemos, é possível acessar essa rica documentação para os anos de 1831 a 1840.
[985] IAMASHITA, 2009a, p. 152.

cados no Código Criminal" foi submeter o "delinquente a seis meses de prisão com trabalho".[986] Estava assim definida uma prerrogativa legal para a prisão e a punição por desordem na medida em que se operasse a simples associação entre desordem e "tumulto"; além, é claro, das disposições do Código Criminal que tivessem relação com o delito.

Um evento ocorrido na Ilha das Cobras no domingo do entrudo, 23 de fevereiro de 1838, foi classificado como "desordem" dos soldados da Marinha. Em 26 de fevereiro de 1838, o chefe de polícia da Corte Eusébio de Queirós, em correspondência com o juiz de paz de Santa Rita, comunicava que estava enviando um ofício do "comandante de Artilharia da Marinha, a espingarda, pistolas e mais objetos que ele menciona" e que os marinheiros estavam na cadeia à disposição do juiz.[987]

As demais instruções contidas na correspondência remetida ao juiz de paz sinalizam a gravidade da ocorrência na região que compõe a freguesia de Santa Rita.[988] A origem da desordem na Ilha das Cobras teria sido o comportamento violento de um grupo de soldados no domingo do entrudo. De acordo com um correspondente do jornal *Diário do Rio de Janeiro*, identificado sob o pseudônimo de "Um morador da Ilha",[989] um soldado que estava de guarda na noite do entrudo, ao chegar à "venda do Moçambique", foi abordado violentamente por um grupo de marinheiros que se supõe ser de bordo de algum navio atracados naquela região e que o deixou em estado grave. Na noite do dia 24, em torno das 20h, "indo um cabo d'esquadra à ponta da ilha foi igualmente atacado por um grupo de marinheiros, que saíram da dita venda e lhe deceparam a mão esquerda". Com efeito, naquele mesmo dia os soldados da brigada foram até a venda em busca de vingança para o seu camarada, mas o sobrinho do dono do estabelecimento e o caixeiro não abriram a porta do comércio. Então, os marinheiros voltaram no dia seguinte e "descarregaram golpes em um des-

---

[986] Art. 7º. BRASIL. **Lei de 26 de outubro de 1831**. Prescreve o modo de processar os crimes publicos e particulares e dá outras providencias quanto aos policiaes. Rio de Janeiro: Collecção das Leis do Imperio do Brazil, 1831f. Disponível em: https://www2.camara.leg.br/legin/fed/lei_sn/1824-1899/lei-37623-26-outubro-1831-564670-publicacaooriginal-88611-pl.html. Acesso em: 17 set. 2023. O crime policial de ajuntamento ilícito também se enquadra nesta análise, na medida em que o critério da suspeição autoriza a prisão de grupos de indivíduos considerados suspeitos.

[987] ANRJ. Ofício. Série Justiça, Fundo AM, IJ6 186, 26 fev. 1838.

[988] Parte importante do Arsenal da Marinha estava localizado na Ilha das Cobras. De acordo com Soares e Gomes, "localizava-se ali, o grande armazém da alfandega, que abastecia a Marinha de produtos e gêneros comestíveis", além de abrigar oficinas, depósitos e um complexo prisional. A presença de presos políticos na ilha, somada à crise institucional que se seguiu à abdicação de d. Pedro I, em 1831, foi o estopim para os distúrbios, as fugas de presos e a rebelião na Ilha das Cobras naquele ano. Ver SOARES, Carlos Eugênio Líbano; GOMES, Flávio dos Santos. Revoltas, marinheiros e sistema prisional no Arsenal da Marinha: notas sobre o trabalho compulsório e cultura política num Rio de Janeiro atlântico. **Revista História Social**, Campinas, n. 12, p. 11-33, 2006. p. 13-20.

[989] Diário do Rio de Janeiro, n. 50, 3 mar. 1838.

graçado velho que entrava na venda", gritando "mata que é galego — quando o desgraçado paciente alegava que não era marinheiro".[990] Diante das desordens violentas na Ilha, o juiz de paz do 1º distrito de Santa Rita procurou o comandante e comunicou a ocorrência. Imediatamente, o comandante deu ordem para que os "soldados ficassem presos no quartel, onde estiveram até a Quarta-feira de Cinzas, às 10 horas da manhã".[991]

A partir daí se estabelece uma guerra de versões sobre a atuação das autoridades no evento. De acordo com o relato pulicado no *Jornal do Commercio*, de pouco adiantou a interferência do juiz de paz junto ao comandante da Marinha, pois o que seguiu foi mais desordem na ilha. A patrulha designada para fazer a ronda invadiu a venda "a pretexto de procurar os marinheiros", arrombando portas e saqueando o comércio. Não satisfeitos, deram voz de prisão ao dono do estabelecimento, que, ao ser levado até o comandante, acabou liberado para voltar para sua casa.[992] O correspondente do jornal *Diário do Rio de Janeiro*, porém, assevera que o comandante agiu corretamente desde o início, pois, ao tomar conhecimento pelo juiz de paz sobre as desordens perpetradas por soldados responsáveis pela patrulha, os puniu com prisão e até castigos físicos.[993]

De todo modo, o chefe de polícia da Corte, Eusébio de Queirós, orientou o juiz de paz a averiguar a atuação do inspetor de quarteirão da ilha na ocorrência, pois havia relatos desabonando a conduta do agente ao ponto de o chefe de polícia sugerir que ele fosse substituído. O juiz de paz deveria também trazer à sua presença o dono da venda e fazer o corpo de delito nos soldados feridos, além de submeter os acusados ao artigo 7º da Lei de 26 de outubro de 1831 pela desordem cometida.[994] Importa destacar que a ocorrência na Ilha das Cobras, em fevereiro de 1838, foi alvo de discussão na imprensa fluminense em torno da polêmica analogia estabelecida entre a dita "Desordem na Ilha das Cobras"[995] de 1838 e a sedição na Ilha das Cobras em 1831.[996]

Como veremos a seguir na relação de crimes cometidos nas freguesias da cidade-Corte no mês de fevereiro, há o registro de uma ocorrência tipificada

---

[990] Jornal do Commercio, n. 49, 2 mar. 1838.
[991] Diário do Rio de Janeiro, n. 50, 3 mar. 1838.
[992] Jornal do Commercio, n. 49, 2 mar. 1838.
[993] Diário do Rio de Janeiro, n. 50, 3 mar. 1838.
[994] ANRJ. Série Justiça, Fundo AM, IJ6 186, 26 fev. 1838.
[995] Título do artigo. Ver Jornal do Commercio, n. 49, 2 mar. 1838.
[996] O correspondente que assina o artigo publicado na folha *Diário do Rio de Janeiro* rebate as insinuações feitas na imprensa entre as "atuais circunstâncias" que ocorreram na Ilha das Cobras e "as cenas de outubro de 1831". Ver Diário do Rio de Janeiro, n. 50, 3 mar. 1838, p. 2.

como "desordem". Aliás, há que se dizer que uma das atividades policiais dos juízes de paz era produzir uma lista com a relação dos crimes cometidos em suas respectivas freguesias, e enviá-la à Secretaria de Polícia para que fosse produzido um mapa da criminalidade na cidade. De fato, é possível localizar na documentação do Arquivo Nacional — Série Justiça (IJ6) — os "Extratos Semanais" com a relação dos crimes cometidos. Em março de 1838, o chefe de polícia da Corte, Eusébio de Queirós, enviava ao ministro da Justiça, Bernardo Pereira de Vasconcellos, um ofício informando sobre[997] a elaboração do mapa dos crimes cometidos na cidade durante o mês de fevereiro.

Tabela 7 – Mapa da criminalidade (1838)

Crimes	Diminuição	Aumento	Fevereiro	Janeiro
Homicídios	1	–	1	2
Ferimentos graves	–	1	2	1
Danos leves	1	–	–	1
Tentativa de morte	1	–	–	1
Ofensas públicas	1	–	–	1
Uso de armas de defesa	3	–	–	3
Injúria e calúnia	–	2	4	2
Estelionato	–	1	1	–
Roubos	–	–	1	1
Furtos	2	–	1	3
Crimes contra a propriedade	1	–	–	1
Ajuntamento noturno	1	–	–	1
Desordem	–	1	1	–
Termo de bem-viver	–	3	4	1
Total	11	8	15	18

Fonte: ANRJ. Série Justiça, Fundo AM, IJ6 186. "Mapa dos crimes cometidos na cidade do Rio de Janeiro durante o mês de fevereiro com declaração do aumento, ou diminuição, que houve com cada um dos diversos delitos do mês antecedente. Secretaria de Polícia, 19 de Março de 1838". Ver anexo.

---

[997] ANRJ. Ofício. Série Justiça, Fundo AM, IJ6 186, 20 mar. 1838.

Nesse demonstrativo das ocorrências criminais na cidade do Rio de Janeiro, podemos observar que a maior incidência de delitos recai sobre as categorias ligadas aos crimes cometidos contra a honra (injúria e calúnia) e contra as normas (Termos de Bem-viver). Quanto à assinatura de Termos de Bem-Viver na Intendência-Geral de Polícia, assim como os registros de infrações de posturas, "assinalam um espaço urbano marcado por técnicas de punição-disciplinarização".[998] Nesse sentido, o controle e a normatização das condutas sociais consideradas suspeitas ou turbulentas motivou, em grande medida, a reforma do Código de Posturas Municipais em 1838, que transformou em infrações aquelas condutas indesejáveis ao cenário político dominado pelos regressistas conservadores. No intuito de policiar a vida social dos sujeitos na cidade, hábitos e práticas como vadiagem, festas e jogos foram incluídos e regulamentados em posturas municipais,[999] cujo alcance se destinava a uma parcela da população considerada potencialmente desordeira.

Cumpre destacar que houve considerável decréscimo entre as 82 ocorrências registradas em junho e julho de 1837[1000] e as 33 ocorrências em janeiro e fevereiro de 1838.[1001] Há algumas explicações possíveis para esse decréscimo no registro de ocorrências policiais. Primeiramente, os mapas da criminalidade da cidade do Rio de Janeiro eram elaborados a partir dos extratos semanais enviados pelos juízes de paz das freguesias à Secretaria de Polícia da Corte e, como é sabido, alguns juízes simplesmente não os enviavam, o que comprometia o resultado final dos demonstrativos. Ademais, como bem observou Marcos Bretas, "os historiadores que pesquisam o crime sabem a quantidade de delitos não registrados e as limitações da confiabilidade de suas fontes".[1002] Com efeito, é possível que não fosse interessante para os agentes responsáveis pelo sossego público produzirem relatórios com dados crescentes da criminalidade em sua freguesia. O fato é que os dados quantitativos expressos nos registros

---

[998] PINTO, Luciano. Disciplina, vigilância e produção da ilegalidade na cidade-Corte do Império do Brasil (1820 e 1830). **Passagens**: Revista Internacional de História Política e Cultura Jurídica, Rio de Janeiro, v. 8, n. 2, maio/ago. 2016. p. 233-251.

[999] Cf. ABREU, 1999. p. 196. Ver também: SOUZA, Juliana Teixeira. **Cessem as apostas**: normatização e controle social no Rio de Janeiro do período imperial através de um estudo sobre os jogos de azar (1841 – 1856). Dissertação (Mestrado em História Social) – Universidade Federal do Rio de Janeiro, Rio de Janeiro, 2002.

[1000] Ver Tabela 6 – Mapa da criminalidade (1837), capítulo VI.

[1001] Ver Tabela 7 – Mapa da criminalidade (1838), capítulo VI.

[1002] BRETAS, Marcos. **Ordem na cidade**: o exercício cotidiano da autoridade policial no Rio de Janeiro (1907 – 1930). Rio de Janeiro: Rocco, 1997. p. 13.

podem ser alterados, na medida em que as autoridades policiais decidam, por exemplo, quais os perfis e comportamentos que serão enquadrados como criminosos.[1003]

Nesse sentido, apesar de existir postura municipal específica a fim de coibir imposturas e regular as ações das autoridades públicas, a indignação do juiz de paz da freguesia de Sacramento ao ser autuado por um fiscal da Câmara Municipal sugere quem de fato era o foco das punições.[1004]

O juiz de paz suplente da freguesia de Sacramento, Saturnino de Souza e Oliveira Coutinho, foi autuado pelo fiscal da Câmara Municipal por conduzir a sua sege (veículo de único assento puxado a cavalo) a galope. De acordo com a postura municipal, era proibido "andar de sege a galope [...] nas ruas estreitas da cidade".[1005] A punição para tal infração de postura era a multa de 6$000 réis ou prisão de dois dias. Entretanto, o que se seguiu à autuação foi uma disputa de forças e autoridades. Apesar de o juiz de paz ter pagado a multa, ele, além de questionar a capacidade de avaliação do agente da câmara para multá-lo, chamando o fiscal de "imbecil", atribuiu a responsabilidade pela ocorrência à pressa "por estar de serviço" e por ter que desviar de um escravo, o qual acabou atropelando, por, segundo ele, estar em seu caminho.[1006] Contudo, ainda que o juiz de paz de Sacramento tenha, por assim dizer, estranhado o desfecho desfavorável daquela situação, ele cumpriu o que determinava a postura municipal ao pagar a multa. Todavia, nem sempre as ações desses juízes eram compreensíveis ou pautadas pelo cumprimento das normas que eles próprios tinham que fazer valer na cidade. Nesse sentido, as contestações, queixas e requerimentos fornecem uma perspectiva sobre suas atuações policiais, ou sobre a forma como a sociedade as interpretava.

Passados mais ou menos cinco anos do evento da greve dos comerciantes portugueses das freguesias de Santa Rita e Candelária, que fecharam as portas de suas casas comerciais em protesto contra a falsificação de moedas que circulavam na praça do Rio de Janeiro, outro caso envolvendo comerciantes estrangeiros e o juiz de paz da freguesia de São José, em fevereiro de 1838, resultou na elaboração de um requerimento dos sobreditos comerciantes dirigido ao imperador, contestando a ação do juiz de paz. De acordo com a versão dos suplicantes, a ordem do juiz de fechar as

---

[1003] BRETAS, loc. cit.
[1004] PINTO, 2016, p. 245.
[1005] PINTO, 2016, p. 245.
[1006] PINTO, loc. cit.

portas de determinadas casas comerciais em proibição à venda de bebidas alcoólicas, além de causar graves prejuízos ao comércio desses indivíduos em questão, não tinha coerência, pois as tavernas continuaram autorizadas a comercializar livremente o produto na cidade.

> Senhor. Dizem James Daosay, Izabel Mitth, Georgio A. Miovich, e os mais abaixo assinados, todos estabelecidos com Publicaós, Botequins e Hospedarias, no 1º distrito da freguesia de São José desta Corte, que achando-se competentemente habilitados para terem tais estabelecimentos, já pelas quantias depositadas nos Cofres da Câmara Municipal, em conformidade do Artigo 7 do edital de 11 de abril de 1834, já pelo cumprimento do § 2, Título 6, Seção 2º das Posturas de 4 de outubro de 1830, e já com fim pelo imposto da Polícia; acontece serem todos notificados no dia 5 do corrente mês pela inclusa Portaria para fecharem as portas de suas casas e não venderem bebidas até V. M.I. determinar o que lhe aprouver a respeito.
>
> Os suplicantes, Senhor, bem que conhecem quão ilegal e irregular fosse o procedimento do juiz de paz nesta parte, todavia, receosos de serem presos sem processo e sem serem ouvidos, como aconteceu ao 1º suplicante, fecharam todos as suas portas, e neste estado se conservaram sofrendo gravíssimos prejuízos, e ainda se conservam hoje, não só pela proibição do seu negócio, como pela correição das comidas preparadas de que usam nas hospedarias; acrescendo ainda serem obrigados a lançarem para fora os estrangeiros e nacionais ali hospedados, donde resulta não só justificado clamor destes, como a falta de pagamento aos suplicantes, porque tais homens indignado por um procedimento tão bárbaro, qual o de despedi-los sem motivo, deixam de pagar o que devem e acrescentam injúrias aos donos das casas que os despedem. Os suplicantes, Senhor, estão intimamente convencidos de que o juiz exorbitou de suas atribuições, mandando fechar as portas das casas de comércios, permitidas pelo artigo 179 § 24 da Constituição do Império, e Portarias Municipais que lhes concederam licenças, quando suas atribuições se não estendiam a mais do que processar aqueles que infringissem qualquer Lei ou edital da Câmara, procedimento tanto mais estranhável quando se observa o artigo 179 § 20 da Constituição, que as penas não passam da pessoa do delinquente e por isso não devem os suplicantes serem responsáveis, e se forem, que seja qualquer pena que tenham merecido outros que possuem iguais estabelecimentos.

> Admira, Senhor, que parecendo pela intriga da Portaria ser a principal causa de se mandar fechar as portas, a impedir-se a venda de bebidas espirituosas, não se estendesse aquela ordem às Tavernas, que se conservam abertas e continuando a vende-las, o que obriga a afirmar que as mesmas bebidas, na mesma cidade, e até no mesmo distrito, tomadas assim em uma casa ter um efeito diferente do que tomada em outra, causa admirável e improvável de se conceber!
>
> Nestas circunstâncias, vendo-se os suplicantes obrigados a ter fechado suas casas de negócios estrangeiros, sem suas mercadorias e impedidos meios de acudirem ao vencimentos de suas obrigações passivas, veem com respeito perante o Trono de V.M.I. remédio a tamanho mal e, para V. M. I. se digne, atendendo ao expedido, deferirem benignamente, e com brevidade que o caso exige, para que por mais tempo não sofram os suplicantes a quebra de seus interesse, a privação de um direito que lhes garante a Lei, e os efeitos de sua pena, que se é legal, outros foram os delinquentes. Rio de Janeiro, 20 de fevereiro de 1838. James Daosay, Izabel Mitth, José Maria Ferraz, Georgio A. Miovich, John A. Cacdorald Mitth".[1007]

A redação da súplica dirigida ao imperador é clara quanto ao seu objetivo, que versa sobre o pedido de reabertura das casas comerciais fechadas a mando do juiz de paz do 1º distrito de São José. Os argumentos usados para contestar a ação do magistrado não se limitavam a acusar o juiz de agir de maneira arbitrária, mas apontavam para aquilo que julgavam incoerente diante das leis e dos fatos, pois, se o problema era a venda de bebidas alcoólicas, as tavernas abertas eram uma visível contradição. Infelizmente, não tivemos acesso a qualquer documento que trouxesse a versão do juiz de paz ou de outra autoridade policial sobre o caso que ajudasse a esclarecer o que teria de fato motivado a ordem para o fechamento dessas casas que comercializavam bebidas, entre outras coisas. Chama atenção, porém, a insinuação contida na súplica sobre a possibilidade de esses comerciantes estrangeiros serem responsabilizados pelas irregularidades cometidas por "outros que possuem iguais estabelecimentos".

Com efeito, o fechamento das sobreditas casas comerciais teria acontecido em 5 de fevereiro de 1838. Pouco menos de um mês antes desse acontecimento, em 14 de janeiro de 1838, o inspetor do quarteirão, em correspondência enviada ao juiz de paz, denunciava as desordens que

---

[1007] ANRJ. Requerimento a V.M.I. Série Justiça, Fundo AM, IJ6 186, 20 fev. 1838.

aconteciam naquela data em dois "publicaós" que funcionavam naquela região. A confusão dentro do comércio teria sido provocada por três marinheiros de bordo do Paquete Inglês, "um português de nome Vasco José, e dois ingleses de nomes Pearce Divers e Richard Hilcharne". Segundo o inspetor de quarteirão, ele mesmo havia desarmado o português tirando-lhe a navalha das mãos. Os outros dois estrangeiros ingleses atiravam pedras em janelas das redondezas e "com o maior escândalo público; serviram de testemunhas toda a vizinhança que de costume sofrem tais desgostos por desordens que diariamente há nas casas de Publicaós". O inspetor termina a correspondência solicitando que, em nome da tranquilidade da comunidade, o juiz de paz mande fechar os "publicaós mencionados".[1008]

Quanto aos estabelecimentos dos estrangeiros que foram fechados na freguesia de São José sob a proibição da venda de bebidas, um outro ponto em comum entre eles é o fato de que botequins e *public houses* (*publicaó*, *pub*), por exemplo, eram frequentados por "marinheiros estrangeiros, de passagem pela cidade, decididos a beber e se 'divertir'" e por trabalhadores locais. Conforme destacou Marinete Silva, as *public houses* (ou publicaós), além da venda de bebidas alcoólicas, "corresponde à casa de tolerância" (prostituição). De acordo com a autora, as autoridades policiais da Corte tentavam controlar esses espaços frequentados por estrangeiros de várias nações. Já na década de 1880, Silva informa que as hospedarias tinham uma fachada legal, mas o aluguel dos quartos também servia a clientes e suas prostitutas. Os botequins, por sua vez, eram considerados lugares da ínfima classe social (vagabundos, prostitutas e ébrios).[1009] Não é possível afirmar se a motivação para o fechamento de hospedarias, botequins e publicaós na freguesia de São José em 1838 esteja sob essa perspectiva, mas é razoável o questionamento dos suplicantes sobre a permanência do comércio de bebidas nas tavernas e a proibição nos demais estabelecimentos citados, o que sugere outros motivos para o fechamento das casas em questão. Não por acaso, as desordens dos marinheiros estrangeiros registradas pelo inspetor de quarteirão em dois publicaós e o posterior pedido de fechamento dos estabelecimentos sinalizam o contexto social do período no qual foram fechadas as casas comerciais na freguesia de São José (centro da cidade). *A priori*, qualquer ameaça à tranquilidade pública da cidade teria a intervenção direta do juiz de paz, que era o respon-

---

[1008] ANRJ. Série Justiça, Fundo AM, IJ6 186, 14 jan. 1838.
[1009] SILVA, Marinete dos Santos. Clientes e circuitos de prostituição no Rio de Janeiro do século XIX. **Dimensões**, [s. l.], v. 29, p. 374-391, 2012. Disponível em: https://periodicos.ufes.br/dimensoes/article/view/5414/3999. Acesso em: 8 out. 2023. p. 377-385.

sável pela manutenção da ordem. Ademais, entre as funções policiais do juiz estão a prevenção de rixas, a contenção de vadios, a correção de bêbados e prostitutas escandalosas, entre outras ações normatizadoras e moralizantes. Entretanto, não seria a primeira vez que comerciantes locais da cidade do Rio de Janeiro queixavam-se do fechamento de suas casas comerciais por agentes públicos. As motivações para o fechamento dos estabelecimentos poderiam variar entre ações punitivas de vigilância sanitária e questões burocráticas impostas aos comerciantes, passando por tentativas de extorquir vantagens financeiras dos donos.[1010]

Foi nesse cenário de embates entre as leis e a ordem social e de mudanças políticas e institucionais que emergia um novo sistema policial, marcado por disputas de autoridade e até uma espécie de autocooperação.

6.1 A disputa da ordem. O chefe de polícia da Corte e o juiz policial

A trajetória da instituição policial da capital do Império entre os anos de 1833 e 1841 foi profundamente marcada pelas relações entre a chefatura de polícia da Corte e o juizado de paz. Não obstante, a análise dessa relação cotidiana, no mais das vezes conflituosa, sinaliza uma meticulosa disputa pelo poder de polícia na cidade do Rio de Janeiro, que contribui para esclarecer como foi desconstruída a competência do juiz de paz para a função por meio de contestações à sua conduta no exercício da função. Sem dúvida, o Código do Processo Criminal de 1832, ao criar o cargo de chefe de polícia sem atribuições definidas e manter a "supervisão da polícia no nível local"[1011] nas mãos do juiz de paz, suscitou rivalidades.

Para Thomas Holloway, a escolha de Eusébio de Queirós para assumir o cargo de primeiro chefe de polícia da Corte, um jovem de mais ou menos 20 anos de idade e recém-formado na faculdade de Direito, atendia à conjuntura estabelecida pelo Código do Processo, que criou um novo cargo, mas sem autoridade definida. No entanto, ao assumir um novo órgão, em 1833, Eusébio de Queirós conferiu sentidos próprios à nova instituição.[1012]

Nesse contexto, um dado relevante destacado no trabalho de Felipe Pessanha de Almeida sobre a trajetória de Eusébio de Queirós à frente da chefia de polícia da Corte diz respeito ao Decreto de 29 de março de 1833,

---

[1010] Ver IAMASHITA, Léa Maria Carrier. A câmara municipal como instituição de controle social. **Revista Arquivo Geral da Cidade do Rio de Janeiro**, [s. l.], n. 3, p. 50-53, 2009b.

[1011] HOLLOWAY, 1997, p. 106.

[1012] HOLLOWAY, 1997.

que regulava as funções do chefe de polícia. Importa observar o que diz o artigo 2º do sobredito decreto sobre as "obrigações" dos juízes de paz para com o chefe de polícia, entre as quais: "participar imediatamente ao chefe de polícia os acontecimentos extraordinários, que interessem a segurança e a tranquilidade pública" e informar "a existência de ajuntamentos ilícitos, ou que houver perigo de desordem". Além disso, os juízes de paz teriam que produzir e enviar ao chefe de polícia uma relação semanal (Extratos Semanais) das pessoas pronunciadas, indiciadas ou presas por crimes ou delitos cometidos nas freguesias; uma lista de pessoas expulsas dos distritos e uma lista com informações detalhadas sobre novos moradores, além de uma relação das pessoas que assinaram termos (bem-viver ou segurança).[1013]

Como bem observou Almeida, apesar de o decreto estabelecer que caberia ao chefe de polícia a "inspeção do serviço do aparato policial" o decreto não estabelece qualquer mecanismo de punição no caso de descumprimento das ordens do chefe de polícia pelos juízes de paz eleitos.[1014] O autor destaca que a estratégia de Eusébio de Queirós para tentar punir de alguma maneira os juízes de paz insubordinados foi "solicitar a intercessão" do ministro da Justiça nas querelas cotidianas, o que de fato é notório nas correspondências entre Eusébio de Queirós e o ministro da Justiça.

Em outubro de 1835, Eusébio envia um ofício ao ministro da Justiça, Limpo de Abreu, relatando a ocorrência de três roubos a residências localizadas nas ruas do Conde, Beco dos Cachorros e Ferradura. De acordo com o chefe de polícia, havia denúncias de que os ladrões que atuaram na residência da rua do Conde estavam acoitados em uma casa e, assim sendo, ele havia dado ordens ao juiz de paz do 2º distrito de Sacramento para dar buscas, mas até aquele momento não havia resultado algum sobre a diligência. Eusébio, então, adverte ao ministro que "é de notar que de nenhum destes roubos tive comunicação dos juízes de paz; sobre o que lhe oficio nesta data, e as respostas comunicarei a V.Exa."[1015].

Além de comunicar as pretensas omissões dos juízes de paz ao ministro da Justiça, Eusébio de Queirós também contestava as providências dos juízes. Ao tomar ciência de que o juiz de paz do 2º distrito de Santana, o senhor

---

[1013] ALMEIDA, Felipe Pessanha de. **Eusébio de Queirós e a chefia de polícia da Corte: um laboratório Saquarema (C. 1830 – C. 1840)**. 2017. Dissertação. (Mestrado) – Instituto de História, Universidade Federal Fluminense, Niterói, 2017. p. 163.

[1014] *Ibid.*, p. 165.

[1015] ANRJ. Códice 1004, v. 1, 5 out. 1835.

Antônio Luiz Pereira da Cunha,[1016] havia solicitado a autorização do ministro da Justiça para que os ciganos condenados na vara fossem recebidos nas oficinas públicas, Eusébio logo enviou um ofício ao ministro contestando a solicitação do juiz, argumentando "que o melhor seria enviá-los à Casa de Correção", e apesar de não ter sido consultado sobre a questão, ele conclui dizendo que: "é o melhor que tenho a informar a V. Exa."[1017].

Para Welinton Serafim da Silva, "no compartilhamento da informação entre as autoridades estava a pedra angular da segurança pública".[1018] Com efeito, a disputa de autoridade no âmbito da polícia tinha, na troca de correspondências institucionais, um mecanismo de expressão eficiente. Os três documentos a seguir exemplificam os conflitos cotidianos entre o chefe de polícia e os juízes de paz que emergem desses manuscritos.

Correspondência de Eusébio de Queirós ao juiz de paz do 2º distrito de Santa Rita:

> Constando-me que na praia do Valongo houve um incêndio na noite de 12 do corrente e não tendo V.Sa. me participado ainda, cumpre que isso faça dando também o motivo de tal omissão. Deus guarde V.Sa., 14 de junho de 1837. Ilmo. Juiz de paz do 2º distrito de Santa Rita. Eusébio de Queirós Coutinho Mattoso Câmara.[1019]

Resposta do juiz de paz do 2º distrito de Santa Rita ao chefe de polícia da Corte:

> Ilustríssimo senhor. Acuso recebimento do ofício de V.Sa. em que exige de mim os motivos por que não o participei do incêndio que houve na praia do Valongo; passo a satisfazer V.Sa. que o incêndio foi em uma porção de lenha que se

---

[1016] Em 14 de junho de 1837, o juiz de paz do 2º distrito da freguesia de Santana, Antônio Luiz Pereira da Cunha, em ofício enviado ao ministro da Justiça Francisco Montezuma, relata a ilegalidade dos ciganos que vagavam comercializando objetos sem valor no Campo de Santana. A estratégia apresentada pelo juiz de paz ao ministro da Justiça para tratar o problema dos ciganos no distrito era, antes de enquadrá-los no artigo 4º da Lei de 6 de outubro de 1831, remetê-los às oficinas públicas para que aprendessem um ofício e, assim, cessassem de praticar a comercialização de objetos falsificados pela cidade. Cf. ANRJ, Série Justiça, Fundo AM, IJ6 177, 14 jun. 1837.

[1017] ANRJ, Série Justiça, Fundo AM, IJ6 177, 19 jun. 1837.

[1018] SILVA, Welinton Serafim da. **Eusébio de Queirós**: chefe de polícia da Corte (1833 – 1844). 2014. Dissertação (Mestrado) – Instituto de Filosofia e Ciências Humanas, Universidade do Estado do Rio de Janeiro, Rio de Janeiro, 2014. Resumo. A título de esclarecimentos, apesar de o autor afirmar que Eusébio de Queirós ocupou o cargo de juiz de paz, em 1832, ao longo de nossa pesquisa não localizamos qualquer menção a esse fato. Soma-se a isso o fato de a referência bibliográfica que o autor utiliza na verdade dizer que Queirós ocupou o cargo de juiz de fora na freguesia de Sacramento em 1832, não de juiz de paz, como Welinton afirma. Cf. SISSON, Sébastien. **Galeria dos brasileiros ilustres**. Brasília: Senado Federal, 1999. v. 1. p. 28.

[1019] ANRJ. Fundo/Coleção: Série Justiça, AM/IJ6 177. Ofícios. Documento n. 1, 14 jun. 1837.

> acha nos fundos de um barracão na embarcadura da rua do Valongo, pelas 3 horas da noite do dia 13 para 14, e não na noite do dia 12, como V.Sa. diz; isto mesmo vi em razão de me ir mostrar o fiscal pelas 11 horas do dia de ontem, indo eu dirigindo-me para a Secretaria de Justiça, a chamado do Excelentíssimo ministro; a que tempo, a vista do que acabo de empreender, eu tive para fazer ciente V.Sa., tendo V.Sa. mesmo ontem oficiado a tal respeito: enfim, não posso presumir outro motivo, se não o de prevenção da parte de V.Sa. para comigo, satisfazendo assim caprichos de outrem. Ilustríssimo senhor Eusébio de Queirós Coutinho Mattoso, chefe de polícia. Eleutério José Velho Bezerra, juiz de paz do 2º distrito de Santa Rita.[1020]

Tréplica de Eusébio de Queirós à correspondência do juiz de paz Eleutério Bezerra:

> Ilustríssimo senhor. Recebi um seu ofício sem fecho nem data, em que depois de declarar o motivo para que não deu parte disso tal ou qual incêndio que houve no seu distrito, conclui V.Sa. com a maior falta de atenção, de civilidade, presumindo que o motivo de uma pergunta que lhe fiz, e que aliás deveria conhecer que era devida (sic) ao cumprimento do meu dever, foi prevenção da minha parte para satisfazer caprichos de outrem. Um fraseado tão impolido dirigido a uma autoridade, que aliás V.Sa. deveria respeitar, me obriga a estranhar severamente o seu desconhecimento, que esperando que o não repita. Deus guarde V.Sa., 15 de junho de 1837. Ilustríssimo senhor juiz de paz do 2º distrito de S. Rita. Eusébio de Queirós Coutinho Mattoso Câmara.[1021]

O lapso na comunicação entre o juiz de paz e o chefe de polícia podia se tratar de um mal-entendido entre as partes, mas em uma análise mais atenta sinaliza uma disputa hierárquica. O juiz de paz Eleutério José Velho Bezerra[1022] reage ao responder à acusação de "omissão" imputada pelo chefe de polícia sobre a ocorrência do incêndio na praia do Valongo. De acordo com o juiz, na manhã seguinte ao incêndio, ele se dirigiu ao ministro da Justiça e, antes mesmo que pudesse comunicar a ocorrência ao chefe de polícia, este já havia emitido um ofício, com data retroativa a ocorrência, acusando Eleutério Bezerra de omissão. Diante do exposto e, decerto, na ausência de

---

[1020] ANRJ. Fundo/Coleção: Série Justiça, AM/IJ6 177. Ofícios. Documento n. 2, s/d.
[1021] ANRJ. Fundo/Coleção: Série Justiça, AM/IJ6 177. Ofícios. Documento n. 3, 15 jun. 1837.
[1022] Eleutério José Velho Bezerra ocupou postos militares ao longo da vida. Além disso, o capitão Bezerra foi condecorado, em 1830, como Cavalheiro da Imperial Ordem do Cruzeiro e de Christo.

melhores argumentos sobre o conteúdo da resposta do juiz de paz, Eusébio de Queirós se limitou a refutar o que considerou um "fraseado impolido", destacando a ausência de "fecho e data" na correspondência enviada por Eleutério, e uma pretensa falta de civilidade e atenção na resposta do juiz. Enfim, o chefe de polícia desejava prioridade nas informações, mas nem sempre os juízes de paz acatavam essa exigência.

No dia 25 de agosto de 1837, Eusebio de Queirós respondeu o ofício do juiz de paz do 1º distrito da freguesia da Glória, que requisitava uma patrulha para a festa de Nossa Senhora da Glória que aconteceria no domingo, dia 27 de agosto. Eusébio assegurava que já havia dado ordens ao comandante dos Permanentes no sentido de disponibilizar algumas patrulhas para o evento. Além disso, advertia o juiz de paz sobre os riscos da manutenção da ordem e tranquilidade pública, pois o evento contaria com a presença de S.M.I e, consequentemente, de "muita gente".[1023] Apesar da observação, a aparente preocupação com a ordem no evento não garantiu a Eusébio de Queirós ciência de todos os detalhes da festa, alguns dos quais parecem ter sido tratados diretamente entre o juiz de paz e o ministro da Justiça. Nesse sentido, o chefe de polícia manifestou toda a sua indignação ao ministro:

> Consta-me terem havido Danças no dia 27 do corrente/dia de Nossa Senhora da Glória, exigi do juiz de paz respectivo as razões por que foi isso concedido. Ele respondeu-me em ofício de 30, que havia recebido na Portaria de V.Exa., em que lhe mandava, se não opusesse a essas danças, que tinham lugar para divertir V.M. Imperador. *Porém, como nada me foi comunicado, recorro a V.Exa., não apenas para que me esclareça, mas também deprecando-lhe se digne ter a bondade de comunicar-me, quando fizer tais concessões.* Agosto de 1837.[1024]

A forma como os juízes de paz interagiam com o ministro da Justiça no tratamento das questões relacionadas à segurança pública da capital do Império era facilitada pela proximidade geográfica; no Rio de Janeiro, capital do Império, as instâncias dos poderes local e nacional se imbricavam. Outro ponto de destaque no sobredito ofício é a forma como o chefe de polícia cobra esclarecimentos do ministro da Justiça, advertindo sobre como proceder no caso de futuras "concessões". Para além disso, o que estava em jogo ali era a disputa de autoridade entre o juiz de paz eleito e o chefe de polícia nomeado.

[1023] ANRJ. Códice, 331, Fundo 0E, v. 4, 25 ago.1837.
[1024] ANRJ. Códice 1004, v. 1, ago. 1837, p. 47 (grifo nosso).

Conforme destacou Welinton da Silva, a relação estreita entre Eusébio de Queirós e os ministros da Justiça do período tratado estava em consonância com o projeto político que buscava "concentrar os poderes de polícia nas mãos do chefe de polícia" a partir da "subordinação dos juízes de paz".[1025] Entretanto, o autor assevera que tanto não se pode resumir a colaboração de Eusébio com o ministro da Justiça a uma relação de subordinação como não se pode desconsiderar o fato de que Eusébio de Queirós era sabedor da importância da atuação dos juízes de paz na manutenção da ordem nas freguesias — atuação garantida pelo Código do Processo de 1832 —, "e ele não se ressentia disso";[1026] contanto que os juízes de paz se subordinassem às suas *orientações*. A atuação de Eusébio no comando da polícia colocava em xeque a autonomia dos juízes locais ante as decisões mais elementares do cotidiano da cidade-Corte.

A parceria entre o chefe de polícia da Corte e os ministros da Justiça na repressão dos inimigos da ordem na capital do Império foi um instrumento importante na articulação do projeto de centralização política do Regresso conservador. Nesse sentido, a atuação de Eusébio ao colocar em xeque a autonomia dos juízes locais corroborava para que o projeto alcançasse seu termo. Assim sendo, o chefe de polícia se empenhava em fazer valer as decisões do governo regencial sobre as lideranças locais.[1027]

Em junho de 1837, Eusébio comunica ao ministro da Justiça que expediu as suas ordens aos juízes de paz para que cessassem a prática de açoitamento dos escravos na cidade sem o devido processo legal.[1028] Para Welinton da Silva, a maneira como Eusébio questionava a punição dos escravos sem as formalidades processuais sinalizava uma evidente contradição ante a austeridade com que o chefe de polícia agia contra os escravos no Rio de Janeiro.[1029] Entretanto, no sobredito ofício, Eusébio se preocupa em questionar se a polícia deve seguir a mesma ordem, haja vista que os policiais costumavam "fazer castigos nos escravos ou porque os senhores o requerem, ou por capoeiras".[1030] Em uma análise mais ampliada sobre a ocorrência, é possível considerar que não havia contradição no questionamento de Queirós, pois de fato o que estava

---

[1025] SILVA, 2014, p. 64-70.
[1026] SILVA, 2014, p. 71-85.
[1027] SILVA, 2014, p. 66-75.
[1028] ANRJ. Série Justiça, AM/IJ6 177, 12 jun. 1837.
[1029] SILVA, *op. cit.*, p. 66.
[1030] ANRJ. Série Justiça, AM/IJ6 177, 12 jun. 1837.

em jogo naquele contexto não era o castigo aos escravos, mas os limites de atuação dos juízes de paz. Aliás, a repressão policial aos escravos na cidade foi redimensionada a partir de 1835.

Como já foi mencionado, a cidade do Rio de Janeiro foi palco de distúrbios urbanos no período regencial, especialmente nos primeiros anos da década de 1830, mas também foi o destino de vários presos envolvidos em revoltas nas demais províncias que seriam julgados na capital do Império, entre os quais os escravos mulçumanos (malês) que se revoltaram na Bahia (1835). Não por acaso, a preocupação do ministro da Justiça com a diversidade dos habitantes da cidade e as possíveis trocas ativas entre rebeldes e os citadinos da cidade-Corte justificava-se sobre a necessidade da manutenção do controle social e prevenção de revoltas que ainda eclodiam nas demais regiões do território. Os juízes locais, portanto, eram os agentes adequados para manter a estreita vigilância policial sobre a população nos distritos. Em maio de 1835, o ministro da Justiça Manoel Alvez Branco enviou um ofício ao chefe de polícia da Corte ordenando que Eusébio desse orientações aos juízes de paz da cidade para que produzissem "um mapa completo dos homens de cor dos seus respectivos distritos e remetessem o quanto antes a esta Secretaria de Estado dos Negócios da Justiça, no qual se declarasse seus nomes, condição, estado e modo de vida, naturalidade e qualidade". De acordo com o conteúdo do ofício, o ministro da Justiça asseverava que o governo havia recebido denúncias sobre reuniões secretas de homens de cor pela cidade. Então, os juízes de paz deveriam relatar ao governo qualquer ocorrência suspeita nesse sentido, inclusive informações sobre as "Irmandades Religiosas que existissem dessa gente, em que dias e horas se reúnem, e se consta que elas tinham alguma tendência sediciosa ou fins políticos que podem ser perigosos a sociedade".[1031]

Naquele contexto de turbulência sociopolítica do período regencial, os juízes de paz tinham um claro valor utilitário na estrutura policial que se constituía. Ele se tornou uma espécie de *mal necessário* para o grupo político que liderava a cena pública, pelo menos enquanto as reformas conservadoras não reestruturassem as funções policiais estabelecidas no Código do Processo de 1832. A preocupação das autoridades da capital com os ajuntamentos nos espaços públicos e as reuniões secretas estava diretamente ligada ao potencial considerado ilícito desses eventos. Certamente que os ajuntamentos de homens de cor, livres e pobres eram tratados sob

---

[1031] ANRJ. Códice 324, Fundo 0E, v. 1, 13 maio 1835.

o critério prioritário da suspeição policial, mas os demais moradores da cidade não escapavam à vigilância das autoridades policiais, perscrutando suas práticas e condutas coletivas.

Em resposta ao ofício do chefe de polícia, o juiz de paz do 2º distrito de São José informava a respeito de uma numerosa reunião de pessoas que havia acontecido naquela mesma semana na rua dos Arcos.[1032] Segundo a apuração do juiz, a sobredita reunião ocorria em uma casa onde havia um "teatrinho particular; e que nos dias de recital costumam os sócios convidarem os seus amigos para assistirem o divertimento".[1033] Com efeito, ainda que o chefe de polícia tivesse a pretensão de "cuidar de todas as freguesias", o papel dos juízes de paz em seus distritos era fundamental para a implementação desse objetivo, pois era "por intermédio desse magistrado" que se sabia o que acontecia e se atuava sobre as diversas demandas da localidade.[1034] Entretanto, não era tarefa simples para as autoridades policiais manter o ordenamento coletivo na cidade-Corte do Rio de Janeiro sob a estratégia da prevenção e presunção dos delitos e ainda fazer valer os novos códigos do Império e as leis municipais.

Entre tantas atribuições destinadas aos juízes locais, a punição aos infratores das posturas municipais surge desde a criação da lei de 1827, que deu forma ao cargo. No auge dos distúrbios urbanos na Corte, a Lei de 6 de junho de 1831 reafirma a função do juiz de punir todos os delitos contra as posturas e, em 1832, o Código do Processo Criminal ratifica a função, estabelecendo os ritos sobre os processos de infrações de posturas. Na prática, porém, entre a interpretação e a aplicação do que estava no Código de Posturas da Câmara Municipal havia uma série de atravessamentos.

Francisco Alvez de Castro Rozo, juiz de paz do 1º distrito da freguesia da Glória, em correspondência ao chefe de polícia da Corte indaga sobre qual seria o procedimento adequado nas ocorrências de infrações de posturas cometidas por diplomatas estrangeiros. Isso porque uma patrulha do Corpo Municipal Permanente havia "apreendido o encarregado dos negócios da

---

[1032] Em 15 de junho de 1829, um decreto do governo imperial concedeu licença para que o teatro da rua dos Arcos se reorganizasse sob a denominação de "Sociedade do Teatrinho da rua dos Arcos". Conforme destacou Renato Mainente, a sociedade dramática "tinha como principal objetivo a encenação de peças para um público restrito, composto em muitos casos pelos próprios sócios". Ver MAINENTE, Renato Aurélio. **Reformar os costumes ou servir o público: visões sobre o teatro no Rio de Janeiro oitocentista**. 2016. Tese (Doutorado em História) – Faculdade de Ciências Humanas e Sociais, Universidade Estadual Paulista, Franca, 2016. p. 32. A rua dos Arcos está situada na região da Lapa, no Centro do Rio de Janeiro.

[1033] ANRJ. Série Justiça, Fundo AM, IJ6 177, 26 jun. 1837.

[1034] SILVA, 2014, p. 72.

Rússia Mr. Lommonovoff por encontra-lo a correr a cavalo a toda contra as posturas vigentes neste município". Na sequência, o juiz de paz expediu ordens para que o estrangeiro fosse solto, segundo Rozo: "na confiança de que sendo pessoa conhecida solveria a multa, como expressei na mesma ordem. Ele, porém, não tem mandado solve-la". No conteúdo do texto, o juiz de paz relata as circunstâncias da prisão reiterando que o diplomata russo, ao requisitar a soltura, se limitou a alegar que desconhecia que tais "galopadas fossem proibidas". Doravante, a questão levantada pelo juiz versava sobre os ricos de uma possível desordem diplomática por consequência da aplicação da multa. Em poucas palavras, Francisco Rozo indagava se havia "alguma razão política" que impedisse a execução da lei, solicitando, assim, a "elucidação, não só quanto ao exposto, mas igualmente sobre dever-se ou não semelhantemente proceder em todos os mais casos em que diplomatas estrangeiros, a despeito das posturas, praticarem tais correrias, ou mesmo outras infrações de posturas à Lei em vigor e Leis vigentes". Para além dessas indagações, o juiz não se furtou em elogiar a ação do comandante da patrulha que, segundo ele, merecia "justos louvores pela firmeza com que executou as ordens, não se dobrando a fazer assim arbítrio e exceções que elas não continham. Esta fiel execução é digna de louvores, até para despertar em mais tal exatidão, sem a qual toda a providência é inútil e vã, parecendo impreciso que seria mais conveniente que esta patrulha fosse elogiada na ordem do dia do seu Corpo".[1035]

De acordo com o conteúdo do ofício, a dúvida do juiz de paz não era sobre a atuação da polícia ou sobre a interpretação e aplicação da lei; ele fez questão de deixar clara a sua posição ao exaltar a atuação da patrulha que prendeu o diplomata. A questão era como manter a ordem na cidade sem criar desordens políticas. A preocupação se justificava porque, apesar da nova legislação criminal em vigor no Império do Brasil, diplomatas estrangeiros gozavam de certas prerrogativas no exercício de suas funções.

Por certo, a construção de um novo arcabouço legal e a implementação do ordenamento social a partir das "leis novíssimas" foram um desafio para as autoridades e para o grupo político que ascendeu à cena pública naquela sociedade marcada pela distinção e pelas disputas de poder. Não à toa, o próprio ministro da Justiça Bernardo Pereira de Vasconcellos, em correspondência enviada ao juiz de direito da comarca, determinou que todas as fianças concedidas pelos juízes de paz do município fossem revogadas.

[1035] ANRJ. Fundo/Coleção: Série Justiça, AM/IJ6 190, 17 out. 1838.

Segundo o ministro da Justiça, o governo imperial recebera denúncias de que os juízes de paz concediam "fianças ilegais por classificarem os crimes em artigos do código criminal, que nenhuma analogia tem com eles". Segundo Vasconcellos, o regente interino ordenou que o juiz da comarca, assim como o chefe de polícia, revogasse "as tais fianças" concedidas pelos juízes de paz. Não seria essa a primeira vez que políticos ligados ao alto escalão do governo, como Bernardo de Vasconcellos, outrora árduo defensor da criação do "juiz policial", colocaria em xeque a competência dos juízes de paz. De fato, baseado no perfil prosopográfico dos magistrados de paz da cidade do Rio de Janeiro, que demonstra o letramento de parte desses ocupantes do cargo, alguns, inclusive, versados nas leis, é pouco provável que as concessões de fianças ditas ilegais tenham acontecido somente em virtude de uma pretensa incompetência coletiva e simultânea dos juízes para enquadrar os crimes corretamente nos artigos do Código Criminal, conforme asseverou o ministro. Isso porque havia outras possibilidades para explicar esse tipo de atitude praticada por certos juízes de paz, como favorecimentos e/ou ganhos pessoais ilícitos. De todo modo, não deixa de ser curioso o fato de o ministro da Justiça não revelar os nomes, optando por denunciar uma suposta ilegalidade de toda a categoria dos juízes de paz do município do Rio de Janeiro.[1036]

Com efeito, as aproximações e os entrelaçamentos de alguns juízes de paz da cidade-Corte com grupos políticos, associações e comerciantes locais soma-se à trajetória marcada por práticas clientelistas e pela passagem na Câmara Municipal do Rio de Janeiro, denotando a penetração desses magistrados no circuito que constituía os potentados locais. Essa rede de relações atravessava, *a priori*, os interesses da polícia no combate a determinadas práticas consideradas ilegais a partir da década de 1830.

Quando o chefe de polícia da Corte assumiu o cargo pela primeira vez, em março de 1833, o panorama da cidade em relação ao tráfico ilegal de africanos, proibido desde a aprovação de Lei de 7 de novembro de 1831, era de aumento significativo da entrada de escravos no Rio de Janeiro. Conforme determinava o Decreto de 12 de abril de 1832, às autoridades policiais, incluindo os juízes de paz, caberiam as investigações e apreensões das embarcações suspeitas, além da averiguação de denúncias de compra e venda de "pretos boçais".[1037] Como bem observou Sidney Chalhoub, a força

---

[1036] ANRJ. Fundo/Coleção: Série Justiça, AM/IJ6 186, 17 jan. 1838.
[1037] CHALHOUB, 2012, p. 47-48.

da instituição escravista se sobrepôs à lei do fim do tráfico e ao decreto que definiu as atribuições das autoridades policiais no combate a essa prática. A conivência e/ou negligência das autoridades locais no aumento do tráfico naquele período é mais que uma hipótese; trabalhos importantes sobre assunto já discutiram o tema.[1038] Entretanto, no tocante à estreia de Eusébio de Queirós no cargo de chefe de polícia da Corte, concomitantemente ao resultado da polêmica eleição para juiz de paz da cidade do Rio de Janeiro, ambos no anos de 1833, há que se considerar que o cenário em questão sinaliza os embates e os interesses concretos que atravessavam a tarefa desses agentes públicos no combate ao contrabando de africanos.

Quando a eleição municipal para juiz de paz de 7 de setembro de 1832 foi anulada após uma virulenta campanha eleitoral na imprensa fluminense, o resultado da eleição seguinte deu a vitória a nada menos que oito cidadãos envolvidos diretamente com o tráfico e/ou comércio ilegal de escravos no Rio de Janeiro. Esses juízes de paz foram eleitos para atuar nas freguesias de Santa Rita, Candelária, Sacramento, São José e Engenho Velho, ou seja, em freguesias urbanas que perfaziam o importante centro econômico da capital do país, onde também estava localizado o centro do poder político. Ademais, conforme observou Thiago Mantuano: "As freguesias que abrangiam a comunidade portuária eram as que mais concentravam escravos [...]". O famoso mercado de escravos do Valongo estava localizado na freguesia de Santa Rita, a qual, por sua vez, fazia fronteira com as freguesias da Candelária, Sacramento e Santana.[1039] A região onde estão localizadas as cinco freguesias em questão[1040] era a mais populosa da cidade. A concentração do comércio de escravos na localidade, somada à presença de homens livres e pobres e "estrangeiros despossuídos"[1041], despertava a atenção da polícia sobre a região, considerada perigosa pela analogia estabelecida entre a miséria e o crime. A partir de 1831, porém, a preocupação das autoridades policiais naquela região se estendia sobre as práticas que mantiveram o contrabando de africanos.

Há mais ou menos um mês no cargo de chefe de polícia da Corte, Eusébio de Queirós emitia um ofício ao juiz de paz do 1º distrito de Santa Rita, advertindo que até aquele momento o juiz não havia "remetido a Secre-

---

[1038] CHALHOUB, 2012; COSTA, 2019.
[1039] MANTUANO, Thiago Vinícius. A região portuária do Rio de Janeiro no século XIX: aspectos demográficos e sociais. **Almanack**, Guarulhos, n. 21, p. 166-204, abr. 2019. p. 177; 199.
[1040] Santa Rita, Candelária, Sacramento, São José e Engenho Velho.
[1041] MANTUANO, 2019, p. 192.

taria d'Estado e Negócios da Justiça o processo sobre Bergantim-Paquete do Sul",[1042] como também não procedeu "acerca do Navio – Nove de Janeiro – entrado de Angola no dia 14".[1043] As suspeitas sobre as embarcações que chegavam nos portos se justificavam ante os indícios da permanência do tráfico ilegal de africanos na cidade. Em março de 1834, em correspondência enviada ao juiz de paz do 1º distrito de Santa Rita, o chefe de polícia foi mais enfático: "Queira V.Sa. declarar com urgência quem lhe comunicou haver indícios de escravos na Barca Ligeira se já fez diligências sobre isso, e qual o seu resultado".[1044] Três meses depois da sobredita correspondência, Eusébio de Queirós ainda se queixava da morosidade das informações prestadas pelos juízes de paz das freguesias de São José, Sacramento, Santa Rita, Candelária, Engenho Velho e Lagoa sobre "o número de pretos Africanos apreendidos nesse juízo depois da abolição do tráfico de escravos; o destino que lhes deu, explicando quais se apreenderam depois da publicação da Lei de 7 de novembro de 1831, assim como se aos apreensores se deu o prêmio determinado na Lei, de que ainda não tive resposta, apesar da urgência então recomendada".[1045]

A permanência do contrabando de africanos na cidade, a despeito da fiscalização que o Decreto-lei de 12 de abril de 1832 estabelecia, se esclarece também a partir das aderências que certas autoridades como os juízes de paz tinham com o tráfico. Entre os sete juízes das respectivas freguesias citadas no ofício do chefe de polícia da Corte[1046], quatro deles tinham ligação com o tráfico e/ou comércio de africanos: João Martins Lourenço Vianna, juiz de paz do 3º distrito de Sacramento; Joaquim José Pereira de Faro, juiz de paz do 2º distrito de Santa Rita; Luiz Francisco Braga, juiz de paz do 2º distrito da Candelária; e Duarte José de Mello, juiz de paz do 2º distrito do Engenho Velho.[1047] Nesse cenário, não é improvável supor que havia conflitos de interesse estabelecidos entre as autoridades constituídas para combater o tráfico ilegal. Não por acaso, a suspeição sobre a conivência com o ilícito pairava sobre todos.

[1042] ANRJ. Códice 1004 0E, v. 1, 11 abr. 1833. Correspondência com os juízes de paz (1833 – 1834).
[1043] ANRJ. Códice 1004 0E, v. 1, 16 abr. 1833. Correspondência com os juízes de paz (1833 – 1834).
[1044] ANRJ. Códice 1004 0E, v. 1, 12 mar. 1834. Correspondência com os juízes de paz (1833 – 1834).
[1045] ANRJ. Códice 1004 0E, v. 1, 14 jun. 1834. Correspondência com os juízes de paz (1833 – 1834).
[1046] "Ao Sr. juiz de paz do 1º distrito de São José, 3º do Sacramento, 1º e 2º de Santa Rita, 2º da Candelária, 2º do Engenho Velho e Lagoa". Cf. Códice 1004, v. 1, 14 jun. 1834.
[1047] Ver Quadro 16.

Em agosto de 1838, o então juiz de paz do 3º distrito de Sacramento, Manoel José do Rozário, prestava esclarecimentos ao chefe de polícia sobre uma denúncia a respeito de um comerciante de escravos novos em seu distrito. De acordo com o juiz, ele havia feito "algumas pesquisas a respeito" de João Ventura Reis, morador do largo do Capim, mas não obteve qualquer indício de que o sujeito vendesse escravos novos.[1048] Ocorre que Eusébio de Queirós havia recebido denúncias de autoridades inglesas, empenhadas no combate ao tráfico de africanos no Brasil, sobre certos sujeitos suspeitos de praticar o contrabando e o comércio ilegal. O juiz de paz do 2º distrito da freguesia de Santana Antônio Luiz Pereira da Cunha ao ser inquerido sobre a pretensa atuação de um traficante e comerciante de africanos novos em seu distrito responde ao ofício sob as seguintes justificativas:

> Ilmo. Senhor. Satisfazendo a matéria do seu ofício de 16 do corrente que acompanhou a cópia da nota do laudo de Lord Palmerstons dirigida ao ministro brasileiro em Londres, tenho a dizer a V.Sa. que desde que sou juiz de paz até o presente não tive denúncia nem informação legal de ser José Antônio Santos Xavier negociante e vendedor de africanos novos. Sobre a causa de seis meses, pouco mais ou menos, por uma apreensão que se fez neste distrito de uma africana que se dizia ser boçal, vim a saber por um dos africanos que acompanharam esta diligência, que da parte do dito Xavier, acharam-se negros a venda; em consequência, passei logo a indagar do respectivo inspetor sobre a sua veracidade; e este pela sua resposta me fez certo que os africanos acostumados a estarem uma vez por outra na porta do referido Xavier tinham sido conferidos a este por os haver arrematados os seus serviços os quais eram: Benigno, João, Boaventura, Carcino e Anastácio, e nesta inteligência tenho estado. Deus guarde V. As, 19 de agosto de 1838. Ao Ilmo. Chefe de polícia da Corte. Antônio Luiz Pereira da Cunha.[1049]

Sobre o conteúdo da resposta no sobredito ofício, apesar de o juiz de paz afirmar que não teve "denúncia nem informação legal de ser José Antônio Santos Xavier negociante e vendedor de africanos novos", ele próprio reconhece que não ignorava os comentários que circulavam no distrito a respeito de uma pretensa atuação de Xavier no comércio de escravos novos. Entretanto, Antônio da Cunha diz que se deu por satisfeito com a apuração feita pelo inspetor de quarteirão do 2º distrito da freguesia de Santana, na

---
[1048] ANRJ. Fundo/Coleção: Série Justiça, AM/IJ6 190, 22 ago. 1838.
[1049] ANRJ. Fundo/Coleção: Série Justiça, AM/IJ6 190, 19 ago. 1838.

qual o agente informa que Xavier na verdade havia arrematado os serviços dos africanos que tinham o hábito de frequentar a porta de sua casa. Com efeito, o juiz é enfático ao dizer que desconhece a relação do sujeito denunciado pelo lorde inglês com o comércio e/ou contrabando de escravos, mas a resposta do juiz de paz não esclarece a dúvida em questão: os escravos em posse de José Xavier eram africanos novos?

Malgrado a resposta evasiva do juiz, a atuação de Eusébio de Queirós ao buscar uma resposta para as denúncias feitas por uma autoridade inglesa sobre o contrabando e o comércio ilegal de africanos supostamente praticados por determinados sujeitos que estariam atuando nas freguesias de Sacramento e Santana, decerto estava atravessada por interesses que envolviam tanto a diplomacia internacional como certas personalidades públicas locais. Ademais, não era tarefa simples imputar as responsabilidades da permanência dessa prática ilegal quando parte dos envolvidos personificavam as próprias autoridades. De todo modo, à instituição policial cabiam a repressão e a averiguação dos crimes e das condutas consideradas suspeitas ou inadequadas; incluindo as condutas dos próprios agentes públicos.

Passados poucos dias daquela troca de correspondências entre os juízes de paz das freguesias de Sacramento e Santana com o chefe de polícia da Corte a respeito do contrabando de africanos, Eusébio de Queirós, então, manifesta o desejo de saber a avaliação dos juízes de paz sobre a conduta dos inspetores de quarteirão dos seus distritos. O juiz de paz do 1º distrito da freguesia da Glória se manifesta dizendo que "até o presente momento se fazem dignos do lugar que ocupam, sendo aqueles nomeados por meus antecessores, como mesmo o que são por mim nomeados depois que entrei no exercício do cargo de juiz de paz deste distrito, ficando V.Sa. ciente de que não serei conivente em não observar suas condutas para proceder como for de Lei".[1050]

Como já foi mencionado, os inspetores de quarteirão eram escolhidos pelos juízes de paz para atuarem nos distritos. Em algumas situações abordadas ao longo deste trabalho, observamos a relação estreita e cotidiana, às vezes conflituosa, entre os juízes e seus subordinados. Aliás, certas tomadas de decisão desses magistrados resultavam das informações trazidas por seus inspetores distritais. Assim sendo, não há de se estranhar que o chefe de polícia quisesse saber mais sobre o assunto e a influência desses inspetores na atuação policial da magistratura de paz. Eusébio se

---

[1050] ANRJ. Fundo/Coleção: Série Justiça, AM/IJ6 190, 22 ago.1838.

queixou ao ministro da Justiça sobre a conduta do juiz de paz do 2º distrito da Candelária, Manoel Ferreira de Araújo Pitada, por ter acatado a prisão do inglês Phillipe Francis efetuada pelo inspetor de quarteirão.[1051] Mas, segundo o juiz de paz, o inglês foi "enviado para a Casa de Correção em consequência da informação dada pelo inspetor do 1º quarteirão onde foi apreendido, da qual também consta por confissão feita pelo mesmo detido, que não tinha ocupação, andando vagando e a pedir esmolas; pelo que estava no caso das providencias policiais dadas".[1052] Eusébio, porém, argumentava dizendo que o estrangeiro não era vagabundo, apesar de ter sido obrigado "a pedir socorro, isto é, esmolas" porque havia sido despedido da companhia que trabalhava, mas os empregadores não lhe pagaram a jornada, "logo que não se dirá que ele se constituiu mendigo ou vagabundo".[1053] Por fim, o juiz de paz encerra a correspondência dizendo a Eusébio de Queirós que, no caso de "ocorrências semelhantes", comunique a ele "o que for acordado como mais justo".[1054]

A postura do juiz de paz ante as alegações de Eusébio em defesa do estrangeiro inglês foi, em última instância, um gesto conciliatório. Isso porque tanto o inspetor de quarteirão como o juiz de paz estavam respaldados na legislação, que criminalizava a conduta da vadiagem e da mendicância com pena de prisão. Talvez jamais saibamos por que Queirós tentava defender o estrangeiro, mas o fato é que essas divergências procedimentais no âmbito de atuação das autoridades policiais na localidade se estenderam ao longo dos anos de 1830.

Em agosto de 1839, o juiz de paz do 2º distrito da freguesia de São José, José Joaquim de Gouvêa, em correspondência enviada ao chefe de polícia da Corte, oferece a sua versão dos fatos sobre uma representação dirigida ao governo da Regência por três irmãs (Thereza Angélica, Anna Ignacia e Maria Sebastiana) contra o inspetor de quarteirão Candido Miguel de Souza Caruso, por ter o agente público efetuado a prisão de um escravo das queixosas. De acordo com o juiz de paz, o escravo havia sido preso e remetido à Casa de Correção por se tratar de um sujeito "demasiadamente perverso, inquietador de toda a vizinhança, e tão audaz que não duvida insultar as mulheres brancas que ali residem; ou passam, a ponto de colocar-se na entrada da casa e dali desabotoando as roupas fazer os gestos mais

---

[1051] ANRJ. Fundo/Coleção: Série Justiça, AM/IJ6 190, 16 out. 1838.
[1052] ANRJ. Fundo/Coleção: Série Justiça, AM/IJ6 190, 14 out. 1838.
[1053] ANRJ. Fundo/Coleção: Série Justiça, AM/IJ6 190, 16 out. 1838.
[1054] ANRJ. Fundo/Coleção: Série Justiça, AM/IJ6 190, 14 out. 1838.

indecentes". Segundo o juiz, havia também contra o dito escravo suspeita do roubo de um cordão de ouro. Diante dos fatos trazidos pelo inspetor de quarteirão, o juiz de paz autorizou a prisão. Nesse ínterim, o irmão das queixosas, o coronel João Duarte Nunes, teria se dirigido verbalmente ao juiz comunicando que o dito escravo havia aparecido na porta da casa de suas irmãs e que permanecia com elas. O coronel reconhecia a "perversidade do escravo", a boa conduta do inspetor ao realizar a prisão e pedia que o juiz desculpasse as suas irmãs por estarem envolvidas no caso, porque "eram senhoras". Ele também se comprometeu a convencê-las a retirar a representação contra o inspetor e devolver o escravo; mas o acordo foi quebrado. As irmãs "se escusaram com a fuga do escravo", mas mantiveram a representação contra o inspetor de quarteirão que efetuou a prisão. Segundo o juiz, não havia mais "esperanças de terminar esta questão amigavelmente [...]. É dado a qualquer um queixar-se de violência, mas nunca alterar escandalosamente os fatos, como se faz na inclusa representação". De acordo com o magistrado José de Gouvêa, no momento da prisão do escravo houve um ajuntamento de pessoas, e um homem autodenominado Sigra teria gritado "canalha". O próprio sujeito, porém, confessou ao juiz de paz que a expressão ofensiva era dirigida à multidão, e não ao inspetor. Na defesa do inspetor, o juiz de paz reitera estar convencido de que não houve má conduta da parte do seu agente, porque, além de ser "bom esposo, bom pai e bom filho, serve o cargo de inspetor com zelo e inteligência, e sei que é muito bem-quisto de todos em seu quarteirão".[1055]

A parte curiosa dessa ocorrência policial envolvendo três mulheres moradoras da rua Matacavalos é a sabida conivência dessas irmãs na fuga do escravo detido na Casa de Correção por ordem do juiz de paz. Entretanto, o foco parece girar em torno da representação feita por elas contra a conduta do inspetor de quarteirão do 2º distrito de São José no momento da prisão. Infelizmente, não tivemos acesso ao conteúdo da representação para confrontar as alegações, mas sabemos que, diante do não cumprimento do acordo de entregar o escravo, o juiz de paz finalmente decidiu "proceder criminalmente", haja vista que dar fuga a escravos era crime previsto por lei. Vale destacar, porém, a observação que o juiz de paz deixou entre parênteses: "me disponho a proceder criminalmente (como passo a fazer desde já, visto que tem havido impedimento do juízo)".[1056]

[1055] ANRJ. Fundo/Coleção: Série Justiça, AM/IJ6 194, 23 ago. 1839.
[1056] ANRJ, *loc. cit.*

Entre o que estava tipificado nos novos códigos legais (Criminal, de Posturas e do Processo Criminal) e o que estava no mundo, ou seja, naquela sociedade marcada pela lógica escravista, havia uma série de embates. A instituição policial da cidade do Rio de Janeiro que se constituía a partir dos anos de 1830 teve que lidar com os jogos de pesos e medidas impostos pelos potentados locais da capital do Império. Sobre o caso das irmãs em questão, a ousadia daquelas mulheres ao descumprir as ordens de uma autoridade com foro de polícia e o acordo feito pelo próprio irmão em nome delas denota as margens de tolerância e privilégios que gozavam certos estratos sociais ante aos rigores da lei. Não à toa, o juiz deixou registrado que havia um "impedimento" para abertura do inquérito policial, que pode representar pressões externas às quais estaria submetido na condução do caso; como saber?

Ao fim e ao cabo, a função policial do juiz leigo e eleito para atuar na freguesia foi atravessada por jogos de poder político, interesses locais e disputas hierárquicas. Em 20 de dezembro de 1841, o chefe de polícia da Corte relata ao ministro Justiça o "conflito" estabelecido entre o juiz de paz do 1º distrito de Santa Rita e o comandante da fragata Príncipe Imperial. De acordo com o conteúdo do ofício, a questão girava em torno da vistoria que o juiz se dispôs a fazer a bordo da embarcação que estava impedida. Apesar de esse tipo de atuação fazer parte das funções rotineiras dos juízes de paz, o comandante do navio questionou a entrada do juiz na fragata, alegando que a ação colocava em risco a segurança da embarcação, pois qualquer um podia se "fingir de juiz de paz para praticar algum ato tentado a bordo do Navio".[1057] Apesar de Eusébio de Queirós discordar das alegações do comandante, ele sugere que o ministro da Justiça recomende ao juiz de paz que adote o protocolo de oficiar por escrito ou verbalmente ao comandante a vistoria do navio. Mas, ao que tudo indica, o conflito permaneceu. Em fevereiro de 1842, o juiz de paz do 1º distrito de Santa Rita solicitava a interferência do ministro da Justiça para decidir a questão da resistência do comandante do navio à sua vistoria.[1058] Com efeito, as disputas de autoridade não eram um evento inusitado no cotidiano da magistratura de paz, mas decerto adquiriram novos sentidos a partir da Lei de 3 de dezembro daquele ano de 1841.

[1057] ANRJ. Fundo/Coleção: Série Justiça, AM/IJ6 196, 20 dez. 1841.
[1058] ANRJ. Fundo/Coleção: Série Justiça, AM/IJ6 196, 18 fev. 1842.

A reforma do Código do Processo Criminal de 1841 foi uma das principais bandeiras levantadas pelo grupo político do Regresso conservador. O foco era a reforma do judiciário e a centralização do sistema policial. Eusébio de Queirós, eleito para o primeiro mandato de deputado em 1838, teve participação ativa na elaboração do texto da lei, que suprimiu as funções policiais dos juízes de paz a favor de "agentes nomeados pelo Executivo". Com a medida centralizadora, chefes de polícia, delegados e subdelegados aumentaram consideravelmente a sua autoridade".[1059] Vale destacar que, segundo Welinton Silva, Eusébio de Queirós foi incumbido pelo governo imperial de produzir um parecer sobre o texto da Lei da Reforma do Código do Processo. Silva ressalta que o conteúdo do parecer de Eusébio "recomendava equilíbrio para que a reforma pudesse se tornar viável". Isso porque, apesar de ser o principal beneficiado, Eusébio temia que o grupo de oposição (progressistas) manipulasse a "opinião pública" contra a lei da reforma.[1060] Para Silva, não é possível dizer se as críticas de Eusébio foram incorporadas de alguma maneira ao texto,[1061] mas é interessante perceber a participação de Queirós no processo que culminou na ascensão do cargo de chefe de polícia e na derrocada da função do juiz policial. No mapeamento das correspondências entre o chefe de polícia e as autoridades da Corte no período posterior à Lei da Reforma do Código do Processo, é possível perceber um arrefecimento das críticas ao sistema policial.[1062]

De fato, essas fontes oficiais (correspondências) produzidas a partir de 1833 perfazem um panorama de instabilidade e desordem à atuação policial dos juízes de paz da cidade do Rio de Janeiro, ora questionados em suas decisões, ora criticados por suposta incompetência, que colocavam em xeque a "paz" que se pretendia conservar pela tranquilidade pública. Aliás, esse discurso fomentando no Parlamento e na imprensa no intuito de questionar a utilidade do poder de polícia dos juízes locais encontrou materialidade na produção desses registros policiais.

Decerto, ao contestar a postura do comandante da fragata Príncipe Imperial contra a atuação policial do juiz de paz do 1º distrito de Santa Rita[1063], a poucos dias da aprovação da lei da Reforma do Código do Pro-

---

[1059] SILVA, 2014, p. 46.
[1060] Ibid., p. 92.
[1061] Ibid., p. 92.
[1062] SILVA, 2014, p. 47.
[1063] Na ocasião, Eusébio contrapôs o argumento do comandante da fragata que alegava desconfiar dos sujeitos que se apresentavam como juízes de paz. De acordo com o chefe de polícia, se esse tipo de "excesso se levasse aos escrúpulos, poderíamos também desconfiar da falsificação das assinaturas nas ordens das autoridades, e

cesso de 1841, o que estava em jogo naquele momento era a garantia do reconhecimento da autoridade policial e, consequentemente, a garantia da ordem como um valor em si para o êxito do projeto conservador de ordenamento social, e não mais a autoridade do juiz policial desconstruída ante a lei da Reforma.

---

não poderíamos dar um passo só em coisa alguma". Em fevereiro de 1842, Queirós classificou a postura do comandante como "infundada e caprichosa". Cf. ANRJ. Fundo/Coleção: Série Justiça, AM/IJ6 196, 20 dez. 1841; ANRJ. Fundo/Coleção: Série Justiça, AM/IJ6 196, 18 fev. 1842.

CONSIDERAÇÕES FINAIS

> [...] Sei o que é a política, sim! Disse Adelaide. Lá na roça, quando quebraram a cabeça do juiz de paz, disseram que era por política; o que eu achei esquisito, porque a política seria não quebrar a cabeça [...] (Machado de Assis, em *O Segredo de Augusta*).

Quando Thomas Flory, em seu prestigiado e pioneiro trabalho sobre os juízes de paz, ressaltou que parte desses magistrados da cidade do Rio de Janeiro era formada por políticos destacados e cidadãos com formação acadêmica, o autor estava certo. Faltava, porém, identificar quem eram esses indivíduos, suas trajetórias e o perfil de ocupação profissional do grupo. No período em questão, era fundamental observar o trânsito desses agentes públicos entre as facções políticas e conhecer a forma como atuaram no meio social e seus engendramentos com os poderes locais e com a população da cidade. Faltava, portanto, uma pesquisa mais específica sobre o juiz de paz da cidade-Corte.

Com efeito, a característica de ascensão ao cargo através do voto foi, sem dúvida, um ponto fulcral na história do juiz de paz. Na campanha eleitoral para as eleições municipais da cidade do Rio de Janeiro, quais sejam as de vereador da Câmara Municipal e juízes de paz das freguesias, é possível notar a mobilização política e social em torno dos nomes dos candidatos, que emergiam das chapas eleitorais divulgadas na imprensa e panfletadas nas ruas. O recorte temporal das quatro eleições, que perfazem o período estudado, 1829 a 1840, está centrado no momento de construção do Estado imperial brasileiro e das turbulências políticas e sociais, que resultaram da crise do Primeiro Reinado, da abdicação do imperador e do novo governo da Regência. Foi nesse contexto de disputas por um novo projeto de nação forjado a partir da criação de novas instituições liberais que este estudo se propôs a observar a atuação dos juízes de paz.

É digno de nota que, logo na primeira eleição municipal para a magistratura leiga, uma parcela da população apta a votar manifestasse suas ideias sobre o assunto através de correspondências publicadas nos jornais, dando a dimensão da participação desses votantes no processo eleitoral, em um incipiente exercício de cidadania em torno da campanha eleitoral para juiz de paz. A propósito, há que se dizer que, durante a vigência dos mandatos, as queixas, requerimentos e representações de indivíduos contestando as ações dos juízes de paz perfazem o ativismo de uma parcela da população em função desse novo instituto.

Para análise da segunda eleição, o mapeamento da trajetória e perfil biográfico dos sujeitos, que foram eleitos para o cargo, revelou que alguns desses agentes públicos, que atuavam nas freguesias centrais da cidade, eram membros das facções políticas que se hostilizavam no Parlamento, na imprensa e, especialmente, nas manifestações de rua que aconteciam na capital do Império. Não obstante, o recurso das substituições temporárias de juízes de paz empossados por seus suplentes no período de "politização das ruas", e posterior recondução dos magistrados, demonstrou ter sido um instrumento útil de manutenção do cargo. Nesse contexto de acirradas disputas políticas, a anulação da eleição de 1832 e a conturbada eleição, que se seguiu em 1833, reverberam o racha que se seguiria entre os grupos políticos sobre os poderes dados aos juízes eleitos desde a criação do Código do Processo de 1832. Às vésperas da eleição de 1836, a Assembleia Legislativa Provincial do Rio de Janeiro tentava limitar o número de juízes de paz eleitos nas freguesias sob o argumento de que a instituição havia se degradado nos últimos anos.

O fato é que, paralelamente a essa discussão em torno da utilidade de um juiz de paz em cada distrito, havia outras questões que mobilizavam o grupo político, o qual atuava na capital e estava alinhado ao governo regencial. A participação ativa e criativa dos votantes no processo eleitoral municipal despertou a atenção da classe política. A propagação de ideias que surgiam na imprensa fluminense, como o direito de "deseleger" um mandatário que não atendesse às expectativas do cargo ou a defesa do voto enquanto um direito do cidadão (ainda que a Lei silenciasse sobre esse entendimento), foi questão tratada como incômoda nas assembleias legislativas provincial e geral. Registros contidos nas atas eleitorais das freguesias reverberam o posicionamento ativo dos votantes no processo eleitoral. Um exemplo disso foi a suspensão da apuração eleitoral na freguesia da Lagoa, em 1836, pelo "impedimento dos cidadãos da Guarda Nacional de darem os seus votos". O adiamento do processo eleitoral para o dia posterior, 8 de setembro, e o recebimento dos 44 votos dos guardas mudaram o resultado dessa eleição na freguesia da Lagoa.[1064]

[1064] AGCRJ. BR RJAGCRJ 62.3.71 – Fundo da Câmara Municipal/Série Eleições. Livro da Ata da Eleição da Freguesia da Lagoa (1836). As urnas já tinham sido apuradas na freguesia quando a mesa eleitoral "foi inteirada de que muitos Cidadãos não tinham conseguido dar os seus votos por serem Guardas Nacionais e estarem em

Na quarta eleição para juiz de paz, em 1840, pouco antes da Reforma do Código do Processo, as notas publicadas na imprensa durante a campanha eleitoral para a magistratura de paz denotam a dimensão do engajamento dos correspondentes ao defenderem seus candidatos, assinando sob pseudônimos, que sinalizavam seus posicionamentos sobre as causas políticas do período, entre os quais: *O Amante da Magistratura Popular*; *Monarchista Constitucional*; *O Maiorista*; *O Brasileiro Monarchista*; *O Monarchista*; *Hum Eleitor do Município da Corte*; *Hum que vota* e *O Imparcial*. No ano daquela eleição municipal, os temas da campanha da Maioridade, liderada pelo grupo político progressista, e da Reforma do Código do Processo em curso, liderada pelo grupo político regressista, estavam presentes na campanha eleitoral para juiz de paz. De fato, tanto a campanha eleitoral como o resultado dessa eleição municipal estão atravessados pelos temas políticos de âmbito nacional, como as propostas da Reforma, que pretendia retirar poderes da magistratura de paz. Não por acaso, indivíduos eleitos em 1840 sequer tomaram posse do cargo em 1841, sinalizando desinteresse pela função.

Como já era sabido, o processo eleitoral no Império brasileiro era marcado por suspeitas e acusações sobre trocas de favores, manipulação eleitoral, corrupção e coerção, instrumentos que buscavam garantir um resultado. Contudo, importa considerar que, apesar dessas questões e da circularidade de certos nomes nas chapas eleitorais publicadas sistematicamente na imprensa fluminense e de outros que foram abertamente rechaçados, o resultado das urnas para juiz de paz das freguesias da cidade do Rio de Janeiro foi imprevisível. Um bom exemplo disso é o caso do juiz de paz da freguesia do Engenho Velho, Pedro Cyríaco Pacheco, eleito e reeleito apesar da campanha na imprensa contra a sua candidatura. Importa destacar que dos 180 mandatos eletivos identificados na pesquisa a partir das publicações dos resultados das quatro eleições mapeadas, 22% desse total correspondem a reeleição imediata.

Quanto à garantia do resultado das urnas, foi possível perceber que certos padrões, que se repetiam, sinalizavam uma espécie de manipulação eleitoral. A posse dada a eleitos em posição desfavorável na apuração eleitoral denota esse sentido na medida em que a Câmara Municipal, ao empossar suplentes ignorando a posição que ocupavam no resultado da votação sob critérios desconhecidos, desrespeitava a vontade da maioria

serviço na Parada do dia de hoje (*7 de setembro*)" (grifo nosso). Dos 197 votos apurados para juiz de paz no dia 7 de setembro, foram acrescidos 44 votos na apuração do dia 8 de setembro, totalizando 241 votos para juiz de paz.

dos votantes. Não obstante, a importância da Câmara Municipal do Rio de Janeiro na história da magistratura de paz está para além das decisões concernentes ao processo de apuração eleitoral nas freguesias, a posse dada aos juízes eleitos, ou da organização para o alistamento e o Conselho de Qualificação da Guarda Nacional em parceria com os juízes de paz. Algumas audiências dos juizados de paz eram realizadas nas salas dessa instituição, espaço conhecido por certos sujeitos, que foram eleitos juízes locais, mas que já haviam ocupado cargos na Câmara, o que denota atravessamentos e relações entre essas duas instâncias de poder e autoridade municipal.

Vale destacar que a experiência anterior dos indivíduos, que perfazem o grupo de juízes de paz, os quais ocuparam cargos públicos na Câmara, como na almotaçaria, por exemplo, conferiu a esses indivíduos maior proximidade com a população e a responsabilidade pelo controle urbano da localidade. Para aqueles que atuaram como vereadores, a inserção concreta na política local. A partir da Lei de 1º de outubro de 1828, que deu nova forma às câmaras municipais retirando o poder de justiça dessa instituição, a transição dos 25 juízes almotacés identificados para o cargo de juiz de paz garantia a permanência desses sujeitos em um cargo ligado à fiscalização e controle policial do meio urbano. Importa observar que, desse grupo de juízes, cuja trajetória remonta aos cargos na instituição, pelo menos cinco deles atuaram no tráfico e/ou comércio de escravos.

A informação de que traficantes e/ou comerciantes de escravos foram eleitos, alguns até reeleitos, para ocupar o cargo da magistratura de paz nas freguesias, que perfazem a zona portuária do comércio de escravos no Rio de Janeiro, extrapola o entendimento de que a atuação desses agentes públicos estava reduzida aos "interesses e pressões" dos potentados locais. Doravante, é preciso considerar a trajetória e, portanto, os interesses individuais e do grupo desses magistrados leigos. Os proprietários e conhecidos traficantes Simplício da Silva Nepomuceno e Duarte José de Mello, por exemplo, eram membros efetivos da Sociedade Auxiliadora da Indústria Nacional, uma organização que tinha como um dos seus objetivos a proteção da indústria nacional e dos interesses dos sócios. A propósito, dos juízes de paz da cidade do Rio de Janeiro identificados na categoria profissional "proprietários", 39,2% eram sócios da Sociedade Auxiliadora da Indústria Nacional, sendo aceitos na instituição entre os anos de 1833 e 1874. Não à toa, esse tipo de inserção de indivíduos eleitos juízes de paz em movimentos associativos é um dado relevante.

Este estudo revelou que do grupo dos magistrados de paz identificados em associações, 72% deles estavam ligados a alguma sociedade política. Outro aspecto importante é que, no mais das vezes, esses indivíduos participavam, concomitantemente, de associações das mais variadas vertentes (política, literária, cultural e econômica). Quanto aos comerciantes, segunda categoria profissional com maior incidência de juízes de paz, pelo menos quatro magistrados eleitos em 1833 e ligados à indústria do tráfico de africanos eram sócios da Junta do Comércio. Essa rede de relações associativas, somada à trajetória de inserção nos cargos da Câmara, sinaliza as estratégias desenvolvidas por esses homens na defesa dos seus interesses familiares, políticos, econômicos e ideológicos, que encontra na ascensão ao cargo eletivo da magistratura de paz um novo espaço de poder local e prestígio social, que o voto popular lhes confere.

Ademais, vale destacar as relações de parentesco identificadas ao longo da pesquisa na medida em que membros de uma mesma família foram eleitos para o cargo da Justiça de Paz em determinadas freguesias, como no caso de Joaquim Antônio da Costa Junior eleito em 1836 para o 1º distrito da freguesia de São José. Seu pai, Joaquim Antônio da Costa, foi eleito na eleição seguinte, em 1840, para o 2º distrito da mesma freguesia. O mesmo se repete com os irmãos Venâncio José Lisboa Filho e Cypriano José Lisboa, ambos eleitos na mesma eleição de 1836 para o 1º distrito da freguesia da Glória. Assim sendo, além da atração que a amplitude dos poderes desse cargo pudesse exercer sobre os candidatos, a hipótese sobre a perspectiva desses sujeitos ascenderem na carreira política a partir da notoriedade do cargo de juiz de paz se confirma na medida em que homens de posição social definida alcançaram cargos públicos nas políticas regional e nacional pela primeira vez após o mandato eletivo da magistratura leiga. Quanto ao prestígio social, a chancela do reconhecimento público (estima social) na ascensão ao cargo pelo voto justifica a adesão dos indivíduos elegíveis à magistratura de paz da cidade do Rio de Janeiro. Ademais, conforme asseverou José Murilo de Carvalho (2020), uma estratégia de ascensão dos estratos médios urbanos era a inserção na carreira de Estado. Nesse sentido, o novo instituto da Justiça de Paz era um atrativo para comerciantes (segunda categoria profissional com maior número de juízes eleitos) face ao prestígio social do cargo.

Outra questão relevante é que a notoriedade dos atos dos juízes de paz através da publicidade na imprensa estabelecia um contraponto às críticas sobre a dita incompetência dos juízes locais. Os dados sobre a atuação da magistratura de paz publicados nos jornais, como o "Resumo das causas feitas" (1830) e a meticulosa divulgação da "Distribuição das audiências" semanais, denotam esse sentido. Aliás, tanto nessa espécie de relatório das atividades da vara como nas informações obtidas a partir do Acervo Judiciário do Arquivo Nacional, como mostra a Tabela 3 e o Quadro 19, a atuação conciliatória da Justiça de Paz se sobrepõe em números às demais atuações judiciais da magistratura leiga a despeito do Código do Processo de 1832 ter ampliado as funções dos juízes de paz para além das funções conciliatórias. Nesse sentido, apesar de as críticas da magistratura profissional sobre a natureza não jurisdicional dessa ação (conciliatória), a credibilidade pública no instituto para mediar os conflitos entre partes repercute o reconhecimento utilitário dessa função angariado pela Justiça de Paz.

Como bem observou Jacques-Guy Petit (2002), a estreita relação entre os magistrados localmente eleitos e a população do município conferiu à "Justiça de proximidade" a notoriedade desses agentes públicos. Soma-se a isso o fato de os elegíveis serem, necessariamente, residentes da localidade, o que lhes conferia um conhecimento específico das particularidades locais, mas também relações de vizinhança que favoreciam práticas clientelistas, a exemplo do caso do juiz de paz do 2º distrito de Sacramento, Eleutério Velho Bezerra, afastado do cargo por suspeita de favorecimento ilícito. Destarte, a partir dessas análises e do levantamento do perfil e trajetória dos magistrados eleitos para o espaço e tempo tratados nesta pesquisa, já não é mais possível reverberar ideias generalistas, como as que Flory sugeriu em seu trabalho: *"pero en general lo que se aplica a Bahia parece aplicarse a Rio de Janeiro"*.[1065] Isso porque se está diante de uma história dos juízes de paz, que é parte indissociável da história da localidade. Em poucas palavras, o que se aplica ao caso dos juízes de paz da cidade em questão certamente não reverbera sequer a história a ser investigada sobre os juízes de paz das demais localidades da província do Rio de Janeiro.

A essas ideias, que sutilmente permanecem sem maiores críticas, dado ao incipiente volume de trabalhos sobre o assunto, acrescenta-se o dito "excesso" de autonomia do cargo, que teria mobilizado a campanha de desmonte do instituto da Justiça de Paz. Entretanto, se por um lado a magistratura local da cidade do Rio de Janeiro se estabelecia e se reconhecia ante uma cultura jurídica que surgia forjada nas demandas do dia a dia, o mesmo não se pode dizer sobre o dito "excesso de autonomia" atribuído ao cargo. Autores que se debruçaram sobre o assunto, como Eduardo Junior

---

[1065] FLORY, 1986, p. 128.

(2019) e Welinton da Silva (2014), criticaram esse entendimento de época. Para Eduardo Junior, a relação cotidiana entre a presidência da província de Minas Gerais e os juízes de paz era tencionada pela tentativa de disciplina, e, portanto, pela interferência do governo provincial nas ações dos agentes judiciais. Segundo Welinton da Silva, a forma como o primeiro chefe de polícia da Corte concebeu e conduziu a Secretaria de Polícia demandou um exercício de autoridade cotidiano sobre a Justiça de Paz, que não estava previsto nos códigos, colocando em xeque a autonomia dos magistrados leigos. Com efeito, para o caso dos juízes de paz da capital do Império, as interferências sobre as demandas da magistratura extrapolavam os âmbitos das autoridades local e regional.

As recorrentes *decisões* oficiadas pela Secretaria de Estado dos Negócios da Justiça sobre as mais diversas ações dos magistrados eletivos ameaçavam a autonomia atribuída ao cargo. Isso por que, sob o argumento do respaldo de certas leis editadas em 1832, o governo central se arrogava o direito de reparar injustiças cometidas pelos juízes de paz, chegando a revogar decisões desses magistrados. De fato, por mais de uma vez ao longo deste trabalho, as queixas dirigidas ao ministro da Justiça e às demais autoridades da Corte dão conta das controvérsias sobre a atuação da magistratura local. Contudo, enquanto alguns juízes conferiram sentidos próprios à aplicação das novas leis ante os desafios cotidianos ou atuavam sob a defesa dos interesses que os moviam, as interferências oriundas da Secretaria de Justiça e da chefatura de polícia da Corte na administração da magistratura de paz chegavam a desconsiderar a conjuntura dos fatos e certos ritos legais. Trata-se, portanto, de uma interferência estabelecida no cotidiano das funções administrativa, eleitoral, judicial e policial da Justiça de Paz em uma espécie de ressignificação dos poderes conferidos pelo Código do Processo de 1832 e que vinham se alargando desde as Leis de 1831 (especialmente, a partir das Leis de 6 de junho e de 26 de outubro do respectivo ano). Nesse contexto, apesar do caráter descentralizador do cargo eletivo, não há que se reiterar sobre "excesso" de autonomia na atuação desses agentes.

Outrossim, é importante considerar que as disputas hierárquicas entre as autoridades à frente das novas instituições estabeleciam limites às interferências. Isso significa dizer que, ao ignorar certas "recomendações" das demais instâncias de poder, esses juízes de paz estivessem reivindicando a autonomia do cargo ou, então, que estivessem simplesmente sobrepujando as ordens dadas. O estudo do perfil biográfico e da trajetória mostrou que no grupo de juízes de paz eleitos havia condes, barões, comendadores, marques, visconde e fidalgos das ordens, além de 25 doutores. Em torno de 40% do total de magistrados identificados eram detentores de títulos e honrarias. Em uma sociedade onde a distinção social era um valor, não é difícil compreender as posturas refratárias de certos juízes de paz às interferências externas questionando suas ações.

A construção do perfil prosopográfico destacou que, para cada um dos quatro mandatos eleitorais, houve apenas um juiz de paz, cuja ocupação principal era o ofício de advogado, a despeito dos 25 indivíduos identificados como doutores. As três categorias profissionais com maior concentração de juízes foram, respectivamente, as de proprietário, comerciante e militar. Foram esses homens, associados pela defesa de suas ideologias, projetos políticos e interesses econômicos, os escolhidos pelo voto para manter a ordem na cidade. Com efeito, em um esforço de conciliar o inconciliável, eles desempenhavam a função de mantenedores da paz social atravessada pela efervescência do período de construção do Estado nacional ao mesmo tempo que se inseriam, ou tomavam parte ativa, "no jogo político da Corte imperial".

Os juízes de paz da capital do Império foram os agentes públicos encarregados de combater as manifestações de rua, a criminalidade e a desordem social na cidade. O sexto e último capítulo deste trabalho confere a dimensão e a importância da atuação policial desses juízes, que, para além da normatização das condutas sociais, escreveram os seus nomes na cena pública, como no evento que antecedeu a abdicação do primeiro imperador, ao representarem a insatisfação popular com o governo. Não por acaso, o protagonismo da magistratura leiga ensejou uma ferrenha campanha do Regresso conservador pela reforma do Judiciário, que mirou a supressão dos poderes dos juízes locais, centralizando o poder de polícia. Decerto, para os ativos votantes das eleições municipais da cidade do Rio de Janeiro, a reforma política que suprimiu os poderes do juiz de paz representante da freguesia, simbolizava, entre outras coisas, "a velha desconfiança na capacidade do povo de se autojulgar".[1066]

[1066] CARVALHO, José Murilo. O juiz de paz da cidade. **O Globo**, 18 fev. 2011a. Disponível em: www.tjrj.jus.br. Acesso em: 3 set. 2019.

REFERÊNCIAS

Fontes

Biblioteca da Câmara dos Deputados

BRASIL. Congresso Nacional. Câmara dos Deputados. **Annaes do Parlamento Brazileiro**, 1826, t. I. Disponível em: https://bd.camara.leg.br/bd/handle/bdcamara/28859. Acesso em: 15 abr. 2022.

BRASIL. Congresso Nacional. Câmara dos Deputados. **Annaes do Parlamento Brazileiro**, 1827, t. I. Disponível em: https://bd.camara.leg.br/bd/handle/bdcamara/28859. Acesso em: 16 abr. 2022.

BRASIL. Congresso Nacional. Câmara dos Deputados. **Annaes do Parlamento Brazileiro**, 1829, t. II e III. Disponível em: https://bd.camara.leg.br/bd/handle/bdcamara/28859. Acesso em: 18 abr. 2022.

BRASIL. Congresso Nacional. Câmara dos Deputados. **Annaes do Parlamento Brazileiro**, 1831, t. II. Disponível em: https://bd.camara.leg.br/bd/handle/bdcamara/28859. Acesso em: 20 abr. 2022.

BRASIL. Congresso Nacional. Câmara dos Deputados. **Annaes do Parlamento Brazileiro**, 1832, t. II. Disponível em: https://bd.camara.leg.br/bd/handle/bdcamara/28859. Acesso em: 24 abr. 2022.

Biblioteca Nacional do Rio de Janeiro (BN) – Hemeroteca Digital

A Aurora Fluminense: Jornal Político e Literário (RJ). Disponível em: http://bndigital.bn.gov.br/hemeroteca-digital. Acesso em: 5 fev. 2021.

Almanak administrativo, mercantil e industrial do Rio de Janeiro – 1844 a 1885. Disponível em: http://memoria.bn.br/docreader/DocReader.aspx?bib=313394x&Pesq=Samuel%20Phillips%20e%20C&pagfis=490. Acesso em: 14 jan. 2023.

Correio do Rio de Janeiro (RJ)/1822 – 1823. Disponível em: http://memoria.bn.br/DocReader/docreader.aspx?bib=749370&pesq=&pagfis=1. Acesso em: 4 fev. 2022.

Diário do Rio de Janeiro (RJ). Disponível em: http://bndigital.bn.gov.br/hemeroteca-digital. Acesso em: 5 fev. 2021.

Gazeta do Rio de Janeiro. Disponível em: http://memoria.bn.br/DocReader/DocReader.aspx?bib=749664&pagfis=7431. Acesso em: 2 fev. 2022.

Império do Brasil: Diário Fluminense (1821 – 1831). Disponível em: http://memoria.bn.br/DocReader/docreader.aspx?bib=706744&pesq=&pagfis=7756. Acesso em: 5 jun. 2022.

Jornal do Commercio (RJ). Disponível em: http://bndigital.bn.gov.br/hemeroteca-digital. Acesso em: 5 fev. 2021.

O Auxiliador da Indústria Nacional: ou Collecção de Memórias e Notícias Interessantes (RJ) 1833 a 1896. Disponível em: http://memoria.bn.br/DocReader/docreader.aspx?bib=302295&pesq=&pagfis=6495. Acesso em: 5 nov. 2022.

O Exaltado: Jornal Literário, Político e Moral (RJ). Disponível em: http://bndigital.bn.gov.br/hemeroteca-digital. Acesso em: 5 fev. 2021.

Revista Popular (RJ). Disponível em: http://bndigital.bn.gov.br/hemeroteca-digital. Acesso em: 5 fev. 2021.

O Republico (RJ)/1830 – 1855. Disponível em: http://memoria.bn.br/DocReader/docreader.aspx?bib=332704&pesq=&pagfis=305. Acesso em: 26 dez. 2021.

Biblioteca Nacional do Rio de Janeiro (BN) – Memória da BN

BRASIL. Império do Brasil: Diário do Governo (CE) – 1823 a 1833. Disponível em: http://memoria.bn.br/DocReader/Hotpage/HotpageBN.aspx?bib=706752&pagfis=338&url=http://memoria.bn.br/docreader#. Acesso em: 4 ago. 2021.

BRASIL. Ministério do Império. **Relatório da Repartição dos Negócios do Império apresentado à Assembleia Geral Legislativa na Sessão Ordinária de 1838**. Rio de Janeiro: Typographia Nacional, 1838. Disponível em: http://memoria.bn.br/pdf/720968/per720968_1837_00001.pdf. Acesso em: 19 fev. 2021.

BRASIL. Ministério do Império. **Relatório da Repartição dos Negócios do Império apresentado à Assembleia Geral Legislativa na Sessão Ordinária de 1840**. Rio de Janeiro: Typographia Nacional, 1840. Disponível em: http://memoria.bn.br/pdf/720968/per720968_1839_00001.pdf. Acesso em: 19 fev. 2021.

Biblioteca Nacional do Rio de Janeiro (BN) – Biblioteca Nacional Digital Brasil

Coleção Decimal: Carta a João José Dias Camargo, comunicando sua admissão como sócio efetivo da Sociedade de Instrução Elementar do Rio de Janeiro (Manuscrito). Disponível em: http://acervo.bndigital.bn.br/sophia/index.html. Acesso em: 15 fev. 2022.

Divisão Obras Raras. AMARAL, Antônio José do. Elegia a muito sentida morte do Ilmo. Exmo. Senhor Joaquim José Pereira de Faro, barão do Rio Bonito, fallecido em 10 de fevereiro de 1843. **Biblioteca Digital Luso-brasileira**, c2012. Disponível em: https://acervobndigital.bn.gov.br/sophia/index.html. Acesso em: 2 jul. 2023.

Biblioteca Nacional do Rio de Janeiro (BN) – Seção Manuscritos

Anais da Biblioteca Nacional, v. 104, doc. 06, 03, 012, n. 799. Rio de Janeiro, 1831. "Processo a que deu motivo os Tumultos das Garrafadas dos dias 13, 14 e 15 de Março de 1831".

Biblioteca Brasiliana Guita Mindlin

BLACKE, Augusto Victorino Alves Sacramento. **Diccionario Bibliographico Brasileiro (Volume 5: Letras Jo-Ly)**. Rio de Janeiro: Imprensa Nacional, 1899.

Protesto da Tropa à Sua Magestade. Disponível em: https://digital.bbm.usp.br/bitstream/bbm/490/1/45000000099_Output.o.pdf. Acesso em: 17 set. 2022.

Legislação

BRASIL. [Constituição (1824)]. **Constituição Política do Imperio do Brazil**. Rio de Janeiro: Collecção das Leis do Imperio do Brazil, 1824a. Disponível em: http://www.planalto.gov.br/ccivil_03/constituicao/constituicao24.htm. Acesso em: 10 fev. 2021.

BRASIL. **Decreto de 26 de março de 1824**. Manda proceder á eleição dos Deputados e Senadores da Assembléa Geral Legislativa e dos Membros dos Conselhos Geraes das Provincias. Rio de Janeiro: Collecção das Leis do Imperio do Brazil, 1824b. Disponível em: https://www2.camara.leg.br/legin/fed/decret_sn/1824-1899/decreto-38579-26-marco-1824-567113-publicacaooriginal-90525-pe.html. Acesso em: 4 jun. 2022.

BRASIL. **Decreto de 1º de dezembro de 1828**. Dá instrucções para as eleições das Camaras Municipaes e dos Juizes de Paz e seus Supplentes. Rio de Janeiro: Collecção das Leis do Imperio do Brazil, 1828a. Disponível em: https://www2.camara.leg.br/atividade-legislativa/legislacao/colecao-anual-de-leis/copy_of_colecao2.html. Acesso em: 30 ago. 2023.

BRASIL. **Decreto de 14 de junho de 1831**. Marca o distinctivo de que devem usar os Juízes de Paz e seus delegados. Rio de Janeiro: Collecção das Leis do Imperio do Brazil, 1831a. Disponível em: https://www.camara.leg.br/Internet/InfDoc/conteudo/colecoes/Legislacao/Legimp-14/Legimp-14_75.pdf. Acesso em: 10 jul. 2022.

BRASIL. **Decreto de 9 de julho de 1831**. Marca as épocas das reuniões das Juntas dos Juizes Policiaes e dá outras providencias. Rio de Janeiro: Collecção das Leis do Imperio do Brazil, 1831b. Disponível em: https://www2.camara.leg.br/atividade-legislativa/legislacao/colecao-anual-de-leis/copy_of_colecao3.html. Acesso em: 24 jul. 2022.

BRASIL. **Decreto de 25 de outubro de 1832**. Altera a Lei de 18 de Agosto de 1831, da creação das Guardas Nacionaes do Imperio. Rio de Janeiro: Collecção das Leis do Imperio do Brazil, 1832a. Disponível em: https://www.diariodasleis.com.br/legislacao/federal/203385-altera-a-lei-de-18-de-agosto-de-1831-da-creauuo-das-guardas-nacionaes-do-imperio.html. Acesso em: 9 dez. 2021.

BRASIL. **Decreto de 13 de dezembro de 1832**. Dá Instrucções para a execução do Codigo do Processo Criminal. Rio de Janeiro: Collecção das Leis do Imperio do Brazil, 1832b. Disponível em: https://www2.camara.leg.br/legin/fed/decret_sn/1824-1899/decreto-37413-13-dezembro-1832-564046-publicacaooriginal-88066-pe.html. Acesso em: 20 abr. 2024.

BRASIL. **Decreto-lei nº 1.608, de 18 de setembro de 1939**. Código de Processo Civil. Rio de Janeiro: Coleção de Leis do Brasil, 1939. Disponível em: https://www2.camara.leg.br/legin/fed/declei/1930-1939/decreto-lei-1608-18-setembro-1939-411638-publicacaooriginal-1-pe.html. Acesso em: 22 fev. 2022.

BRASIL. **Lei de 15 de outubro de 1827**. Crêa em cada uma das freguezias e das capellas curadas um Juiz de Paz e supplente. Rio de Janeiro: Collecção das Leis do Imperio do Brazil, 1827. Disponível em: https://www2.camara.leg.br/legin/fed/lei_sn/1824-1899/lei-38396-15-outubro-1827-566688-publicacaooriginal-90219-pl.html. Acesso em: 4 jun. 2022.

BRASIL. **Lei de 1º de outubro de 1828**. Dá nova fórma ás Camaras Municipaes, marca suas attribuições, e o processo para a sua eleição, e dos Juizes de Paz. Rio de Janeiro: Collecção das Leis do Imperio do Brazil, 1828b. Disponível em: https://www2.camara.leg.br/legin/fed/lei_sn/1824-1899/lei-38281-1-outubro-1828-566368-norma-pl.html. Acesso em: 4 jun. 2022.

BRASIL. **Lei de 16 de dezembro de 1830**. Manda executar o Código Criminal. Rio de Janeiro: Collecção das Leis do Imperio do Brazil, 1830. Disponível em: https://www.planalto.gov.br/ccivil_03/leis/lim/lim-16-12-1830.htm. Acesso em: 8 set. 2023.

BRASIL. **Lei de 6 de junho de 1831**. Dá providencias para a prompta administração da Justiça e punição dos criminosos. Rio de Janeiro: Collecção das Leis do Imperio do Brazil, 1831c. Disponível em: https://www2.camara.leg.br/legin/fed/lei_sn/1824-1899/lei-37207-6-junho-1831-563560-publicacaooriginal-87651-pl.html. Acesso em: 8 jan. 2022.

BRASIL. **Lei de 14 de junho de 1831**. Sobre a fórma da eleição da Regencia permanente, e suas attribuições. Rio de Janeiro: Collecção das Leis do Imperio do Brazil, 1831d. Disponível em: https://www2.camara.leg.br/legin/fed/lei_sn/1824-1899/lei-37250-14-junho-1831-563670-publicacaooriginal-87745-pl.html. Acesso em: 26 fev. 2022.

BRASIL. **Lei de 18 de agosto de 1831**. Crêa as Guardas Nacionaes e extingue os corpos de milicias, guardas municipaes e ordenanças. Rio de Janeiro: Collecção das Leis do Imperio do Brazil, 1831e. Disponível em: https://www2.camara.leg.br/legin/fed/lei_sn/1824-1899/lei-37497-18-agosto-1831-564307-publicacaooriginal-88297-pl.html. Acesso em: 9 dez. 2021.

BRASIL. **Lei de 26 de outubro de 1831**. Prescreve o modo de processar os crimes publicos e particulares e dá outras providencias quanto aos policiaes. Rio de Janeiro: Collecção das Leis do Imperio do Brazil, 1831f. Disponível em: https://www2.camara.leg.br/legin/fed/lei_sn/1824-1899/lei-37623-26-outubro-1831-564670-publicacaooriginal-88611-pl.html. Acesso em: 17 set. 2023.

BRASIL. **Lei de 29 de novembro de 1832**. Promulga o Codigo do Processo Criminal de primeira instancia com disposição provisoria ácerca da administração da Justiça Civil. Rio de Janeiro: Collecção das Leis do Imperio do Brazil, 1832c. Disponível em: http://www.planalto.gov.br/ccivil_03/leis/lim/lim-29-11-1832.htm. Acesso em: 13 fev. 2021.

BRASIL. **Lei nº 387, de 19 de agosto de 1846**. Regula a maneira de proceder ás Eleições de Senadores, Deputados, Membros das Assembléas Provinciaes, Juízes de Paz, e Camaras Municipaes. Rio de Janeiro: Collecção das Leis do Imperio do Brazil, 1846. Disponível em: https://www2.camara.leg.br/legin/fed/leimp/1824-1899/lei-387-19-agosto-1846-555122-publicacaooriginal-83186-pl.html. Acesso em: 13 fev. 2021.

BRASIL. **Lei nº 13.105, de 16 de março de 2015**. Código de Processo Civil. Brasília, DF: Presidência da República, 2015. Disponível em: https://www.planalto.gov.br/ccivil_03/_ato2015-2018/2015/lei/l13105.htm. Acesso em: 22 fev. 2022.

BRASIL. **Collecção das Decisões do Governo do Imperio do Brazil**: Decisões (1831 – 1840). Rio de Janeiro: Typographia Nacional, 1839-1876. Disponível em: https://www2.camara.leg.br/atividade-legislativa/legislacao/colecao-anual-de-leis/copy_of_colecao3.html. Acesso em: 9 dez. 2021.

BRASIL. **Collecção das Leis do Imperio do Brazil**: Atos do Poder Executivo, Parte 2, 1833. Rio de Janeiro: Typographia Nacional, 1873. Disponível em: https://www2.camara.leg.br/atividade-legislativa/legislacao/colecao-anual-de-leis/copy_of_colecao3.html. Acesso em: 11 set. 2022.

Academia Nacional de Medicina (ANM)

SAMPAIO, Francisco. Manuel de Valladão Pimentel (Barão de Petrópolis). **Academia Nacional de Medicina**, c2022. Disponível em: https://www.anm.org.br/manuel-de-valladao-pimentel-barao-de-petropolis/. Acesso em: 8 ago. 2022.

Instituto Histórico e Geográfico Brasileiro (IHGB)

SÓCIOS falecidos brasileiros. **Instituto Histórico e Geográfico Brasileiro**, 2015. Disponível em: https://ihgb.org.br/perfil/userprofile/VJLisboa.html. Acesso em: 24 jul. 2022.

Instituto Histórico e Geográfico de São Paulo (IHGSP)

REVISTA DO INSTITUTO HISTÓRICO E GEOGRÁFICO DE SÃO PAULO. São Paulo: Instituto Histórico e Geográfico de São Paulo, n. 63, v. LXIII, jan./jun. 1967. Disponível em: http://ihgsp.org.br/wp-content/uploads/2018/03/Vol-63.pdf. Acesso em: 27 fev. 2022.

Instituto Brasileiro de Museus

INSTITUTO BRASILEIRO DE MUSEUS. Museu Imperial. Coleção Museu Histórico de Petrópolis: Prato com brasão do visconde do Rio Bonito. **Instituto Brasileiro de Museus**, c2012. Disponível em: http://dami.museuimperial.museus.gov.br/handle/acervo/4650. Acesso em: 5 jul. 2023.

Assembleia Legislativa do Estado de São Paulo

Relação dos Governantes no Período de 1822 a 1900. Disponível em: https://www3.al.sp.gov.br/historia/governadores-do-estado/governantes1.htm. Acesso em: 27 fev. 2022.

Memória Política de Santa Catarina

MEMÓRIA POLÍTICA DE SANTA CATARINA. **Biografia Eleutério José Velho Bezerra**, 2022. Disponível em: https://memoriapolitica.alesc.sc.gov.br/biografia/230-Eleuterio_Jose_Velho_Bezerra. Acesso em: 21 jul. 2022.

Tribunal de Justiça (Rio de Janeiro) – Museu da Justiça – Centro Cultural do Poder Judiciário (CCMJ)

TRIBUNAL DE JUSTIÇA DO RIO DE JANEIRO. Museu da Justiça. Centro Cultural do Poder Judiciário (CCMJ). Catálogo Virtual de Processos da Nobreza. Tribunal de Justiça do Estado do Rio de Janeiro. Rio de Janeiro: Tribunal de Justiça, 2022. Disponível em: http://ccmj.tjrj.jus.br/documents/5989760/6464634/Catalogo_Virtual_da_Nobreza_20220902.pdf/ac870bdc-bdb8-3828-8176-411181bd7f34?t=1662351443438. Acesso em: 5 nov. 2022.

TRIBUNAL DE JUSTIÇA DO RIO DE JANEIRO. Museu da Justiça. Centro Cultural do Poder Judiciário (CCMJ). A magistratura e o cenário urbano carioca: personalidades homenageadas na denominação dos logradouros públicos. Rio de Janeiro: Tribunal de Justiça do Estado do Rio de Janeiro, 2016. Disponível em: http://ccmj.tjrj.jus.br/documents/10136/2288597/magistratura-cenario-urbano-carioca.pdf. Acesso em: 5 nov. 2022.

TRIBUNAL DE JUSTIÇA DO RIO DE JANEIRO. Museu da Justiça. Centro Cultural do Poder Judiciário. Autos dos Processos Judiciais. Partes: João Rodrigues Viana (autor); Faustino Pinto da Roza e outros (réus). Ação Criminal. Ano 1835. Comarca: Capital – Rio de Janeiro (Corte). Caixa 2468, Reg. 029665, Cód. 35332, Ano 1835.

Arquivo Nacional do Rio de Janeiro (ANRJ)

ANRJ. Diretório Brasil de Arquivos (DIBRARQ). Fundo/Coleção QT – João Huet de Bacelar Pinto Guedes Sotto Maior. Biografia. Disponível em: http://dibrarq. arquivonacional.gov.br/index.php/joao-huet-de-bacelar-pinto-guedes-sotto-maior. Acesso em: 1 fev. 2022.

ANRJ. Memória da Administração Pública Brasileira/Biografia – Período Imperial. Disponível em: http://mapa.an.gov.br/index.php/producao?layout=&id=536. Acesso em: 28 jan. 2022.

ANRJ. Base de Dados Acervo Judiciário do Arquivo Nacional (1830 – 1839). Disponível em: http://www.an.gov.br/Basedocjud/MenuDocJud/MenuDocJud. php. Acesso em: 20 dez. 2022.

ANRJ. Base de Dados Acervo Judiciário – Fundo/Coleção: Relação do Rio de Janeiro; Códice 84, ano 1831, n. 269, maço 816, GAL. A. Juízo de Paz da Candelária – Conciliação. Autor: Francisco José Rodrigues Filho; Réu: Hemery Haman.

ANRJ. Base de Dados Acervo Judiciário do Arquivo Nacional. Juizado de Paz da Freguesia de Nossa Senhora da Candelária, Conciliação: Imperador do Brasil, Carlos Miguel Fontaine, Samuel Felipe & Cia. N. 176, maço, 815, GAL A (1832).

ANRJ. Base de Dados do Acervo Judiciário. Processo: nº 2.506 – Caixa 1799 – Gal A RJ – 1834/1834. Recorrente: João Pinto de Lacerda. Supremo Tribunal de Justiça (BU).

ANRJ. Base de Dados do Acervo Judiciário – Fundo/Coleção: Relação do Rio de Janeiro, 84. Processo: nº 1467 – 9F RJ *Habeas Corpus* – 1841/1841; Paciente: Bento de Moura Galião.

ANRJ. Base de Dados do Acervo Judiciário – Fundo/Coleção Relação do Rio de Janeiro, 84, ano 1840, n. 1052, maço 151, GAL C. Autor: Promotor Público, Réu: Juiz de paz do 3º distrito de Sacramento.

ANRJ. Fundo/Coleção: Série Magistratura e Justiça /IJ4 118.

ANRJ. Fundo/Coleção: Série Magistratura – Magistratura e Justiça/ IJ4 129.

ANRJ. Fundo/Coleção: Série Justiça/IJ4 287.

ANRJ. Fundo/Coleção: Série Justiça/ IJ4 290.

ANRJ. Fundo/Coleção: Série Justiça – Magistratura Local/IJ5 58.

ANRJ. Fundo/Coleção: Série Justiça/IJ6 172.

ANRJ. Fundo/Coleção: Série Justiça, AM/IJ6 177.

ANRJ. Fundo/Coleção: Série Justiça, AM/IJ6 186.

ANRJ. Fundo/Coleção: Série Justiça, AM/IJ6 190.

ANRJ. Fundo/Coleção: Série Justiça, AM/IJ6 194.

ANRJ. Fundo/Coleção: Série Justiça, AM/IJ6 196.

ANRJ. Fundo/Coleção: Série Polícia da Corte; Códice 322, Fundo 0E.

ANRJ. Fundo/Coleção: Série Polícia da Corte; Códice 331, v. 1, Fundo 0E. Disponível em: http://imagem.sian.an.gov.br/acervo/derivadas/br_rjanrio_0e/cod/0/0331_v_01/br_rjanrio_0e_cod_0_0331_v_01_d0001de0001.pdf. Acesso em: 17 jan. 2024.

ANRJ. Fundo/Coleção: Série Polícia da Corte; Códice 331, v. 2, Fundo 0E. Disponível em: http://imagem.sian.an.gov.br/acervo/derivadas/br_rjanrio_0e/cod/0/0331_v_02/br_rjanrio_0e_cod_0_0331_v_02_d0001de0001.pdf. Acesso em: 18 ago. 2023.

ANRJ. Fundo/Coleção: Série Polícia da Corte; Códice 1004; vol. 1. Fundo 0E. Correspondências de Eusébio de Queirós com várias autoridades.

ANRJ. Fundo: Diversos; Caixas – 2H 00 0562 – BARROS, Custódio Xavier. Breve analyse dos acontecimentos que tiverão lugar na manhã do dia 3 de abril (1832).

ANRJ. Fundo: 7X – Junta do Comércio, Agricultura, Fábrica e Navegação. Posses e Juramentos dos Deputados da Real Junta do Comércio; Códice 520, 1809 – 1832.

ANRJ. Fundo: PW.0.0.86 — Família Velho. Instruções para se proceder as eleições das câmaras municipais e dos juízes de paz (Dossiê). Disponível em: http://imagem.sian.an.gov.br/acervo/derivadas/br_rjanrio_pw/0/0/0086/br_rjanrio_pw_0_0_0086_d0001de0001.pdf. Acesso em: 30 ago. 2023.

Arquivo Geral da Cidade do Rio de Janeiro (AGCRJ)

AGCRJ. BR RJAGCRJ 62.2.51 – Fundo da Câmara Municipal/Série Eleições. Livro da Ata das Eleições de Juiz de Paz e Suplente da Freguesia da Candelária e de Vereadores da Câmara Municipal do Rio de Janeiro (1829).

AGCRJ. BR RJAGCRJ 62.2.52 – Fundo da Câmara Municipal/Série Eleições. Livro da Ata das Eleições de Juiz de Paz e Suplente da Freguesia de Sacramento e de Vereadores da Câmara Municipal do Rio de Janeiro (1829).

AGCRJ. BR RJAGCRJ 62.2.53 – Fundo da Câmara Municipal/Série Eleições. Livro da Ata das Eleições de Juiz de Paz e Suplente da Freguesia de Santana e de Vereadores da Câmara Municipal do Rio de Janeiro (1829).

AGCRJ. BR RJAGCRJ 62.2.54 – Fundo da Câmara Municipal/Série Eleições. Livro da Ata das Eleições de Juiz de Paz e Suplente da Freguesia de São José e de Vereadores da Câmara Municipal do Rio de Janeiro (1829).

AGCRJ. BR RJAGCRJ 62.2.55 – Fundo da Câmara Municipal/Série Eleições. Livro da Ata das Eleições de Juiz de Paz e Suplente da Freguesia de Santa Rita e de Vereadores da Câmara Municipal do Rio de Janeiro (1829).

AGCRJ. BR RJAGCRJ 62.2.57 – Fundo da Câmara Municipal/Série Eleições. Livro da Ata das Eleições de Juiz de Paz e Suplente da Freguesia do Engenho Velho – Câmara Municipal do Rio de Janeiro (1832).

AGCRJ. BR RJAGCRJ 62.3.1 – Fundo da Câmara Municipal/Série Eleições. Livro da Ata das Eleições de Juiz de Paz e Suplente da Freguesia da Candelária e de Vereadores da Câmara Municipal do Rio de Janeiro (1832).

AGCRJ. BR RJAGCRJ 62.3.3 – Fundo da Câmara Municipal/Série Eleições. Livro da Ata da Eleição da Freguesia da Candelária – II Distrito (1833).

AGCRJ. BR RJAGCRJ 62.3.4 – Fundo da Câmara Municipal/Série Eleições. Livro da Ata da Eleição da Freguesia de Sacramento – II Distrito (1833).

AGCRJ. BR RJAGCRJ 62.3.5 – Fundo da Câmara Municipal/Série Eleições. Livro da Ata da Eleição da Freguesia de Sacramento – III Distrito (1833).

AGCRJ. BR RJAGCRJ 62.3.21 – Fundo da Câmara Municipal/Série Eleições. Livro da Ata da Eleição da Freguesia do Engenho Velho – 1º distrito (1833).

AGCRJ. BR RJAGCRJ 62.3.57 – Fundo da Câmara Municipal/Série Eleições. Livro da Ata da Eleição da Freguesia da Engenho Velho – 2º distrito (1836).

AGCRJ. BR RJAGCRJ 62.3.58 – Fundo da Câmara Municipal/Série Eleições. Livro da Ata da Eleição da Freguesia da Glória – 2º distrito (1836).

AGCRJ. BR RJAGCRJ 62.3.64 – Fundo da Câmara Municipal/Série Eleições. Livro da Ata da Eleição da Freguesia de Sacramento – 3º Distrito (1836).

AGCRJ. BR RJAGCRJ 62.3.65 – Fundo da Câmara Municipal/Série Eleições. Livro da Ata da Eleição da Freguesia de Santana – 1º Distrito (1836).

AGCRJ. BR RJAGCRJ 62.3.67 – Fundo da Câmara Municipal/Série Eleições. Livro da Ata da Eleição da Freguesia de Santana – 2º Distrito (1836).

AGCRJ. BR RJAGCRJ 62.2.68 – Fundo da Câmara Municipal/Série Eleições. Livro da Ata da Eleição da Freguesia de Santa Rita – 1º distrito (1836).

AGCRJ. BR RJAGCRJ 62.3.69 – Fundo da Câmara Municipal/Série Eleições. Livro da Ata da Eleição da Freguesia de Santa Rita – 2º distrito (1836).

AGCRJ. BR RJAGCRJ 62.3.71 – Fundo da Câmara Municipal/Série Eleições. Livro da Ata da Eleição da Freguesia da Lagoa – (1836).

AGCRJ. Legislação Municipal, Edital de Posturas, Códice 18.1.67.

Peça teatral (comédia de costumes)

PENA, Martins. **O juiz de paz da roça**. Texto pertencente ao acervo de peças teatrais da biblioteca da Universidade Federal de Uberlândia (UFU), digitalizado para fins de preservação por meio do projeto Biblioteca Digital de Peças Teatrais (BDteatro). Este projeto é financiado pela FAPEMIG (Convênio EDT-1870/02) e pela UFU. Disponível em: https://www.bdteatro.ufu.br/handle/123456789/120. Acesso em: 31 ago. 2019.

Documento sonoro

DESORDEM. Intérprete: Titãs. S. Britto, C. Gavin e M. Fromer. *In:* JESUS não tem dentes no país dos banguelas. Rio de Janeiro: Warner/Chapell Brasil Edições Musicais Ltda., 1987. 1 CD, faixa 9

Dicionários biográficos

FIOCRUZ. **Dicionário Histórico-Biográfico das Ciências da Saúde no Brasil (1832 – 1930)**, 2023. Casa de Oswaldo Cruz/Fiocruz. Disponível em: https://www.dichistoriasaude.coc.fiocruz.br/. Acesso em: 6 jan. 2022.

MACEDO, Joaquim Manuel de. **Anno Biographico Brazileiro**. Rio de Janeiro: Typographia e Lithographia do Imperial Instituto Artístico, 1876. Disponível em: https://www2.senado.leg.br/bdsf/handle/id/179448. Acesso em: 13 fev. 2022.

PINTO, Luiz Maria da Silva. **Dicionário da língua brasileira**. Ouro Preto: Typographia de Silva, 1832. Disponível em: https://digital.bbm.usp.br. Acesso em: 23 out. 2022.

Bibliografia

ABREU, Martha. **O império do divino**: festas religiosas e cultura popular no Rio de Janeiro, 1830 – 1900. Rio de Janeiro: Nova Fronteira; São Paulo: Fapesp, 1999.

ABREU, Mauricio de A. **Evolução urbana do Rio de Janeiro**. 4. ed. Rio de Janeiro: Instituto Pereira Passos, 2013.

ADORNO, Sérgio. **Os aprendizes do poder**: o bacharelismo liberal na política brasileira. 2. ed. São Paulo: Edusp, 2019.

AGUIAR, Patrícia Figueiredo. "Um campo de conflitos": o presidente da província e os juízes de paz na investigação sobre a Rusga em Mato Grosso. **Outros Tempos**, [S. l.], v. 19, n. 33, p. 146-174, 2022. Disponível em: https://outrostempos.uema.br/index.php/outros_tempos_uema/article/view/912/925. Acesso em: 27 out. 2022.

ALMEIDA, Adilson José de. Sociedade armada: o modo senhorial de atuação no Brasil Império. **Anais do Museu Paulista**, São Paulo, v. 23, n. 2, p. 93-138, jul./dez. 2015. Disponível em: https://www.scielo.br/j/anaismp/a/SLW8p9Tjcg9vgc8q4WRqsdC/. Acesso em: 1º set. 2023.

ALMEIDA, Felipe Pessanha de. **Eusébio de Queirós e a chefia de polícia da Corte: um laboratório Saquarema (C. 1830 – C. 1840)**. 195 f. Dissertação (Mestrado) – Instituto de História, Universidade Federal Fluminense, Niterói, 2017.

ALVES, Francisco das Neves. Legislação brasileira de imprensa (1823 – 1923): um catálogo de leis. **BIBLOS** – Revista do Instituto de Ciências Humanas e da Informação, Rio Grande, n. 11, p. 89-93, 1999.

ANDRADE, Marcos Ferreira de. Política, vínculos familiares e moderação: a trajetória dos Veiga no sudeste do Império (1827 – 1837). *In:* SIMPÓSIO NACIONAL DE HISTÓRIA, 25., 2009, Fortaleza. **Anais** […]. Fortaleza: ANPUH, 2009.

AVELAR, Lucas Brunozi. A cultura de taverna da escravidão. *In:* ENCONTRO ESCRAVIDÃO E LIBERDADE NO BRASIL MERIDIONAL, 10., 2021, ambiente virtual. **Anais** […]. [S. l.]: Unifesp; Unesp-Assis, 2021. Disponível em: http://www.escravidaoeliberdade.com.br/site/images/10encontro/lucas_avelar.pdf. Acesso em: 6 jan. 2023.

BARATA, Alexandre Mansur. **Maçonaria, sociabilidade ilustrada e independência do Brasil (1790 – 1822)**. Juiz de Fora: Ed. UFJF; São Paulo: Annablume, 2006.

BARRETO FILHO, Mello; LIMA, Hermeto. **História da Polícia do Rio de Janeiro**: Aspectos da cidade e da vida carioca (1831 – 1870). Rio de Janeiro: A Noite, 1942.

BASILE, Marcello. **O império em construção**: projetos de Brasil e ação política na Corte regencial. 2004. Tese (Doutorado) – Programa de Pós-Graduação em História Social, Instituto de Filosofia e Ciências Sociais, Universidade Federal do Rio de Janeiro, Rio de Janeiro, 2004.

BASILE, Marcello. Projetos de Brasil e construção nacional na imprensa fluminense. *In*: FERREIRA, Tânia Maria Bessone da Cruz; MOREL, Marco; NEVES, Lúcia Maria Bastos Pereira (org.). **História e Imprensa**: representações culturais e práticas de poder. Rio de Janeiro: FAPERJ, 2006a.

BASILE, Marcello. Sociabilidade e ação políticas na corte regencial: a Sociedade Defensora da Liberdade e Independência Nacional. **Dimensões**, v. 18, p. 349-383, 2006b. Disponível em: https://periodicos.ufes.br/dimensoes/article/view/2451. Acesso em: 7 jan. 2021.

BASILE, Marcello. Revolta e cidadania na Corte regencial. **Revista Tempo**, Niterói, v. 11, n. 22, p. 31-57, 2007. Disponível em: https://www.scielo.br/j/tem/a/3J8g-gxL8xyCYQcV6DTSXv4k/?lang=pt&format=pdf. Acesso em: 14 dez. 2021.

BASILE, Marcello. O laboratório da nação: a era regencial (1831 – 1840). *In*: GRINBERG, Keila; SALLES, Ricardo (org.). **O Brasil Imperial**: volume II – 1831 – 1870. Rio de Janeiro: Civilização Brasileira, 2009. p. 53-119.

BASILE, Marcello. Deputados da Regência: perfil socioprofissional, trajetórias e tendências políticas. *In*: CARVALHO, J. M.; CAMPOS, A. P. (org.). **Perspectivas da cidadania no Brasil Império**. Rio de Janeiro: Civilização Brasileira, 2011.

BASILE, Marcello. A Revolução de 7 de abril de 1831: disputas políticas e lutas de representações. *In*: SIMPÓSIO NACIONAL DE HISTÓRIA, 28., 2013, Natal. **Anais** […]. Natal: ANPUH, 2013. Disponível em: http://www.snh2013.anpuh.org/resources/anais/27/1364533003_ARQUIVO_Art-ANPUH2013-MarcelloBasile.pdf. Acesso em: 13 set. 2021.

BASILE, Marcello. Inventário analítico da imprensa periódica do Rio de Janeiro na Regência: perfil dos jornais e dados estatísticos. *In*: CARVALHO, José Murilo de; NEVES, Lucia Maria Bastos Pereira das (org.). **Dimensões e fronteiras do Estado brasileiro no oitocentos**. Rio de Janeiro: Eduerj, 2014.

BASILE, Marcello. The "Print Arena": press, politics, and the public sphere in the Brazilian Empire. *In:* KRAAY, Hendrik; CASTILHO, Celso Thomas; CRIBELLI, Teresa (org.). **Press, Power, and Culture in Imperial Brazil, 1822 – 1889**. Albuquerque: University of New Mexico Press, 2021.

BASILE, Marcello. **A politização nas ruas**: projetos de Brasil e ação política no tempo das Regências. Brasília: Senado Federal, 2022.

BEARD, Charles Austin. **The office of the justice of the peace in England**: in its origin and development. New York: The Columbia University Press, 1904.

BERGER, Paulo. **As freguesias do Rio antigo**. Rio de Janeiro: Edições O Cruzeiro, 1965.

BOURDIEU, Pierre. **O poder simbólico**. Rio de Janeiro: Bertrand Brasil S.A., 1989a.

BOURDIEU, Pierre. Le mort saisit le vif. As relações entre história reificada e a história incorporada. *In:* BOURDIEU, Pierre. **O poder simbólico**. Lisboa: DIFEL, 1989b. p. 75-106.

BOURDIEU, Pierre. **Razões práticas**: sobre a teoria da ação. Campinas, SP: Papirus, 1996.

BOURDIEU, Pierre. O campo político. **Revista Brasileira de Ciência Política**, Brasília, n. 5, p. 193-216, 2011. Disponível em: https://periodicos.unb.br/index.php/rbcp/article/view/1761/1549. Acesso em: 3 fev. 2023.

BRAGA, Leopoldo. Notoriedade. **Revista de Direito do Ministério Público do Estado da Guanabara**, Rio de Janeiro, v. 3, n. 7, p. 27-33, 1969.

BRETAS, Marcos. **Ordem na cidade**: o exercício cotidiano da autoridade policial no Rio de Janeiro (1907 – 1930). Rio de Janeiro: Rocco, 1997.

CALDEIRA, Claudia Adriana Alves. **Justiniano José da Rocha**: bastidores da imprensa política. 2016. Tese (Doutorado) – Universidade do Estado do Rio de Janeiro, Rio de Janeiro, 2016.

CAMPOS, Adriana Pereira; BETZEL, Viviani Dal Piero. Júri no Brasil Império: polêmicas e desafios. *In:* RIBEIRO, Gladys Sabina (org.). **Brasileiros e cidadãos**: modernidade política (1822 – 1930). São Paulo: Alameda, 2008.

CAMPOS, Adriana Pereira. Tribunal do Júri: a participação leiga na administração da justiça brasileira do Oitocentos. *In:* RIBEIRO, Gladys Sabina; NEVES, Edson Alvisi; FERREIRA, Maria de Fátima Cunha Moura (org.). **Diálogos entre Direito e História**: cidadania e justiça. Niterói: EDUFF, 2009. p. 219-236.

CAMPOS, Adriana Pereira. Magistratura leiga no Brasil independente: a participação política municipal. *In:* CARVALHO, José Murilo de (org.). **Linguagens e fronteiras do poder**. Rio de Janeiro: Editora FGV, 2011.

CAMPOS, Adriana Pereira. Magistratura Eleita: administração política e judicial no Brasil (1826 – 1841). **Almanack**, Guarulhos, n. 18, p. 97-138, 2018. Disponível em: https://www.scielo.br/j/alm/a/N3qnGtv5cTYsxMCmztXYwWS/?lang=pt. Acesso em: 3 set. 2019.

CAMPOS, Adriana Pereira; SLEMIAN, Andréa; MOTTA, Kátia Sausen da. **Juízes de paz**: um projeto de justiça cidadã nos primórdios do Brasil Império. Curitiba: Juruá, 2017.

CAMPOS, Adriana Pereira; SOUZA, Alexandre de Oliveira Bazilio de. A conciliação e os meios alternativos de solução de conflitos no Império brasileiro. **DADOS – Revista de Ciências Sociais**, Rio de Janeiro, v. 59, n. 1, p. 271-298, 2016. Disponível em: https://www.scielo.br/j/dados/a/nmQYFpykfJHRByqryb-VCy8y/. Acesso em: 9 dez. 2022.

CAMPOS, Adriana Pereira; VELLASCO, Ivan. Juízes de paz, mobilização e interiorização da política. *In:* CARVALHO, José Murilo de; CAMPOS, Adriana Pereira (org.). **Perspectiva da cidadania no Brasil Império**. Rio de Janeiro: Civilização Brasileira, 2011.

CARVALHO, José Murilo de. **A construção da ordem**: a elite política imperial. Brasília: Ed. Universidade de Brasília, 1981.

CARVALHO, José Murilo de. Cidadania: tipos e percursos. **Estudos Históricos**, Rio de Janeiro, n. 18, p. 337-359, 1996.

CARVALHO, José Murilo de. Mandonismo, coronelismo, clientelismo: uma discussão conceitual. **Revista Dados**, Rio de Janeiro, v. 40, n. 2, 1997. Disponível em: https://www.scielo.br/scielo.php?pid=S0011=52581997000200003-&script-sci_arttext. Acesso em: 28 set. 2020.

CARVALHO, José Murilo de. **Cidadania no Brasil**: o longo caminho. 13. ed. Rio de Janeiro: Civilização Brasileira, 2010.

CARVALHO, José Murilo de. O juiz de paz da cidade. **O Globo**, 18 fev. 2011a. Disponível em: www.tjrj.jus.br. Acesso em: 3 set. 2019.

CARVALHO, José Murilo de. A involução da participação eleitoral no Brasil, 1821 – 1930. *In:* CARVALHO, José Murilo de; CAMPOS, Adriana Pereira (org.). **Perspectivas da cidadania no Brasil Império**. Rio de Janeiro: Civilização Brasileira, 2011b.

CARVALHO, José Murilo. **A construção da ordem**: a elite política imperial. 14. ed. Rio de Janeiro: Civilização Brasileira, 2020.

CASTELLUCCI, Aldrin Armstrong Silva. Muitos votantes e poucos eleitores: a difícil conquista da cidadania operária no Brasil Império (Salvador, 1850 – 1881). **Varia História**, Belo Horizonte, v. 30, n. 52, p. 183-206, 2014. Disponível em: https://www.scielo.br/pdf/vh/v30n52/09.pdf. Acesso em: 20 fev. 2021.

CASTRO, Jeanne Berrance. **A milícia cidadã**: a Guarda Nacional de 1831 – 1850. São Paulo: Ed. Nacional, 1977.

CAVALCANTI JUNIOR, Manoel Nunes. **"Praieiros", "guabirus" e "populaça"**: as eleições gerais de 1844 no Recife. 2001. Dissertação (Mestrado em História) – Universidade Federal de Pernambuco, Recife, 2001.

CHALHOUB, Sidney. **A força da escravidão**: ilegalidade e costume no Brasil oitocentista. São Paulo: Companhia das Letras, 2012.

CHARLE, Christophe. Como anda a história social das elites e da burguesia? Tentativa de balanço crítico da historiografia contemporânea. *In:* HEINZ, Flávio M. (org.). **Por outra história das elites**. Rio de Janeiro: Editora FGV, 2006a. p. 19-39.

CHARLE, Christophe. A prosopografia ou biografia coletiva: balanço e perspectivas. *In:* HEINZ, Flávio M. (org.). **Por outra história das elites**. Rio de Janeiro: Editora FGV, 2006b. p. 41-53.

COSER, Ivo. **Visconde do Uruguai**: centralização e federalismo no Brasil, 1823 – 1866. Belo Horizonte: Editora UFMG; Rio de Janeiro: IUPERJ, 2008.

COSTA, Alex Andrade. "Os juízes de paz são todos uns ladrões": autoridades públicas e o tráfico de escravos no interior da província da Bahia (1831 – 1841). **Estudos Históricos**, Rio de Janeiro, v. 32, n. 66, p. 123-142, 2019. Disponível em: https://www.scielo.br/j/eh/a/c8yKnxdYY8BvSj9xJCVZTdb/?format=pdf&lang=pt. Acesso em: 19 dez. 2021.

DUTRA, Pedro. **Literatura Jurídica no Império**. 2. ed. Rio de Janeiro: Padma, 2014.

FERNÁNDEZ, Celso Jesús Almuiña. **La prensa escrita, como documento histórico**. Haciendo historia: homenaje al profesor Carlos Seco. p. 615-624. Universidad de La Rioja: Dialnet, 1989. Disponível em: https://dialnet.unirioja.es/servlet/articulo?codigo=3028125. Acesso em: 10 set. 2019.

FLORENTINO, Manolo. **Em costas negras**: uma história do tráfico de escravos entre a África e o Rio de Janeiro (Século XVIII e XIX). São Paulo: Companhia das Letras, 1997.

FLORENTINO, Manolo; FRAGOSO, João Luiz. **O arcaísmo como projeto**: mercado atlântico, sociedade agrária e elite mercantil em uma economia colonial tardia (Rio de Janeiro, c.1790 – c.1840). Rio de Janeiro: Civilização Brasileira, 2001.

FLORY, Thomas. **Judge and Jury in Imperial Brazil, 1808 – 1871**. Social control and political stability in the new state. Austin: University of Texas Press, 1981.

FLORY, Thomas. **El juez de paz y el jurado en el Brasil imperial, 1808 – 1871**: control social y estabilidad política en el nuevo Estado. México: Fondo de Cultura Económica, 1986.

FONSECA, Álvaro Monteiro Mariz. O "direito de nobreza" na cultura jurídico-política do Brasil imperial. **Almanack**, Guarulhos, n. 27, ea02219, 2021. Disponível em: https://www.scielo.br/j/alm/a/pBsykHs6fX38np3pjXcRnzt/?format=pdf&lang=pt. Acesso em: 25 fev. 2022.

FRUTUOSO, Moisés Amado. **"Murmurando o sagrado em nome da Pátria"**: juízes de paz, elites e antilusitanismo em Rio de Contas (1822 – 1832). 2022. Tese (Doutorado) – Faculdade de Filosofia e Ciências Humanas, Universidade Federal da Bahia, Salvador, 2022.

GOMES, Flávio dos Santos. **História de quilombolas**: mocambos e comunidades de senzalas no Rio de Janeiro – século XIX. Rio de Janeiro: Arquivo Nacional, 1995.

GONÇALVES, Aureliano Restier. **Cidade de São Sebastião do Rio de Janeiro**: terras e fatos. Rio de Janeiro: Secretaria Municipal das Culturas, Arquivo Geral da Cidade do Rio de Janeiro, 2004. (Coleção Memória Carioca, vol. 4). Disponível em: http://www.rio.rj.gov.br/dlstatic/10112/4204430/4101442/sao_sebast_rj_terras_fatos.pdf. Acesso em: 20 ago. 2022.

GORENSTEIN, Riva. Comércio e política: o enraizamento de interesses mercantis portugueses no Rio de Janeiro (1808 – 1830). *In:* MARTINHO, Lenira Menezes;

GORENSTEIN, Riva. **Negociantes e caixeiros na sociedade da independência**. Rio de Janeiro: Secretaria Municipal de Cultura, Turismo e Esportes. Departamento Geral de Documentação e Informação Cultural. Divisão de Editoração, 1993.

GRAHAM, Richard. Formando un gobierno central: las elecciones y el orden monárquico en siglo XIX. *In:* ANNINO, Antonio (org.). **Historia de las elecciones en Iberoamérica, siglo XIX**. Uruguai: Fondo de Cultura Econômica, 1995.

GRAHAM, Richard. **Clientelismo e política no Brasil do século XIX**. Rio de Janeiro: Editora UFRJ, 1997.

GRINBERG, Keila. A história nos porões dos arquivos judiciários. *In:* PINSKY, Carla Bassanezi; LUCA, Tânia Regina de (org.). **O historiador e suas fontes**. São Paulo: Contexto, 2009. p. 119-140.

GUIMARÃES, Celeste Maria Baitelli Zenha. **As práticas da Justiça no cotidiano da pobreza**: um estudo sobre o amor, o trabalho e a riqueza através dos processos penais. 1984. Dissertação (Mestrado) – Programa de Pós-Graduação em História, Universidade Federal Fluminense, Niterói, 1984.

GUIMARÃES, Lúcia Maria Paschoal. **Em nome da ordem e da moderação: a trajetória da Sociedade Defensora da Liberdade e Independência Nacional do Rio de Janeiro**. Dissertação de mestrado. Rio de Janeiro: PPGHIS/UFRJ, 1990. Disponível em: https://www.historiografia.com.br/tese/1328. Acesso em: 8 jan. 2021.

HEINZ, Flávio M. O historiador e as elites – à guisa de introdução. *In:* HEINZ, Flávio M. (org.). **Por outra história das elites**. Rio de Janeiro: Editora FGV, 2006. p. 7-15.

HERSTAL, Stanislaw. **Dom Pedro**: estudo iconográfico – volume III. Brasília, DF: FUNAG, 2021. Disponível em: https://funag.gov.br/biblioteca-nova/produto/36-36-dom_pedro_estudo_iconografico. Acesso em: 17 jan. 2023.

HESPANHA, António Manuel. **História das instituições**: épocas Medieval e Moderna. Coimbra, Portugal: Livraria Almedina, 1982.

HESPANHA, António Manuel. **Guiando a mão invisível**: direitos, Estado e lei no liberalismo monárquico português. Coimbra, Portugal: Livraria Almedina, 2004.

HESPANHA, António Manuel. **Cultura jurídica europeia**: síntese de um milênio. Florianópolis: Boiteux, 2005a.

HESPANHA, António Manoel. As fronteiras do poder: o mundo dos rústicos. **Revista Sequência**, v. 26, n. 51, p. 47-105, 2005b. Disponível em: https://periodicos.ufsc.br/index.php/sequencia/article/view/15171/13797. Acesso em: 7 fev. 2022.

HESPANHA, António Manuel. **O direito dos letrados no império português**. Florianópolis: Boiteux, 2007.

HOBBES, Thomas. **Leviatã, ou matéria, forma e poder de um Estado eclesiástico e civil**. São Paulo: Martins Fontes, 2003.

HOLANDA, Sérgio Buarque. **Raízes do Brasil**. 26. ed. São Paulo: Companhia das Letras, 1995.

HOLLOWAY, Thomas. **Polícia no Rio de Janeiro**: repressão e resistência numa cidade do século XIX. Rio de Janeiro: Editora Fundação Getúlio Vargas, 1997.

HONNETH, Axel. **Luta por reconhecimento**: a gramática moral dos conflitos sociais. 2. ed. São Paulo: Editora 34, 2009.

IAMASHITA, Léa Maria Carrer. **"Ordem" no mundo da "desordem"**: modernização e cotidiano popular (Rio de Janeiro, 1822 – 1840). Brasília: Hinterlândia Editorial, 2009a.

IAMASHITA, Léa Maria Carrier. A câmara municipal como instituição de controle social. **Revista Arquivo Geral da Cidade do Rio de Janeiro**, [s. l.], n. 3, p. 41-56, 2009b.

JAVARI, Barão de. **Organizações e Programas Ministeriais desde 1822 a 1889**. Secretaria da Câmara dos Deputados. Rio de Janeiro: Imprensa Nacional, 1889. Disponível em: https://www2.senado.leg.br/bdsf/item/id/220525PDF. Acesso em: 24 ago. 2022.

KATO, Ruth Maria. **Revoltas de rua**: o Rio de Janeiro em 3 momentos (1821 – 1828 – 1831). 1988. Dissertação (Mestrado) – Universidade Federal do Rio de Janeiro, Rio de Janeiro, 1988.

KRAAY, Hendrik. **Política racial, Estado e forças armadas na época da independência**: Bahia, 1790 – 1850. São Paulo: Hucitec Editora, 2011.

KRAAY, Hendrik. Apresentação. *In:* MUGGE, Miquéias H.; COMISSOLI, Adriano (org.). **Homens e armas**: recrutamento militar no Brasil – Século XIX. São Paulo: Oikos, 2013. p. 7-12.

KLEIN, Herbert S. Participación política en Brasil en el siglo XIX: los votantes de San Pablo em 1880. *In:* ANNINO, Antonio (org.). **Historia de las elecciones en Iberoamérica, siglo XIX**. Uruguai: Fondo de Cultura Econômica, 1995. p. 453-468.

LIMA, Ana Paula dos Santos. Balthazar da Silva Lisboa. **Revista Crítica Histórica**, ano II, n. 4, dez. 2011. Disponível em: http://www.revista.ufal.br/criticahistorica/attachments/article/106/Baltasar%20da%20Silva%20Lisboa.pdf. Acesso em: 13 fev. 2022.

LIMA, Ana Paula dos Santos. **Memórias de Baltasar da Silva Lisboa**: a singular floresta e os povos de Ilhéus (1782 – 1835). 2013. Tese (Doutorado) – Programa de Pós-graduação em Ensino, Filosofia e História das Ciências, Universidade Federal da Bahia, Feira de Santana, 2013.

LINHARES, Maria Yedda. As listas eleitorais do Rio de Janeiro do século XIX. Projeto de classificação socio-profissional. **Caravelle** – Cahiers du monde hispanique et luso-brésilien, n. 22, p. 41-67, 1974. Disponível em: https://www.persee.fr/doc/carav_0008-0152_1974_num_22_1_1928. Acesso em: 13 fev. 2021.

LOPES, José Reinaldo de Lima. O diálogo entre Direito e História. *In:* RIBEIRO, Gladys Sabina; NEVES, Edson Alvisi; FERREIRA, Maria de Fátima Cunha Moura (org.). **Diálogos entre Direito e História**: cidadania e justiça. Niterói: EDUFF, 2009. p. 279-292.

LOPES, José Reinaldo de Lima. **O Direito na História**: lições introdutórias. 5. ed. São Paulo: Atlas, 2014.

LOPES, Walter de Mattos. **"A Real Junta do Comércio, Agricultura, Fábricas e Navegações deste Estado do Brazil e seus domínios Ultramarinos"**: um tribunal de Antigo Regime na corte de dom João (1808 – 1821). 2009. Dissertação (Mestrado em História) – Programa de Pós-graduação em História, Universidade Federal Fluminense, Niterói, 2009.

LUCA, Tania Regina de. História dos, nos e por meio dos periódicos. *In:* PINSKY, Carla Bassanezi (org.). **Fontes históricas**. 2. ed. São Paulo: Contexto, 2006.

MAGALHÃES, Aparecido Adriano. **"Os Guerrilheiros do Liberalismo"**: o juiz de paz e suas práticas nos Termos de São João del-Rei, Comarca do Rio das Mortes (1827 – 1842). 2011. Dissertação (Mestrado em História) – Universidade Federal de São João del-Rei, São João del-Rei, 2011.

MAINENTE, Renato Aurélio. **Reformar os costumes ou servir o público**: visões sobre o teatro no Rio de Janeiro oitocentista. 2016. Tese (Doutorado em História) – Faculdade de Ciências Humanas e Sociais, Universidade Estadual Paulista, Franca, 2016.

MALERBA, Jurandir. **Os brancos da lei**: liberalismo, escravidão e mentalidade patriarcal no Império do Brasil. Maringá: EDUEM, 1994.

MANTUANO, Thiago Vinícius. A região portuária do Rio de Janeiro no século XIX: aspectos demográficos e sociais. **Almanack**, Guarulhos, n. 21, p. 166-204, abr. 2019.

MARQUESE, Rafael; SALLES, Ricardo. A cartografia do poder senhorial: cafeicultura, escravidão e formação do Estado nacional brasileiro (1822 – 1848). *In:* MUAZE, Mariana; SALLES, Ricardo. **O vale do Paraíba e o Império do Brasil**: nos quadros da Segunda Escravidão. Rio de Janeiro: Editora 7Letras, 2015. p. 100-129.

MARTINHO, Lenira Menezes; GORENSTEIN, Riva. **Negociantes e caixeiros na sociedade da independência**. Rio de Janeiro: Secretaria Municipal de Cultura, Turismo e Esportes. Departamento Geral de Documentação e Informação Cultural. Divisão de Editoração, 1993.

MARTINS, Mônica de Souza Nunes. **"Vadios" e mendigos no tempo da Regência (1831 – 1834)**: construção e controle do espaço público da Corte. 2002. Dissertação (Mestrado em História Social) – Universidade Federal Fluminense, Niterói, 2002.

MATTOS, Ilmar Rohloff de. **O tempo Saquarema**. São Paulo: HUCITEC, 1987.

MEIRELLES, Delton R. S. Os juízes leigos na experiência regencial "republicana" (1832 – 1841). *In:* RIBEIRO, Gladys Sabina; NEVES, Edson Alvisi; FERREIRA, Maria de Fátima Cunha Moura (org.). **Diálogos entre Direito e História**: cidadania e justiça. Niterói: EDUFF, 2009. p. 257-277.

MENDONÇA, Joseli. Os juízes de paz e o mercado de trabalho: Brasil, século XIX. *In:* RIBEIRO, Gladys Sabina; NEVES, Edson Alvisi; FERREIRA, Maria de Fátima Cunha Moura (org.). **Diálogos entre Direito e História**: cidadania e justiça. Niterói: EDUFF, 2009. p. 237-256.

MORAIS FILHO, Melo. **Festas e tradições populares do Brasil**. Brasília: Senado Federal, Conselho Editorial, 2002.

MOREL, Marco. **As transformações nos espaços públicos**: imprensa, atores políticos e sociabilidades na Cidade Imperial (1820 – 1840). São Paulo: Hucitec, 2005.

MOTTA, Kátia Sausen da. **Juiz de paz e cultura política no início dos Oitocentos (Província do Espírito Santo, 1827 – 1842)**. 2013. Dissertação (Mestrado em História) – Programa de Pós-Graduação em História, Universidade Federal do Espírito Santo, Vitória, 2013.

MOTTA, Kátia Sausen da. **Eleições no Brasil do Oitocentos**: entre a inclusão e a exclusão da patuleia na cidadela política. 2018. Tese (Doutorado em História) – Programa de Pós-Graduação em História Social das Relações Políticas, Universidade Federal do Espírito Santo, Vitória, 2018.

MOTTA, Laura Oliveira. **Entre a ordem e o medo**: a utilização da Guarda Nacional no policiamento da cidade do Rio de Janeiro oitocentista (1831 – 1835). 2019. Dissertação (Mestrado em História) – Programa de Pós-graduação em História, Instituto de Ciências Humanas e Sociais, Universidade Federal Rural do Rio de Janeiro, Seropédica, 2019.

MOURA, Danielle Figuerêdo; RICCI, Magda Maria de Oliveira. **Defensores de Cabanos?** A imagem dos juízes de paz em questão: Pará, 1836 – 1839. Encontro de Pós-graduandos da Sociedade Brasileira de Estudos do Oitocentos, 2018. Disponível em: https://www.seo.org.br/images/Anais/Anais_II_Encontro/Danielle_Moura_completo.pdf. Acesso em: 26 jul. 2021.

NASCIMENTO, Joelma Aparecida do. **Os "homens" da administração e da justiça no Império**: eleição e perfil social dos juízes de paz em Mariana, 1827 – 1841. 2010. Dissertação (Mestrado) – Universidade Federal de Juiz de Fora, Juiz de Fora, 2010.

NASCIMENTO, Joelma Aparecida do. **A política eleitoral e judiciária na construção do Estado Imperial**: Minas Gerais (Mariana, 1828 – 1848). 2015. Tese (Doutorado) – Universidade Federal de Minas Gerais, Belo Horizonte, 2015.

NEVES, Lúcia Maria Bastos P. Las elecciones en la construcción del Imperio brasileño: los limites de una nueva práctita de la cultura política lusobrasileña (1821 – 1823). *In:* ANNINO, Antonio (org.). **Historia de las elecciones en Iberoamérica, siglo XIX**. Uruguai: Fondo de Cultura Econômica, 1995.

NEVES, Lúcia Maria Bastos P. Nas margens do liberalismo: voto, cidadania e constituição no Brasil (1821 – 1824). **Revista de História das Ideias**, Coimbra, v. 37, p. 55-77, 2019. Disponível em: https://impactum-journals.uc.pt/rhi/article/view/2183-8925_37_3. Acesso em: 5 jan. 2021.

NOGUEIRA, Octaciano; FIRMO, João Sereno. **Parlamentares do Império**, volume 1. Brasília: Centro Gráfico do Senado Nacional, 1973. Disponível em: http://bd.camara.leg.br/bd/handle/bdcamara/36461. Acesso em: 9 ago. 2022.

OLIVEIRA, Régis Fernandes de. Foro privilegiado no Brasil: análise dos 20 anos da Constituição. **Revista do Advogado**, São Paulo, ano XXVIII, n. 99, p. 108-136, 2008.

PAIVA, João Pedro; BERNARDES, José Augusto Cardoso. **A Universidade de Coimbra e o Brasil**: percurso iconobibliográfico. Coimbra: Imprensa da Universidade de Coimbra/Coimbra University Press, 2012.

PANDOLFI, Fernanda Cláudia. **A abdicação de D. Pedro I**: espaço público da política e opinião pública no final do Primeiro Reinado. Assis: Universidade Estadual Paulista, 2007.

PASSOS, André Fernandes. **Rotas internas do comércio de escravos**: Laguna, primeiras décadas do século XIX. 2015. Trabalho de Conclusão de Curso (Bacharelado em História) – Universidade Federal de Santa Catarina, Ilha de Santa Catarina, 2015.

PELLEGRINO, Laércio. Código Criminal de 1830 e Código do Processo Criminal de 1832. **Revista dos Tribunais**, São Paulo, v. 68, n. 528, p. 293-302, out. 1979.

PETIT, Jacques-Guy (org.). **Une Justice de Proximité**: La Justice de Paix (1790 – 1958). Angers/France: Université d'Angers – Centre d'Histoire des Regulations Sociales, 2002. Disponível em: http://www.gip-recherche-justice.fr/publication/view/une-justice-de-proximit-les-justices-de-paix-1790-1958/. Acesso em: 25 ago. 2023.

PINTO, Fernanda Mousse. **A invenção da Cidade Nova do Rio de Janeiro**: agentes, personagens e planos. 2007. Dissertação (Mestrado em Planejamento Urbano e Regional) – Instituto de Pesquisa e Planejamento Urbano Regional, Universidade Federal do Rio de Janeiro, Rio de Janeiro, 2007.

PINTO, Luciano Rocha. **Câmara Municipal**: sociedade de discurso na cidade--corte do Império do Brasil (1828 – 1834). 2014. Tese (Doutorado em História Política) – Programa de Pós-Graduação em História, Universidade do Estado do Rio de Janeiro, Rio de Janeiro, 2014.

PINTO, Luciano. Disciplina, vigilância e produção da ilegalidade na cidade-Corte do Império do Brasil (1820 e 1830). **Passagens**: Revista Internacional de História Política e Cultura Jurídica, Rio de Janeiro, v. 8, n. 2, maio/ago. 2016.

PORTO, Ana Gomes. Pedro Hespanhol: um bandido célebre no Império brasileiro. **História & Debates**, Curitiba, v. 64, n. 1, p. 110-113, jan./jun. 2016. Disponível em: https://revistas.ufpr.br/historia/article/view/47677/28602. Acesso em: 16 set. 2023.

REZENDE, Cláudia de Andrade de. Os almotacés e o exercício da almotaçaria na vila de São Paulo (1765 – 1800). **Revista Cantareira**, Dossiê Áfricas, n. 25, p. 281, 2016. Disponível em: https://periodicos.uff.br/cantareira/article/view/27934/16327. Acesso em: 9 jul. 2023.

REZENDE, Cláudia de Andrade de. **Administrar o espaço, regular os costumes**: os fiscais na administração da cidade de São Paulo (1828 – 1841). 2021. Dissertação (Mestrado em História) – Universidade Federal de São Paulo, Escola de Filosofia, Letras e Ciências Humanas, Guarulhos, 2021.

RIBEIRO, Gladys Sabina. **A liberdade em construção**: identidade nacional e conflitos antilusitanos no Primeiro Reinado. Rio de Janeiro: FAPERJ/Relume Dumará, 2002.

RICOEUR, Paul. **Percurso do reconhecimento**. São Paulo: Edições Loyola, 2006.

ROSSATO, Jupiracy Affonso Rego. **Os negociantes de grosso trato e a Câmara Municipal da cidade do Rio de Janeiro**: estabelecendo trajetórias de poder (1808 – 1830). 2007. Tese (Doutorado) – Programa de Pós-Graduação em História Social, Universidade Federal do Rio de Janeiro, Rio de Janeiro, 2007.

SANT'ANNA, Elizabeth Albernaz Machado Franklin de. **Diferentes vozes, diferentes imagens**: representações, requerimentos, petições e súplicas a d. Pedro II. 2015. Dissertação (Mestrado em História) – Programa de Pós-graduação em História, Universidade Federal Fluminense, Niterói, 2015. Disponível em: https://app.uff.br/riuff/bitstream/handle/1/14522/1935.pdf?sequence=1&isAllowed=y. Acesso em: 12 jan. 2023.

SANTANA, Kátia. **"Reuniões perigosas"**: ajuntamento ilícito e política na Corte regencial (1831 – 1837). 2019. Dissertação (Mestrado em História) – Instituto de Ciências Humanas e Sociais, Universidade Federal Rural do Rio de Janeiro, Seropédica, 2019.

SANTANA, Kátia. Ajuntamentos e política na Corte regencial (1831 – 1833). **Revista Ágora**, Vitória, v. 31, n. 1, p. e-2020310105, 2020. Disponível em: https://periodicos.ufes.br/agora/article/view/28930. Acesso em: 10 set. 2022.

SANTANA, Kátia. O café de Neuville: sociabilidade, política e infração no comércio do Rio de Janeiro (1833 – 1841). **Almanack**, Guarulhos, n. 28, p. 1-40, 2021. Disponível em: https://www.scielo.br/j/alm/a/hp4HnZ3GsRr7RmsvBjXCxJs/?format=pdf&lang=pt. Acesso em: 8 set. 2023.

SANTOS, Kairo da Silva *et al.* Evolução da paisagem da cidade do Rio de Janeiro, uma visão cartográfica: Aspectos socioespaciais das freguesias a partir do século XIX. *In:* SIMPÓSIO LUSO-BRASILEIRO DE CARTOGRAFIA HISTÓRICA, 5., 2013, Petrópolis. **Anais** […]. Petrópolis: SBC, 2013. Disponível em: https://www.cartografia.org.br/vslbch/trabalhos/76/77/artigo_v2_1379296349.pdf. Acesso em: 7 maio 2024.

SILVA, Eduardo. **As queixas do povo**. Rio de Janeiro: Paz & Terra, 1988.

SCHMACHTENBERG, Ricardo. Redes de poder e as relações familiares na Câmara Municipal do Rio Pardo, 1811/1828: o caso dos juízes almotacés. *In:* SIMPÓSIO NACIONAL DE HISTÓRIA, 26., 2011, São Paulo. **Anais** […]. São Paulo: ANPUH, 2011. Disponível em: http://www.snh2011.anpuh.org/resources/anais/14/1300424550_Acesso. Acesso em: 10 jul. 2023.

SCHMACHTENBERG, Ricardo. **"A arte de governar"**: redes de poder e relações familiares entre os juízes almotacés na Câmara Municipal de Rio Pardo/RS, 1811 – c.1830. 2012. Tese (Doutorado) – Universidade do Vale do Rio dos Sinos, São Leopoldo, 2012.

SCHULTZ, Kirsten. **Versalhes tropical**: império, monarquia e a Corte real portuguesa no Rio de Janeiro, 1808 – 1821. Rio de Janeiro: Civilização Brasileira, 2008.

SILVA, José Luiz Werneck da. Polícia na Corte e no Distrito Federal (1831 – 1886). *In:* SILVA, José Werneck da; NEDER, Gizlene; NARO, Nancy Priscilla. **A polícia na Corte e no Distrito Federal (1831 – 1930)**. Rio de Janeiro: PUC, 1981.

SILVA, Marinete dos Santos. Clientes e circuitos de prostituição no Rio de Janeiro do século XIX. **Dimensões**, [*s. l.*], v. 29, p. 374-391, 2012. Disponível em: https://periodicos.ufes.br/dimensoes/article/view/5414/3999. Acesso em: 8 out. 2023.

SILVA, Welinton Serafim da. **Eusébio de Queirós**: chefe de polícia da Corte (1833 – 1844). 2014. Dissertação (Mestrado) – Instituto de Filosofia e Ciências Humanas, Universidade do Estado do Rio de Janeiro, Rio de Janeiro, 2014.

SILVA JÚNIOR, Eduardo da. **"Em nome da boa administração da justiça"**: a relação entre o governo provincial e os juízes de paz na província de Minas Gerais

(1827 – 1834). 2019. Dissertação (Mestrado em História) – Programa de Pós-Graduação em História, Universidade Federal de Juiz de Fora, Juiz de Fora, 2019.

SILVA JÚNIOR, Eduardo da. Justiça leiga e cultura jurídica no Brasil Império: as controvérsias em torno do direito e da forma de suspender os juízes de paz (Minas Gerais, 1827 – 1834). **História, histórias**, [s. l.], v. 9, n. 18, p. 84-113, jul./dez. 2021. Disponível em: https://periodicos.unb.br/index.php/hh/article/view/37296/33025. Acesso em: 11 jan. 2023.

SISSON, Sébastien. **Galeria dos brasileiros ilustres**. Brasília: Senado Federal, 1999. v. 1.

SLEMIAN, Andréa. **Sob o império das leis**: Constituição e unidade nacional no Império do Brasil (1822 – 1834). Tese (Doutorado) – Programa de Pós-Graduação em História Social, Universidade de São Paulo, São Paulo, 2006. Disponível em: https://www.teses.usp.br/teses/disponiveis/8/8138/tde-13072007-114942/publico/TESE_ANDREA_SLEMIAN.pdf. Acesso em: 4 set. 2019.

SLEMIAN, Andréa. À nação independente, um novo ordenamento jurídico: a criação dos Códigos Criminal e do Processo Penal na primeira década do Império do Brasil. *In:* RIBEIRO, Gladys Sabina (org.). **Brasileiros e cidadãos**: modernidade política (1822 – 1930). São Paulo: Alameda Editorial, 2008. p. 175-206.

SLEMIAN, Andréa. La administración de justicia en los orígenes del Imperio de Brasil (1822 – 1841). *In:* FRASQUET, Ivana. **Jamás ha llovido reyes el cielo... De independencias, revoluciones y liberalismos em Iberoamérica**. Quito, Equador: Corporación Editora Nacional, 2013.

SOARES, Carlos Eugênio Líbano. **Zungú**: rumor de muitas vozes. Rio de Janeiro: Arquivo Público do Estado do Rio de Janeiro, 1998.

SOARES, Carlos Eugênio Líbano. **A capoeira escrava e outras tradições rebeldes no Rio de Janeiro (1808 – 1850)**. 2. ed. rev. e ampl. Campinas: Editora da Unicamp, 2004.

SOARES, Carlos Eugênio Líbano; GOMES, Flávio dos Santos. Revoltas, marinheiros e sistema prisional no Arsenal da Marinha: notas sobre o trabalho compulsório e cultura política num Rio de Janeiro atlântico. **Revista História Social**, Campinas, n. 12, p. 11-33, 2006.

SOUSA, Octávio Tarquínio de. **História dos fundadores do Império do Brasil**. Rio de Janeiro: Livraria José Olympio, 1957.

SOUZA, Alexandre de Oliveira Basílio de. **Das urnas para as urnas**: o papel do Juiz de Paz nas eleições do fim do Império (1871 – 1889). 2012. Dissertação (Mestrado) – Programa de Pós-Graduação em História, Universidade Federal do Espírito Santo, Vitória, 2012.

SOUZA, Francisco Belizário Soares de. **O sistema eleitoral do Império**. Brasília: Senado Federal, 1979. (Coleção Bernardo Pereira de Vasconcelos, v. 18).

SOUZA, Juliana Teixeira. **Cessem as apostas**: normatização e controle social no Rio de Janeiro do período imperial através de um estudo sobre os jogos de azar (1841 – 1856). Dissertação (Mestrado em História Social) – Universidade Federal do Rio de Janeiro, Rio de Janeiro, 2002.

STONE, Lawrence. Prosopografia. **Revista de Sociologia e Política**, Curitiba, v. 19, n. 39, p. 115-137, 2011. Disponível em: https://www.scielo.br/j/rsocp/a/khxZXHsx498bxmNtg63Hzgy/?format=pdf&lang=pt. Acesso em: 5 set. 2019.

THOMPSON, Edward Palmer. **Senhores e caçadores**: a origem da lei negra. Rio de Janeiro: Paz & Terra, 1987.

TINÔCO, Antônio Luiz. **Código criminal do Império do Brazil annotado** (1830). Ed. fac-sim. Brasília, DF: Senado Federal, Conselho Editorial, 2003

TOMÉ, Frederico Castilho. **Do Rio de Janeiro a Buenos Aires**: a justiça local nos periódicos de Evaristo da Veiga e Pedro de Angelis (1827 – 1835). 2018. Tese (Doutorado em Estudos Comparados sobre as Américas) – Universidade de Brasília, Brasília, 2018.

VELLASCO, Ivan de Andrade. O juiz de paz e o Código do Processo: vicissitudes da justiça imperial em uma comarca de Minas Gerais no século XIX. **Justiça & História**, Porto Alegre, v. 3, n. 6, p. 1-23, 2003. Disponível em: https://www.tjrs.jus.br/novo/revista-justica/revista-justica-historia-volume-3/. Acesso em: 7 jan. 2023.

VELLASCO, Ivan de Andrade. **As seduções da ordem**: violência, criminalidade e administração da justiça – Minas Gerais, século XIX. São Paulo: EDUSC/ANPOCS, 2004.

VELLASCO, Ivan de Andrade. Juízes de paz, mobilização e interiorização da política: algumas hipóteses de investigação das formas da justiça local e participação política no Império. *In:* CARVALHO, José Murilo de (org.). **Linguagens e fronteiras do poder**. Rio de Janeiro: Editora FGV, 2011.

VENANCIO FILHO, Alberto. **Das arcadas ao bacharelismo**: 150 anos de ensino jurídico no Brasil. 2. ed. São Paulo: Perspectiva, 2011.